Gotthard Breit / Detlef Eichner / Siegfried Frech
Kurt Lach / Peter Massing

Methodentraining für den Politikunterricht II

ARBEITSTECHNIKEN I SOZIALFORMEN I UNTERRICHTSPHASEN

Didaktische Reihe

WOCHEN
SCHAU
VERLAG

Bibliografische Information der Deutschen Bibliothek

Die Deutsche Bibliothek verzeichnet diese Publikation in der Deutschen Nationalbibliografie;
detaillierte bibliografische Daten sind im Internet über http://dnb.ddb.de abrufbar.

www.wochenschau-verlag.de

Redaktion: Peter Massing, Siegfried Frech
Bilder: Wolfgang Thiel
Satz und Layout: Klaus Ohl
Gesamtherstellung: Wochenschau Verlag
Gedruckt auf chlorfreiem Papier

Printed in Germany

ISBN-10: 3-89974238-9
ISBN-13: 978-3-89974238-1

Inhalt

Vorwort

In der schulischen und außerschulischen Bildungsarbeit sind Unterrichtsmethoden von grundlegender Bedeutung. Unterrichtsmethoden leisten die Vermittlung von inhaltlichen Zielen, indem sie die Auseinandersetzung mit dem Unterrichtsgegenstand und den Unterrichtsverlauf strukturieren. Aufgabe von Unterrichtsmethoden ist es, optimale Bedingungen für die Begegnung von Lernenden und Inhalten herzustellen.

Obwohl es inzwischen eine Vielzahl von Publikationen zu den methodischen Fragen des Politikunterrichts gibt, gehört die Methodik des Politikunterrichts noch immer zu den vernachlässigten Bereichen der Politikdidaktik. In der fachdidaktischen Diskussion herrscht nach wie vor eine begriffliche Unsicherheit und Unübersichtlichkeit. Wir wissen noch viel zu wenig empirisch Fundiertes zum Methodenrepertoire von Politiklehrerinnen und Politiklehrern. Auch die Beziehungen zwischen Unterrichtsmethoden und Lernprozessen oder die Wirkung bestimmter Methoden auf den Lernerfolg und das Lernergebnis sind empirisch kaum erforscht.

Immer noch muss man in der Praxis der schulischen und außerschulischen Bildung ein Defizit an Methodenbewusstsein konstatieren. Dieser Zustand bezieht sich im Wesentlichen auf zwei Defizite:

- Die Konzentration auf referierende und monologische Methoden herrscht – bei aller Wertschätzung handlungs- oder schülerorientierter Methoden – in der Bildungspraxis immer noch vor. Obwohl viele Lehrerinnen und Lehrer gerne anders unterrichten würden, ist der Unterrichtsalltag oft von handlungsarmen und lehrerzentrierten Verfahrensweisen geprägt. Untersuchungen zum Methodenrepertoire belegen, dass etwa zwei Drittel der Unterrichtszeit für das gelenkte Unterrichtsgespräch, den Lehrervortrag und das Abfragen verwendet werden. Auf die durchaus zu konstatierenden Vorteile der stoff- und lehrerzentrierten Methoden muss nicht grundsätzlich verzichtet werden. Zu fragen ist jedoch, wie die „didaktische Landkarte" mit weiteren Lernwegen bereichert werden kann. Obwohl sich die Methoden, Sozialformen und Arbeitstechniken – nicht zuletzt unter dem Einfluss der außerschulischen Jugend- und Erwachsenenbildung – erheblich erweitert haben, verfügen Politiklehrerinnen und Politiklehrer eher über ein begrenztes Methodenrepertoire.
- Nicht nur, dass die Methodenvielfalt kenntnisreich angewendet wird; modische Trends oder gar ein fehlendes didaktisches Konzept verhindern, dass für eine Zielsetzung und gegebene Situation auch die geeignete Methode ausgewählt und eingesetzt wird. Jede Methode, Arbeitstechnik oder Sozialform ist nur dann erfolgreich, wenn vor ihrem Einsatz der Zusammenhang von fachlichen Zielen, der Ausgangslage der Schülerinnen und Schüler und der verwendeten Medien bedacht wird. Wenn eine Methode mehr als Technik sein will, müssen Lehrerinnen und Lehrer angeben können, wofür die Unterrichtsmethode geeignet ist und welche Grenzen und Schwierigkeiten sie hat.

Die Publikation „Methodentraining für den Politikunterricht II" wendet sich – wie auch der Vorgängerband – an Studierende, an Lehrerinnen und Lehrer, an politische Bildnerinnen und Bildner. Es geht dabei nicht nur um die viel geforderte Methodenkompetenz von Schülerinnen und Schülern. Wenn Methodenkompetenz der Lernenden ein Ziel des Politikunterrichts ist, so setzt dieses Ziel voraus, dass Lehrerinnen und Lehrer selbst über Methodenkompetenz verfügen, ein breites Repertoire von Methoden, Arbeitstechniken und Sozialformen kennen und in ihrer alltäglichen Bildungsarbeit anwenden.

Die Professionalisierung von Politiklehrerinnen und Politiklehrern hängt aber nicht nur von der Anzahl der zur Verfügung stehenden Methoden ab, sondern auch von der Qualität des Umgangs mit diesen Methoden. Die einzelnen Beiträge bieten eine neue Art der Darstellung, die möglichst viele und konkrete Unterrichtssituationen und Unterrichtserfahrungen mit einbezieht und die den Leserinnen und Lesern ein Selbststudium und Selbsttraining ermöglicht. Gleichzeitig werden Materialien und Praxisbeispiele bereitgestellt, die es erlauben, die ausgewählten Unterrichtsmethoden und Arbeitstechniken mit geringem Aufwand im Unterricht anzuwenden. Ausgesucht wurden Methoden, Arbeitstechniken und gängige Sozialformen, die auf den Kern des Faches zielen und dazu beitragen, Erkenntnisse und Einsichten in das Politische zu ermöglichen. Außerdem gehören die hier vorgestellten Methoden zum Kern des Methodenrepertoires von Politiklehrerinnen und Politiklehrern. Wenn dieses Buch den Titel „Methodentraining" trägt, ist damit kein technokratischer Terminus gemeint. Vielmehr gehen die Autoren, die alle in der Lehrerausbildung und Lehrerfortbildung tätig sind, davon aus, dass Bildung auch durch Training möglich ist.

Eine Hilfe für den Politikunterricht kann dieses „Methodentraining" nur sein, wenn Lehrerinnen und Lehrer die Anregungen und Vorschläge aufgreifen und in ihrer alltäglichen Bildungsarbeit umsetzen.

Dank gebührt den Autoren, die engagiert und kompetent die Diskussion ermöglicht und geführt haben, sowie Gotthard Breit, Siegfried Frech und Peter Massing für die redaktionelle Betreuung und dem Wochenschau Verlag für die stets gute und effiziente Zusammenarbeit.

Lothar Frick
Direktor der Landeszentrale
für politische Bildung
Baden-Württemberg

Einleitung

Aufbau, Struktur und Gestaltung dieses Bandes orientieren sich im Wesentlichen an der Konzeption des Buches „Methodentraining für den Politikunterricht" (Frech/Kuhn/Massing 2004). Auch im Folgeband geht es darum, eine neue Art der Darstellung zu versuchen, die möglichst viele und konkrete Unterrichtserfahrungen mit einbezieht, die den Leserinnen und Lesern ein Selbststudium und ein Selbsttraining ermöglicht und ihnen Wege bereitstellt, auf denen sie die Vorschläge mit geringem Aufwand in der Praxis des Politikunterrichts anwenden können.

Im Zentrum des Bandes stehen Arbeitstechniken, Sozialformen und Unterrichtsphasen. Dabei herrscht auch bei diesen Begriffen – wie schon bei dem Methodenbegriff – eine erhebliche Unsicherheit und Unübersichtlichkeit. Im Anschluss an Hermann Giesecke wird in der Politikdidaktik noch immer zwischen Arbeitsweisen und Arbeitstechniken unterschieden. Unter Arbeitsweisen werden dann „methodisch unspezifische Techniken der Bearbeitung" (Giesecke) verstanden, die als Teil aller Methoden mit unterschiedlicher Zielsetzung und Intensität eingesetzt werden können. Im Gegensatz zu den Methoden, die Formen der Makrostruktur des Unterrichts sind, bestimmen Arbeitsweisen die Mikrostruktur des Unterrichts. Die Arbeitsweisen werden unterteilt in Arbeitsformen (z.B. Frontalunterricht, Einzelarbeit/Stillarbeit, Partnerarbeit, Gruppenarbeit, Expertenbefragungen usw.), in Unterrichtsformen (Lehrervortrag, Schülervortrag, Unterrichtsgespräch, Diskussion, Debatte usw.) und in Aktionsformen (Berichten, Erklären, Aufschreiben, Nachschlagen). In dieser Darstellung wird deutlich, dass die verwendeten Begriffe keineswegs eindeutig sind und unter Methoden, Arbeitsweisen und ähnlichen Begriffen unterschiedliche Lernformen subsumiert werden. Wir sind im ersten Band daher von einem weiten Methodenbegriff ausgegangen, der Arbeitstechniken, Techniken des Lernens sowie den Umgang mit Materialien und Medien eingeschlossen hat. In diesem Band haben wir uns für die Begriffe Arbeitstechniken, Sozialformen und Unterrichtsphasen entschieden – ohne die theoretischen und begrifflichen Probleme, die damit verbunden sind, lösen zu wollen oder zu können. Arbeitstechniken sind im Kern instrumentelle Fähigkeiten. Sie können als „Werkzeuge" bezeichnet werden, die Schülerinnen und Schüler einerseits benötigen, um an den Lernprozessen im Allgemeinen und an denen im Politikunterricht im Besonderen angemessen teilzuhaben, andererseits um das schwierige Feld der Politik sich selbstständig erschließen oder handelnd mitgestalten zu können. Mehr als die Hälfte aller Schülerinnen und Schüler führen Lernschwierigkeiten darauf zurück „dass sie nicht über Methoden und Techniken zur Planung und Steuerung ihres eigenen Lernens verfügen" (Hilligen). Arbeitstechniken müssen daher in politischen Bildungsprozessen sorgsam vermittelt und eingeübt werden. Sie lassen sich zum einen als Teil des Unterrichtsprozesses während des Politikunterrichts erlernen. Dann müssen sie aber regelmäßig kritisch reflektiert werden, solange bis die Lehrerin oder der Lehrer sicher sein können, dass Schülerinnen und Schüler sie selbstständig und adäquat zu nutzen in der Lage sind. Sie können aber auch direkt Gegenstand von Politikunterricht sein und in eigenen Unterrichtssequenzen trainiert werden. Dies ist allerdings nur möglich, wenn Lehrerinnen und Lehrer selbst über sichere Fähigkeiten bei der Verwendung von Arbeitstechniken verfügen.

Arbeitstechniken, Sozialformen und Unterrichtsphasen hängen eng zusammen. Für bestimmte Sozialformen (z.B. Gruppenarbeit) und für einzelne Unterrichtsphasen (z.B. Einstiegsphase) bieten sich einige Arbeitstechniken eher an als andere. Damit ist wie auch bei der Planung von Unterricht der „Implikationszusammenhang" (vgl. Breit/Weißeno 2003, S. 70 ff.) angesprochen, den Lehrerinnen und Lehrer ausreichend reflektieren und berücksichtigen müssen. Bei der Entscheidung für bestimmte Arbeitstechniken und Sozialformen ist immer zu fragen, was diese in einer bestimmten Unterrichtsphase für den Politikunterricht leisten können, das heißt, welche formalen und inhaltlichen Voraussetzungen für ihren Einsatz gegeben sein müssen und welche Fähigkeiten der Lernenden sie ausbilden oder aktivieren.

Dieses Buch erhebt weder den Anspruch, besonders ausgefallene Arbeitstechniken oder Sozialformen vorzustellen, noch haben wir den Ehrgeiz, das Feld vollständig darzustellen. Die Auswahl erfolgte weitgehend nach pragmatischen Gesichtspunkten. Es wurden vor allem solche Arbeitstechniken und Sozialformen ausgesucht, die auf den Kern des Faches zielen und die helfen, sich selbst Politik zu erschließen, die Erkenntnisse über Politik vermitteln sowie Einsichten in das Politische erleichtern. Dabei ist es natürlich noch schwerer als bei den Methoden, ein Profil herauszuarbeiten, dass allein dem Politikunterricht eigen ist und das domänenspezifisch genannt werden könnte. Es lässt sich also nicht immer vermeiden, auch Fachunspezifisches darzustellen und zu erläutern. Ein zweites Kriterium für die Auswahl liegt darin, dass unserer Erfahrung nach die ausgewählten Arbeitsweisen und Sozialformen gerade die sind, die Lehrerinnen und Lehrer im Politikunterricht auch tatsächlich einsetzen und dass Lehrende wie Lernende ein großes Interesse haben, ihre Kompetenzen in diesen Bereichen zu verbessern. Dahinter steht die These, dass vor allem über die Optimierung des Unterrichtsalltages in all seinen Aspekten eine Professionalisierung der Lehrerinnen und Lehrer erreicht werden kann.

Wir verwenden auch hier wieder den „Trainingsbegriff". Dadurch soll, wie schon im ersten Band, der vorrangigen Orientierung an der Unterrichtspraxis Ausdruck verliehen werden. Sowohl den Arbeitstechniken als auch den Sozialformen liegen Erfahrungen aus unterschiedlichen Ausbildungssituationen zugrunde. Erfahrungen aus der universitären Ausbildung ebenso wie Erfahrungen aus der Unterrichtspraxis und der Lehrerfortbildung und Weiterbildung. Sie fließen in der Regel als Dokumente in die einzelnen Kapitel ein. Dabei sollen wieder drei Kompetenzbereiche bei Lehrerinnen und Lehrern „trainiert" werden: (1.) die Wahrnehmungskompetenz, (2.) die Planungskompetenz und (3.) die Handlungskompetenz.

Im ersten Teil beschäftigt sich der Band mit ausgewählten Arbeitstechniken. Diese werden zuerst erörtert, weil man davon ausgehen muss, dass sie sowohl die Sozialformen als auch die einzelnen Unterrichtsphasen prägen. Im zweiten Teil stehen die Sozialformen im Mittelpunkt. Sozialformen regeln gemeinhin die (Beziehungs-)Struktur des Unterrichts (vgl. Nitzschke 2000, S. 169 ff.). Die Wahl der angemessenen Sozialform lässt sich nur im Zusammenhang mit den jeweiligen Aufgaben und Zielen, der Lernsituation der einzelnen Schülerinnen und Schüler und der Lernsituation der Klasse begründen. Es gibt im Unterrichtsalltag des Faches typische Kombinationen bestimmter Sozialformen mit bestimmten Unterrichtsphasen. Der dritte Teil des Buches erörtert dann die einzelnen Unterrichtsphasen, deren wichtigste Funktion darin besteht, Lehrenden und Lernenden gleichermaßen einen einsichtigen und nachvollziehbar gegliederten Aufbau der Unterrichtsstunde bzw. Unterrichtseinheit zu vermitteln.

Die einzelnen Beiträge beginnen mit einem kurzen Problemaufriss, um dann an Praxis-
beispielen und ihrer politikdidaktischen Kommentierung Vor- und Nachteile, Probleme,
Schwierigkeiten sowie häufige Fehler darzustellen und zu diskutieren. Danach werden
Alternativen vorgestellt bzw. Optimierungsmöglichkeiten aufgezeigt. Jedes Kapitel endet
mit Checklisten, mit deren Hilfe Lehrerinnen und Lehrer überprüfen können, ob sie alles
bei der Vorbereitung und der Planung der Arbeitstechniken, Sozialformen und Unterrichtsphasen berücksichtigt haben.

„Methodentraining II" wird allerdings für die Praxis des Unterrichts nur dann eine Hilfe
bedeuten, wenn Lehrerinnen und Lehrer die Vorschläge nicht als Rezepte missverstehen.
Ohne die Berücksichtigung eigener Erfahrungen, ihrer Reflexion und ohne den Versuch,
auf dieser Grundlage die eigenen Kompetenzen ständig zu verbessern, wird eine wirk-
liche Professionalisierung des Politikunterrichts kaum zu erreichen sein.

Die Autoren

Literatur

Ackermann, Paul u.a. (Hrsg.) (1994): Politikdidaktik kurz gefasst. Planungsfragen für den
Politikunterricht. Schriftenreihe der Bundeszentrale für politische Bildung, Band 326. Bonn

Breit, Gotthard/Weißeno, Georg (2003): Planung des Politikunterrichts. Eine Einführung. Schwalbach/Ts.

Frech, Siegfried/Kuhn, Hans-Werner/Massing, Peter (Hrsg.) (2004): Methodentraining für den
Politikunterricht. Schwalbach/Ts.

Kuhn, Hans-Werner/Massing, Peter (Hrsg.) (2000): Methoden und Arbeitstechniken. Lexikon der
politischen Bildung. Band 3. Herausgegeben von Georg Weißeno. Schwalbach/Ts.

Massing, Peter (2000): Arbeitstechniken. In: Kuhn, Hans-Werner/Massing, Peter (Hrsg.): Methoden
und Arbeitstechniken. Lexikon der politischen Bildung. Band 3. Herausgegeben von Georg Weißeno.
Schwalbach/Ts., S. 6-7

Meyer, Hilbert (1993): UnterrichtsMethoden I: Theorieband. 6. Auflage, Frankfurt/M.

Nitzschke, Volker (2000): Sozialformen. In: Kuhn, Hans-Werner/Massing, Peter (Hrsg.): Methoden und
Arbeitstechniken. Lexikon der politischen Bildung. Band 3. Herausgegeben von Georg Weißeno.
Schwalbach/Ts., S. 167-171

Teil I: Arbeitstechniken

Peter Massing

Einführung

Politikunterricht im Allgemeinen und die Realisierung verschiedener, vor allem handlungsorientierter Methoden verlangt den fachlich angemessenen Einsatz von Arbeitstechniken. Trotz fließender Grenzen zwischen Mikromethoden, Sozialformen, Arbeitstechniken und Arbeitsweisen sind Arbeitstechniken vor allem dadurch gekennzeichnet, dass sie einen stärker instrumentellen Charakter haben. Sie können als „geistige Werkzeuge" beschrieben werden, die man benötigt, um das schwierige politische Handlungsfeld zu erschließen und mitgestalten zu können. Grundsätzlich kann das Grundrepertoire der Arbeitstechniken unterschieden werden in formale methodische Fähigkeiten, schriftliche Fertigkeiten, kommunikative und ästhetisch-produktive Fertigkeiten.

formale methodische Fertigkeiten	schriftliche Fertigkeiten	kommunikative Fertigkeiten	ästhetisch-produktive Fertigkeiten
Sammeln und Ordnen von Informationen	Protokoll/Niederschrift	Moderieren	Collage und Wandzeitung
Lesen, Markieren und Exzerpieren	Kurzreferat/Referat	Vortragen und Präsentieren	Plakat
Umgang mit Tabellen, Schaubildern, Statistiken usw.	Facharbeit	Moderieren und Metaplantechnik	Featuretechnik

Aus diesem Grundrepertoire von Arbeitstechniken, deren Grenzen gelegentlich fließend sind, haben wir diejenigen Techniken ausgewählt, die nach unserer Erfahrung häufiger im Unterricht angewendet werden und mit denen sowohl Lehrerinnen und Lehrer als auch Schülerinnen und Schüler Schwierigkeiten haben können. „Guter" Politikunterricht hängt davon ab, dass die Lernenden die Arbeitstechniken selbstständig und angemessen in unterschiedlichen Situationen handhaben können. Daher müssen diese Techniken im Politikunterricht immer wieder und an verschiedenen Themen eingeübt, reflektiert und diskutiert werden. Der Politikunterricht wird umso ergiebiger und differenzierter sein, je differenzierter und abwechslungsreicher mit den einzelnen Arbeitstechniken umgangen wird.

Detlef Eichner

Lesen, Markieren, Exzerpieren

Die Bedeutung von Texten im Politikunterricht

Unterricht zur politischen Bildung findet auf allen Schulstufen und in allen Schulformen zumeist textorientiert statt. Peter Massing (2004, S. 38) konstatiert, dass Texte die wichtigste Informationsquelle im Alltag des Politikunterrichts darstellen. Es ist mit einiger Berechtigung anzunehmen, dass Texte ihre große Bedeutung im Politikunterricht nicht zuletzt dem Umstand verdanken, in allen Unterrichtsphasen eingesetzt werden zu können. Unterrichtspraktisch betrachtet weisen Texte somit eine stark ausgeprägte Polyvalenz auf, die Politiklehrerinnen und -lehrern unter den Bedingungen des alltäglichen Praxisdrucks entgegenkommt. Kann eine Lehrerin/ein Lehrer auf einen inhaltlich für den Politikunterricht relevanten Text zurückgreifen, erübrigen sich in der Regel weitere anstrengende Planungsüberlegungen. Der Gang des textorientierten Politikunterrichts scheint nahezu zwingend vorgegeben zu sein. Die Schülerinnen und Schüler lesen zunächst den Text still für sich. Anschließend sollen die Heranwachsenden in Einzelarbeit wichtige Textpassagen oder einzelne Worte anstreichen. Schließlich wird der Inhalt des Textes im gelenkten Unterrichtsgespräch reflektiert und beurteilt. Dieser methodische Unterrichtsgang folgt dem Schema des Verstehens, Auslegens und Beurteilens (vgl. Weißeno 2002, S. 192).

Politikunterricht ist zumeist textorientiert

Probleme im Politikunterricht

Der geschilderte Unterrichtsgang führt in einigen Fällen nicht zum erwünschten Ziel, manchmal sogar zu Problemen. Es zeigt sich, dass Schülerinnen und Schüler beim Lesen und Bearbeiten von Texten nach dem oben geschilderten Unterrichtsaufbau hohen Anforderungen ausgesetzt sind. Sie müssen den Text nicht nur entschlüsseln und den Sinngehalt sowie den dargebotenen Argumentationsgang aufdecken, sondern darüber hinaus auch noch Übereinstimmungen und Unterschiede zu ihrem bereits vorhandenen Wissen ermitteln und in Worte fassen (vgl. von Werder/Schulten 1999, S. 25). Nur so kann das angestrebte Beurteilen, das im Politikunterricht als wichtige Zielsetzung angesehen wird, tatsächlich gelingen.

Welche großen kognitiven Leistungen Heranwachsende bei der Bearbeitung von Texten erbringen müssen, wird bei der Betrachtung der folgenden Definition von Georg Weißeno (2002, S. 190) deutlich: „Ein Text ist ein schriftliches, sprachlich gefasstes Dokument, dem eine bestimmte Sichtweise von Realität vorausgeht. Die zunächst nicht sprachlichen Beobachtungen sind in ein sprachliches Zeichensystem überführt worden, das wiederum mit Hilfe von Deutungsverfahren analysiert werden kann." Es deutet sich an, dass der oben dargestellte Unterrichtsgang des Verstehens, Auslegens und Beurteilens von Texten insbesondere Kinder der Primarstufe sowie Jugendliche der Sekundarstufe I überfordert.

Schülerinnen und Schüler der genannten Schulstufen verfügen nicht immer über die zur

Hohe Anforderungen an die Schüler

erfolgreichen Umsetzung des methodischen Gangs erforderlichen Fähigkeiten und Fertigkeiten. Dies kann fatale Folgen nach sich ziehen. Möller und Schiefele (2004, S. 117) weisen darauf hin, dass im unterrichtlichen Umgang mit Texten erfahrene Erfolgserlebnisse von Schülern deren Motivation, Anstrengung und Ausdauer bei ähnlichen Aufgabenstellungen steigern können. Erfahrene Misserfolge wirken sich hingegen mit einiger Wahrscheinlichkeit kontraproduktiv auf die Arbeitshaltung der Heranwachsenden aus. Erfolgs- oder Misserfolgserfahrungen tragen so zur Ausbildung einer „lesebezogenen Selbstwirksamkeitsüberzeugung" (a.a.O., S. 115) bei. Nimmt der Politikunterricht seine Zielsetzung, Heranwachsende zur Übernahme ihrer Bürgerrolle in der Demokratie zu befähigen, ernst, dann sollte die dazu unentbehrliche Fähigkeit der Informationsbeschaffung aus Texten und die darauf aufbauende Urteilsbildung auch im Fachunterricht zur politischen Bildung geschult werden. Das Verstehen, Auslegen und Beurteilen von Texten stellt so als methodische Zielsetzung einen schulisch zu erreichenden Endpunkt in der Qualifizierung für die Demokratie dar. Dazu sind Vorarbeiten notwendig, die sich an verbreitet auftretenden Problemen und Schwierigkeiten der Schülerinnen und Schüler orientieren sollten. Die folgenden Beispiele können dies verdeutlichen.

Das Zeitproblem

In einer neunten Hauptschulklasse lässt der Politiklehrer einen Zeitungsartikel zum geplanten Kopftuchverbot in Schulen verteilen. Für das Erlesen des Textes sowie das Anstreichen wichtiger Textpassagen hat der Lehrer maximal 20 Minuten eingeplant. Die restliche Unterrichtszeit soll für die Diskussion und Beurteilung des angestrebten Gesetzes verwendet werden. Hierzu kommt es jedoch nicht. Fast die gesamte Klasse benötigt allein für das Erlesen und Markieren die zur Verfügung stehenden 45 Minuten.

Das Unterrichtsbeispiel verdeutlicht: Der Einsatz von Texten ist fast immer mit einer Verlangsamung des Unterrichts verbunden (vgl. Eichner 2006, S. 282). Schülerinnen und Schülern sollte also ausreichend Zeit zum Erlesen und zur Erarbeitung eines Textes zur Verfügung gestellt werden. Gleichwohl lässt sich die Lesegeschwindigkeit durch Training steigern. Lutz von Werder und Brigitte Schulte (1999, S. 26) geben hierzu die folgenden nützlichen Tipps:

Bei kürzeren Texten sollte geübt werden,
- das Rückgleiten der Augen auf vorangegangene Worte und das Haften an bestimmten Worten zu vermeiden;
- das innere Sprechen beim Lesen zu unterlassen;

- den „Lesefinger" zu beschleunigen, so dass das Auge zwangsläufig in hoher Geschwindigkeit folgen muss;
- nicht Wort für Wort, sondern ganze Wortgruppen, Zeilen und letztlich ganze Absätze überfliegend zu lesen;
- bewusst schneller umzublättern.

Für das schnelle Einlesen in längere Texte empfehlen von Werder und Schulte:
- aus dem Vorwort und der Einleitung Hinweise auf den Inhalt des Textes herauszuarbeiten;
- das Inhaltsverzeichnis auf die Gliederung des im Text dargebotenen Gedankenganges zu untersuchen;
- aus Kapitelüberschriften, Unterüberschriften und eingebetteten Grafiken Hinweise auf den differenzierten Inhalt des Textes zu entnehmen.

Das Training der Lesegeschwindigkeit entlässt Lehrerinnen und Lehrern nicht aus der wichtigen Verantwortung, die Lesekompetenz ihrer Schülerinnen und Schüler zutreffend beurteilen zu können. Darauf aufbauend können sie inhaltlich wie vom Umfang her angemessene Texte auswählen und die erwartungsgemäß von den Jugendlichen zum Erlesen benötigte Zeit einschätzen. Ab der Sekundarstufe I scheinen Lehrerinnen und Lehrer jedoch relativ unreflektiert vom Vorhandensein einer nicht nur vom Politikunterricht zu nutzenden basalen Lesekompetenz bei ihren Schülern auszugehen. PISA hat aufgedeckt, dass ein bedenklich großer Teil der Schülerschaft bis zum Ende der Sekundarstufe I diese Kompetenz nicht besitzt. Etlichen Lehrerinnen und Lehrern ist dieses Problem aber nicht bewusst (vgl. Spinner 2004, S. 127). In diesem Zusammenhang ist von Bedeutung, dass deutsche Schüler nach den Ergebnissen der Internationalen Grundschul-Lese-Untersuchung (IGLU) erst in der Sekundarstufe I unter den internationalen Durchschnitt zu rutschen scheinen (vgl. a.a.O., S. 126). Daraus folgt: Der zumeist textorientierte Politikunterricht nutzt die vor allem im Deutschunterricht vermittelte Lesekompetenz und trägt selbst zu ihrer Festigung oder auch zu ihrem Abbau bei. Um die Lesekompetenz von Schülerinnen und Schülern im Politikunterricht nutzen zu können und sie möglichst auszubauen, sollte den Jugendlichen für den Umgang mit Texten ausreichend Zeit zur Verfügung gestellt werden.

Lehrer überschätzen Lesekompetenz ihrer Schüler

Das Unlust-Problem

> Eine Politiklehrerin kündigt im Vorfeld der Bundestagswahl 2005 ihrer 8. Realschulklasse an, einen „spannenden Zeitungstext" im Unterricht behandeln zu wollen. Die offensichtliche Begeisterung der Lehrerin für den Text trifft bei den Schülern auf wenig Gegenliebe. Etliche Jugendliche stöhnen und eine Heranwachsende fragt: „Müssen wir etwa schon wieder lesen?"

An diesem Beispiel zeigt sich, dass die Lesemotivation der Lehrerin und der Schüler auseinanderfallen. Während die Unterrichtende durch ihr eigenes Interesse an Politik und den Inhalt des Textes, den sie als „spannend" bezeichnet, intrinsisch motiviert ist, erwächst die Lesemotivation der Schüler eher aus der Zwangssituation des Unterrichts. Den Jugendlichen ist bewusst, dass sie zum Erreichen guter Noten einen Text selbst dann lesen müssen, wenn sie am Inhalt nicht interessiert sind. Diese Lesehaltung ist als extrinsisch motiviert zu bezeichnen. In ihr drückt sich die negative Wertkomponente aus, einen Text nicht gerne lesen zu wollen (vgl. Möller/Schiefele 2004, S. 102 f.). Von dieser Unlust-Haltung bei Schülerinnen und Schülern ist sicher nicht nur der Politikunterricht betroffen. Gleichwohl ist zu beachten, dass politische Inhalte den meisten Jugendlichen als von ihrem Leben weit entfernt erscheinen. Zu einer eher „normalen" und fächerübergreifenden Leseunlust gesellt sich im Politikunterricht auch noch ein recht verbreitetes Desinteresse an fachspezifischen Inhalten. Aus diesem Grund sollte im Politikunterricht neben der Vermittlung politischer Inhalte und dem Aufzeigen ihrer Bedeutung für das alltägliche Leben in einer Demokratie auch die Ermöglichung „lustbetonter Leseerfahrung" (Spinner 2004, S. 136) bedacht werden. Um dies zu erreichen, können im Unterricht einzusetzende Zeitungsartikel beispielsweise in Lückentexte überarbeitet werden. Indem wichtige Schlüsselbegriffe des Textes durch völlig aus dem Zusammenhang gerissene Wörter ersetzt werden, entsteht mit wenig Arbeitsaufwand ein *Unsinnstext*, der nicht selten die Lesemotivation besonders jüngerer Schüler erhöht. Eine weitere Möglichkeit stellt das abschnittweise Zerschneiden eines Textes dar, wodurch den Jugendlichen ein *Text-Puzzle* an die Hand gegeben wird.

Durch den Einsatz produktorientierter Verfahren bei der Bearbeitung eines Textes kann die aktive Lesehaltung von Schülerinnen und Schülern gesteigert werden. Hierbei sind die Heranwachsenden aufgefordert, auf der Grundlage des Gelesenen eigene Texte oder grafische Darstellungen zu verfassen. Die Jugendlichen erkennen so, dass die Qualität der selbst zu verfassenden Texte oder Schaubilder davon abhängt, ob sie den Grundlagentext konzentriert gelesen und inhaltlich an der zu bearbeitenden Aufgabenstellung orientiert ausgewertet haben. Mögliche Aufgabenstellungen für einen produktorientierten Politikunterricht können sein:

- Erarbeite auf der Grundlage des Zeitungsartikels ein fiktives Interview (vgl. Lothar Scholz 2001) zwischen dem Journalisten und der im Text zitierten Politikerin. Welche Fragen stellt der Reporter? Welche Antworten gibt die Politikerin?
- Verfasse mit Hilfe des Textes über mögliche Reformen des Gesundheitssystems eine Rede, die ein Politiker im Parlament halten könnte. Wie würde ein Befürworter der Bürgerversicherung argumentieren? Mit welchen Argumenten könnte ein Abgeordneter eine Gegenrede führen und dabei für die Kopfpauschale plädieren?
- Entwickle mit Hilfe des Sachtextes über das bundesdeutsche Wahlsystem ein Schaubild, das den Unterschied zwischen Erst- und Zweitstimme darstellt.

Aus der geringen Lesemotivation von Jugendlichen entsteht im Unterricht nicht selten eine eher rezeptive Lesehaltung. Die Schülerinnen und Schüler lesen einen Text, weil sie von der Lehrkraft dazu angehalten wurden. Eine aktive und nachhaltig wirksame Auseinandersetzung mit den Textinhalten findet kaum statt. Für den Politikunterricht können sich aus dieser rezeptiven Lesehaltung fatale Folgen ergeben. Aus der Auseinandersetzung mit einem Text zu erwerbendes Wissen über politische Inhalte, Prozesse und Formen wird von den Heranwachsenden nur oberflächlich eingepaukt und nach der eine Unterrichtseinheit abschließenden Leistungsüberprüfung recht schnell und gründlich wieder vergessen. Der Aufbau bleibender Wissensstrukturen, die zum politischen Denken und Beurteilen unabdingbar sind, findet kaum statt. Nachfolgende Unterrichtseinheiten können in der Sekundarstufe I deshalb selten an gesicherten Wissensbeständen bei den Jugendlichen anknüpfen.

Das Technik-Problem

Für nicht wenige Jugendliche stellt der Arbeitsauftrag, in einem Text wichtige Passagen oder Worte unterstreichen zu müssen, ein erhebliches Problem dar. Als problematisch erweist sich dabei weniger die Frage, was unterstrichen werden sollte, sondern vielmehr die Entscheidung darüber, was nicht zu markieren ist. In der Konsequenz bedeutet dies, dass ein von Schülern bearbeiteter Text häufig zu viele Unterstreichungen aufweist, wodurch die so erfasste Detailfülle die Grundstruktur sowie den inhaltlichen Kern des Textes verdeckt. Daraus folgern Lutz von Werder und Brigitte Schulte (1999, S. 25): „Das effiziente Lesen von Sachtexten kann (...) als Fähigkeit bei Schülern nicht vorausgesetzt, sondern muss trainiert werden." Hierzu bieten sich die folgenden Möglichkeiten beispielhaft an.

Formulierung von Erschließungsfragen

Nachdem die Lehrerin/der Lehrer einen zu bearbeitenden Text für den Unterricht ausgewählt hat, formuliert sie/er anhand der als wichtig erachteten Inhalte des Textes Leseziele. Diese fließen in die Lernziele des Unterrichts ein. Um die Schülerinnen und Schüler beim Erreichen der Lese- und Lernziele zu unterstützen, formuliert die Lehrkraft zu den einzelnen Abschnitten des Textes Erschließungsfragen. Mit Hilfe dieser Fragen soll es den Heranwachsenden gelingen, das inhaltlich Relevante von eher unwichtigen Bestandteilen des Textes zu unterscheiden oder den im Text entwickelten Gedanken- und Argumentationsgang des Autors aufzudecken. Die zu stellenden Erschließungsfragen müssen je nach Inhalt eines Textes variiert und umformuliert werden. Damit die Erschließungsfragen das politisch Relevante eines Textes aufzuschließen geeignet sind, empfiehlt sich eine Orientierung z.B. an den Dimensionen des Politischen. Dieses Vorgehen bietet den Vorteil, gleichzeitig auf grundlegende Begriffe der Politik, auf politische Kategorien zu verweisen. Gotthard Breit (2005, S. 25) schlägt insbesondere für die Arbeit an Zeitungstexten die folgenden Schlüsselfragen vor:

Schlüsselfragen	Kategorie	Politikdimension
Worum geht es? Was ist das Problem? Welches Ausmaß hat es? Welche Lösungsmöglichkeiten werden diskutiert?	Politisches Problem	Inhalt (policy)
Wer ist an der Auseinandersetzung beteiligt? Welche Interessen verfolgen die Akteure? Welchen Einfluss haben die Akteure? Welche Machtmöglichkeiten können sie entfalten?	Akteure Interessen Macht/Einfluss	Prozess (politics)
Welche Verfassungsbestimmungen, Regelungen und Normen beeinflussen die Auseinandersetzung?	Handlungsrahmen	Form (polity)

Für eine erste inhaltliche Auswertung von Fallbeispielen im Politikunterricht haben sich die folgenden Schlüsselfragen als praktikabel erwiesen (vgl. Breit/Eichner 2004, S. 91):

- Wer ist beteiligt?
- Worum geht es?
- In welcher Lage befinden sich die Personen?
- Wie sind sie in die Lage hineingeraten?
- Welche Ziele verfolgen sie?
- Welche Mittel setzen sie dazu ein?
- Welchen Verlauf nimmt das Ereignis?
- Wer setzt sich durch?

Die SQ3R-Methode

Die SQ3R-Methode ist ein Ansatz, mit dessen Hilfe eine aktive Lesehaltung beim informierenden Lesen ausgebildet werden soll. Der Ansatz besteht aus fünf aufeinander aufbauenden Teilschritten (vgl. von Werder/Schulte 1999, S. 27 f.).

- **S**urvey: Im ersten Schritt verschaffen sich die Lernenden unter Anleitung und mit Hilfestellung des Lehrers einen Überblick über den Text bzw. die Thematik des Schriftstückes.
- **Q**uestion: Im zweiten Schritt des Leseprozesses werden Leseziele entwickelt oder durch den Unterrichtenden erläuternd vorgestellt. Es werden Fragen formuliert, auf die der Text nach Antworten untersucht werden soll.
- **R**ead: Der Text wird unter der Leitlinie der entwickelten Fragen gelesen. Herausgearbeitete Antworten werden notiert.
- **R**ecite: Die aus dem Text herausgearbeiteten Antworten zu den Leitfragen werden mit eigenen Worten formuliert. Dabei sollen politische Schlüsselbegriffe oder Kategorien aufgezeigt und verwendet werden.
- Der letzte Schritt des Leseprozesses wird als **R**eview bezeichnet und besteht im Wiederholen und Zusammenfassen der erarbeiteten Antworten. Hierbei stellen die Schülerinnen und Schüler den Gesamtzusammenhang des Textes unter Verwendung der erarbeiteten Kategorien mit eigenen Worten dar. Das Wiederholen und Zusammenfassen dient der Verankerung der Arbeitsergebnisse im Gedächtnis der Lernenden.

Das Analogie-Problem

Das Verstehen eines Textes ist nicht mit der Fähigkeit zum politischen Denken oder dem Verständnis demokratischer Politik gleichzusetzen. Je komplexer ein Text in unterschiedliche gesellschaftliche Teilsysteme mit den ihnen zugehörigen Funktionsprinzipien eingebunden ist, umso schwerer fällt den Heranwachsenden das aus fachlicher Sicht angemessene Textverständnis. Den Schülerinnen und Schülern bereitet das Denken auf Systemebene nicht zu unterschätzende Schwierigkeiten. Deshalb suchen besonders Grundschülerinnen und Grundschüler sowie Jugendliche der Sekundarstufe I nach Analogien auf der Grundlage ihres lebensweltlichen Wissens. Bezüge zur Politik und Bedeutungen politischer Inhalte, Prozesse und Formen werden dabei nicht selten verfälscht oder bleiben gänzlich unberücksichtigt (vgl. Eichner 2006, S. 275).

Damit im Politikunterricht auf das geschilderte Problem eingegangen werden kann, ist es notwendig, dass die unterrichtende Lehrkraft im Vorfeld für sich selbst eine adäquate Textanalyse durchgeführt hat (vgl. Weißeno 2002, S. 192). Anschließend fragt der Unterrichtende:

- Mit welcher Bedeutung werden bestimmte Begriffe im Text verwendet?
- Welche semantischen Unterschiede bestehen zwischen der alltäglichen oder lebensweltlichen Verwendung der Begriffe und der Verwendung in der Politik?
- Welche Funktionsprinzipien demokratischer Politik sind mit den Begriffen verbunden und liegen dem Text zugrunde?
- Welche zusätzlichen Informationen zum Verständnis des Textes sollten die Schüler erhalten?

Die vorstehenden Anmerkungen sind als Möglichkeiten gedacht, Schülerinnen und Schülern den Umgang mit und das Verständnis von im Politikunterricht eingesetzten Texten zu erleichtern. Der zumeist textorientierte Politikunterricht verlangt allen Beteiligten, Lehrern wie Schülern, vieles ab. Gleichwohl liegt die grundsätzliche Verantwortung für das Gelingen des Unterrichts auch im Fach Politik bei den Fachlehrerinnen und Fachlehrern. Mit der Entscheidung für den Einsatz eines Textes sind die methodischen Überlegungen noch nicht abgeschlossen.

Schwierigkeiten der Schüler

Literatur

Baumert, Jürgen u.a. (Deutsches PISA-Konsortium) (2001): PISA 2000. Basiskompetenzen von Schülerinnen und Schülern im internationalen Vergleich. Opladen

Bos, Wilfried u.a. (Hrsg.) (2003): Erste Ergebnisse aus IGLU. Schülerleistungen am Ende der vierten Jahrgangsstufe im internationalen Vergleich. New York u.a.

Breit, Gotthard (2005): Politik in der Zeitung. Wochenschau Themenheft. Schwalbach/Ts.

Breit, Gotthard/Eichner, Detlef (2004): Die Fallanalyse im Politikunterricht. In: Frech, Siegfried/Kuhn, Hans-Werner/ Massing, Peter (Hrsg.): Methodentraining für den Politikunterricht. Schwalbach/Ts., S. 89-116

Breit, Gotthard/Guido Weber (2005): Wochenschau Methodik: Politik in der Zeitung. Schwalbach/Ts.

Eichner, Detlef (2006): Demokratie-Lernen im Politikunterricht durch Lebensweltanalysen. Über das Ich hinaus. Hamburg

Kuhn, Hans-Werner (2005): Mit Texten lernen: Textquellen und Textanalyse. In: Sander, Wolfgang (Hrsg.) (2005): Handbuch politische Bildung. Schwalbach/Ts., S. 509-522

Massing, Peter (2004): Die Textanalyse. In: Frech, Siegfried/Kuhn, Hans-Werner/Massing, Peter (Hrsg.): Methodentraining für den Politikunterricht. Schwalbach/Ts., S. 37-48

Möller, Jens/Schiefele, Ulrich (2004): Motivationale Grundlagen der Lesekompetenz. In: Schiefele, Ulrich/Artelt, Cordula/Schneider, Wolfgang/Stanat, Petra (Hrsg.): Struktur, Entwicklung und Förderung von Lesekompetenz. Vertiefende Analysen im Rahmen von PISA 2000. Wiesbaden, S. 101-124

Scholz, Lothar (2001): Methodenkiste. Reihe: Thema im Unterricht. Herausgegeben von der Bundeszentrale für politische Bildung. 2. Auflage, Bonn

Spinner, Kaspar H. (2004): Lesekompetenz in der Schule. In: Schiefele, Ulrich/Artelt, Cordula/Schneider, Wolfgang/Stanat, Petra (Hrsg.): Struktur, Entwicklung und Förderung von Lesekompetenz. Vertiefende Analysen im Rahmen von PISA 2000. Wiesbaden, S. 125-138

Weißeno, Georg (2002): Textanalyse. In: Kuhn, Hans-Werner/Massing, Peter (Hrsg.): Methoden und Arbeitstechniken. Lexikon der politischen Bildung. Band 3. Herausgegeben von Georg Weißeno. 3. Auflage, Schwalbach/Ts., S. 190-192

Weißeno, Georg (1993): Über den Umgang mit Texten im Politikunterricht. Schwalbach/Ts.

Werder, Lutz von/Schulte, Brigitte (1999): Lesen – Arbeiten mit Texten. In: kursiv. Journal für politische Bildung, Heft 2, S. 24-28

Lesen, Markieren, Exzerpieren

- Ist der im Unterricht einzusetzende Text der Lesekompetenz Ihrer Schülerinnen und Schüler angemessen?

- Haben Sie selbst eine angemessene Analyse des Textes während der Unterrichtsvorbereitung durchgeführt?

- Steht den Heranwachsenden für die Arbeit am Text ausreichend Zeit zur Verfügung?

- Welche Leseziele haben Sie für den Unterricht formuliert? Stehen sie im Zusammenhang mit den Lernzielen der Unterrichtseinheit?

- Mit welchen methodischen Mitteln (z.B. Lücken- oder Unsinnstext, Textpuzzle) kann die Lesemotivation der Jugendlichen gesteigert werden?

- Haben Sie angemessene Erschließungsfragen für die Textarbeit formuliert? Sollen die Schülerinnen und Schüler diese Fragen selbst formulieren?

- Mit welcher Methode (z.B. SQ3R) wollen Sie die Heranwachsenden an eine aktive Haltung beim Erlesen des Textes heranführen?

- Welche Zusatzinformationen sollten die Schülerinnen und Schüler an die Hand bekommen, um die im Text verwendeten Fachbegriffe und die sich darin abbildenden Funktionsprinzipien demokratischer Politik verstehen zu können?

Kurt Lach/Peter Massing

Umgang mit Statistiken und Tabellen

Politik vermittelt sich auch über Zahlen

Orientierungs-, Methoden-, Analyse- und Beurteilungskompetenz sind Kernkompetenzen des Politikunterrichts. Ihre Beherrschung ist die Voraussetzung, um „politische Mündigkeit" als zentrales Ziel des Politikunterrichts zu erreichen. Zu den Methoden, die zum Erreichen des angestrebten Ziels unverzichtbar sind, gehört auch die Analyse von Statistiken; denn Politik vermittelt sich nicht nur über Texte, sondern auch über Zahlen. Ohne die Fähigkeit, mit Statistiken reflektiert umgehen zu können, sind Schülerinnen und Schüler häufig den Argumenten politischer Akteure hilflos ausgeliefert, so dass politische Willensbildungsprozesse nicht kritisch begleitet werden können. Deshalb ist es eine wichtige Aufgabe des Politikunterrichts, den Lernenden die Scheu vor dem Umgang mit Statistiken zu nehmen und sie schrittweise mit der kritischen Analyse von Statistiken vertraut zu machen.

Statistiken werden unabhängig von der Sozialform bzw. der gewählten Makromethode sowohl im handlungsorientierten Unterricht als auch im traditionellen Unterricht als Informationsquellen benötigt. Damit Statistiken ihren Beitrag zur politischen Bildung leisten können, ist es notwendig, sie zwecksprechend und somit funktional einzusetzen. Schülerinnen und Schüler müssen in der Lage sein, ihnen wichtige Informationen zu entnehmen, diese miteinander zu verknüpfen und mithilfe ihrer Vorkenntnisse in größere Zusammenhänge einzuordnen, um sie abschließend kritisch reflektieren zu können.

Beitrag von Statistiken
zur politischen Bildung

Statistiken setzen „Lesekompetenz" und „Zahlenkompetenz" voraus

Der Umgang mit Statistiken setzt zunächst einmal „Lesekompetenz" voraus. Nur wenn sie vorhanden ist, können Statistiken themenbezogen genutzt werden. „Lesekompetenz" von Statistiken ist an verschiedene Voraussetzungen geknüpft. Zunächst einmal ist „Zahlenkompetenz" eine zentrale Bedingung, um Statistiken überhaupt verstehen zu können. Für den Politikunterricht sowie für den Alltag sind vier Zahlenarten von besonderer Bedeutung:

- **Absolute Zahlen**, die häufig in Tabellen in Teilmengen untergliedert werden (z.B. Bevölkerungszahlen). Zur Lesekompetenz gehört es, die Aussagekraft absoluter Zahlen angemessen erfassen und beurteilen zu können. Dies ist umso wichtiger, da absolute Zahlen wegen unterschiedlicher Erhebungsmethoden bzw. unterschiedlicher zeitlicher und räumlicher Bezüge häufig schwer miteinander zu vergleichen sind.
- **Relative Zahlen**: Sie werden entweder als Prozentzahlen oder Beziehungszahlen (z.B. BSP/Einwohner) angegeben. Auch relative Zahlen sind bezüglich ihrer Aussagekraft vom Anwender kritisch zu hinterfragen (z.B. hinsichtlich ihrer Bezugsgrößen).
- **Reale bzw. nominale Zahlen** (z.B. reales vs. nominales BIP): Auch der Umgang mit diesen Zahlenarten ist immer wieder sorgfältig zu prüfen, da bei diesen Zahlenarten häufig die Angabe fehlt, ob es sich um reale oder nominale Zahlen handelt.
- **Indexzahlen**: Bei ihnen werden statistische Daten in Zeitreihen zu einem Basisjahr in Beziehung gesetzt. Der Wert des Basisjahres wird gleich 100 gesetzt und mit allen darauf folgenden bzw. vergangenen Jahre in Beziehung gesetzt (z.B. Preisindex für die Lebenshaltung). Zur Lesekompetenz derartiger Zahlen gehört unter anderem, dass der Nutzer begründet einschätzen kann, inwieweit das Basisjahr repräsentativ ist.

Kompetenz zum „Lesen" von Statistiken

Des Weiteren müssen die verschiedenen Darstellungsformen von Statistiken gekannt und „gelesen" werden können. Unterschieden wird zwischen Tabellen und Diagrammen, die sich wiederum in lineare, flächenhafte, dreidimensionale und figürliche Diagramme unterscheiden lassen. Während Tabellen in aller Regel ohne mathematische Vorkenntnisse entziffert werden können, ist dies bei Diagrammen nicht immer der Fall. Dies gilt für die flächenhaften und dreidimensionalen Diagramme (z.B. Zusammenhang von Kreisfläche zur Größe des Werts) wie für Kurvendiagramme (z.B. Maßstabswahl für x- und y-Achse und deren Bedeutung für die Wirkung des Diagramms).

Zur „Lesekompetenz" gehört aber auch, dass die Nutzer von Statistiken über eine sachadäquate Fachsprache verfügen. Der Unterschied zwischen Bruttoinlandsprodukt (BIP) und Bruttosozialprodukt (BSP) sollte zum Beispiel bekannt sein, wenn wirtschaftliche Themen behandelt werden. Auch sollte man verschiedene Begriffsebenen unterscheiden und einander zuordnen können. Statistiken stellen häufig nur Indikatoren für dahinter stehende Ziele bzw. Inhalte dar. So ist die Darstellung der Entwicklung des realen BIP ein Indikator für wirtschaftliches Wachstum.

Da die „Lesekompetenz" von Statistiken bei Schülern und Schülerinnen in der Regel nicht sehr ausgeprägt ist, scheint es dringend geboten, diese Kompetenz im Politikunterricht systematisch zu trainieren. Ansonsten besteht die Gefahr, dass der Politikunterricht ein wichtiges Element im Zielbereich Methodenlernen verfehlt.

Beispiele aus der Praxis

BEISPIEL 1: KURVENDIAGRAMM

**Entwicklung der Rohstoffpreise an den internationalen Warenbörsen
(2000-2003)**
HWWA-Rohstoffindizes auf US-Dollar-Basis (1990 = 100)

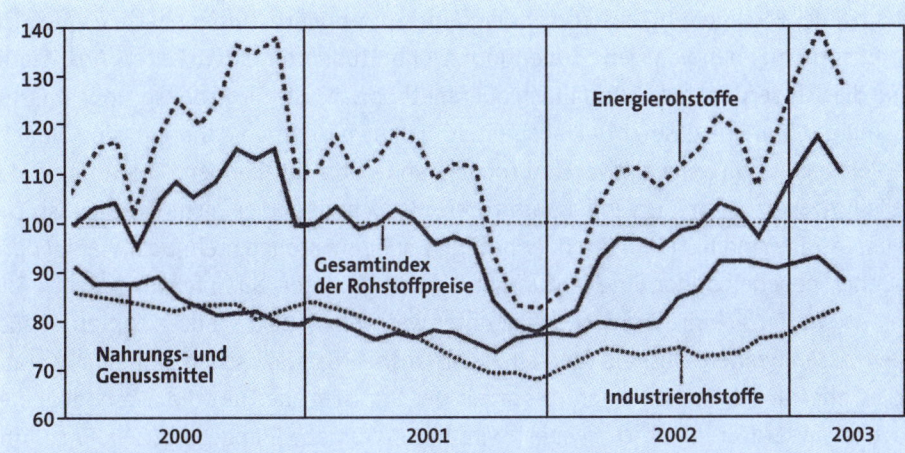

Quelle: Fischer Weltalmanach 2004, Frankfurt/M. 2003, S. 1207 f.

Arbeitsaufträge:

1. Was stellt die Statistik dar?

2. Wodurch wird der Gesamtindex maßgeblich beeinflusst? Und warum?

3. Erläutern Sie die dargestellten Entwicklungen der jeweiligen Rohstoffpreise für die
   Weltwirtschaft.

4. Wie bewerten Sie die Aussagekraft der Statistik?

Die hier vorgestellten Beispiele stammen nicht aus einer konkreten Unterrichtsstunde.
Sie wurden im Rahmen der universitären Lehrerausbildung an der FU Berlin im Winter-
semester 2005/06 als Trainingsmaterial für die Analyse von Statistiken eingesetzt. Trotz
vielfältiger Bemühungen gelang es nicht, ein geeignetes Beispiel aus der Unterrichtspraxis zu finden. Dies ist ein Indiz dafür, dass Statistiken im Unterricht als Informationsträger eher selten genutzt werden. Warum dies so ist, kann nicht fundiert gesagt werden.
Ein Grund kann sein, dass die Lehrenden mit diesem Medium nicht sehr vertraut sind und
sich deshalb scheuen, sich auf die Analyse von Statistiken einzulassen. Ein weiterer Grund
ist sicher auch darin zu sehen, dass der Unterrichtsstoff im Fach Politik über weite Strecken
ohne den Einsatz von Statistiken durchgeführt werden kann.

Die hier vorgestellten Beispiele hatten allein die Funktion, den zukünftigen Lehrerinnen
und Lehrern Wege zu zeigen, wie mit Statistiken sinnvoll umgegangen werden kann,
welche Möglichkeiten sie bieten und welche Schwierigkeiten auftreten können. Dazu
sollten die jeweiligen Statistiken über Erschließungsfragen aufbereitet und einer Analyse
zugänglich gemacht werden. Eine inhaltliche Einbettung gab es nicht.

Um das Kurvendiagramm „Entwicklung der Rohstoffpreise an den internationalen
Warenbörsen 2000-2003" angemessen analysieren zu können, benötigt die Lehrerin/der
Lehrer Methodenkompetenz im Umgang mit Indexzahlen (z.B. Bedeutung des Basis-
jahres, das Berechnungsverfahren von Indizes). Zusätzlich muss sie/er wissen, welche
Wirkungen bei der Umsetzung von statistischen Daten in ein Kurvendiagramm (z.B. Be-

Beispiele aus der universitären
Lehrerausbildung

deutung der Wahl des Maßstabes auf der x- und der y-Achse) entstehen können. Für die Erfassung der inhaltlichen Aussagen des Diagramms sind u.a. Kenntnisse über die Preisbildung, Marktformen und die Bedeutung der Warenbörse für die Preisentwicklung auf dem Rohstoffmarkt erforderlich. Für die Interpretation und kritische Reflexion werden zusätzlich noch Kenntnisse über die Struktur und die Funktionsweise der Weltwirtschaft benötigt.

Unergiebige Arbeitsaufträge

Auch wenn es keine inhaltliche Einbettung in den Seminarablauf gab und keine Zielvorgaben bei der Erschließung des Kurvendiagramms formuliert wurden, hätte es möglich sein müssen, aus den von den Studentinnen und Studenten entwickelten Arbeitsaufträgen die Schwerpunkte (z.B. inhaltlich oder methodisch), die die Arbeitsgruppe im Umgang mit der Statistik gesetzt hat, abzuleiten. Daraus hätte man dann ggf. eine didaktische Perspektive für eine fiktive Unterrichtsstunde ableiten können. Die Analyse der Arbeitsaufträge zu dem Kurvendiagramm zeigt jedoch, dass dies nicht möglich ist. Die Arbeitsaufträge sind nicht aufeinander bezogen, sondern stehen mehr oder weniger unverbunden nebeneinander. Eine Stufung und damit ein roter Faden fehlen gänzlich. Die Autoren konnten sich nicht entscheiden, unter welchem Aspekt sie das Diagramm auswerten lassen wollten. Deshalb fand eine Zielklärung im didaktischen Sinne nicht statt. Ging es eher um die inhaltlichen Aussagen der Statistik oder um die Methodik einer Statistikanalyse? Der inhaltliche Aspekt wird nur in Aufgabe 3 angesprochen. Er kommt in dieser Form unerwartet, eine Zielrichtung ist nicht zu erkennen. Die methodische Dimension wird in den verbliebenen drei Arbeitsaufträgen angesprochen, ohne dass deutlich wird, wie aus den Arbeitsaufträgen 1 und 2 die Informationen gewonnen werden können, die die Schülerinnen und Schüler befähigen, die Urteilsaufgabe 4 zu bewältigen.

Damit die Analyse von Statistiken und damit auch von Diagrammen gelingen kann, ist es weiterhin notwendig, die Fachbegriffe präzise, einheitlich und durchgängig gleich zu formulieren. Auch auf diesem Feld ist das vorliegende Produkt verbesserungsbedürftig. Eine begriffliche Unschärfe stellt zum Beispiel die wiederholte Verwendung des Wortes „Statistik" dar. Stattdessen wäre der Terminus „Kurvendiagramm" angemessener gewesen. Dies ist deshalb nicht unerheblich, weil Begriffsbildung ein wesentliches Element des Politikunterrichts ist.

Häufung von W-Fragen vermeiden

Darüber hinaus ist kritisch anzumerken, dass die Formulierung der Arbeitsaufträge nicht einheitlich ist. Neben drei „W-Fragen" wird eine Aufgabe in Form eines Impulses gestellt. Unter dem Aspekt, dass die Arbeitsaufträge eine differenzierte, langschrittig angelegte und nach Anforderungsbereichen gestufte Analyse des Kurvendiagramms anbahnen sollen, ist die Häufung der „W-Fragen" nicht optimal. „W-Fragen" können Schülerinnen und Schüler dazu verleiten, so zu antworten, wie die Frage es möglich macht. So könnte eine „richtige" Antwort auf die erste Frage „Vieles" und auf die vierte Frage „Gut" lauten. Beide Antworten wären richtig, würden aber sicher nicht den Erwartungen bzw. Intentionen der Lehrerin/des Lehrers entsprechen. Um derartige Friktionen zu vermeiden, kann nur empfohlen werden, Arbeitsaufträge als Impulse mit Aufforderungscharakter zu formulieren, so wie in Aufgabe 3 geschehen.

Die Anordnung der Aufgaben ist sprunghaft und lässt keinen roten Faden erkennen. Zwar ist eine Stufung hinsichtlich des Schwierigkeitsgrads erkennbar, jedoch ist ein innerer Zusammenhang – ein roter Faden – nicht erkennbar. Dies hat zur Folge, dass die Schülerinnen und Schüler nicht erschließen können, unter welchem Schwerpunkt die Analyse des Kurvendiagramms erfolgen soll. Darüber hinaus werden die vorliegenden Erschließungsaufgaben die Lernenden nicht befähigen, die Urteilsaufgabe bewältigen zu können.

Optimierungsvorschläge

Die Optimierungsvorschläge versuchen, die oben angesprochenen Defizite zu vermeiden. Der erste Vorschlag analysiert das Kurvendiagramm unter einem inhaltlichen Schwerpunkt. Ziel ist es, die Folgen der Rohstoffpreisentwicklung kritisch zu reflektieren. Im Zentrum der Analyse stehen die verfügbaren Daten. Ganz bewusst wird auf eine Einordnung der dargestellten Sachverhalte in komplexe weltwirtschaftliche Zusammenhänge verzichtet. Die Schülerinnen und Schüler sollen lediglich mögliche Auswirkungen der Entwicklung der Rohstoffpreise auf die Entwicklungsländer, deren Export monostrukturell auf Nahrungs- und Genussmittel ausgerichtet ist, kritisch reflektieren. Mit der Reduktion der Problematisierung auf den Import und Export von Rohstoffen bleibt der Bezug zu den Aussagen des Kurvendiagramms erhalten. Erwartet wird, dass die Lernenden selbstständig die Interessen der betroffenen Entwicklungsländer in Form von Forderungen formulieren können.

A) SCHWERPUNKT INHALT:

Arbeitsaufträge:

1. Untersuchen Sie das Kurvendiagramm unter formalen Gesichtspunkten (u.a. Tabellenüberschrift, Zahlenart, inhaltliche Abgrenzung [zeitlich, räumlich], Maßstab, Gruppenbildung).

2. Beschreiben Sie die zentralen Aussagen des Kurvendiagramms und belegen Sie Ihre Aussagen anhand der vorliegenden Daten.

3. Erläutern Sie mithilfe der vorliegenden Daten, welche Konsequenzen sich daraus für verschiedene Staatengruppen (z.B. rohstoffabhängige bzw. rohstoffunabhängige Industriestaaten, Erdöl exportierende Länder) ergeben.

4. Setzen Sie sich mit der Entwicklung der Rohstoffpreise aus der Sicht eines Entwicklungslands, das fast ausschließlich Nahrungs- und Genussmittel exportiert, kritisch auseinander.

Alle Arbeitsaufträge sind als Impulse mit Aufforderungscharakter formuliert worden, beziehen sich aufeinander und sind gestuft. Sie enthalten teilweise ergänzende Hinweise. Diese sind hilfreich für Schülerinnen und Schüler, die die Methode „Analyse von Statistiken" noch nicht sicher beherrschen. Sobald diese Fertigkeit selbstständig angewendet werden kann, sind sie jedoch überflüssig.

Arbeitsaufträge sind als Impulse formuliert

Der zweite Optimierungsvorschlag versucht alternativ zum ersten die Erschließung des Kurvendiagramms unter methodischen Gesichtspunkten. Dabei wird teilweise auf Aspekte der Beispielaufgaben zurückgegriffen. Ziel der Analyse ist es, Schülerinnen und Schüler dazu zu bewegen, sich über die Aussagekraft von Indexzahlen im Rahmen eines Kurvendiagramms klar zu werden und über Grenzen und Möglichkeiten einer derartigen Darstellungsform nachzudenken. Deshalb steht – anders als im ersten Optimierungsvorschlag – die Methode im Zentrum der Analyse. Inhaltliche Aussagen der Daten werden nur benötigt, um die Besonderheiten des Mediums zu verdeutlichen. Sie haben lediglich eine dienende Funktion.

Die Methode steht im Zentrum der Analyse

B) SCHWERPUNKT METHODENLERNEN:

Arbeitsaufträge:

1. Untersuchen Sie das Kurvendiagramm unter formalen Gesichtspunkten (u.a. Tabellen-überschrift, Zahlenart, inhaltliche Abgrenzung [zeitlich, räumlich], Maßstab, Gruppen-bildung, Übersichtlichkeit, Genauigkeit).

2. Erläutern Sie unter Bezugnahme auf die bisherigen Arbeitsergebnisse die Grenzen und Möglichkeiten von Indexzahlen und Kurvendiagramme.

3. Beurteilen Sie, ob es sinnvoll ist, die Entwicklung der Rohstoffpreise in der vorliegenden Form darzustellen.

BEISPIEL 2: TABELLEN

Tab.1: Die zehn Staaten mit dem höchsten Bruttoinlandsprodukt
(zu Marktpreisen) in Mrd. US-Dollar (nach Weltbank)

	2001	2000	1990
USA	10.065,3	9.837,4	5.750,8
Japan	4.141,4	4.841,6	3.052,1
Deutschland	1.846,1	1.873,0	1.688,6
Großbritannien	1.424,1	1.414,6	987,6
Frankreich	1.309,8	1.294,2	1.215,9
VR China	1.159,0	1.079,9	354,6
Italien	1.088,8	1.074,0	1.102,4
Kanada	694,3	687,9	574,2
Mexiko	617,8	574,5	262,7
Spanien	581,8	576,0	510,0

Tab. 2: Die zehn reichsten Staaten
Bruttosozialprodukt je Einwohner in US-Dollar (nach Weltbank, ohne Kleinststaaten)

	2001	2000	reale Veränderung 2000/2001
Luxemburg	39.840	42.060	- 5,3%
Schweiz	38.330	38.140	+ 0,3%
Norwegen	35.630	34.530	+ 3,2%
Japan	35.610	35.620	0,0%
USA	34.280	34.100	- 0,5%
Dänemark	30.600	32.280	- 5,2%
Island	28.910	30.390	- 6,4%
Schweden	25.400	27.140	+ 1,0%
Großbritannien	5.120	24.430	+ 2,8%
Niederlande	24.330	24.970	- 2,6%

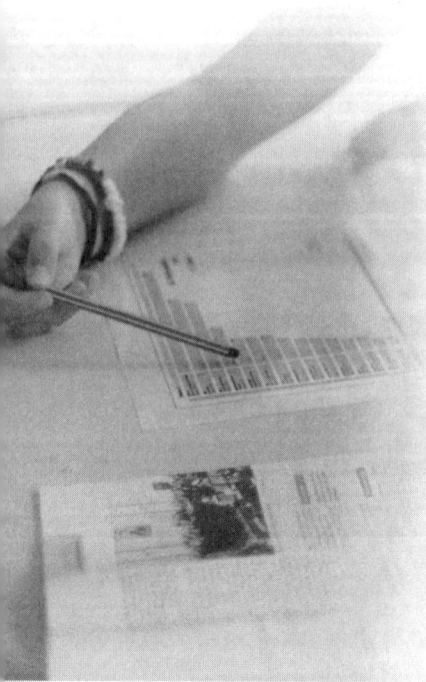

Tab. 3: **Die zehn ärmsten Staaten**

Bruttosozialprodukt je Einwohner in US-Dollar (nach Weltbank, ohne Kleinststaaten)

	2001	2000	reale Veränderung 2000/2001
Tadschikistan	180	180	0,0%
Niger	180	180	0,0%
Malawi	160	170	- 5,9%
Guinea-Bissau	160	180	- 11,1%
Eritrea	160	170	- 5,9%
Sierra Leone	140	130	+ 7,7%
Liberia	140	k. Ang.	entfällt
Burundi	100	110	- 9,1%
Äthiopien	100	100	0,0%
Dem. Rep. Kongo	80	100	- 20,0%

Quelle: Fischer Weltalmanach 2004. Frankfurt/M. 2003, S. 1142

Arbeitsaufträge:

1. Nenne Gründe, warum die Reihenfolge der aufgelisteten Staaten bei Tabelle 1 nicht gleich der Reihenfolge der Staaten in Tabelle 2 ist.

2. Erläutere, inwiefern die von Dir genannten Gründe erklären, warum die Top 5 in Tabelle 1 und Tabelle 2 nicht identisch sind.

3. Erläutere, welcher Konflikt sich in den Tabellen 2 und 3 abzeichnet.

4. Nimm zu der folgenden Aussage Stellung: „Eine Niederländerin kann sich von ihrem Einkommen 243 Mal so viel kaufen wie ein Äthiopier."

5. Bewerte, inwiefern das vorliegende Zahlenmaterial etwas über den tatsächlichen Wohlstand der Menschen in den genannten Ländern aussagt. Begründe Deine Meinung.

Das zweite Beispiel befasst sich mit Statistiken zum Thema „Weltwirtschaftliche Entwicklungen und Probleme". Zu analysieren waren drei Tabellen, die Aussagen zum weltweiten Wohlstands- und Wachstumsgefälle ermöglichen. Die Aufbereitung dieser Tabellen mithilfe geeigneter Erschließungsfragen ist nicht leicht, da die Tabellen eine Fülle von Informationen zu unterschiedlichen Sachverhalten bieten. Aufgabe der Analyse ist es demzufolge auch, die verschiedenen Aspekte zu bündeln und in einen größeren Zusammenhang einzuordnen. Es versteht sich von selbst, dass dies ohne gewisse Vorkenntnisse nicht zu leisten ist. Erschwerend kommt hinzu, dass für die Analyse dieser Statistiken sichere methodische und fachliche Kenntnisse benötigt werden. Der Unterschied von Bruttosozialprodukt (BSP) und Bruttoinlandsprodukt (BIP) muss ebenso bekannt sein wie der von realen und nominalen Werten. Des Weiteren müssen die Akteure in der Lage sein, die Vergleichbarkeit der Daten zu problematisieren (z.B. Wechselkurs vs. KKP-Kurs (Kaufkraftparität), Produktion für den Markt vs. Subsistenzwirtschaft).

Notwendigkeit methodischer und fachlicher Kenntnisse

Schließlich müssen die Nutzer dieser Tabellen auch in der Lage sein zu prüfen, ob die „realen Veränderungen 2000/2001" auch korrekt berechnet wurden. Dazu ist es notwendig, dass diejenigen, die sich mit diesen Tabellen beschäftigen, den entsprechenden Rechenweg kennen. Macht man sich die Mühe, dann stellt man fest, dass in Tabelle 2 (Die zehn reichsten Staaten) die Werte von Luxemburg, Island und Schweden falsch berechnet wurden. Hier wäre ein Ansatz, um im Unterricht die Glaubwürdigkeit von Statistiken kritisch zu hinterfragen.

In dem vorliegenden Beispiel konzentriert sich die Analyse auf die Aussagekraft der Tabellen (drei von fünf Arbeitsaufträgen). Die Erschließungsfragen sind als Impulse mit Aufforderungscharakter formuliert worden. Sie sind langschrittig angelegt, nach Schwierigkeit und Komplexität gestuft. Alle drei Anforderungsbereiche werden angesprochen („Nennen, Erläutern, Stellung nehmen, Bewerten"). Wenn die Aufbereitung der Statistiken

Mängel durch die Erschließungsfragen dennoch nicht voll zu überzeugen vermag, so liegt dies daran, dass es schwer fällt, in der Abfolge der Arbeitsaufträge einen roten Faden zu erkennen. Ein innerer inhaltlicher Zusammenhang zwischen den Erschließungsfragen ist kaum erkennbar. Eine eindeutige Schwerpunktsetzung erfolgt nicht. Die Arbeitsaufträge bauen nicht aufeinander auf und führen zu keinem eindeutig definierten Ziel. Dies hat zur Folge, dass die Problematisierungsfragen den Adressaten unvermutet und unvorbereitet präsentiert werden. Ob sie von ihnen beantwortet werden können, bleibt fraglich.

Obwohl die Erschließungsfragen gestuft sind und man deshalb annehmen könnte, dass sich die Autoren an die Empfehlungen zur Analyse von Statistiken gehalten haben (vgl. die **Checkliste** im Anhang, S. 30), ist dieser Eindruck dennoch nicht zutreffend. Zum Beispiel setzt die Beantwortung des Arbeitsauftrags „Nenne Gründe, warum die Reihenfolge der aufgelisteten Staaten bei Tabelle 1 nicht gleich der Reihenfolge der Staaten in Tabelle 2 ist." die Kenntnis der zentralen Aussagen der beiden Statistiken voraus und ist somit vom inhaltlichen Gehalt her eher einem höheren Anforderungsbereich zuzuordnen. Wenn dies so ist, dann fehlen in dem vorgelegten Beispiel Erschließungsaufgaben zu den Bereichen „Annäherung unter formalen Gesichtspunkten" und „Beschreibung". Ohne die Erarbeitung dieser grundlegenden Sachverhalte fehlt jedoch eine wesentliche Voraussetzung für eine materialbezogene Aufbereitung und Auswertung der Statistiken. Vielleicht vermag dies auch zu erklären, warum der innere Aufbau der Erschließungsfragen nicht stringent ist und die Antworten auf die Arbeitsaufträge größtenteils ohne die Tabellen vorgenommen werden können. Die Statistiken haben bei dieser Art der Aufgabenstellung eher die Funktion eines „Stichwortgebers", sind aber nicht selbst Ausgangspunkt und Gegenstand der Analyse.

Optimierungsvorschlag

Der Optimierungsvorschlag analysiert die Tabellen unter einem methodischen Schwerpunkt. Ziel ist es, die Aussagekraft von Statistiken bezüglich aktueller weltwirtschaftlicher Entwicklungen und den daraus resultierenden Problemen kritisch zu reflektieren. In diesem Fall haben die inhaltlichen Aussagen der Tabellen lediglich eine dienende Funktion. Sie werden benötigt, um die eigentlichen Ziele der Analyse, nämlich die Methodenreflexion, zu ermöglichen.

Ausgangspunkt der Analyse sind die verfügbaren Daten. Vorausgesetzt wird, dass die Schülerinnen und Schüler verschiedene Zahlenarten kennen, über ökonomische Grundkenntnisse verfügen und sich schon einmal mit der Nord-Süd-Problematik beschäftigt haben. Auf dieser Basis sollte es möglich sein, die Aussagekraft der vorgelegten Tabellen materialbezogen zu analysieren und kritisch zu reflektieren. Damit wird aber auch deutlich, dass der vorliegende Vorschlag besonders für den Einsatz in der gymnasialen Oberstufe geeignet ist.

Arbeitsaufträge:

1. Untersuchen Sie die vorliegenden Tabellen unter formalen Gesichtspunkten (Überschriften, Zahlenarten, Größen, Urheber, Quelle, Unklarheiten bzw. Fehler).

2. Stellen Sie unter Beachtung der zeitlichen Dimension die zentralen Aussagen der einzelnen Tabellen dar.

3. Erläutern Sie in einem nächsten Schritt, was das Zahlenmaterial über das Wirtschaftswachstum und die Entwicklung des Wohlstands in der Welt aussagt und was nicht.

4. Problematisieren Sie nun die Grenzen und Möglichkeiten, die Entwicklung des globalen Wirtschaftswachstums und Wohlstands statistisch zu erfassen. Diskutieren Sie alternative Konzepte.

Alle Arbeitsaufträge sind als Impulse mit Aufforderungscharakter formuliert worden, beziehen sich aufeinander und sind abgestuft. Die verschiedenen Schritte bei der Analyse von Statistiken (vgl. die **Checkliste**, S. 30) werden beachtet. Während die Arbeitsaufträge 1 und 2 sehr materialnah bearbeitet werden können, ist die dritte Aufgabe nicht ohne Vorkenntnisse zu lösen. Auf der Basis der in den vorangegangenen Aufgaben gewonnenen Erkenntnisse sollte abschließend eine kritische Reflexion der angesprochenen Sachverhalte möglich sein.

Literatur

Ackermann, Paul/Gaßmann, Reinhard (1991): Arbeitstechniken politischen Lernens kurz gefasst. Stuttgart

Franz, Wilhelm (1999): Medien. In: Mickel, Wolfgang (Hrsg.): Handbuch zur politischen Bildung. Schriftenreihe der Bundeszentrale für politische Bildung, Band 358. Bonn, S. 438-444

Pandel, Hans-Jürgen/Schneider, Gerhard (Hrsg.) (1998): Handbuch Medien im Geschichtsunterricht. Schwalbach/Ts.

Senatsverwaltung für Bildung, Jugend und Sport (Hrsg.) (o.J.): Curriculare Vorgaben für die gymnasiale Oberstufe im Fach Politikwissenschaft, gültig ab Schuljahr 2005/06. Berlin

Wallert, Werner (1993): Geomethoden. Stuttgart

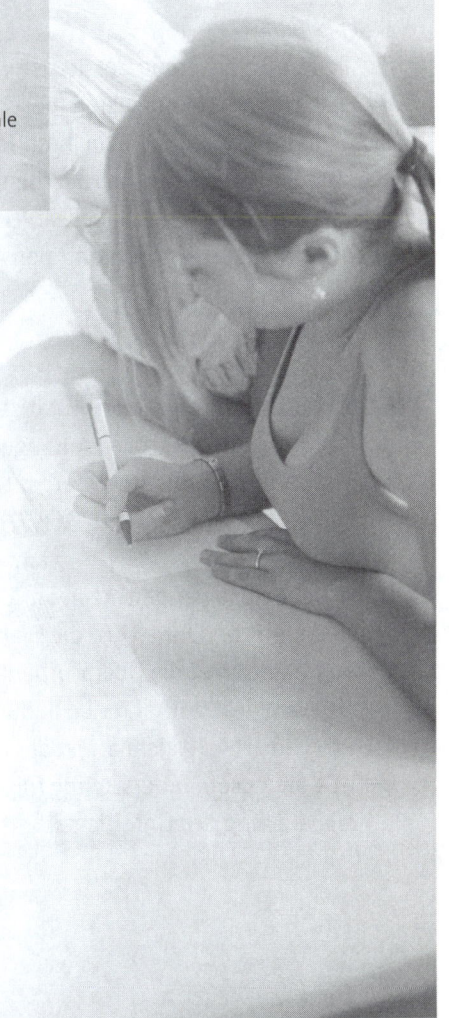

Checkliste

Umgang mit Statistiken und Tabellen

Auswahl von Statistiken

- Welche Ziele verfolge ich mit der Statistik im Unterricht?
- Sind mit ihr wichtige Kategorien des Politischen zu erarbeiten?
- Welche Darstellungsform ist für die Umsetzung der Ziele besonders geeignet?
- Ist der Schwierigkeitsgrad der Lerngruppe angemessen?
- Ist der Grad an Komplexität den Zielen und der Lerngruppe angemessen?
- Ist die Datenfülle sachadäquat?

Erschließung von Statistiken

Annäherung unter formalen Gesichtspunkten

- Welche Überschrift hat die Statistik?
- Welche Darstellungsform wird gewählt?
- Welche Zahlenarten liegen vor (absolute oder relative Zahlen, reale oder nominale Zahlen, Prozentzahlen, Indexzahlen)?
- Sind die vorliegenden Zahlen fehlerhaft?
- Wie wurden die Zahlen gewonnen (gezählt, geschätzt, vorläufig oder fortgeschrieben)?
- Welche Größen werden dargestellt? Wofür sind sie ein Indikator?
- Wer hat die Daten erhoben bzw. veröffentlicht?
- Ist die Quelle angegeben?

Beschreibung

- Gliederungskriterium der Statistik erfassen.
- Die Extremwerte markieren (besonders wichtig bei Zeitreihen).
- Zeitliche Entwicklungen in ihren Tendenzen beschreiben (u.a. gleichmäßig? sprunghaft?).
- Zahlenangaben eventuell bearbeiten (Berechnung von Prozentanteilen, Spalten- bzw. Zeilensummen).
- Ggf. Umsetzung einer Tabelle in ein Kurvendiagramm.
- Zusammenstellung der zentralen Aussagen der Statistik in Form eines „Statistikreferats".
- Visualisierung der zentralen Aussagen in Form einer Strukturskizze.

Erklärung

- Fachlichen Hintergrund der Statistik erfassen.
- Einordnung der zentralen Aussagen in größere Zusammenhänge vollziehen.
- Einordnung der Aussagen der Statistik in größere sachliche und theoretische Zusammenhänge.

Bewertung

- Kritische Auseinandersetzung mit der Statistik durchführen (u.a.: Ist die Überschrift eindeutig? Passen Überschrift und Inhalt? Ist die Wahl des Zeitraums und der Daten sachadäquat? Ist die Darstellungsform angemessen? Ist die Überprüfbarkeit gewährleistet? Ist die Aufbereitung der Daten angemessen [z.B. Wahl des Basisjahres bei Indexzahlen]? Sind Fehler feststellbar? Sind die Daten aussagekräftig und miteinander vergleichbar? Ist der Urheber der Daten seriös?).
- Kritische Auseinandersetzung mit den inhaltlichen Aussagen der Statistik vor dem Hintergrund der Fragestellung des Unterrichts.

Siegfried Frech

Das Protokoll

Protokolle sind ein Instrument der politischen Kommunikation

„....und wer schreibt heute das Protokoll der Sitzung?" Dieser Satz löst in aller Regel bei Besprechungsteilnehmern Verlegenheit und geschäftige Tätigkeiten aus. Geschäftigkeit kann durch das Blättern im Terminkalender mit gesenktem Kopf, durch das umständliche und Zeit in Anspruch nehmende Suchen nach Sitzungsunterlagen in der Aktentasche oder durch einen nachdenklichen, in sich gekehrten Blick – der auf eine anstrengende Denkleistung schließen lässt – dokumentiert werden. Findet sich dann schlussendlich ein Protokollant, kann man das Aufatmen förmlich spüren, gelegentlich auch hören. Überträgt man diese Situation von einem Besprechungs- in ein Klassenzimmer, so bietet sich auch hier eine Palette diverser „Übersprungshandlungen" an. Sei es, dass man durch das geöffnete Fenster interessiert einen Schmetterling bei seinen Flugübungen beobachtet, mit den Fingern gelassen eine rhythmische Abfolge auf den Tisch klopft, an die Decke starrt und unschuldig vor sich hin pfeift. Kurzum: Obwohl das Schreiben von Protokollen als „Dienst am Mitmenschen" (Schlichte 1999, S. 129) bezeichnet wird, ist die Anfertigung von Verlaufs- oder Ergebnisprotokollen bei Schülerinnen und Schülern ähnlich unbeliebt wie bei Studierenden, Lehrkräften und anderweitigen Berufsgruppen. (Im Übrigen sind Protokolle auch bei denjenigen unbeliebt, die sie einordnen und ablegen müssen!)

Protokolle gehören zur Praxis des gesellschaftlich-politischen Lebens. Sie sind Teil des Handlungsrepertoires aktiver Bürgerinnen und Bürger (vgl. Ackermann 2004, S. 122) und mithin ein Instrument der politischen Kommunikation. Die Einübung dieser Arbeitstechnik in Schule und Unterricht bereitet somit auf die „aktive Teilnahme des Einzelnen an der Politik auf den unterschiedlichsten Ebenen vor" (Detjen 1999, S. 428).

Protokollieren ist für Schülerinnen und Schüler eine anspruchsvolle Aufgabe. Die Erstellung eines Protokolls erfordert einen hohen Grad an Konzentration und die Fähigkeit, relevante und unwichtige Informationen voneinander zu unterscheiden (vgl. Gaßmann/ Greiner 2002). Ein souveräner Umgang mit dieser Textsorte erfordert die Wiedergabe objektiver Informationen bei gleichzeitigem Verzicht auf persönliche Stellungnahmen und/ oder Meinungsäußerungen. Daher wird diese Arbeitstechnik in aller Regel Schülerinnen und Schülern höherer Klassenstufen vorbehalten bleiben, zumal das Protokollieren zum Bereich wissenschaftspropädeutischer Leistungen gehört (vgl. auch die Kapitel „Facharbeit" und „Referat" in diesem Band).

Protokollieren ist eine anspruchsvolle Aufgabe

Begriffsklärung und Protokollarten

Das Protokoll ist eine besondere Form des Berichts, der durch seine sachliche Form und die korrekte Wiedergabe von Ereignissen und Ergebnissen gekennzeichnet ist (vgl. Langer/Seybold 1999, Stichwort: Protokoll, S. 1). Nicht anders verhält es sich bei der Aufgabe, eine Unterrichtsstunde zu protokollieren:

> „Ein Protokoll ist der sachlich richtige und übersichtlich angeordnete schriftliche Sachbericht über Verlauf und Ergebnis einer Unterrichtsstunde. (...) Es erfordert vom Schüler die Fähigkeit, disparate Lehrer- und Schüleräußerungen zusammenzufassen und in gedanklich geordneter und sprachlich korrekter Weise wiederzugeben. Das Erfassen des Gedankengangs einer Unterrichtsstunde und die Zuordnung einzelner Diskussionsbeiträge stellt eine Leistung dar, die im Blick auf (...) die allgemeine Studierfähigkeit nicht unterschätzt werden sollte. Die Unterscheidung von Ergebnis- und Verlaufsprotokoll sowie die Einübung der Formalien (Kopfleiste, wörtliche Zitate und indirekte Rede, Zusammenfassung längerer Passagen, keine wertende Stellungnahme usw.) sind Aufgaben des Deutschunterrichts und müssen auch in anderen Fächern geübt werden. (...) Die ausgewählten Schwerpunktprotokolle zu wichtigen Themen werden nach der Korrektur und Besprechung in der Klasse (...) allen Schülern für die Vorbereitung auf Klausuren und zur Korrektur der eigenen Aufschriebe verfügbar gemacht"
>
> (Müller 2004, S. 321).

Es gibt unterschiedliche Arten von Protokollen:

- Das **Ergebnisprotokoll** ist für Schule und Studium die wohl wichtigste Protokollform (vgl. Schlichte 1999). Dieses Protokoll fasst in systematischer Sicht zusammen – sowohl die wichtigsten Thesen eines Referats wie auch die Kommentare, Fragen und Ergänzungen. Zu den Ergebnissen gehören auch, insofern sie Gegenstand der Diskussion waren, offene Fragen und Arbeitsanregungen.
- **Verlaufsprotokolle** hingegen sind anspruchsvoller und auch schwieriger anzufertigen. Ein Verlaufsprotokoll bemüht sich um eine möglichst realitätsnahe Darstellung der Abfolge von Diskussionen und/oder Geschehnissen. Auf die Situation einer Unterrichtsstunde bezogen, heißt dies, dass ein komplexer, in aller Regel nicht „unbedingt geradliniger Unterrichtsverlauf (...) in sachlich adäquater und stringenter Form wiedergegeben werden" (Sauer 2004, S. 636) muss.
- Das **Beschlussprotokoll** ist eine Form, die für Gremien in Frage kommt (vgl. Schlichte 1999, S. 129 ff.) und enthält nur die Beschlüsse oder Ergebnisse einer Besprechung, Sitzung oder Veranstaltung. Es dient dazu, die „getroffenen Entscheidungen für Außenstehende, Abwesende und Teilnehmer festzuhalten" (a.a.O.). Wegen seiner Kürze wird diese Protokollform besonders für Sitzungs- und Konferenzprotokolle verwendet. Bei einem Beschlussprotokoll werden die Anträge und Beschlüsse in der Regel wörtlich und die Abstimmungsergebnisse in Zahlen wiedergegeben (vgl. Ackermann/Gaßmann 1991, S. 18).
- Das **wörtliche Protokoll** beruht auf eine akribischen Niederschrift bzw. Transkription des genauen Wortlauts einer Diskussion, Debatte oder Verhandlung (vgl. Schlichte 1999, S. 130). Diese äußerst aufwändige Protokollform findet z.B. im Justizwesen, bei Parlamentsdebatten und bei Forschungsvorhaben, die sich auf Interviews stützen, Verwendung.
- Ein **Gedächtnisprotokoll** wird erst nachträglich erstellt, weil man zum Beispiel erst im Nachhinein die Notwendigkeit einer Niederschrift erkennt. Zumeist leidet bei Gedächtnisprotokollen jedoch die Detailgenauigkeit.

Für schulische Belange kommen von diesen Formen Ergebnis- und Verlaufsprotokolle in Frage. Angesichts der niveauvollen und aufwändigen Arbeit, die mit solchen Protokollen verbunden ist, wird man sicher nur wenige ausgewählte Stunden im Politikunterricht protokollieren – etwas solche Stunden, in denen es um „Überblicke und zusammenfassende Interpretationen, um Kontroversen oder Diskussionen geht" (Sauer 2004, S. 637). Gleichwohl gilt auch für diese (wenigen) Protokolle, dass sie einen dokumentarischen und verbindlichen Charakter haben, somit formalen und inhaltlichen Standards (vgl. **Kopiervorlage**, S. 35) genügen müssen.

Methodische Eigenschaften und Funktionen

Protokolle können in ihrer Eigenschaft als Arbeitstechnik (vgl. Massing 2002, S. 6.), als mediales Hilfsmittel sowie als Textsorte (Pleticha/Thiel 2005, S. 514) betrachtet werden. Unter dem Gesichtspunkt einer Arbeitstechnik „aktivieren sie die kognitive Leistungsfähigkeit und fördern die Selbsttätigkeit der Lernenden" (Detjen 1999, S. 429). Als mediales Hilfsmittel vergegenwärtigen sie den im Unterricht behandelten Gegenstand bzw. die im Unterricht geführte Diskussion auf einer „Ebene des Verstehens und Formulierens, die Schülern zugänglich ist" (a.a.O.). Als Textsorte verlangt ein Protokoll sachliche und knappe Formulierungen sowie eine bestimmte Form (vgl. **Kopiervorlage**, S. 35). Sprachliche Ausschmückungen und persönliche Kommentare werden nicht verwendet. Der Text wird grundsätzlich im Präsens verfasst, verlangt jedoch – wenn Begründungen und Redebeiträge aufgenommen werden – den Gebrauch des Konjunktivs. Wertende Kommentare sind zwar nicht verboten, müssen als solche aber zweifelsfrei kenntlich gemacht werden (vgl. Schlichte 1999, S. 129). Eine Absprache bzw. Koordination mit dem Deutschunterricht, in dem gezielte Hilfen für die Erstellung von Protokollen gegeben werden, ist daher nahe liegend.

> Absprache mit dem Deutschunterricht

Protokolle haben in der Praxis des Politikunterrichts die Aufgabe der Ergebnissicherung, dienen als Gedächtnisstütze und ermöglichen – bei der Besprechung des Protokolltextes – das erneute Anknüpfen an den Diskussionsstand der vorausgegangenen Stunde (vgl. Detjen 1999, S. 430). Notgedrungen sind auch Protokolle, die im Rahmen des Politikunterrichts erstellt werden, unvollständig. Dies ist nicht sonderlich dramatisch, denn das Protokoll kann im Nachhinein allen Schülerinnen und Schülern zur Genehmigung vorgelegt werden, um Unstimmigkeiten und/oder Lücken zu beseitigen. Protokolle von Unterrichtsstunden sind also eine von allen Schülerinnen und Schülern autorisierte offizielle Form der Aufzeichnung (vgl. Sauer 2004, S. 637). Dies entbindet Lehrerinnen und Lehrer jedoch nicht von der Aufgabe, die Erstellung von Schülerprotokollen inhaltlich und formal zu betreuen (vgl. Meyer 1993, S. 173 f.).

> Die Anfertigung eines Protokolls muss betreut werden

Methodische Hilfestellungen

Wenn das Protokollieren gemeinhin als anspruchsvolle Aufgabe (vgl. Detjen 1999, S. 429) bezeichnet wird, sind – insbesondere bei darin noch wenig erfahrenen Schülerinnen und Schülern – flankierende Hilfen sowie eine formale und inhaltliche Betreuung durch Lehrerinnen und Lehrer notwendig.

In der Praxis haben sich mehrere Betreuungsschritte bewährt:
- Vor der eigentlichen Stunde, die protokolliert werden soll, sind die Schülerinnen und Schüler mit den formalen Anforderungen eines Protokolls vertraut zu machen. Dies kann, gerade bei jüngeren Schülern, auch in Form von angemessenen Tipps bzw. praktischen Hinweisen erfolgen (vgl. **Kopiervorlage**, S. 35).
- Während der zu protokollierenden Unterrichtsstunde ist darauf zu achten, dass sich die Protokollantin/der Protokollant nicht an der Diskussion beteiligt und auf das

Zuhören und den Mitschrieb konzentrieren kann. Erlaubt hingegen, und meist auch notwendig, sollten Zwischenfragen der Protokollierenden sein, um Missverständnisse zu vermeiden oder aber Klarheit für das Protokoll herzustellen (vgl. Schlichte 1999, S. 130; Ackermann/Gaßmann 1999, S. 18). Das sachgerechte Mitschreiben und Nachzeichnen der Gedankengänge erfordert ein äußerst konzentriertes Zuhören. Je nach den Gegebenheiten einer Klasse kann es deshalb sinnvoll sein, Protokolle von einer kleinen Schülergruppe verfassen zu lassen (vgl. Sauer 2004, S. 637).

- Unmittelbar nach dem Ende der zu protokollierenden Stunde empfiehlt sich eine kurze Besprechung der Lehrkraft mit der Protokollantin bzw. dem Protokollanten, um wichtige Punkte, die das Protokoll enthalten sollte, bzw. offene Fragen zu klären. Hier ist auch der Rat angezeigt, dass die Niederschrift unmittelbar nach der Stunde bzw. höchstens ein paar Stunden später angefertigt werden sollte, denn zu diesem Zeitpunkt ist noch vieles im Gedächtnis, was nicht notiert werden konnte (vgl. Schlichte 1999, S. 130).

- Bevor das Protokoll in der Folgestunde verlesen und von allen Schülerinnen und Schülern autorisiert wird, sollte die Lehrkraft denn Wortlaut des Protokolls schon kennen und ggf. auftretende Schwierigkeiten in sachlicher und sprachlicher Hinsicht identifizieren.

- Unter Umständen ist es auch angezeigt, der vortragenden Schülerin/dem vortragenden Schüler Hinweise für die Präsentation zu geben (vgl. auch das Kapitel „Referat" in diesem Band).

- Im Protokoll enthaltene Fehler werden während oder unmittelbar nach der Stunde behoben (vgl. Meyer 1993, S. 173). Und schließlich hat die Lehrerin bzw. der Lehrer für die Vervielfältigung der Protokolle zu sorgen sowie auf eine sprachlich und formal ansprechende Gestaltung der schriftlichen Ausarbeitung zu achten.

Literatur

Ackermann, Paul (2004): Bürgerhandbuch. Basisinformationen und 66 Tipps zum Tun. 3. Auflage, Schwalbach/Ts.

Ackermann, Paul/Gaßmann, Reinhard (1991): Arbeitstechniken politischen Lernens kurzgefasst. Stuttgart

Detjen, Joachim (1999): Protokoll/Bericht/Referat. In: Mickel, Wolfgang W. (Hrsg.): Handbuch zur politischen Bildung. Schriftenreihe der Bundeszentrale für politische Bildung. Band 358. Bonn, S. 428-433

Gaßmann, Reinhard/Greiner, Monika (2002): Niederschrift – Protokoll – Sitzungsbericht. In: Kuhn, Hans-Werner/Massing, Peter (Hrsg.): Methoden und Arbeitstechniken. Lexikon der politischen Bildung. Band 3. Herausgegeben von Georg Weißeno. 3. Auflage, Schwalbach/Ts., S. 117

Langer, Wolfgang/Seybold, Hansjörg (1999): Wissenschaftliches Arbeiten: Facharbeit und besondere Lernleistung. planen – erstellen – präsentieren. CD-ROM und Handbuch. Stuttgart, Düsseldorf, Leipzig

Massing, Peter (2002): Arbeitstechniken. In: Kuhn, Hans-Werner/Massing, Peter (Hrsg.): Methoden und Arbeitstechniken. Lexikon der politischen Bildung. Band 3. Herausgegeben von Georg Weißeno. 3. Auflage, Schwalbach/Ts., S. 6-7

Meyer, Hilbert (1993): UnterrichtsMethoden II: Praxisband. 5. Auflage, Frankfurt/M.

Müller, Bernhard (2004): Wissenschaftspropädeutisches Arbeiten. In: Mayer, Ulrich/Pandel, Hans-Jürgen/Schneider, Gerhard (Hrsg.): Handbuch Methoden im Geschichtsunterricht. Schwalbach/Ts., S. 308-324

Pleticha, Heinrich/Thiel, Hans Peter (Hrsg.) (2005): Von Wort zu Wort. Schülerhandbuch Deutsch. Aktualisierte Auflage. Berlin

Sauer, Michael (2004): Verarbeitung, Dokumentation und Präsentation von Lernergebnissen. In: Mayer, Ulrich/Pandel, Hans-Jürgen/Schneider, Gerhard (Hrsg.): Handbuch Methoden im Geschichtsunterricht. Schwalbach/Ts., S. 634-648

Schlichte, Klaus (1999): Einführung in die Arbeitstechniken der Politikwissenschaft. Opladen

Kopiervorlage

Kopiervorlage (für Schülerinnen und Schüler)

1. CHECKLISTE FÜR DAS PROTOKOLL

- Kopfteil:
  - Art des Protokolls
  - Stunden- oder Unterrichtsthema/Anlass
  - Ort, Datum, Zeit
  - Anwesende/Abwesende
  - Diskussionsleiter
- Hauptteil:
  - Verlauf in Hauptpunkten wiedergeben
  - Einzelheiten und Nebensächlichkeiten weglassen
  - Ergebnisse/Beschlüsse festhalten
  - sachliche Formulierungen, keine Umgangssprache
  - Zeitform: grundsätzlich Präsens und bei wiedergegebenen Redebeiträgen Konjunktiv
- Schlussteil:
  - Ort, Datum, Unterschrift der Protokollantin/des Protokollanten

2. BEISPIEL FÜR DEN KOPFTEIL:

ERGEBNISPROTOKOLL

Thema: Ziehen die Firmen weg? Wirtschaftsstandort Deutschland

Friedrich Schiller-Gymnasium Marbach, Klasse 11 (Zimmer 204)
Gemeinschaftskunde, 22. Mai 2006, 9:10-9:55 Uhr
Anwesende: Schülerinnen und Schüler der Klasse 11
Abwesende: Thomas Schwänz
Diskussionsleiter: Felix Gutmann

3. DAS PROTOKOLLIEREN SELBST

- Bereiten Sie mehrere Blätter (DIN A4) vor und teilen Sie das Blatt hochkant in zwei gleich große Bereiche ein. Die linke Seite ist für die Mitschrift, die rechte für Nachträge und Notizen.
- Nummerieren Sie (falls es eine gibt) die Tagesordnung.
- Schreiben Sie während der Diskussion möglichst viel mit, damit Sie genügend Material haben.
- Mehrfach vorgebrachte gleichartige Äußerungen werden zusammengefasst.
- Formulieren Sie so, dass ein Abwesender oder Nichtbeteiligter der Diskussion folgen und den Zusammenhang verstehen kann.
- Ihr Protokoll muss in allen Punkten sachlich richtig sein.
- Verwenden Sie sachliche und kurze Formulierungen. Persönliche Wertungen, eigene Zusätze und/oder Auslassungen sind nicht erlaubt.
- Das Protokoll muss klar gegliedert sein und formale Angaben (s.o.) enthalten.

(nach: Pleticha/Thiel 2005, S. 514; Langer/Seybold 1999; Schlichte 1999, S. 129 ff.)

Eigene Notizen

Siegfried Frech

Das Referat

(Schüler-)Referate sind ein anspruchsvolles Unterfangen

Es gibt Vorträge und Referate, die „erinnern mich an Buß- und Bettag, andere an Weihnachten. Bei den Buß- und Bettagvorträgen ‚betet' der Lehrer, Referent oder Trainer seinen Vortrag herunter, die Zuhörer büßen vor sich hin. Es geht ernst zu, ermüdend. Schüler sagen ‚ätzend'. Alle sind erleichtert, wenn es vorbei ist. Wie anders dagegen der Weihnachtsvortrag. Da schwebt der Redner zum Publikum, wie der Engel zu den Hirten: ‚Ich verkünde euch eine frohe Botschaft!' Freude, Staunen, offene Augen, gespitzte Ohren. (...) Schüler oder Kurs- und Seminarteilnehmer haben ein untrügliches Gespür dafür, ob der Vortragende selbst von seiner Sache überzeugt ist oder zweifelt, ob er dahinter steht oder nicht, ob er gerne vorträgt oder sich dazu zwingt, ob er sicher ist oder unsicher, ob ihm die Zuhörer wichtig sind oder nur die Sache. Kommen die Lernenden zu der Diagnose ‚dieser Vortragende steht nicht dahinter' oder ‚dieser Redner interessiert sich nicht für mich', schalten sie ab. Sie bleiben zwar brav auf ihren Stühlen und sehen nach vorne, aber in Gedanken sind sie abgereist"
(Weidenmann 2004, S. 62).

Nicht immer fliegen die Schiffe der Rhetorik mit vollen Segeln über das Wasser! Lehrerinnen und Lehrer haben mit Schülerreferaten, die ein anspruchsvolles und aufwändiges Unterfangen sind, leidvolle Erfahrungen. Bei Schülerinnen und Schülern löst das Wort „Referat" einschlägige Assoziationen und zumeist Unlustgefühle aus: Langweilige, teils stockend abgelesene und kaum visualisierte Schülervorträge töten jedes Interesse. Die Motivation, sich mit den präsentierten Ergebnissen der Mitschüler auseinander zu setzen, ist schon vor dem Hauptteil des Referats auf dem Nullpunkt angelangt. Da reicht es auch nicht aus, den vertrauten und bekannten Begriff „Referat" durch „den doch viel schöneren ‚Präsentation' zu ersetzen" (Gudjons 2004, S. 20).

Nachdem das Methodenlernen in den vergangenen Jahren eine wahre Renaissance erfahren hat, diverse Handreichungen, „Lernboxen" und „Übungsbausteine für den Unterricht" (Klippert 1998) mit wohlfeilen Versprechungen, den Schülerinnen und Schülern wieder „Methode beizubringen", veröffentlicht wurden, das „Klippern" – so benannt nach den Bestsellern von Heinz Klippert – bei Pädagogen aller Schularten sich größter Beliebtheit erfreut (Grammes 2004, S. 102), stehen Schülerreferate wieder hoch im Kurs. Kein neu erscheinendes Schulbuch oder Schülerarbeitsheft kann es sich angesichts des didaktischen Trends zur „Methodisierung" leisten, auf entsprechende „Methoden-Seiten" zu verzichten, die Hinweise für die Ausarbeitung von Referaten und Tipps für die Präsentation geben (vgl. Müller 2004, S. 310 f.). Mehr noch: Man gewinnt den Eindruck, „kein Thema sei zu schwer, kein Stoffgebiet zu umfangreich, um nicht von Schülern (...) bearbeitet zu werden" (a.a.O., S. 311). All diese gut gemeinten Ratschläge beantworten jedoch (zumeist) nicht die Frage nach den notwendigen Schülerkompetenzen, dem Erwerb dieser Qualifikationen, der wissenschaftspropädeutischen und schließlich didaktischen Funktion, die Schülerreferaten im Politikunterricht zukommt.

Wissenschaftspropädeutische Funktion von Referaten

Der Politikunterricht der gymnasialen Oberstufe soll exemplarisch in wissenschaftliche Fragestellungen, Kategorien und Methoden einführen. Während Wissenschaftsorientierung (vgl. Gagel 2005, S. 156 ff.) meint, dass der Politikunterricht – bei aller Notwendigkeit der didaktischen Reduktion der Komplexität (vgl. Meyer 1995, S. 192 ff.) – mit dem Stand der Fachwissenschaft vereinbar ist, bedeutet Wissenschaftspropädeutik, dass die Schülerinnen und Schüler punktuell und exemplarisch in Prozesse, Ergebnisse und Verfahren wissenschaftlichen Arbeitens eingeführt werden (vgl. Reinhardt 2002, S. 280 f.; Reinhardt 2005, S. 170). Eine zeitgemäße Wissenschaftspropädeutik versteht sich nicht als Vorwegnahme dessen, was Ziel und Aufgabe eines gelingenden Studiums sein sollte, sondern

Vorgeschmack auf das Studium

bietet den Schülerinnen und Schülern einen ersten Eindruck von den Arbeitstechniken, die ihnen im Studium abverlangt werden (vgl. Schlichte 1999). Im Hinblick auf den Erwerb von Methoden und Arbeitstechniken ist ein Politikunterricht in wissenschaftspropädeutischer Absicht vor zwei Aufgaben gestellt. Er soll

- den Erwerb der Fähigkeit zu selbstständiger Arbeit (d.h. „Methodenkompetenz"), zur Arbeit mit anderen (d.h. „Teamfähigkeit"), zu produktivem und Problem lösendem Denken schulen (vgl. Thurow 1998, S. 59);
- durch Methodenreflexion eine Auseinandersetzung mit unterschiedlichen Verfahren und Arbeitstechniken wissenschaftlicher Erkenntnisgewinnung gewährleisten und somit zu einem Methodenbewusstsein führen.

Die Einführung in wissenschaftliches Denken und Arbeiten setzt voraus, dass Lehrkräfte diejenigen inhaltlichen und methodischen Ansatzpunkte ihrer Lehr- und Bildungspläne identifizieren, an denen Schülerinnen und Schülern die Auseinandersetzung mit Begriffen und Verfahren der Wissenschaft ermöglicht wird (vgl. Reinhardt 2005, S. 170 f.).

Begriffsklärung – Sachreferat und Problemreferat

Neben der Facharbeit (vgl. das nachfolgende Kapitel) ist das Referat eine sehr anspruchsvolle Arbeitsform. Definiert man ein Referat als einen mündlichen Vortrag auf schriftlicher Grundlage, „der die Funktion hat, einen Sachverhalt oder eine Problemstellung kurz und übersichtlich darzustellen, so dass Zuhörer die relevanten Informationen zum Thema erhalten" (Langer/Seybold 1999, Stichwort: Referat, S. 1 von 15), werden die wissenschaftspropädeutischen Bezüge deutlich:

> „Der Schüler muss bei der Anfertigung eines Referats nicht nur Arbeitsdisziplin und Ausdauer zeigen, er übt sich auch in wichtigen Denkfähigkeiten und Arbeitsfertigkeiten. Die Übernahme eines Referats bedeutet in der Regel, sich in ein neues Gebiet einzuarbeiten. Dabei müssen zunächst Fakten eruiert werden. Die Informationen müssen dann themenbezogen zusammengestellt und geordnet und schließlich intentional gegliedert und zu einem Text zusammengefügt werden. Der Schüler lernt Elemente wissenschaftlichen Arbeitens kennen und beherr-

schen wie das Bibliographieren, das Exzerpieren und das Entwerfen eines Thesenpapiers.
Die Mitschüler erhalten beim Vortrag Gelegenheit, über einen längeren Zeitraum zuzuhören,
mitzudenken und sich Notizen zu machen" (Detjen 1999, S. 432).

Referate haben eine doppelte Zielsetzung und verlangen deshalb eine „doppelte" Arbeits-anleitung: Es geht (1.) um eine selbstständige, der Sache angemessene Erarbeitung und schriftliche Ausarbeitung sowie (2.) um die zielgruppenspezifische Vermittlung in Form eines Vortrags oder einer Präsentation (vgl. Marz 2002, S. 150 f.). Die einzelnen Arbeits-schritte (s.u.), d.h. die übersichtliche Anordnung wesentlicher Themenaspekte (Struktu-rierung), die Wiedergabe zentraler Aussagen (Reproduktion) und schließlich die zu tref-fende Auswahl zwischen wichtigen und unwichtigen Aussagen (Reduktion) werden auf-grund dieser doppelten Zielsetzung stets von Überlegungen begleitet, die Sachverhalte angemessen vortragen und präsentieren zu müssen. Ausschlaggebend für ein Referat ist seine „geistige Struktur", d.h. ein Referat muss systematisch aufgebaut, gegliedert und den zuhörenden Schülerinnen und Schülern verständlich sein (vgl. Giesecke 2000, S. 190 f.). In der fachdidaktischen Literatur (vgl. Detjen 1999, S. 431 ff.; Mickel 2003, S. 350 ff.) wird zwischen so genannten „Sachreferaten" und „Problemreferaten" unterschieden:

Doppelte Zielsetzung

- **Sachreferate** haben eine informierende Funktion, beschränken sich auf die solide Dar-bietung von Fakten und sind „besonders für jüngere Schüler/innen und erwachsene Anfänger zur Einarbeitung in methodische Verfahren geeignet" (Mickel 2003, S. 351). Hinsichtlich seiner didaktischen Funktion spielt das Sachreferat eine ergänzende Rolle zu vorhandenen Lehrwerken und Unterrichtsmaterialien, kann also unter dem Ge-sichtspunkt der Aktualität (Weißeno 1999, S. 4 f.) veraltete Lehr- und Schulbücher ergänzen und aktuelle Geschehnisse im Politikunterricht thematisieren. Als zeitlicher Umfang werden für ein Sachreferat maximal 15 Minuten veranschlagt.
- Das **Problemreferat** hingegen ist inhaltlich und formal anspruchsvoller. Es begnügt sich nicht mit der Rezeption und Wiedergabe von Vorgegebenem. Das Problemreferat stellt „kontroverse Positionen dar, setzt sich mit diesen auseinander und bemüht sich um eine abschließende Beurteilung" (Detjen 1999, S. 431). In der Regel folgt dem Problemreferat eine Diskussion, so dass hinreichend Zeit zur Verfügung stehen sollte.

Unter lernpsychologischen Gesichtspunkten fördern beide Formen die Eigenständigkeit und Eigentätigkeit der Schülerinnen und Schüler: Der mündliche Vortrag „stärkt das Selbstwertgefühl der Lernenden, gibt den Zurückhaltenden die Chance zu gruppenöf-fentlicher Artikulation und zum Beweis ihrer Fähigkeiten" (Mickel 2003, S. 351).

Das Repertoire notwendiger Schülerkompetenzen

Die Einzelschritte bei der Erstellung und Ausarbeitung eines Referats erfordern ein gehö-riges Maß an Kompetenzen. Der weit gefasste Begriff „arbeitsmethodische Kompeten-zen" (vgl. Gudjons 2004, S. 20 ff.) meint zunächst konkrete Arbeitstechniken der Text- und Lesekompetenz (vgl. den Beitrag „Lesen, Markieren, Exzerpieren" in diesem Band), wie das Nachschlagen unbekannter Wörter und Fachbegriffe, das Markieren, Exzerpieren und Strukturieren. Hinzu kommen weitere Kompetenzen: Fragen stellen, organisieren, planen, formulieren, Entscheidungen treffen, argumentieren und begründen, ordnen und gestalten, diskutieren (im Anschluss an das Referat) und schließlich auch der Gesichts-punkt, nach dem eigentlichen Vortrag mit konstruktiver Kritik umgehen zu können. An-gesichts dieses „Kompetenz-Katalogs" stellt sich die Frage, ob Lehrerinnen und Lehrer nicht etwas voraussetzen, was in der Lernbiographie ihrer Schülerinnen und Schüler gar nicht vorkam, nicht gelehrt und gelernt wurde – somit überhaupt nicht selbstverständ-lich ist (vgl. Müller 2004, S. 311):

„Zum einen wird in der politischen Bildung häufig unterschätzt, dass die Aufgabe (selbst wenn es ‚nur' um die Darstellung eines Sachverhalts geht), in Referatform einen Inhalt anschaulich und nachvollziehbar zu vermitteln, hohe Anforderungen an Schüler stellt. So ist es zwar durchaus richtig, wenn Giesecke fordert, der Schülervortrag ‚sollte nicht nur nach inhaltlichen, sondern auch nach didaktischen Gesichtspunkten konzipiert und gehalten werden. Es kommt unter anderem auf eine klare Gliederung und auf einen logisch plausiblen Zusammenhang an, dessen Struktur, z.B. in Gestalt von Thesen, den Zuhörern vervielfältigt vorliegen sollte' (Giesecke 1974, S. 138; Literaturangabe S. F.). Wenn man aber bedenkt, wie schwer es Erwachsenen, z. B. Studenten, fällt, ein Referat ‚nach didaktischen Gesichtspunkten' zu konzipieren, es ‚klar' zu gliedern und in ‚logisch plausible Zusammenhänge' zu stellen, kann man durchaus verstehen, dass Schüler der Sekundarstufe I mit diesem schönen Vorschlag häufig überfordert sind. Ein Referat zu verfassen, ist eine Fähigkeit, die eigens erlernt werden muss und die in der Sekundarstufe I zwar an möglichst eng umgrenzten Fragestellungen geübt werden sollte, aber nicht vorausgesetzt werden kann" (Nonnenmacher 1982, S. 221).

Systematische Schulung arbeitsmethodischer Kompetenzen

Diese schon etwas ältere Literaturstelle hat nichts von ihrer Gültigkeit verloren! Auch neuere Erfahrungs- und Praxisberichte mahnen die systematische Schulung arbeitsmethodischer Kompetenzen an (vgl. Gudjons 2004). Nimmt man die vorgebrachten Einwände ernst, sollten Schülerinnen und Schüler im Laufe ihrer Schullaufbahn systematisch Gelegenheiten erhalten, Vorübungen und Vorformen zu praktizieren, die als Vorstufe „für das ‚große' Referat und die Ergebnispräsentation geeignet sind" (Müller 2004, S. 313). Dies können so genannte „materialgebundene Schülerbeiträge" (a.a.O.) sein, die ein überschaubares Arbeitsvolumen haben. Der Politikunterricht hat hier ein – nicht immer ausgeschöpftes – reiches Reservoir methodischer Möglichkeiten: eine Tabelle und/oder Statistik (vgl. den Beitrag „Umgang mit Statistiken und Tabellen" in diesem Band) durch einzelne Schüler erklären lassen; eine Wandzeitung und/oder ein Plakat erstellen und präsentieren (vgl. den Beitrag „Das Plakat" in diesem Band); eigenständige Visualisierungen auf einer Overheadfolie entwickeln und darüber kurz referieren usw. Das Einüben in die Methode und die dafür notwendigen Arbeitstechniken können mit kleineren, vom Umfang her begrenzten und dem Anspruchsniveau entsprechenden (Teil-)Themen beginnen und sukzessive zugunsten anspruchsvollerer Arbeiten ausgeweitet werden. Eine ganze Reihe von Haupt- und Realschulen haben im Übrigen aus den unzureichenden Fähigkeiten ihrer Klientel inzwischen pädagogische Folgerungen gezogen und betrachten die gezielte Vermittlung arbeitsmethodischer Kompetenzen als Querschnittsaufgabe. Sie haben hierzu in den letzten Jahren praktikable Spiralcurricula entworfen, die mehr als eine Ansammlung von „Methoden-Bausteinen" sind und im Laufe von mehreren Schuljahren systematisch die arbeitsmethodischen Kompetenzen der ihnen anvertrauten Schülerinnen und Schüler schulen, trainieren und fördern (vgl. Realschule Enger 2002; 2002a; 2005).

Ein wesentliches Modell stellt in diesem Zusammenhang auch der Lehrervortrag (vgl. Massing 2004, S. 13 ff.) dar, d.h. der präzise, gut vorbereitete und strukturierte Lehrervortrag ist kein Selbstzweck, sondern nach wie vor unentbehrlich (vgl. Müller 2004, S. 318 f.), gibt er doch gewissermaßen das Vorbild ab für entsprechende mündliche Darstellungen der Schülerinnen und Schüler. Deshalb sollten Lehrkräfte bei spontanen und/oder vorbereiteten Lehrervorträgen stets auf „die korrekte Verwendung der Sprache, besonders der Fachsprache und eine angemessene Ausdrucksweise" (a.a.O., S. 318) achten.

Methodische Schrittfolge und Hinweise

Der bekannte Romancier Umberto Eco hat in seinem lesenswerten, wahrscheinlich weniger bekannten Buch „Wie man eine wissenschaftliche Abschlussarbeit schreibt" vier Faustregeln formuliert, die auf den ersten Blick banal erscheinen mögen:

> „1. Das Thema soll den Interessen des Kandidaten entsprechen (...);
>
> 2. Die Quellen, die herangezogen werden müssen, sollen für den Kandidaten auffindbar sein, d.h. sie müssen ihm tatsächlich zugänglich sein;
>
> 3. Der Kandidat soll mit den Quellen, die herangezogen werden müssen, umgehen können, d.h. sie müssen seinem kulturellen Horizont entsprechen;
>
> 4. Die methodischen Ansprüche des Forschungsvorhabens müssen dem Erfahrungsbereich des Kandidaten entsprechen" (Eco 1989, S. 14 f.).

Überträgt man diese Faustregeln nun auf die Aufgabe von Lehrerinnen und Lehrer, Schülerreferate *zusammen* mit Schülerinnen und Schülern gründlich vorzubereiten, ergibt sich für die einzelnen Phasen der Themenfindung, der selbstständigen Erarbeitung bzw. Ausarbeitung bis hin zum eigentlichen Vortrag eine methodische Schrittfolge (vgl. die **Checkliste**, S. 44).

- **Themenfindung und Strukturierung / Funktion des Referats**: Die Themenfindung, vor allem die präzise Eingrenzung des Themas sollte sich zunächst am thematischen Interesse der Schülerinnen und Schüler orientieren, d.h. Schüler sollten nach Möglichkeit das von ihnen zu bearbeitende Thema selbst auswählen dürfen (vgl. Detjen 1999, S. 432). Es ist umstritten, ob die Präzisierung der Referatsthemen den Schülerinnen und Schülern völlig überlassen werden kann (vgl. Müller 2004, S. 312). In der Regel ist eine sensible Unterstützung durch die Lehrkräfte angebracht und gelegentlich sogar notwendig. Als „Experten" des Faches ist es eine Aufgabe von Politiklehrerinnen und Politiklehrern, Referate anzuregen, indem sie ihren Schülerinnen und Schülern ein begrenztes und somit zu bearbeitendes Thema stellen, sie mehrmals beraten und „die Einzelbeiträge in einem übergeordneten Themenzusammenhang" (Giesecke 2000, S. 191) koordinieren. Entscheidend ist, dass mögliche Themenstellungen für Schülerreferate hinreichend präzise definiert werden. Themenvorschläge wie „Über Ungleichheiten in unserer Gesellschaft", „Über die Situation von Schulabgängern" oder „Unser Land und die europäische Einigung" (Mickel 2003, S. 353) stellen schlichtweg eine Überforderung dar, weil sie eine unüberschaubare Anzahl von Untersuchungsfragen zulassen, Schülerinnen und Schüler verunsichern und im Grunde der vagen Arbeitsanweisung „Gehe in eine Bibliothek und suche dort ein Buch!" gleichkommen.

- **Materialsuche und Sichtung**: Bei ungeübten Lerngruppen sowie bei jüngeren Schülerinnen und Schülern werden die Lehrkräfte das Material bereitstellen und damit bereits von vornherein das Thema eingrenzen bzw. auf eine Fragestellung konzentrieren. Die „Kompilation der verschiedenen Materialien ist für diese Schüler Herausforderung genug" (Detjen 1999, S. 432). Ältere und mit der Methode vertraute SchülerInnen und Schüler suchen ihr Material selbst, ordnen und gliedern dieses Material eigenständig. Die Materialsuche sollte sich primär am Referatsthema orientieren und ein frühzeitiges schriftliches Festhalten von relevanten Aussagen (Exzerpieren und Stichwortzettel) mit einschließen (vgl. Marz 2002, S. 151). Bei noch unerfahrenen Lerngruppen können eine kurze Zusammenstellung der Techniken des Markierens und Exzerpierens (vgl. **Kopiervorlage 1**, S. 45) sowie ein idealtypischer Arbeitsplan (vgl. **Kopiervorlage 2**,

S. 46) zur Anfertigung eines Referats hilfreich und sinnvoll sein. In Zweifelsfällen bietet eine entsprechend mit der Lerngruppe vereinbarte Schrittfolge immer noch die Möglichkeit, dass Schülerinnen und Schüler das Material selbstständig suchen und es sodann gemeinsam mit der Lehrkraft sichten, gewichten und entsprechend der sachlogischen Struktur bearbeiten. So bietet sich nach der Klärung der anfänglichen Probleme im Rahmen einer ersten Besprechung ein späterer zweiter Termin an, in dem die Fortschritte der Arbeit, die gemeinsame Überprüfung des Arbeitsplans und die methodische Ausgestaltung besprochen werden.

- Die **schriftliche Ausarbeitung** beinhaltet die Ausformulierung der Einleitung, des Hauptteils mit den wesentlichen Ergebnissen und die Erstellung des Schlussteils sowie ggf. die parallele Ausarbeitung eines Stichwortzettels für den Vortrag selbst (vgl. den Beitrag „Facharbeit" in diesem Buch).

> „Bei der schriftlichen Bearbeitung sind Grundregeln wissenschaftlichen Arbeitens zu beachten wie u.a. Zitierregeln, Fußnoten, Quellen- und Literaturverzeichnisse, deren konkrete Formen bis zu einem gewissen Grade differieren, die aber letztlich dem Grundsatz der Nachprüfbarkeit sowie dem Schutz des geistigen Eigentums anderer verpflichtet sein sollten. In der Regel sollte die fertige Arbeit aus folgenden Bestandteilen bestehen:
>
> 1. Titelblatt
>
> 2. Gliederung
>
> 3. Einleitung
>
> 4. Durchführungsteil (mit klassifizierten Kapiteln und Unterkapiteln)
>
> 5. Schlussteil
>
> 6. Fußnoten
>
> 7. Literaturverzeichnis" (Marz 2002, S. 151).

- **Das eigentliche Referat**: Der eigentliche Vortrag darf nicht von allzu langer Dauer (zehn bis 15 Minuten) sein, weil auch geübte Zuhörerinnen und Zuhörer die für ein Referat nötige Konzentration nur für eine begrenzte Zeitspanne aufbringen können (vgl. Giesecke 2000, S. 191). Das Referat sollte frei und mithilfe von Stichworten, die vorab auf einem „Spickzettel" in Karteikartengröße zu notieren sind, gehalten werden. Gemeinhin stehen der Aktivität des Vortragenden die Passivität und rezeptive Haltung des Plenums gegenüber, d.h. ein schriftliches Statement oder ein Arbeitspapier (Thesenpapier/Handout) kann wesentliche Ergebnisse des Referats vergegenwärtigen, die Zuhörenden zu eigenen Notizen anhalten und somit Fragen und Impulse für die anschließende Diskussion anregen. Für Hinweise, wie die eigene Vortragskunst geübt und verbessert werden kann (vgl. **Kopiervorlage 3**, S. 47), sind Schülerinnen und Schüler mit Sicherheit dankbar. Zudem sind solche „goldenen Regeln" (Schlichte 1999, S. 118) die Grundlage für eine solide Auswertung im Plenum und für eine angemessene Form der Rückmeldung. Die an das Referat sich anschließende Diskussion beginnt in aller Regel mit der Klärung der Sachfragen, kann den Aufbau des Referats (Formalkritik) und die inhaltlichen Aspekte (Materialkritik) ansprechen, sollte aber letztlich in eine diskursive Auseinandersetzung mit den vorgetragenen und ggf. schriftlich dargebotenen Thesen münden.

Literatur

Detjen, Joachim (1999): Protokoll/Bericht/Referat. In: Mickel, Wolfgang W. (Hrsg.): Handbuch zur politischen Bildung. Schriftenreihe der Bundeszentrale für politische Bildung. Band 358. Bonn, S. 428-433

Eco, Umberto (1989): Wie man eine wissenschaftliche Abschlussarbeit schreibt. Doktor-, Diplom- und Magisterarbeiten in den Geistes- und Sozialwissenschaften. 2. Auflage, Heidelberg

Gagel, Walter (2005): Wissenschaftsorientierung. In: Sander, Wolfgang (Hrsg.): Handbuch politische Bildung. Schwalbach/Ts., S. 156-158

Giesecke, Hermann (2000): Politische Bildung. Didaktik und Methodik für Schule und Jugendarbeit. München

Giesecke, Hermann (1974): Methodik des politischen Unterrichts. 2. Auflage, München

Grammes, Tilmann (2004): Architektoniken des Lehrplans – Welche Inhalte umfasst die politische Bildung? In: Breit, Gotthard/Schiele, Siegfried (Hrsg.): Demokratie braucht politische Bildung. Schwalbach/Ts., S. 99-106

Gudjons, Arne (2004): Gelungene Präsentationen setzen arbeitsmethodische Komptenzen voraus. In: Pädagogik, Heft 4/2004, S. 20-23

Klippert, Heinz (1998): Methodentraining. Bausteine für den Unterricht. 7. Auflage, Weinheim und Basel

Knoll, Jörg (2003): Kurs- und Seminarmethoden. Ein Trainingsbuch zur Gestaltung von Kursen und Seminaren, Arbeits- und Gesprächskreisen. 10. Auflage, Weinheim und Basel

Langer, Wolfgang/Seybold, Hansjörg (1999): Wissenschaftliches Arbeiten: Facharbeit und besondere Lernleistung. planen – erstellen – präsentieren. CD-ROM und Handbuch. Stuttgart, Düsseldorf, Leipzig

Marz, Fritz (2002): Referat. In: Kuhn, Hans-Werner/Massing, Peter (Hrsg.): Methoden und Arbeitstechniken. Lexikon der politischen Bildung. Band 3. Herausgegeben von Georg Weißeno. Schwalbach/Ts., S. 150-151

Massing, Peter (2004): Der Lehrervortrag. In: Frech, Siegfried/Kuhn, Hans-Werner/Massing, Peter (Hrsg.): Methodentraining für den Politikunterricht. Schwalbach/Ts., S. 13-22

Massing, Peter (2004): Die Textanalyse. In: Frech, Siegfried/Kuhn, Hans-Werner/Massing, Peter (Hrsg.): Methodentraining für den Politikunterricht. Schwalbach/Ts. , S. 37-48

Meyer, Hilbert (1992): UnterrichtsMethoden I: Theorieband. 5. Auflage, Frankfurt/M.

Meyer, Hilbert (1993): UnterrichtsMethoden II: Praxisband. 5. Auflage, Frankfurt/M.

Mickel, Wolfgang (2003): Praxis und Methode. Einführung in die Methodenlehre der Politischen Bildung. Berlin

Müller, Bernhard (2004): Wissenschaftspropädeutisches Arbeiten. In: Mayer, Ulrich/Pandel, Hans-Jürgen/Schneider, Gerhard (Hrsg.): Handbuch Methoden im Geschichtsunterricht. Schwalbach/Ts., S. 308-324

Nonnenmacher, Frank (1982): Planung des politischen Unterrichts. In: Nitzschke, Volker/Sandmann, Fritz (Hrsg.): Neue Ansätze zur Methodik des Politischen Unterrichts. Stuttgart, S. 191-245

Realschule Enger (2002): Lernkompetenz I. Bausteine für eigenständiges Lernen. 5./6. Schuljahr. Mit CD-ROM. 3. Auflage, Berlin

Realschule Enger (2002a): Lernkompetenz II. Bausteine für eigenständiges Lernen. 7.-9. Schuljahr. Mit CD-ROM. 2.Auflage, Berlin

Realschule Enger (2005): Lernkompetenz III. Bausteine für kooperatives und kommunikatives Lernen. 5. bis 9. Schuljahr. Mit CD-ROM

Reinhardt, Sybille (2002): Wissenschaftspropädeutik. In: Kuhn, Hans-Werner/Massing, Peter (Hrsg.): Methoden und Arbeitstechniken. Lexikon der politischen Bildung. Band 3. Herausgegeben von Georg Weißeno. Schwalbach/Ts., S. 208-209

Reinhardt, Sybille (2005): Politik-Didaktik. Praxishandbuch für die Sekundarstufe I und II. Berlin

Schlichte, Klaus (1999): Einführung in die Arbeitstechniken der Politikwissenschaft. Opladen

Schwarz, Hans-Hermann (1997): Ein Arbeitsplan zur Anfertigung eines Referats. In: Autorenteam Oberstufenkolleg Bielefeld (Hrsg.): Lernbox. Tipps und Anregungen für Schülerinnen und Schüler zum Selberlernen, S. 7

Stiefenhöfer, Helmut (1997): Ein Referat vorbereiten und halten. In: Autorenteam Oberstufenkolleg Bielefeld (Hrsg.): Lernbox. Tipps und Anregungen für Schülerinnen und Schüler zum Selberlernen, S. 18

Thurow, Reinhard (1998): Was heißt „Wissenschaftsorientierung"? In: Landesinstitut für Erziehung und Unterricht (Hrsg.): Seminarkurs auf der gymnasialen Oberstufe. Methoden und Beispiele. Stuttgart, S. 56-59

Weidenmann, Bernd (2004): Gesprächs- und Vortragstechnik. Für alle Trainer, Lehrer, Kursleiter und Dozenten. 3. Auflage, Weinheim und Basel

Weißeno, Georg (1999): Aktualität. In: Richter, Dagmar/Weißeno, Georg (Hrsg.): Didaktik und Schule. Lexikon der politischen Bildung. Band 1. Herausgegeben von Georg Weißeno. Schwalbach/Ts., S. 4-5

Checkliste

Das Schülerreferat – methodische Schrittfolge

1. Sorgen Sie dafür, dass die Schülerinnen/Schüler das von ihnen zu bearbeitende Thema selbst auswählen können oder – insofern das Thema vorgegeben ist – einen gewissen Spielraum bei der Konkretisierung haben. Unter fachdidaktischen Gesichtspunkten sind die nachfolgenden Leitfragen wichtig:
   - Auf welche inhaltlichen Fragen soll das Referat eine Antwort geben?
   - Welche Aspekte und Fragestellungen sind zwingend zu bearbeiten, welche können zurücktreten?
   - Welche Erwartungen sollen befriedigt werden? Was ist an dem Thema für die Zuhörer interessant und wichtig?
   - Wie lassen sich Einzelaspekte zu einer sachlogischen Struktur entwickeln?
   Und vor allem:
   - Sind die relevanten politischen Bezüge/Dimensionen des Themas tatsächlich erfasst?
   - Werden politische Prozesse und Inhalte, institutionelle Rahmenbedingungen hinreichend thematisiert?

2. Planen Sie für jedes Referat Ihrer Schülerinnen und Schüler mindestens **zwei Vorbesprechungen** an:
   - die erste Vorbesprechung hat den Zweck, die Schülerin bzw. den Schüler in das vorgesehene Thema des Referats einzuführen (s.o.);
   - die zweite Besprechung sollte den Fortschritt der Ausarbeitung abklären und auch die methodische Gestaltung und/oder Planung der eigentlichen „Referatsstunde" umfassen.

3. Lesen Sie das von der Schülerin/dem Schüler verfasste Referat rechtzeitig **vor dem eigentlichen Vortrag** durch und erörtern Sie den Umfang, besprechen Sie eventuelle Kürzungen und/oder Ergänzungen, legen Sie Wert auf die Erklärung der verwendeten Fachbegriffe und Fremdwörter.

4. Kurz vor der **Referatsstunde** sollte mit der Schülerin/dem Schüler geklärt werden:
   - welche zusätzlichen Medien sie/er einsetzen möchte;
   - ob noch Medien (z.B. Illustrationen) benötigt werden;
   - ob technische Hilfsmittel (Overheadprojektor, PC und Beamer) notwendig sind oder ob klassische Mittel (Wandtafel) genügen;
   - ob ein Merkblatt und/oder Thesenpapier erstellt werden soll.

(nach: Detjen 1999, S. 432; Meyer 1993, S. 299; Marz 2002, S. 150 f.; Müller 2004, S. 312)

Kopiervorlage 1 (für Schülerinnen und Schüler)

MARKIEREN UND HERVORHEBEN

Um einen Text genauer erfassen zu können, kann man verschiedene Arbeitstechniken verwenden.

1. Mit Unterstreichungen oder farbigen Markierungen kann man schon beim ersten Lesen wichtige Informationen hervorheben. Als Regel gilt, dass man nicht zeilenweise Sätze unterstreicht, sondern nur die wichtigsten Gesichtspunkte und/oder zentralen Begriffe unterstreicht.
2. Mit Markierungen am Rande und mit Randkommentaren verschafft man sich den notwendigen Überblick.
3. Ziel ist es, die Schlüsselbegriffe des Textes, die Hauptthesen und den inhaltlichen Aufbau zu erfassen.
4. Beim anschließenden Exzerpieren werden dann die wichtigsten Textpassagen mit eigenen Worten wiedergegeben oder als Auszüge wörtlich übernommen. Bei wörtlichen Übernahmen (Zitaten) muss am Ende die Quellenangabe stehen.

RANDMARKIERUNGEN UND RANDKOMMENTARE

Randmarkierungen	Markierungen im Text	Randkommentare
/ wichtig	Unterstreichen	Th (These)
// sehr wichtig	Farbige Leuchtmarker	Arg (Argument)
! erstaunlich	Einkreisen	Def (Definition)
? fragwürdig	Einkasteln	Log? (Logik – Widersprüche)
+ gut	usw.	Bsp (Beispiel/e)
– schlecht		Vgl (Vergleich)
		vgl. S. (Querverweis)

Kopiervorlage 2

Kopiervorlage 2 (für Schülerinnen und Schüler)

ARBEITSPLAN ZUR ANFERTIGUNG EINES REFERATES

Bei einem Referat kann ein Arbeitsplan helfen, die notwendigen Arbeitsschritte und die zeitliche Abfolge im Blick zu behalten.

Schritt 1 umfasst mehrere Teilschritte, die nach der Wahl des Themas zuerst zu erledigen sind:
- die Überprüfung des eigenen Wissens über das Thema;
- die Formulierung von eigenen Fragen zum Thema;
- die Suche nach geeigneter Literatur (Bücher, Zeitschriften, Aufsätze usw.);
- die mehrmalige und sorgfältige Lektüre (Lesen, Markieren, Exzerpieren).

Schritt 2 beinhaltet die Präzisierung des Themas bzw. der Fragestellung:
- das genaue Thema des Referats muss (ggf. mithilfe der Lehrerin/des Lehrers) formuliert werden;
- die zentrale Fragestellung muss (ggf. mithilfe der Lehrerin/des Lehrers) präzisiert werden;
  ggf. muss neue Literatur gesucht werden;
- eine Gliederung des Referats ist zu entwerfen.

Schritt 3 umfasst die eigentliche Schreibarbeit, deren Zeitaufwand nicht unterschätzt werden darf:
- die Einleitung muss skizziert werden;
- der Hauptteil – der am meisten Zeit in Anspruch nimmt – muss geschrieben werden;
- beim Schreiben ist immer wieder zu prüfen, ob die Gliederung noch stimmt;
- nach der Fertigstellung des Hauptteils wird die Einleitung ausformuliert.

Schritt 4 beinhaltet die letzten Feinarbeiten und Fertigstellung der schriftlichen Ausarbeitung:
- die schriftliche Ausarbeitung muss unter inhaltlichen, sprachlichen und formalen Gesichtspunkten überarbeitet werden;
- die Arbeit wird endgültig fertig gestellt mit allen Bestandteilen:
  1. Titelblatt
  2. Gliederung
  3. Einleitung
  4. Durchführungsteil (mit klassifizierten Kapiteln und Unterkapiteln)
  5. Schlussteil
  6. Fußnoten
  7. Literaturverzeichnis

Schritt 5 umfasst letzte Arbeiten vor dem eigentlichen Vortrag:
- Überlegungen, welche Medien und Materialien benötigt werden, sind anzustellen;
- ein Thesenpapier/Handout für das Plenum ist zu erstellen und zu vervielfältigen;
- und last but not least muss der „Spickzettel" noch geschrieben werden!

Kopiervorlage 3 (für Schülerinnen und Schüler)

DAS REFERAT ÜBEN – VIER TIPPS

Tipp 1: Prägen Sie sich die Gliederungspunkte und wichtige Aussagen ein.
- Lesen Sie sich Ihre Stichwortliste/Karteikarten mehrmals gut durch.
- Lernen Sie die Einleitung und den Schluss des Referats auswendig.
- Merken Sie sich die Reihenfolge Ihrer Gliederungspunkte.

Tipp 2: Bereiten Sie vor, wie Sie das Referat vortragen und betonen.
- Unterstreichen Sie wichtige Wörter, die Sie besonders betonen möchten.
- Markieren Sie die Stellen, an denen Sie eine Pause (z.B. um eine Folie aufzulegen) machen.
- Markieren Sie auch diejenigen Stellen, an denen Sie bewusst langsamer sprechen wollen.

Tipp 3: Üben Sie, Ihr Referat im Ganzen vorzutragen
- Üben Sie Ihr Referat zuhause (vor Ihrer Familie, vor Freunden).
- Sprechen Sie in ganzen Sätzen und beachten Sie Ihre Markierungen (siehe Tipp 2).

Tipp 4: Legen Sie unmittelbar vor Ihrem Vortrag alle Materialien bereit.
- Gehen Sie in Gedanken Ihren Vortrag noch einmal durch. Haben Sie an alles gedacht: Folien, Plakat, Tafelanschrieb, Karteikarte mit Stichwortliste...

DIE „GOLDENEN" REGELN DES REFERIERENS

1. Reden Sie so frei und ungezwungen wie möglich.
2. Denken Sie immer an Ihr Publikum. Überfordern und unterfordern Sie es nicht.
3. Versuchen Sie Ihr Publikum ebenso im Blick zu behalten wie die Uhr.
4. Konzentrieren Sie sich auf das Wesentliche, indem Sie wichtige Punkte besonders betonen.
5. Visualisieren Sie, was wichtig ist, aber erschlagen Sie das Publikum nicht mit Abbildungen, Folien oder Powerpoint-Folien.
6. Geben Sie am Anfang bekannt, wie Ihr Referat aufgebaut ist.
7. Sagen Sie bei Übergängen, zu welchem Punkt Sie nun kommen.
8. Trennen Sie Ihre eigene Meinung und die Wiedergabe fremden Gedankenguts.
9. Fassen Sie am Ende die wesentlichen Ergebnisse und/oder Aussagen Ihres Referates zusammen.

(nach: Schlichte 1999, S. 118)

Eigene Notizen

Gotthard Breit

Die Facharbeit

Die Facharbeit – ein wissenschaftspropädeutisches Vorhaben

Mit der Facharbeit im Politikunterricht erhalten Schülerinnen und Schüler vornehmlich der gymnasialen Oberstufe die in ihrer Schulzeit wohl einmalige Gelegenheit, selbstständig eine wissenschaftspropädeutische Arbeit schriftlich anzufertigen und so einen ersten Eindruck von dem Studium und der Arbeit an der Universität zu gewinnen. In einer Facharbeit für den Politikunterricht klären Schülerinnen und Schüler einen sozialen oder politischen Sachverhalt, halten das Ergebnis ihrer Untersuchungstätigkeit schriftlich fest und präsentieren es ggf. in der Klasse. Alle drei Tätigkeiten fordern von den Jugendlichen viel. Das Produkt ihres Fleißes erinnert in Aussehen und Umfang an ein Referat in einem Proseminar der Universität. Es handelt sich aber um eine Hausarbeit von Schülerinnen und Schülern und nicht um ein Referat von Studentinnen und Studenten der Politikwissenschaft in den Anfangssemestern.

Schüler sind keine Studenten

Diesen Unterschied sollte sich jede Lehrerin und jeder Lehrer bewusst machen und ständig vor Augen halten. Ansonsten besteht die Gefahr, dass sie zu strenge Maßstäbe anlegen. Auch bei der Präsentation sollte die Lehrerin/der Lehrer immer daran denken, dass die Schülerinnen und Schüler als Anfänger ohne jede Routine ihren Vortrag gestalten.

Eine Facharbeit verlangt vom Lehrer in der Vorbereitung und Bewertung und von den Schülerinnen und Schülern in der Anfertigung und Präsentation viel Zeit und Mühe. Das Ergebnis ist wichtig; doch liegt der eigentliche Nutzen der Arbeit woanders – und das muss den Jugendlichen immer wieder vor Augen geführt werden. Sie machen die Erfahrung, sich ein Ziel zu setzen und dies selbstständig in der dafür vorgesehenen, eng begrenzten Zeit auch zu erreichen. Unabhängig von der Note, und auch das sollte die Lehrerin/der Lehrer immer wieder betonen, stellt die Anfertigung einer Facharbeit eine Leistung dar, auf die der Verfasser stolz sein kann. Mit der Facharbeit beweist er sich und anderen nicht nur Können, sondern auch Durchhaltevermögen.

Schüler erfahren ihr Durchhaltevermögen

In der Regel bearbeitet ein Schüler seine Facharbeit allein. Bearbeiten mehrer Schüler zusammen in einer Gruppe ein Thema, so nimmt der Umfang der Arbeit zu. Jeder Schüler muss für die Lehrerin/den Lehrer erkenntlich einen Teil der Arbeit allein und eigenverantwortlich durchführen.

Vorbereitung der Facharbeit

Die Vorbereitung durch den Lehrer zerfällt in drei Schritte: (1.) Vorgaben für die äußere Gestaltung der schriftlichen Arbeit; (2.) Vorbereitung der Themenwahl durch die Schülerinnen und Schüler sowie Auswahl der Themen durch die Schüler; (3.) Hinweise für die Vorgehensweise beim Anfertigen der Arbeit und Ratschläge für den Aufbau der Arbeit.

SCHRITT 1:
VORGABEN FÜR DIE ÄUSSERE GESTALTUNG DER SCHRIFTLICHEN ARBEIT

Den Schülerinnen und Schülern müssen klare Anweisungen und Vorlagen für die äußere Gestaltung der Arbeit an die Hand gegeben werden. Die Arbeit sollte maschinenschriftlich bzw. mit dem Computer angefertigt werden und 15 Textseiten nicht überschreiten (ohne Materialanhang). Folgende Fragen sind zu klären und in Vorgaben zu fassen:

> Wie gliedert man eine Arbeit?
>
> Warum erleichtern Überschriften und Unterüberschriften das Anfertigen einer Arbeit?
>
> Wie nummeriert man sie?
>
> Welche Funktion haben Fußnoten?
>
> Wie führt man Belegstellen aus der verwendeten Literatur an?
>
> Wie fertigt man ein Literaturverzeichnis an?

Es hat sich bewährt, wenn die Lehrerin/der Lehrer schriftliche Beispiele auf einem Merkzettel zusammenstellt (vgl. dazu Schieren 1996).

Eigens eine Stunde verwendet die Lehrerin/der Lehrer darauf, Hinweise zur Gliederung zu geben, die Formulierung und Nummerierung von Über- und Unterüberschriften anzusprechen, die Anlage des Literaturverzeichnisses und die Zitierweise zu üben sowie die äußere Gestaltung vorzuschreiben (Deckblatt, Inhaltsverzeichnis, Seitenzahlen, Fußnoten, Literaturverzeichnis). Zu den einzelnen Abschnitten einer Arbeit kann gesagt werden:

- **Einleitung**: Entwicklung der Frage- bzw. Themenstellung, Erklären der Vorgehensweise bzw. der Untersuchungsmethode;
- **Hauptteil**: Aufteilung der Untersuchungsfrage in einzelne Arbeitsschritte, Umformulierung der Arbeitsschritte in Überschriften und Unterüberschriften und Darstellung der dazu gefundenen Untersuchungsergebnisse;
- **Schluss**: Zusammenfassende Antwort auf die eingangs gestellte Frage, Versuch einer Verallgemeinerung, Ausblick und weiterführende Fragen.

Belege und wörtliche Zitate

Immer wieder weist die Lehrerin/der Lehrer darauf hin: Werden Erkenntnisse aus der gelesenen Literatur in die Arbeit übernommen, so muss dies belegt werden. Wörtliche Zitate sind unbedingt als solche zu kennzeichnen und zu belegen; sie sollten nur sparsam verwendet werden.

SCHRITT 2.1:
VORBEREITUNG DER THEMENWAHL DURCH DIE SCHÜLERINNEN UND SCHÜLER

Jede Schülerin und jeder Schüler schreiben ihre Arbeit zu dem von der Lehrerin/dem Lehrer bzw. der Fachkonferenz festgelegten Themenbereich. Die meisten Jugendlichen sind überfordert, ohne fremde Hilfe sich selbst ein Thema aus diesem großen Themenbereich zu stellen. Die Lehrerin/der Lehrer muss ihnen daher eine Hilfestellung geben.

Ein Beispiel: Zu Beginn des Schuljahres 2005/2006 soll die Facharbeit geschrieben werden. Die Lehrerin/der Lehrer plant als Themenbereich die Bundestagswahl des Jahres 2005. Mehrere Überlegungen führen zu dieser Entscheidung:

- Wer sich nur ein bisschen für Politik interessiert, der wird diesem Termin mit Spannung entgegensehen. Bei den Schülerinnen und Schülern kann daher zumindest eine Anfangsmotivation vorausgesetzt werden.
- Vor dem 18. September 2005 haben die Jugendlichen Zeit, sich auf das Ereignis und speziell auf ihr Thema für die Facharbeit einzustellen.
- Das Ereignis lässt eine Fülle von Themen zu, die mit ihm in Verbindung stehen.
- Der Themenbereich und damit auch die Themen stimmen mit den Anforderungen der Rahmenrichtlinien/des Lehrplans überein.

Zeigt sich die Klasse von dem Vorhaben angetan, dann kann die Lehrerin/der Lehrer weitere Schritte unternehmen. Zunächst fertigt sie/er eine Liste von möglichen Themen an. Wer im Bilden von didaktischen Perspektiven (vgl. Berliner Projektgruppe 2004; Breit/Eichner 2004, S. 103 ff.) geübt ist, dem fällt diese Aufgabe nicht schwer. Danach wählt die Lehrerin/der Lehrer diejenigen aus, die

- von den Jugendlichen in der kurzen Zeit von sechs Wochen neben dem normalen Unterricht her bearbeitet werden können;
- zu denen die Schülerinnen und Schüler selbstständig Materialien sammeln und Literatur zusammenstellen können und
- zu denen sie/er geeignetes Material und von den Heranwachsenden lesbare Literatur ohne großen Aufwand zusammenstellen kann.

Das Anforderungsniveau der Themen sollte eine gewisse Bandbreite aufweisen, um dem unterschiedlichen Leistungsvermögen der Schülerinnen und Schüler zu entsprechen; der zeitliche Anspruch an die Jugendlichen darf allerdings nicht differieren.

Themenvorschläge der Lehrerin/des Lehrers und Literaturhinweise:

Der Weg zu Neuwahlen im Sommer 2005

(22.5. Ankündigung von Neuwahlen nach der Wahlniederlage in Nordrhein-Westfalen; 1.7. Vertrauensabstimmung im Bundestag; 21.7. Bundespräsident löst den Bundestag auf; 25.8. Bundesverfassungsgericht weist Klagen gegen Neuwahlen ab; 18.9. Bundestagswahl; dieses Thema eignet sich gut für eine Gruppenarbeit mehrerer Schülerinnen und Schüler)

Die Vertrauensfrage vom 1. Juli 2005

(Verfassungsartikel, Argumentation des Kanzlers im Bundestag, Diskussion in der Öffentlichkeit)

Das Wahlergebnis vom 18. September 2005 und die sich daraus ergebenden Schwierigkeit einer Regierungsbildung

(Die Grundlage für alle Themen bilden: Zeitungsberichte und Lexikonartikel. Die Lehrerin/der Lehrer hat seit dem 22.5. bis zur Bundestagswahl Berichte und Kommentare aus der Lokalzeitung, überregionalen Zeitungen und Magazinen wie „Stern" und „Der Spiegel" gesammelt. Diese Materialien sichtet und ordnet sie/er und stellt sie den Schülerinnen und Schülern zur Verfügung.)

Die Entwicklung des Parteiensystems bis zum 18. September 2005

(Grundlage: Bundeszentrale für politische Bildung (Hrsg.): Informationen zur politischen Bildung 207. „Parteiendemokratie")

Die Stellung des Bundeskanzlers in der Bundesregierung

(Grundlage: Lexikonartikel „Bundeskanzler", „Bundesregierung" aus: Andersen, Uwe/Wichard Woyke (Hrsg.) (2003): Handwörterbuch des politischen Systems der Bundesrepublik Deutschland. 5. Auflage, Opladen; Rudzio, Wolfgang (2003): Das politische System der Bundesrepublik Deutschland. 6. Auflage Opladen; Schmidt, Manfred G. (2005): Das politische System der Bundesrepublik Deutschland. München. Diese Literatur kann nur von leistungsstarken Schülerinnen und Schülern ausgewertet werden.)

Richtlinienkompetenz und Regierungstechnik

(Grundlage: Lexikonartikel „Richtlinienkompetenz", „Kanzlerdemokratie" aus: Drechsler, Hanno/Hilligen, Wolfgang/Neumann, Franz (Hrsg.) (2003): Gesellschaft und Staat. Lexikon der Politik. 10. Auflage, München; Hennis, Wilhelm (1964): Richtlinienkompetenz und Regierungstechnik. Tübingen. Auch dieses Thema kann nur einer Schülerin bzw. einem Schüler mit einem gewissen Abstraktionsvermögen überantwortet werden. Auf den ersten Blick erscheint die Schrift von Hennis veraltet. Gelingt es dem bearbeitenden Schüler, die Aussagen mit aktuellen Beispielen zu belegen, dann wird er ein gutes Referat verfassen.)

Referate zu den Bundeskanzlern der Bundesrepublik Deutschland: Adenauer, Erhard, Kiesinger, Brandt, Schmidt, Kohl, Schröder

(Grundlage: Görtemaker, Manfred (1999): Geschichte der Bundesrepublik Deutschland – Von der Gründung bis zur Gegenwart. München; Kempf, Udo/Merz, Hans-Georg (Hrsg.) (2001): Kanzler und Minister 1949-1998. Biografisches Lexikon der deutschen Bundesregierungen. Opladen; für Schröder: Biografie, Zeitungsartikel)

Referat zu Angela Merkel

(Grundlage: Zeitungsartikel, Biographien)

Die Stellung des Reichspräsidenten in der Weimarer Republik
Befugnisse des Präsidenten der USA
Aufgaben des Staatspräsidenten in Frankreich

(Grundlage: Bundeszentrale für politische Bildung (Hrsg.): Informationen zur politischen Bildung 109/110 (Die Weimarer Republik); 283 (USA); 285 (Frankreich), Geschichtsbücher)

Für allen Schülerinnen und Schüler hat die Lehrerin/der Lehrer bei der Bundeszentrale für politische Bildung das Werk von Horst Pötzsch „Die deutsche Demokratie" (3. Auflage, Bonn 2003) und das pocket-politik-Bändchen „Demokratie in Deutschland" (2004) bestellt. Zudem hat er für die Klasse die Artikel „Bundesregierung", „Bundeskanzler" und „Vertrauensfrage" aus dem Handwörterbuch von Andersen/Woyke (2003) kopiert. Mit diesen zeitaufwändigen Vorarbeiten sorgt die Lehrerin/der Lehrer, dass den Schülerinnen und Schülern der Einstieg in die ungewohnte Arbeit erleichtert wird. Bei allen Mühen ist nicht zu übersehen, dass der mehr oder weniger zufällige Bestand des Lehrerbücherschrankes die Grundlage zumindest für den Einstieg der Schülerinnen und Schüler in ihre Facharbeit bildet.

SCHRITT 2.2:
AUSWAHL DER THEMEN DURCH DIE SCHÜLERINNEN UND SCHÜLER

Diese Themen präsentiert die Lehrerin/der Lehrer unmittelbar nach Schuljahresbeginn zusammen mit knappen Erklärungen und hofft darauf, dass die Jugendlichen von dieser Auswahl angesprochen werden und viele sich für einen Vorschlag entscheiden oder selbst einen Themenvorschlag entwickeln. Danach können die Schülerinnen und Schüler bereits mit Vorbereitungen beginnen, sich in ihr Thema einlesen und zusätzliche Literatur sammeln. Für die Lehrerin/den Lehrer kommt es nicht überraschend, dass einige Vorschläge nicht angenommen und zum Beispiel einige Kanzler nicht bearbeitet werden. Stürzen sich alle Schülerinnen und Schüler auf die „Zeitungs-Themen", dann muss sie/er versuchen, wenigstens einige der übrigen Themen der Klasse schmackhaft zu machen und Bearbeiter dafür zu finden.

SCHRITT 3:
HINWEISE FÜR DIE VORGEHENSWEISE BEIM ANFERTIGEN DER ARBEIT UND RATSCHLÄGE FÜR DEN AUFBAU DER ARBEIT

Ist die Bundestagswahl vorbei und ihr Ergebnis im Unterricht gewürdigt, bespricht die Lehrerin/der Lehrer mit jedem einzelnen Schüler die Anlage seiner Arbeit. Das ist ganz wichtig und nimmt viel Zeit in Anspruch. Die Schülerinnen und Schüler nehmen sich erfahrungsgemäß viel zu viel vor. Ihnen muss nachhaltig klar gemacht werden, dass sie sich mit einer eng begrenzten Themenstellung zufrieden geben müssen. Diese Aufgabe soll dann allerdings gründlich bearbeitet werden.

Gefahr, sich zu übernehmen

Einige Schülerinnen und Schüler legen mit dem Recherchieren und Sammeln von Material und Literatur gleich los. Auf eigene Faust suchen sie im Internet, gehen ins Archiv oder lesen Bücher, die sich auf ihr Thema beziehen. Da sie alles interessiert, verlieren sie leicht ihr eigentliches Thema aus den Augen und verzetteln sich. Andere finden ohne Hilfe der Lehrerin/des Lehrers nicht den Einstieg in das selbstständige Arbeiten. Mit ihnen müssen die ersten Schritte ganz detailliert festgelegt und die ersten Ergebnisse auch besprochen werden. Lesen sie Bücher, dann sollen sie die Aussagen, die sich auf die Fragestellung beziehen, entweder mit eigenen Worten zusammenfassen und schriftlich festhalten oder wörtlich abschreiben (vgl. den Beitrag „Lesen, Markieren, Exzerpieren" in diesem Band). Dabei sollten sie unbedingt die Belegstellen festhalten, um sie später in den Text der Arbeit aufnehmen zu können.

Alle Schülerinnen und Schüler sollen spätestens nach drei Wochen ihre Suchtätigkeit abbrechen und mit dem Schreiben anfangen. Nun beginnt für sie der schwierigste und anstrengendste Abschnitt der Facharbeit. Viele plagt die Furcht, in der noch verbleibenden Zeit nicht die vorgegebene Seitenzahl zu erreichen. Nur wer sich überwindet und es schafft, mit dem Schreiben zu beginnen, wird diese Ängste ablegen. Für junge Studenten und mehr noch für die Schüler der gymnasialen Oberstufe stellt das Schreiben ein Wagnis dar, zu dem sie sich immer wieder aufs Neue überwinden müssen. Hier kann die Lehrerin/der Lehrer Mut zusprechen und so Unterstützung geben. Mitunter hilft das Besprechen von kleinen Textproben. Als hilfreich erweist sich auch das Aufstellen eines Zeitplanes.

Angst vor dem Schreiben

Der Aufbau der Arbeit muss gründlich durchgesprochen werden. Für die Schüler ist es neu, dass die Einleitung zuletzt geschrieben wird. Erst bei Beendigung der Arbeit weiß man, welche Frage bzw. welches Thema man wirklich bearbeitet hat. Erst wenn diese Antwort feststeht, lohnt es sich, die Frage dazu bzw. das Thema in der Einführung endgültig zu formulieren. Am Schluss der Arbeit nimmt der Schüler die eingangs gestellte Frage oder Untersuchungsrichtung auf und versucht eine Antwort zu geben bzw. die gefundenen Ergebnisse zusammenzufassen. Dabei kann eine verallgemeinernde Betrachtung auf einer höheren Abstraktionsstufe als in der übrigen Arbeit versucht werden. Der Schüler kann auch auf offen gebliebene oder weiterführende Fragen hinweisen. Trifft der Schüler ein Urteil, so sollte es abgewogen und um Verständnis und Gerechtigkeit für mehrere Seiten bemüht ausfallen.

Der Hauptteil muss in mehrere Abschnitte und diese wieder in Unterabschnitte untergliedert und mit Überschriften bzw. Unterüberschriften versehen werden. Die sorgfältige Gliederung erleichtert aus mehreren Gründen das Schreiben:

Hilfen

- Die Schülerinnen und Schüler können ihre Exzerpte immer einem Gliederungspunkt zuordnen.
- Überschriften und Unterüberschriften sorgen dafür, dass der junge Autor immer genau weiß, worüber er gerade schreibt und so nie den Bezug zum Thema seiner Arbeit aus dem Auge verliert.
- Die Überschriften entheben die Schüler oftmals der Notwendigkeit, die einzelnen Abschnitte gedanklich zu verknüpfen. Trotz dieser Unterlassung entsteht der Eindruck einer inneren Struktur.

Der Einstieg in das Schreiben gelingt am leichtesten, wenn man zu einem Abschnitt Stichworte sammelt, sie in eine bestimmte Reihenfolge bringt und dann mit dem Schreiben beginnt. Eine gute Gliederung bietet eine gewisse Garantie dafür, dass die Arbeit nicht auf Abwege gerät. Vor Exkursen muss ebenso gewarnt werden wie vor kühnen Spekulationen und Fantasien. Verwendete Begriffe sollten immer geklärt werden.

Schon zu Beginn der Arbeit und während des gesamten Verlaufs werden die Schülerinnen und Schüler zu sprachlicher Sorgfalt angehalten. Sie sollen zu lange und verschachtelte Sätze ebenso vermeiden wie Wortwiederholungen und umgangssprachliche Wendungen. Ein gutes Deutsch schreibt man nur, wenn man den Text mehrmals überarbeitet. Die Arbeit soll vor der Abgabe sorgfältig auf Rechtschreib-, Satzzeichen- und Grammatikfehler hin durchgelesen werden.

Zusage der Lehrkraft, jede Arbeit gründlich zu lesen

Als Gegenleistung für die geforderten Mühen erhalten die Jugendlichen von ihrer Lehrerin/ihrem Lehrer die Zusage, dass ihre Arbeit gründlich gelesen und kommentiert wird. Ausschlaggebend für die Note werden die formale Anlage der Arbeit, die sprachliche Sorgfalt, die inhaltliche Bewältigung der selbst gestellten Untersuchungsaufgabe, die methodische Durchführung der Untersuchung und die gefundenen Ergebnisse sein.

Präsentation

Jede Autorin und jeder Autor präsentiert in einem zeitlich eng terminierten Vortrag (z.B. zehn Minuten) vor der Klasse die Ergebnisse der eigenen Arbeit und stellt sie zur Diskussion (vgl. den Beitrag „Das Referat" in diesem Band). Einigen Schülerinnen und Schüler wird diese Ankündigung wenig Freude bereiten; sie fürchten sich davor, bei dem Vortrag zu versagen. Die Lehrerin/der Lehrer wird versuchen, ihnen Mut zu machen und diese Angst zu nehmen. Jede Autorin und jeder Autor wird zudem das ganze Schuljahr über im Unterricht bei allen Fragen, die das eigene Thema betreffen, als Experte zu Rate gezogen.

Zusammenfassende Schlussbetrachtung

Drei Schritte bei der Vorbereitung einer Facharbeit haben sich als positiv herausgestellt:
- Das Interesse des Schülers sollte für die Wahl seines Themas ausschlaggebend sein. Voraussetzung dazu ist, dass die Lehrerin/der Lehrer einen aktuellen und die Jugendlichen interessierenden Themenbereich und dazu eine ausreichende Anzahl von Themen anbietet. Das setzt eine zeitaufwändige Vorarbeit voraus. Die Mühe lohnt sich. Dank der intensiven Vorbereitung durch die Lehrerin/den Lehrer wählen die Jugendlichen ein Thema, bei dessen Bearbeitung sie Engagement und Durchhaltevermögen an den Tag legen.

- Die Lehrerin/der Lehrer spricht mit jedem einzelnen Schüler sorgfältig und ausführlich das Thema ab. Dabei achtet sie/er darauf, dass das Stoffgebiet eng begrenzt ist, die dazu notwendigen Materialien überschaubar bleiben und keine aufwändigen Verfahren zur Untersuchung notwendig sind.
- Den Unterrichtsteilnehmern werden enge Vorgaben für die äußere Gestaltung, die Gliederung und den Aufbau der Arbeit gemacht. Sie wissen, was in der Einleitung, im Schluss und im Hauptteil zu stehen hat, und sehen sich dadurch in die Lage versetzt, eine gut gegliederte und im äußeren Erscheinungsbild ordentliche Arbeit abzuliefern.

Während der Durchführung einer Facharbeit benötigen die Schülerinnen und Schüler Beratung und Unterstützung. Nur wenn die Lehrerin/der Lehrer die Entwicklung und Fortschritte der Schülerarbeiten genau verfolgt und, wenn nötig, unterstützend eingreift, werden die Schülerinnen und Schülern Erfolg haben.

Die Durchführung einer Facharbeit ist sinnvoll, weil die Schülerinnen und Schüler hier ihre Bereitschaft und Fähigkeit zur selbstständigen Arbeit erproben können. Sie gewinnen einen Eindruck von ihrem Durchhaltevermögen. Die Erfahrung der Facharbeit gibt ihnen mehr als jede andere Leistung während der Schulzeit Aufschluss über ihre Eignung zu einem Studium. Die Lehrerin/der Lehrer lernt die Schülerinnen und Schüler von einer anderen Seite als im normalen Unterricht kennen. Bei manchen Jugendlichen ist man überrascht, was in ihnen steckt. Bei anderen werden Grenzen sichtbar.

Nutzen für die Schüler

Über dem Nutzen einer Facharbeit dürfen die Nachteile nicht übersehen werden. Sie erfordert vom Lehrer und den Schülern einen Zeitaufwand, der vielfach einen zu hohen Preis darstellt. Je intensiver die Jugendlichen mit ihrer Facharbeit beschäftigt sind, desto mehr neigen sie dazu, andere Fächer zu vernachlässigen. Oft fallen die Klausurergebnisse während dieser Zeit signifikant schlecht aus.

Nachteile

Die ungewohnte Anstrengung weckt bei den Heranwachsenden die Hoffnung auf eine gute Benotung. Jede Lehrerin und jeder Lehrer sollte Vergleiche mit eigenen Oberseminararbeiten aus der Hochschulzeit unterlassen und großzügig gute Noten vergeben. Trotzdem werden Enttäuschungen nicht ausbleiben. Wer für die ungewohnten Anstrengungen nur ein „befriedigend" attestiert bekommt, dem kann das Fach (und die Lehrerin/der Lehrer) für die Zukunft verleidet werden. Auch wenn es für die Jugendlichen wichtig ist zu lernen, mit Misserfolgserlebnissen umzugehen und auch befriedigende und ausreichende Noten als persönlichen Erfolg anzusehen, stellt die Bekanntgabe der Noten für viele Schüler ein unschönes Ende der „Facharbeitszeit" dar. Das Klima für den darauf folgenden Unterricht kann dadurch nachhaltig belastet werden.

Benotung

Auf zukünftige Klausurleistungen hat die Facharbeit wenig Einfluss. Nach einer erfolgreichen Facharbeit fallen die Noten keineswegs besser aus als vorher.

Literatur

Andersen, Uwe/Woyke, Wichard (Hrsg.) (2003): Handwörterbuch des politischen Systems der Bundesrepublik Deutschland. 5. Auflage, Opladen

Berliner Projektgruppe (Hrsg.) (2004): Beispiel Wahlen. Planung und Methoden des Politikunterrichts in der Praxis. Schwalbach/Ts.

Bundeszentrale für politische Bildung (Hrsg.) (2004): Demokratie in Deutschland. Reihe: pocket-politik. Bonn

Breit, Gotthard/Eichner, Detlef (2004): Die Fallanalyse. In: Frech, Siegfried/Kuhn, Hans-Werner/Massing, Peter (Hrsg.): Methodentraining für den Politikunterricht. Schwalbach/Ts., S. 89-116

Drechsler, Hanno/Hilligen, Wolfgang/Neumann, Franz (Hrsg.) (2003): Gesellschaft und Staat. Lexikon der Politik. 10. Auflage, München

Görtemaker, Manfred (1999): Geschichte der Bundesrepublik Deutschland – Von der Gründung bis zur Gegenwart. München

Kempf, Udo/Merz, Hans-Georg (Hrsg.) (2001): Kanzler und Minister 1949-1998. Biografisches Lexikon der deutschen Bundesregierungen. Opladen

Pötzsch, Horst (2003): Die deutsche Demokratie. 3. Auflage, Bonn

Rudzio, Wolfgang (2003): Das politische System der Bundesrepublik Deutschland. 6. Auflage, Opladen

Schieren, Stefan (1996): Propädeutikum der Politikwissenschaft. Eine Einführung. Reihe: uni studien politik. Schwalbach/Ts.

Schmidt, Manfred G. (2005): Das politische System der Bundesrepublik Deutschland. München

Weißeno, Georg (2000): Facharbeit. In: Kuhn, Hans-Werner/Massing, Peter (Hrsg.): Methoden und Arbeitstechniken. Lexikon der Politischen Bildung. Band 3. Herausgegeben von Georg Weißeno. Schwalbach/Ts., S. 42 f.

Vorbereitung und Durchführung einer Facharbeit

- Besitzt der Themenbereich Aktualität und ist er für meine Schülerinnen und Schüler interessant?

- Kann ich ihnen dazu – von ihnen bearbeitbare – Themenvorschläge in großer Zahl entwickeln?

- Kann ich ihnen für die von ihnen gewählten Themen Materialien und lesbare Fachliteratur zur Verfügung stellen?

- Habe ich ihnen klare Anweisungen für die äußere Gestaltung der Arbeit vermittelt (Vorschlag für das Deckblatt, Gliederung mit Über- und Unterüberschriften, Zitierweise, Literatur)?

- Bespreche ich mit jeder einzelnen Schülerin/jedem einzelnen Schüler die Fortschritte und Schwierigkeiten seiner Arbeiten? Habe ich dafür genügend Zeit?

- Finde ich die Zeit dazu, die Arbeiten sorgfältig und zeitaufwändig, wie es die Jugendlichen dank ihrer Anstrengungen auch verdient haben, zu korrigieren?

- Gebe ich eine Note, die niemanden enttäuscht, aber auch niemanden zur Selbstüberschätzung verführt?

Eigene Notizen

Kurt Lach/Peter Massing

Das Tafelbild

Die Wandtafel – ein klassisches und vielseitiges Medium

In einer Zeit, in der die neuen Medien die Schule erobern, haben es die traditionellen Medien schwer, sich in der Schule zu behaupten. Zu diesen zählt auch die Wandtafel. Zwar ist Unterricht ohne den Einsatz der Tafel auch heute kaum vorstellbar, doch haftet ihr der Geruch des Altmodischen, des nicht mehr Zeitgemäßen an. Dabei verfügt die Wandtafel gegenüber den neuen Medien über Vorzüge, die ihren Einsatz auch heute noch gerechtfertigt erscheinen lassen. Sie steht immer zur Verfügung, ist variabel zu nutzen, leicht handhabbar und ohne großen Aufwand einsetzbar. Die darauf entwickelten Tafelbilder sind in aller Regel Eigenprodukte der Lehrerin/des Lehrers. Sie können sorgfältig geplant sein, können aber auch in bestimmten Unterrichtssituationen spontan entwickelt werden.

Funktionen und Aufgaben in einzelnen Unterrichtsphasen

Das Tafelbild erfüllt im Unterricht verschiedene Aufgaben. Mit dem Tafelbild können Lerninhalte thematisiert, visualisiert, strukturiert, kategorialisiert oder problematisiert werden. Die Vielfalt dieser Begriffe zeigt bereits, dass Tafelbilder die unterschiedlichsten Funktionen im Unterricht haben können. Widersprüchliche oder überraschende Aussagen – vor Beginn des Unterrichts an die Tafel geschrieben und zum Unterrichtsbeginn in der **Einstiegsphase** präsentiert – lösen spontane Reaktionen bzw. Diskussionen aus, wecken Interesse und provozieren Fragen. So eingesetzt, dienen Tafelbilder der Motivation und der Thematisierung. Damit tragen sie dazu bei, den Unterricht zu strukturieren und Erkenntnisprozesse zu initiieren.

In der **Informations- bzw. Transferphase** dienen Tafelbilder der Veranschaulichung, Dokumentation und Sicherung von Arbeitsergebnissen. Die Erstellung von Tafelbildern verlangt von Lehrerinnen und Lehrern die Fähigkeit, Lerninhalte kategorial zu ordnen, verschiedene Begriffsebenen als solche zu kennzeichnen und ggf. bestehende Implikationszusammenhänge über entsprechende Symbole zu verdeutlichen. In einem weiteren Schritt muss dann mit diesen Informationen aktiv im Unterricht umgegangen werden, indem sie von den Schülerinnen und Schülern in den jeweiligen Sach- bzw. Problemzusammenhang der Stunde eingeordnet und entsprechend verbalisiert werden. In der Kombination von Verdichtung des Lerninhalts durch Visualisierung an der Tafel und anschließender verbaler Auseinandersetzung mit ihm im Unterrichtsgespräch liegen große Chancen, Lernfortschritte bzw. Erkenntnisprozesse anzubahnen, die das Vorverständnis

Verdichtung des Lerninhalts durch Visualisierung

von Schülerinnen und Schülern über politische Sachverhalte aufzubrechen vermögen. Der Lernende kann im Verlauf dieses Prozesses bestimmte Sichtweisen und Aspekte aus den Tafelbildern aufgreifen und in sein Alltagswissen überführen.

Die Funktion des Tafelbilds in der **Problematisierungsphase** ist es, politische Urteils-bildungsprozesse zu strukturieren. Versteht man politische Urteilsbildung als einen Pro-zess, der den Lernenden über das eigene individuelle Urteil hinaus den Blick öffnen soll für die Bandbreite möglicher politischer Urteile, so ist es notwendig, dass die Schülerin-nen und Schüler fähig sind, einen Perspektivenwechsel vorzunehmen. Allein dieser Pers-pektivenwechsel versetzt sie in die Lage, Urteile bzw. Handlungsoptionen aus der Sicht der politischen Akteure und Betroffenen vorzunehmen. Dadurch werden die Lernenden gezwungen, in anderen Begründungszusammenhängen zu denken und zu argumentie-ren. Tafelbilder, die zum Beispiel nach Auswertung einer handlungsorientierten Methode die vorgestellten Positionen strukturiert erfasst haben, dienen in dieser Situation gleich-sam als Anker, der den Diskutanten Halt bietet, wenn es darum geht, die verschiedenen Positionen zu verorten und die dahinter stehenden Argumentationsstränge und Beurtei-lungsmaßstäbe zu durchschauen. Für den Reflexionsprozess der Lernenden ist dies ein nicht zu unterschätzender Vorteil. Geschieht dies nicht, besteht die Gefahr, dass der Prozess der politischen Urteilsbildung ohne Konturen verläuft und verschiedene Positio-nen diffus nebeneinander stehen. Erst mithilfe eines entsprechenden Tafelbilds ist eine Bündelung möglich.

Verschiedene Positionen, Perspektivenwechsel

Da Tafelbilder immer auch der **Ergebnissicherung** und häuslichen Nachbereitung des Unterrichts dienen, muss dafür gesorgt werden, dass die Art und Weise der Übernahme des Tafelbilds für alle Schülerinnen und Schüler verbindlich geregelt wird. Wie diese Rege-lung im Einzelnen aussieht, ist abhängig vom Alter der Lernenden, vom Schultyp und vom Leistungsvermögen der Lerngruppe. In jedem Fall muss dafür gesorgt werden, dass ge-nügend Zeit für das Abschreiben zur Verfügung gestellt wird. Da der Zeitbedarf häufig unterschätzt wird, entstehen hier Probleme, die leicht zu vermeiden sind.

Formale und inhaltliche Fehlerquellen

Bei allen Vorzügen, die der Einsatz von Tafelbildern im Politikunterricht hat, treten im Unterrichtsalltag immer wieder Fehler auf, die den didaktischen Wert von Tafelbildern in der konkreten Unterrichtssituation maßgeblich beeinträchtigen. Auf der formalen Ebene sind immer wieder die folgenden Mängel zu beobachten: Fehleinschätzung des zur Ver-fügung stehenden Platzes, unübersichtliche Darstellung, schlechte Lesbarkeit des Textes und Verstöße gegen die Sprachrichtigkeit. Jeder Fehler ist für sich genommen nicht schwerwiegend und in der Regel leicht korrigierbar, doch wird dadurch jedes Mal die Kon-zentration der Lernenden auf die inhaltliche Aussage des Tafelbilds beeinträchtigt und die Durchführung eines zielgerichteten Unterrichtsverlaufs erschwert.

Auf der inhaltlichen Ebene sind es immer wieder Ungenauigkeiten, die den Zusammen-hang von Überschrift und Text, die begriffliche Präzision, die klare Unterscheidung ver-schiedener Begriffsebenen, die Zuordnung von Begriffen und die Darstellung von Implika-tionszusammenhängen betreffen. Diese Fehler werden in aller Regel von den Schülerin-nen und Schülern nicht durchschaut. Deshalb ist es umso wichtiger, dass die Lehrerin/der Lehrer sie gar nicht erst begeht. Dies setzt allerdings eine sorgfältige Planung der Tafelbil-der voraus. Geschieht dies nicht, ist die Gefahr groß, dass sich diese Fehler im Gedächtnis der Lernenden verfestigen und damit wichtige Lernziele des Politikunterrichts, nämlich der Erwerb kognitiver Strukturen, die sich an einem fachwissenschaftlichen Begriffsapparat orientieren, und die Fähigkeit, Lerninhalte angemessen präsentieren zu können, verfehlt werden. Tafelbilder haben immer einen Vorbildcharakter. Diesen Anspruch können sie aber nur erfüllen, wenn die in der Schule präsentierten Beispiele ihnen auch gerecht werden (vgl. die **Checkliste** im Anhang, S. 67).

Beispiele

Beim **ersten Beispiel** handelt es sich um ein Tafelbild aus einer Unterrichtsreihe zum Inhaltsbereich „Unterwerfung und Instrumentalisierung Jugendlicher am Beispiel der Hitlerjugend" in der 9. Klasse einer Gesamtschule. Das Thema der Unterrichtsstunde, aus der das Beispiel stammt, lautet „Neonazi-Gruppen heute – Können Jugendliche dem (den Neonazis) etwas entgegensetzen?". In dem Tafelbild sollen aus der Sicht rechtsextremistischer Jugendlicher die gesellschaftlichen Rahmenbedingungen dargestellt werden, die ursächlich für die Entstehung dieser Jugendgruppen verantwortlich sind. Zusätzlich werden in zwei weiteren Rubriken die „vermuteten" und die „wirklichen" Verantwortlichen für die gesellschaftlichen Probleme dargestellt.

TAFELBILD 1:

gesellschaftliche Probleme	die angeblich Verantwortlichen
● Arbeitslosigkeit	● Ausländer (Flüchtlinge, Emigranten)
● Armut	● „Asoziale" (Punks, Obdachlose)
● Umweltverschmutzung	● Linke (Autonome, „Chaoten")
● Wohnungsnot	● Juden

die wirklich Verantwortlichen

● die Regierung, der Staat

● Hausbesitzer

● Industrie

Die Analyse ergibt folgendes Bild: Zunächst einmal ist das Tafelbild nicht frei von formalen Fehlern. Es fehlt die Überschrift. Da die Zuordnung der verschiedenen Aussagen sich dem Leser nicht aus sich selbst heraus erschließt, ist dieses Tafelbild ohne Überschrift jedoch gar nicht zu verstehen. Hinzu kommt, dass einige Verstöße gegen die Sprachrichtigkeit (Kleinschreibung anstatt Großschreibung zu Beginn der Formulierung der Oberbegriffe) das Verständnis erschweren.

Formale Fehler

Sehr viel gravierender als die formalen Fehler sind jedoch die inhaltlichen Ungenauigkeiten bzw. Ungereimtheiten. Auch nach sorgfältiger Analyse kann nicht eindeutig gesagt werden, wem die Aussagen der verschiedenen Spalten jeweils zuzuordnen sind. Der Bereich „Gesellschaftliche Probleme" soll wohl die in der Wissenschaft diskutierten Ursachen für die Entstehung von rechtsextremen Gruppen wiedergeben. Es kann aber auch sein, dass die rechtsextremen Gruppen selbst diese Punkte anführen, um ihr Handeln zu rechtfertigen. Welche dieser beiden Varianten zutrifft, ist dem Tafelbild jedenfalls nicht zu entnehmen. Dies muss aber geklärt sein, um die verschiedenen Aspekte einschätzen zu können (z.B. Umweltverschmutzung). Der Bereich „Die angeblich Verantwortlichen" ist ähnlich zwiespältig. Der Bezug wird nicht auf Anhieb deutlich. Mit hoher Wahrscheinlichkeit wird die Sichtweise jugendlicher Neonazis dargestellt. Es kann aber auch sein, dass ein ungenannter Dritter diese Position vertritt. Unklar bleibt auch, ob der Begriff

Inhaltliche Fehler

„Emigrant" absichtlich gewählt oder ob er nur falsch verwendet wurde. Folgt man der Logik des Tafelanschriebs müsste es sich bei dem angesprochenen Personenkreis um „Immigranten", nicht um „Emigranten" handeln.

Konnte bisher immerhin noch eine Beziehung zwischen den Aussagen des Tafelbildes und den Gruppen, die diese vertreten, rekonstruiert werden, so ist dies bei der dritten Rubrik („Die wirklich Verantwortlichen") nicht mehr möglich. Rechtsextreme Gruppen können es im Kontext des Tafelbilds nicht sein, denn dann ist die Spalte „Die angeblich Verantwortlichen" nicht mehr zu verorten. Zu vermuten ist deshalb, dass die Lehrerin/der Lehrer mit dieser Rubrik beabsichtigte, die Vorstellungen der rechtsextremen Jugendlichen zu widerlegen, indem sie/er eine Gegenposition formulierte. Dennoch sind die Aussagen dieser Spalte aus zweierlei Gründen sehr kritisch zu sehen: Zum einen belegen sie, dass die Unterrichtsstunde von der didaktischen Struktur her nicht „rund" ist. Eine Schülerinnen und Schülern vermittelbare Zielsetzung ist nicht erkennbar, der Bezug zum Stundenthema nicht mehr herstellbar. Damit wird über das Tafelbild deutlich, dass die

Planungsmängel Planung der Stunde nicht stimmt. Sie weist Brüche und Unklarheiten auf, die sich im Tafelbild widerspiegeln. Anders ausgedrückt kann man auch sagen, dass jedes geplante Tafelbild, das eine gewisse Komplexität aufweist, ein Indikator für die Stringenz der eigenen Unterrichtsplanung ist. Somit erfüllen Tafelbilder nicht nur die oben angesprochenen Funktionen, sondern sie sind in der Vorbereitungsphase ein letzter Prüfstein, um die eigenen Planungsentscheidungen auf innere Stimmigkeit und fachliche Richtigkeit zu testen (vgl. die **Checkliste** im Anhang, S. 67).

Fehlen von Kontroversität Zum anderen liegt mit diesen Aussagen ein Verstoß gegen den Beutelsbacher Konsens vor. Das Gebot der Kontroversität wird nicht beachtet. Stattdessen wird – sicher unbeabsichtigt – indoktriniert. Eine offene Diskussion ist nicht mehr möglich, denn die „wirklich Verantwortlichen" stehen ja fest. Eine Differenzierung oder gar eine Infragestellung der im Tafelbild formulierten Erkenntnisse sind ausgeschlossen. Damit wird aber gegen zentrale Prinzipien und Ziele der politischen Bildung verstoßen. Fazit: Dieses Tafelbild ist für den Unterricht nicht geeignet.

Aufgrund der aufgezeigten Defizite erscheint es nicht sinnvoll, einen Optimierungs- bzw. Alternativvorschlag auf der Grundlage der vorgelegten Planung zu präsentieren. Man würde nur an den Symptomen herumbasteln und das eigentliche Problem – die fehlerhafte Planung der Stunde – nicht in den Griff bekommen. Wenn es einen Implikationszusammenhang zwischen den verschiedenen Aufgabenfeldern der Unterrichtsplanung gibt, dann besteht er natürlich auch zwischen einem geplanten Tafelbild und den übrigen Planungselementen. Deshalb kann eine Optimierung nur auf der Basis einer Optimierung der Stundenplanung erfolgen. Dies kann hier nicht geleistet werden.

Das **zweite Beispiel** entstammt dem Themenkomplex „Nord-Süd-Konflikt" bzw. „Dritte Welt-Problematik". Es handelt sich dabei um eine Unterrichtsreihe zum Sachgegenstand „Entwicklung und Revolution in Lateinamerika" in einer 10. Klasse des Gymnasiums. Dem Tafelbild liegt eine Stunde zugrunde, in der die Entwicklungsprobleme Lateinamerikas thematisiert wurden, die dann in der nächsten Stunde auf die Situation in Nicaragua übertragen werden sollen. Grundlage des Tafelbilds ist ein Schulbuchtext, der im Unterricht in das vorliegende Tafelbild umgesetzt wurde. Demzufolge hat das Tafelbild zwei Funktionen, nämlich die der Strukturierung und der Sicherung von Lerninhalten.

TAFELBILD 2:

Probleme des Subkontinents

die wirtschaftliche und soziale Struktur der Kolonialzeit wurde nicht überwunden:

- Großgrundbesitzer herrschen über Land und Leute;
- Industrialisierung ist weitgehend von ausländischem Kapital abhängig;
- Produkte für den Weltmarkt sind hauptsächlich Rohstoffe;
- Die Landwirtschaft hat einen großen Anteil am wirtschaftlichen Ertrag.

Verschärfung der Situation durch:

- starken ausländischen Einfluss auf die Politik;
- Bevölkerungswachstum;
- scharfe Gegensätze zwischen Armen und Reichen.

Textgrundlage des Tafelbilds:

Probleme des Subkontinents. Die Staaten Lateinamerikas waren zwar im 19. Jh. unabhängig geworden, haben aber die soziale und wirtschaftliche Struktur der Kolonialzeit nicht überwunden. Großgrundbesitzer herrschen weiterhin über Land und Leute; die Industrialisierung blieb vom ausländischen Kapital abhängig. Man produziert auf Plantagen und in Bergwerken vorwiegend Rohstoffe für den Weltmarkt, die Landwirtschaft behielt einen übermäßig hohen Anteil am wirtschaftlichen Ertrag. In den meisten Ländern Mittel- und Südamerikas herrschen die für Entwicklungsländer typischen Verhältnisse. Die Probleme werden durch drei Faktoren verschärft: Extrem starker Einfluss des Auslands (besonders der USA), beschleunigtes Bevölkerungswachstum, schärfste Gegensätze zwischen Reich und Arm. Die verstärkte Industrialisierung in Teilbereichen mit ausländischer Kapitalhilfe hat viele Länder des Subkontinents völlig verschuldet, es fehlt an Devisen, die Währung zerfällt bei anhaltender Inflation; die Wohlhabenden bringen ihr Geld ins Ausland. Die Bevölkerung wächst bedrohlich und damit die Arbeitslosigkeit, zumal auf dem Land. Viele flüchten in die rapid wachsenden Großstädte und füllen die Elendsviertel. Man schätzt, dass die Hälfte der Bevölkerung Lateinamerikas unterernährt ist, 40-50 Mio. wohnen in Slums, ebenso viele sind Analphabeten. In Stadtvillen und vornehmen Landhäusern stellen die Oberschichtfamilien ihren Reichtum zur Schau. Sie verteilen Posten und Ämter untereinander. Die Unterschicht bleibt von politischer Mitbestimmung ausgeschlossen. Die Mittelschicht der Angestellten und Facharbeiter ist meist noch zu schmal und grenzt sich scharf nach unten ab, ohne mit der Macht der Reichen konkurrieren zu können.

Die Analyse zeigt, dass die Stärken und Schwächen dieses Tafelbilds auf einer anderen Ebene liegen als beim ersten Tafelbild. Neben kleineren formalen Fehlern (z.B. Verstöße gegen die Sprachrichtigkeit) fällt die Textnähe im Tafelbild auf. Eine Bündelung oder Generalisierung zentraler Passagen wurde nicht vorgenommen. Damit hat dieses Tafelbild den Charakter eines Protokolls. Sowohl die Überschrift des Textes als auch die meisten Aussagen im Tafelbild entstammen nahezu wörtlich der schriftlichen Vorlage. Wenn leichte Veränderungen vorgenommen wurden (z.B. durch Auslassung eines Wortes), dann präzisieren diese jedoch nicht die Kernaussage des Textes, sondern tragen eher dazu bei, dass diese in eine andere Richtung gelenkt werden (z.B.: „Die Landwirtschaft hat einen großen Anteil am wirtschaftlichen Ertrag" statt „Die Landwirtschaft behielt einen übermäßig hohen Anteil am Ertrag").

Textnähe anstelle von Generalisierung

Darüber hinaus zeigt sich eine weitere grundsätzliche Schwierigkeit, die bei der Umsetzung eines Schulbuchtextes in ein Tafelbild in aller Regel auftritt. Schulbuchtexte zeichnen sich dadurch aus, dass sie die angesprochenen Sachverhalte sehr dicht darstellen. Nahezu jedes Wort ist wichtig; Füllworte bzw. -sätze kommen kaum vor. Dies hat zur Folge, dass bei einer textnahen Umsetzung der Inhalte in ein Tafelbild kaum ein Wort, geschweige denn ein Gedanke wegfallen kann. Doch genau dies geschieht in dem vorliegenden Tafelbild. Viele im Text erwähnte Sachverhalte werden im vorliegenden Tafelbild genannt, doch ebenso viele Dinge bleiben unberücksichtigt (Arbeitslosigkeit, Inflation, Analphabetismus, Hunger, Landflucht, unkontrolliertes Städtewachstum, rapid wachsende Elendsviertel, Kapitalflucht). Eine inhaltliche Begründung für die getroffene Auswahl lässt sich aus dem Tafelbild nicht erschließen.

Unterschiedliche Begriffsebenen

Analysiert man die Struktur des Tafelbilds, so fällt auf, dass es einerseits begriffliche Unschärfen und andererseits Unklarheiten hinsichtlich der verwendeten Begriffsebenen gibt. Die Überschrift, die aus der Textvorlage übernommen wurde, und die Angaben im Tafelbild passen in der vorliegenden Form nicht zueinander. Es liegen zwei verschiedene Begriffsebenen vor. Die Überschrift legt einen problemorientierten Zugang nahe, während die Angaben im Tafelbild selbst eher sachorientiert und deskriptiv sind („die […] Struktur […] nicht überwunden" […] „Verschärfung der Situation durch"). Dies führt zu Unklarheiten und Missverständnissen. So wird nicht deutlich, worin das eigentliche Problem besteht, wenn „die wirtschaftliche Struktur und soziale Struktur der Kolonialzeit nicht […] überwunden wurde". Unklar bleibt auch, warum es ein Problem ist, wenn die „Produkte für den Weltmarkt hauptsächlich Rohstoffe" sind. Da sich politische Probleme in aller Regel als Spannungsverhältnisse zwischen zwei Größen äußern, nicht aber als eine Aussage, die für sich allein steht, lässt sich das Problem nicht erkennen. In unseren Beispielen könnten diese Spannungsverhältnisse im ersten Fall zwischen den traditionellen Strukturen Lateinamerikas und den Herausforderungen in einer globalisierten Welt und im zweiten Fall zwischen der Monostruktur des Außenhandels und der daraus resultierenden Abhängigkeit vom Weltmarkt bestehen.

Der Versuch, das Tafelbild anhand übergeordneter Gesichtspunkte, denen klärende bzw. die Aussage konkretisierende „Unterpunkte" zugeordnet werden, zu strukturieren, vermag nur teilweise zu überzeugen, da die „Unterpunkte" sich in der vorliegenden Form nicht auf die Hauptaussage beziehen. In der vorliegenden Fassung ist zum Beispiel der Satz „Die Landwirtschaft hat einen großen Anteil am wirtschaftlichen Ertrag" nicht zwingend aus dem übergeordneten Punkt abzuleiten. Er beschreibt vielmehr einen Tatbestand ohne Bezug zum übergeordneten Gesichtspunkt. Ähnliches lässt sich zu den Sätzen „Industrialisierung ist weitgehend von ausländischem Kapital abhängig" und „Produkte für den Weltmarkt sind hauptsächlich Rohstoffe" auch sagen. Einzig der Satz „Großgrundbesitzer herrschen über Land und Leute" vermag die einleitende Aussage zu konkretisieren, jedoch ist zu hinterfragen, ob die Aussage in der vorliegenden Fassung noch zutrifft. Vermutlich lag der Fehler darin, dass die Verfasserin/der Verfasser dieses Tafelbilds annahm, dass der Text eine derartige Struktur aufweist. Liest man den Text jedoch genauer, so stellt man schnell fest, dass er im Kern lediglich verschiedene gleichrangige Aspekte aneinander reiht. Eine innere Struktur im Sinne von Über- und Unterordnung ist nicht erkennbar.

Notwendigkeit begrifflicher Präzision und gedanklicher Logik

Fazit: Dieses Tafelbild zeigt deutlich, welche Bedeutung begriffliche Präzision und gedankliche Logik für die Konstruktion eines Tafelbilds haben. Gelingt es nicht, diesen Ansprüchen gerecht zu werden, wird das Ergebnis die Schülerinnen und Schüler eher verwirren denn zur Optimierung fachlicher und methodischer Kompetenzen beitragen.

Optimierungsvorschlag

Der Optimierungsvorschlag versucht die in der Analyse angesprochenen Schwächen zu beheben. Damit dies gelingt, wird das vorliegende Tafelbild hinsichtlich Struktur und Begrifflichkeit verändert. Darüber hinaus wird der Versuch unternommen, die Aussagen des Textes mithilfe von Oberbegriffen zu ordnen, um auf diese Art und Weise eine merkfähige Struktur entwickeln zu können.

Problemfelder des Subkontinents Lateinamerika

Bereich Wirtschaft
– Ungelöste Agrarfrage
– Kapitalflucht, Verschuldung
– Wirtschaftlicher Dualismus
– Fehlende Diversifikation bei den Exportgütern
– Fehlende Preisstabilität

Bereich Bevölkerung
– Bevölkerungsexplosion
– Ausgeprägte soziale Disparitäten
– Zunehmende Arbeitslosigkeit
– Unterernährung
– Analphabetismus

Bereich Politik
– Übermacht der alten Eliten
– Demokratiedefizite
– Unangemessener Einfluss des Auslands

Bereich Raum
– Ausgeprägte Landflucht
– Unkontrolliertes Städtewachstum
– Zunahme der städtischen Elendsviertel
– Verschärfung des Land-Stadt-Gegensatzes

Die Überschrift des Tafelbilds orientiert sich zwar an der Textvorgabe, doch der Begriff Problemfelder ist weiter bzw. offener und erfordert es nicht, dass die Probleme konkret benannt werden. Aus der Art und Weise, wie die verschiedenen Aspekte formuliert werden, lassen sich zudem die konkreten Probleme ohne große Zusatzinformationen erschließen. Alternativ hätte man auch den Begriff Herausforderungen wählen können, doch dann hätten verschiedene Angaben im Tafelbild anders formuliert werden müssen.

Die im Text erwähnten inhaltlichen Aspekte werden mithilfe von Kategorien, die aus dem Text erschlossen werden können (Wirtschaft – Bevölkerung – Politik – Raum), geordnet und anschließend nahezu vollständig in das Tafelbild integriert, indem diese den Oberbegriffen zugeordnet werden. Bei der Wahl der Kategorien wird bewusst auf die Kategorie „Geschichte" verzichtet, da sie keinen zusätzlichen Erkenntnisgewinn bringt. Immanent ist sie jedoch in den Aussagen „Ungelöste Agrarfrage" und „Übermacht der alten Eliten" enthalten. Die Konkretisierung bzw. Ausdifferenzierung der Kriterien erfolgt auf der Basis der Textvorlage. Dabei werden die Aussagen mithilfe der entsprechenden Fachsprache gebündelt. Zum Beispiel umfasst der Begriff „Ausgeprägte soziale Disparität" die wichtigsten Aussagen des Textes zu den sozialen Verhältnissen in Lateinamerika. In anderen Fällen wiederum wird die Umschreibung eines Sachverhalts mit einem Fachbegriff zu-

Verwendung von Kategorien

sammengefasst (z.B. „Kapitalflucht"). Trotz alledem sind die Trennschärfe der Begriffe und damit deren Zuordnung zu den Kriterien nicht immer eindeutig. Dies kann am Begriff „Arbeitslosigkeit" verdeutlicht werden. Je nach Sichtweise kann er entweder dem Bereich „Bevölkerung" oder dem Bereich „Wirtschaft" zugeordnet werden. Dies sollte im Unterricht thematisiert werden. Die Einführung der Fachbegriffe erfolgt, indem entweder auf das Vorwissen der Lernenden zurückgegriffen wird oder sie von den Lehrenden im Rahmen eines Unterrichtsgesprächs vorgestellt werden. In einem letzten Arbeitsschritt soll dann der Implikationszusammenhang zwischen den verschiedenen Bereichen durch die Eintragung von Doppelpfeilen verdeutlicht werden. Damit wird die Komplexität des dargestellten Sachverhalts betont. Aus der Textvorlage kann diese gegenseitige Abhängigkeit der verschiedenen Faktoren erschlossen werden, auch wenn sie nicht konkret angesprochen wird.

Abschließend kann festgehalten werden, dass mithilfe dieser Art von Tafelbild Schülerinnen und Schülern Möglichkeiten gezeigt werden sollen, wie sie selbst unter Verwendung einer angemessenen Fachsprache Texte strukturiert erfassen können.

Literatur

Brucker, Ambros (1990): Das Tafelbild ist unersetzbar. In: Praxis Geographie, Heft 2, S. 4-6

Dörr, Margarete (1976): Der Tafelanschrieb im Geschichtsunterricht. In: Süssmuth, Hans (Hrsg.): Historisch-politischer Unterricht – Medien. 2. Auflage, Stuttgart, S. 133-184

Lach, Kurt (2002): Das Tafelbild als Baustein im Unterrichtsprozess. In: Weißeno, Georg (Hrsg.): Politikunterricht im Informationszeitalter. Schwalbach/Ts., S. 198-209

Maras, Rainer (1979): Das Tafelbild im Unterricht. München

Massing, Peter (1997): Kategorien politischen Urteilens und Wege zur politischen Urteilsbildung. In: Massing, Peter/Weißeno, Georg: Politische Urteilsbildung. Schwalbach/Ts., S. 115-131

Meyer, Hilbert (1987): UnterrichtsMethoden II: Praxisband. Frankfurt/M.

Weißeno, Georg (1992): Das Tafelbild im Politikunterricht. Schwalbach/Ts.

Weißeno, Georg. (1999): Tafelbild/Tafelanschrieb. In: Mickel, Wolfgang W. (Hrsg.): Handbuch zur politischen Bildung. Schriftenreihe der Bundeszentrale für politische Bildung, Band 358. Bonn, S. 461-465

Checkliste

Das Tafelbild

FORMALE GESICHTSPUNKTE

- Überschrift und Datum nicht vergessen.
- Auf sprachliche Richtigkeit achten.
- Auf gute Lesbarkeit achten.
- Klarheit und Übersichtlichkeit durch Unterstreichungen, Farben, Umrahmungen betonen.
- Dafür sorgen, dass verwendete Symbole in ihren Aussagen eindeutig sind (ggf. Legende anfertigen).
- Raumangebot der Wandtafel strikt beachten. Eine Überfrachtung ist zu vermeiden.
- Anordnung des Tafelbildes auf der Wandtafel übersichtlich gestalten.
- Dafür sorgen, dass sich die Lernenden das Tafelbild durch die äußere Form leicht einprägen können (u.a. Einsatz zeichnerischer Elemente, mehrmalige Verwendung ähnlich strukturierter Tafelbilder).
- Darauf achten, dass die Erstellung des Tafelbilds nicht zu viel Zeit in Anspruch nimmt.
- Die Erstellung des Tafelbilds darf den Unterricht nicht dominieren.
- Die Art und Weise der Übernahme von Tafelbildern in Hefte bzw. Ordner verbindlich regeln.
- Darauf achten, dass genügend Zeit zum Abschreiben des Tafelbilds zur Verfügung gestellt wird.

INHALTLICHE GESICHTSPUNKTE

- Darauf achten, dass das Gebot der fachlichen Richtigkeit eingehalten wird.
- Auf angemessene Präzision im Umgang mit der Fachsprache achten.
- Die Zuordnung von Oberbegriffen zu deren inhaltlichen Konkretisierungen muss begrifflich klar und verständlich sein.
- Verschiedene Begriffsebenen als solche kenntlich machen.
- Darauf achten, dass Überschrift und Text sich entsprechen.
- Tafelanschrieb auf den didaktischen Kern der Unterrichtsstunde reduzieren.
- Sich selbst über die angestrebte Funktion (u.a. Motivation, Strukturierung, Begriffsbildung, Veranschaulichung, Dokumentation, Ergebnissicherung, Initiierung von Erkenntnissen, Problematisierung) des Tafelbilds im Unterricht Klarheit verschaffen.
- Tafelbilder sorgfältig planen und nicht spontan im Unterricht entwickeln.
- Durch den Unterrichtsverlauf angeregte Änderungen im Detail flexibel in das geplante Tafelbild integrieren.
- Darauf achten, dass das Tafelbild offen angelegt ist.
- Geplante Tafelbilder auf innere Stimmigkeit überprüfen. Ggf. Änderungen am Tafelbild oder an der Stundenplanung vornehmen.
- Tafelbilder der Lehrerin/des Lehrers haben Vorbildcharakter für Schülerinnen und Schüler und sollten deshalb dementsprechend sorgfältig angefertigt werden.

Eigene Notizen

Siegfried Frech

Das Arbeitsblatt

Papier total?

„...und da habe ich noch ein Arbeitsblatt für euch!" – Mit diesem Satz, der Schülerinnen und Schülern eine tagtäglich sich wiederholende mediale „Bescherung" ankündigt, enden unzählige Unterrichtsstunden. Arbeitsblätter sind im Schul- und Unterrichtsalltag die am meisten benutzten Medien und spielen eine „nur noch durch die Arbeit mit dem Schulbuch übertroffene, wichtige Rolle" (Meyer 1993b, S. 307). Mit der zunehmenden Akzeptanz und Etablierung offener, schüler- und handlungsorientierter Unterrichtsformen (vgl. Bönsch 2004) ist der Einsatz von Arbeitsblättern im Schulalltag in den letzten Jahren rapide – aus der Sicht von Kritikern gar „dramatisch" – angestiegen (vgl. Peschel 2005, S. 9). Die gängige Praxis von Verlagen, Schulbücher zunehmend mit flankierenden Arbeits- und Übungsheften sowie sonstigen Materialien und gelegentlich auch mit Lernsoftware anzubieten, hat zu einem kaum mehr zu überblickenden Markt geführt, auf dem sich neben „Vielfalt auch die pädagogische Einfalt" (Heckt 2005, S. 6) breit gemacht hat. Zudem geht die Möglichkeit der Herstellung von Arbeitsblättern durch Personalcomputer und Textverarbeitungs- bzw. Desktop-Publishing-Programme im heimischen Arbeitszimmer immer effizienter vonstatten (vgl. Datz/Schwabe 2002). Dies führt nicht selten dazu, dass Schülerinnen und Schüler mit Arbeitsblättern aus dem pädagogischen Füllhorn gleichsam überschüttet werden.

Im Schulalltag das am meisten benutzte Medium

Unter der Überschrift „Papier total" schildert ein Betreuungsdozent seine Beobachtungen, die er im Rahmen unterrichtspraktischer Veranstaltungen mit steter Regelmäßigkeit anstellen konnte:

> „Endlich kommt der rettende Strand in Sicht. Nur noch wenige Züge, dann verebben die Wellen der kindlichen Spontaneität, und die Klippen der offenen Situation liegen hinter ihr. Jetzt – erreicht: ‚...und da habe ich noch ein Arbeitsblatt für euch', sagt die Studentin am rettenden Strand. Sie teilt geschäftig aus, hört nicht das leise Seufzen einiger Kinder, übersieht resignierte Blicke, registriert erfreut den geschäftigen Eifer einiger Kinder (...). Auf den Fenstersimsen, in den Regalen, in den Schränken, auf Lehrertischen, in Mappen, im Kopf, im Gemüt stehen sie und machen sich breit, die Arbeitsblätter, Kopiervorlagen, Kreuzworträtsel, Lernscheiben, Karteien..." (Meier 1993, S. 32).

Aus dieser Perspektive erscheint die zu Recht kritisierte „Arbeitsblattdidaktik" (Peschel 2005, S. 11) alles andere als eine positive Entwicklung, denn die Lehrkraft wird nur noch „zum Organisator von Arbeitsblättern, zum Buchhalter beim Abzeichnen von Lernaufträgen" (a.a.O.). Wird ein Arbeitsblatt unreflektiert als „Leitmedium" (Detjen 2000, S. 184) eingesetzt, gerät ein solcherart „materialzentrierter" Unterricht in eine bedenkliche Abhängigkeit vom Medium, weil damit die Entscheidung für ein bestimmtes, durch das Medium definierte Lernarrangement getroffen wird.

Schülerklagen

In der Klage vieler Schülerinnen und Schüler, im Laufe eines Schulvormittags von Arbeitsblättern überschwemmt zu werden, zeigt sich eine überraschende Gleichförmigkeit „individueller Strickmuster" (Meyer 1993a, S. 134) routinierter Lehrerinnen und Lehrer, die am Ende einer Unterrichtsstunde Arbeitsblätter allzu oft zum Zwecke der Ergebnissicherung einsetzen. Die Untergliederung des Unterrichts in bestimmte Phasen (vgl. Ackermann u.a. 1994, S. 117 f.) ist erfahrenen Lehrerinnen und Lehrern zu einer „zweiten Haut" geworden. Diese Phasenfolge modelliert den Unterricht und bestimmt den methodischen Gang, kann aber, in allzu routinierter Form zur Anwendung gebracht, auch zur Monotonie führen. Die professionelle Aufgabe von Lehrerinnen und Lehrern, ihre Schülerinnen und Schüler im Lernen und Denken zu fördern (und zu fordern), wird durch den massenhaften Einsatz von Arbeitsblättern konterkariert und verstärkt bei Schülerinnen und Schülern „leicht den Eindruck der Beliebigkeit der Unterrichtsinhalte" (Meyer 1993b, S. 308). Der Unterricht verkommt zu kurzen Einstiegs-, Überleitungs- und Erklärungsphasen (vgl. Meier 1993, S. 33) und endet dann in der fast automatischen Aussage: „... und da habe ich noch ein Arbeitsblatt für euch!"

Begriffsklärung und didaktisch-methodische Funktionen

Ein Arbeitsblatt ist „ein didaktisch strukturierter, schriftlich, rechnerisch oder bildnerisch zu lösender Arbeitsauftrag" (Meyer 1993b, S. 307). Als Lehr- und Lernmittel soll es die Unterrichtsarbeit anregen, fördern, kontrollieren und sichern (vgl. Lach 2002, S. 3). Arbeitsblätter ergänzen gemeinhin das Schulbuch oder Lehrwerk und werden im Politikunterricht gerade deshalb so häufig eingesetzt, weil sie unter dem Gesichtspunkt der Aktualität (vgl. Weißeno 1999, S. 4) die Beschäftigung mit zeitnahen und zeitgemäßen Inhalten ermöglichen. Bedingt durch den zeitlichen Vorlauf, den Schulbuchproduktionen mit sich bringen (vgl. Detjen 2001, S. 185 f.), zeichnen sich Schulbücher häufig durch eine „Aktualitätslücke" aus. Gerade in der Überbrückung dieser Lücke liegt der medienspezifische Vorteil der Nutzung von Arbeitsblättern (vgl. Loeser 1999, S. 449).

Unter fachdidaktischen, lern- und motivationspsychologischen Gesichtspunkten sollten Arbeitsblätter möglichst genau auf den Unterrichtsinhalt (und damit auch auf die Unterrichtsziele) und auf die Voraussetzungen der jeweiligen Lerngruppe zugeschnitten werden. Daher haben selbst erstellte und vor dem eigentlichen Unterricht durchdachte Arbeitsblätter (vgl. Tulodziecki 1993, S. 34) gegenüber kommerziell hergestellten – an einem „imaginären Durchschnittsschüler" ausgerichteten – Arbeitshilfen den Vorzug, dass sie neben der fachdidaktischen Solidität die „anthropogenen Lernbedingungen berücksichtigen und auf die Leistungsfähigkeit der Schülergruppe relativ genau abgestimmt" (Brettschneider 2001, S. 2) sind. Die Erstellung und didaktische Aufbereitung eines Arbeitsblattes konzentriert sich im Wesentlichen auf drei Arbeitsschritte: (1.) die Auswahl und Zusammenstellung geeigneter Inhalte und/oder Materialien, (2.) die sinnfällige Anordnung der einzelnen Materialbausteine sowie (3.) die Verknüpfung der einzelnen Text- und Bildbausteine mit didaktisch sinnvollen Arbeitsaufträgen. Auch noch so gut gemachte Arbeitsblätter sind immer didaktische Aufbereitungen, d.h. Lehrerinnen und Lehrer nehmen Nachteile „wie Ausblendung von Komplexität, fehlende Darstellung von größeren Zusammenhängen" (Lach 2002, S. 3) bewusst in Kauf.

Erstellung in drei Schritten

Unterschiedliche Arten und Funktionen von Arbeitsblättern

In Abhängigkeit von ihrer Verwendung in bestimmten Unterrichtsphasen (vgl. die Beiträge über die einzelnen Unterrichtsphasen diesem Buch) erfüllen Arbeitsblätter unterschiedliche Funktionen. Unter pädagogischen und lernpsychologischen Gesichtspunkten
wird ihnen eine Motivierungs-, Aktivierungs- und „Leistungsgewöhnungsfunktion"
(Brettschneider 1993, S. 33) zugeschrieben. Die erfolgreiche Bearbeitung und Erledigung
gestellter Aufgaben kann für Schülerinnen und Schüler eine „Bestätigung des eigenen
Könnens" (a.a.O.) sein (Motivierungsfunktion). Des Weiteren fordern Arbeitsblätter —
unter der Voraussetzung angemessener Instruktionen (vgl. Bernhardt 2004, S. 619 ff.) —
gezielt die Aktivität jeder einzelnen Schülerin und jedes einzelnen Schülers heraus (Aktivierungsfunktion). Leistungsgewöhnung schließlich meint, dass die Schülerinnen und
Schüler lernen, „überschaubare Aufgaben mit entsprechenden Hilfsmitteln zu lösen"
(a.a.O.).

Neben ihrer möglichen Kontroll-, Übungs- oder Vertiefungsfunktion haben Arbeitsblätter
häufig eine Darbietungs- oder Präsentationsfunktion. Je abhängig von ihrer Stellung im
Unterrichtsverlauf und der ihnen zugewiesenen didaktisch-methodischen Funktionen
lassen sich verschiedene Arten von Arbeitsblättern, die stets eigene Überlegungen hinsichtlich Umfang, Inhalt und Aufgabenstellung erfordern (vgl. Loeser 1999, S. 449 f.),
unterscheiden:

- Ein **Informationsblatt** enthält Sachdarstellungen, Quellentexte, Statistiken, Schaubilder, Dokumente, Gesetzestexte und ergänzt bzw. ersetzt das Schulbuch (vgl. Brettschneider 1993, S. 33 f.). Informationsblätter ergänzen die Arbeit im Politikunterricht,
indem „sie die sachlichen Grundlagen zur Problemfindung und Problemlösung bieten
und oft erst eine sachliche Diskussion gewährleisten" (Loeser 1999, S. 450).
Informationsblätter, die ausschließlich Texte enthalten, setzen bei den Schülerinnen
und Schülern entsprechende Kompetenzen der Text- und Inhaltsanalyse voraus (vgl.
Weißeno 1997). Unter dem Gesichtspunkt der Vermittlung und Einübung von Arbeitstechniken erfordert die Verwendung solcher Arbeitsblätter, dass Lehrerinnen und
Lehrer Erschließungsfragen zu den Texten formulieren und/oder methodische Hilfestellungen geben (vgl. Massing 2004, S. 37 ff.; Kuhn 2005, S. 509 ff.).

- Das **Merkblatt** dient überwiegend der Verdichtung bzw. Zusammenfassung wichtiger
Inhalte und wird zumeist am Ende einer Unterrichtsstunde oder Unterrichtseinheit
eingesetzt. Es zeichnet sich aus durch eine Konzentration auf das Wesentliche, durch
klare Strukturen und Verzicht auf alles Unnötige. Problematisch ist jedoch, dass Merkblättern „die Aura des Fertigen und Unumstößlichen" (Claußen 1977, S. 147) innewohnt. Werden Merkblätter unter dem Gesichtspunkt der Rationalisierung des Lernprozesses eingesetzt, bergen sie die Gefahr in sich, dass die Schülerinnen und Schüler
(und gelegentlich auch die Lehrenden) zwar Zeit und Energie sparen, die geringere
kognitive Beanspruchung aber mit einem Verlust an „Bildung" einhergeht. Die kurze
Unterrichtsszene zu Beginn des Kapitels zeigt, dass die Verwendung von Arbeitsblättern nur vermeintlich zur Rationalisierung und Festigung des Unterrichtserfolges
beiträgt: Indem sich der Unterrichtsverlauf abrupt auf das Medium konzentriert, die
Aktivitäten der Klasse mehr oder weniger „rabiat" unterbrochen werden, ist mit der
Bearbeitung des Arbeitsblattes ein scheinbarer inhaltlicher Schlusspunkt der Unterrichtsstunde erreicht. Die „Rationalisierungsfalle" hat sich aufgetan, denn die bloße
Rezeption von Inhalten allein schafft noch kein tiefer gehendes Verständnis der
Inhalte.

● Ein **Anschauungsblatt** oder **aktivierendes Arbeitsblatt**, dem eine motivierende und aktivierende Funktion zugewiesen wird, soll die Schülerinnen und Schüler auf ein neues Thema einstimmen, auf ein Problem aufmerksam machen bzw. ein Problembewusstsein schaffen und das Interesse der Lerngruppe wecken. Dieser Typ von Arbeitsblatt wird häufig im Rahmen von Unterrichtseinstiegen (vgl. den Beitrag „Einstiegsphase" in diesem Band) verwendet. Ikonische Zugänge erfreuen sich hierbei (zumindest aus der Sicht von Lehrerinnen und Lehrern) großer Beliebtheit: kopierte Karikaturen (vgl. Kuhn 2004, S. 23 f.), Plakate, Statistiken und Schaubilder (vgl. den Beitrag „Umgang mit Statistiken und Tabellen" in diesem Band) sind häufig verwendete Medien, um das Interesse einer Klasse an einem Thema zu wecken. Aktivierende Arbeitsblätter können auch so gestaltet werden, dass sie an die Voreinstellungen der Schülerinnen und Schüler anknüpfen und ihnen gleichzeitig eine Meinungs- oder Urteilsbildung abverlangen (vgl. **Kopiervorlage 1**, S. 82).

● Das **Erarbeitungsblatt** wird unterschieden nach Blättern, die von den Schülerinnen und Schülern eigenständig, d.h. ohne Hilfestellung der Lehrenden, oder gemeinsam in einem Unterrichts- oder Lehrgespräch erarbeitet werden (vgl. Loeser 1999). In beiden Verwendungsarten steht das Arbeitsblatt „im Mittelpunkt der Unterrichtsgestaltung, d.h. es legt die Abfolge der Lernschritte fest, und von seinem richtigen Aufbau hängt der Erfolg des Unterrichts ab" (Brettschneider 1993, S. 34).

● Ein **Übungs- und Anwendungsblatt** dient zur Vertiefung bzw. Übung und ermöglicht häufig einen Wechsel vom Frontalunterricht zu Allein-, Partner- oder Gruppenarbeit (vgl. die Beiträge zu den verschiedenen Sozialformen in diesem Band). Schülerinnen und Schüler können – je nach Inhalt und Aufgabenstellung – nicht nur reproduktiv, sondern produktiv an entsprechenden Inhalten neue Antworten finden und das Gelernte variabel anwenden.

● Das **Lernkontrollblatt** ermöglicht ein „Erfassen von Erfolgen, Fortschritten und Lücken" (Loeser 1999, S. 451) und findet in unterschiedlichen Formen Verwendung im Unterricht (z.B. als Testbögen, Fragenkataloge, Klassenarbeiten, Hausaufgabenblätter).

● **Mischformen** der oben skizzierten Arten sind in der Unterrichtspraxis immer häufiger anzutreffen. So zeichnen sich beispielsweise die „Themenblätter im Unterricht", die von der Bundeszentrale für politische Bildung herausgegeben werden, durch den Versuch aus, mehrere didaktische und methodische Aspekte in doppelseitigen Arbeitsblättern zu vereinen: Illustrationen (Bilder, Cartoons, Karten), die – zumeist als Einstieg in ein Thema – der Problematisierung und Anschauung dienen, wechseln mit Materialbausteinen ab, die einen eher erarbeitenden und den jeweiligen Inhalt erschließenden Charakter haben (vgl. http://www.bpb.de → Publikationen → Themenblätter). Die optisch ansprechend gestalteten Arbeitsblätter werden interessierten Lehrkräften in einer Stückzahl von 27 Exemplaren im Abreißblock zur Verfügung gestellt. Einzig zu bemängeln ist die Wiedergabe von Bildern und Karikaturen in einem äußerst kleinen Format. Vorangestellt ist den einzelnen „Themenblättern" ein knapp gehaltener Kommentar für Lehrerinnen und Lehrer. In diesen Anmerkungen erfolgt ein kurzer fachwissenschaftlicher Aufriss des jeweiligen Themas. Didaktische Intentionen in Form von Groblernzielen und methodische Kommentare zum unterrichtspraktischen Einsatz der einzelnen Materialien runden die Einführung ab. Die doppelseitigen Themenblätter sind vor allem für den Gebrauch in Berufsschulen und für Vertretungsstunden gedacht. (Wobei sich im Falle von Vertretungsstunden die Frage stellt, ob Lehrerinnen und Lehrer, die in aller Regel kurzfristig zu einer Vertretung aufgefordert werden, überhaupt die Zeit haben bzw. gewillt sind, sich in den fachwissenschaftlichen und didaktisch-methodischen Aufriss zu vertiefen.) Hinsichtlich des Materialumfangs kann mit den meisten „Themenblättern" mehr als nur eine 45-minütige Unterrichtsstunde bestritten werden. Je nach didaktischem Arrangement, das Lehrkräfte auf der Grundlage der zur Verfügung gestellten Materialien entwerfen, lassen sich damit mehrere Unterrichtsstunden planen und durchführen.

Beispiele

Die nachfolgenden Beispiele sollen an unterschiedlichen Arten von Arbeitsblättern und gelegentlich auch nur an einzelnen Aufgabenstellungen exemplarisch die Stärken und Schwächen dieser Unterrichtsmedien, aber auch typische Fehlerquellen aufzeigen.

BEISPIEL 1: AKTIVIERUNG UM JEDEN PREIS?

Motivierende und aktivierende Arbeitsblätter und -transparente sind in Mode gekommen. Solchermaßen zur Aktivierung eingesetzte Arbeitsblätter sollen das Interesse der Lernenden wecken und sie auf die Auseinandersetzung mit einem Unterrichtsthema „einstimmen". Didaktisch legitimiert wird die Verwendung dieser aktivierenden Medien gelegentlich damit, dass sie handlungsorientierten Ansprüchen gerecht werden.

In einer Sammlung von Kopiervorlagen (Greving 2005, S. 77) für das Fach bzw. die Fächer „Politik/Sozialkunde" (9./10. Schuljahr) ist unter dem Stichwort „Bürgerinitiativen" ein Arbeitsblatt als Kopiervorlage zu finden, das nach dem einleitenden Text

> **Bürgerinitiativen**
>
> Das Wort ist dir sicherlich schon seit langem bekannt. Auf den ersten Blick scheint es auch überhaupt nicht erklärungsbedürftig, da beide Teile dieses zusammengesetzten Wortes klar erscheinen. Aber sind sie das wirklich?

eine erste, „schülerorientierte" und zudem in einer „angenehmen" Sozialform zu bearbeitende Arbeitsaufgabe präsentiert:

> Zuerst folgst du der Bedeutungsfährte dieses Wortes, indem du in einer Mind-Map alles notierst, was dir zu den beiden Wortbestandteilen einfällt. Ihr könnt diese Aufgabe in Partnerarbeit lösen.
>
> **Bürger**   **Initiative**

Dass man in der Alltagssprache, bei der Zeitungslektüre oder im Unterricht auftauchende Sachbegriffe im Politikunterricht aufgreift, präzise definiert und klar von anderen Fachausdrücken abgrenzt, um so zur Kenntnis der Fachsprache zu gelangen, ist ein fachdidaktisch (und pädagogisch) durchaus redliches Bemühen. Welche Assoziationen könnten Schülerinnen und Schüler zu den Begriffen „Bürger" und „Initiative" denn nun haben? Zum Stichwort „Bürger" könnten ihnen folgende Begriffe einfallen: Gemeindebürger, Staatsbürger oder auch Weltbürger. Kleinbürger, Spießbürger oder Bildungsbürger mögen als Begriffe zwar abwegig erscheinen, sind aber aufgrund der offenen Aufgabenstellung durchaus zulässig. Auf der „richtigen" Spur sind die Schülerinnen und Schüler dann, wenn sie Bürgerrechte und Bürgerpflichten auflisten, d.h. gar Wege und Versuche benennen, wie Bürgerinnen (die im Übrigen im Original der Mind-Map-Darstellung vergessen wurden) und Bürger die Politik beeinflussen können.

Überforderung der Schüler Wenden sich nun noch nicht Entmutigte dem zweiten Wort zu, so kann auch hier ein erhebliches Spektrum an Begriffen entfaltet werden: Meint Initiative einen „ersten tätigen Anstoß zu einer Handlung" wie es in einem gängigen Fremdwörterbuch definiert ist oder „Entschlusskraft, Unternehmungsgeist" oder vielleicht das Recht zur Einbringung einer Gesetzesvorlage? (Spätestens an dieser Stelle wird offenkundig, dass Aufgabenstellungen überschaubar und nicht allzu offen sein dürfen, vielmehr der Sache angemessen sein und den Unterrichtsgang nicht unnötig komplizieren sollten.) Mit etwas „verbaler Nachhilfe" durch die Lehrkraft („Denkt mal an..."), die auch die gegenüberliegende Kopiervorlage auf Seite 76 der Materialsammlung kennt, werden als „richtige Treffer" vielleicht die von der Lehrkraft sprachlich geglätteten Beiträge der Schülerinnen und Schüler in die Begriffe „Selbsthilfeorganisation", „Widerstandsaktionen" und „Antriebsaktionen" überführt und sorgsam in eine der Verästelungen der Mind-Map eingetragen.

Die folgenden drei Aufgabenstellungen – mit den entsprechenden Leerzeilen zum Ausfüllen versehen – erfordern unter Umständen eine erhebliche Frustrationstoleranz seitens der Schülerinnen und Schüler.

> Erarbeitet aus den in der Mind-Map gesammelten und strukturierten Begriffen eine eigene Definition für den Begriff Bürgerinitiative.
>
> Nun findet – etwa in einem politischen Wörterbuch oder im Internet (z.B. unter http://www.bpb.de/wissen) – eine wissenschaftliche Definition des Begriffs. Haltet sie hier schriftlich fest.
>
> In welchen Aspekten unterscheiden sich beide Definitionen?

Haben sie sich nun mühsam in Partnerarbeit auf eine, wie auch immer geartete Definition geeinigt, finden Sie in einem Sachbuch zur Politik die nachfolgende Definition:

> „Bürgerinitiativen sind spontane, zeitlich begrenzte, lockere Zusammenschlüsse von Bürgern, die sich von politischen Maßnahmen, Planungen, befürchteten Fehlentwicklungen z.B. im Bereich des Umweltschutzes, der Verkehrsentwicklung oder im sozialen Bereich betroffen fühlen und ihre Ziele und Interessen durch Selbsthilfe oder Öffentlichkeitsarbeit und durch politischen Druck auf die Entscheidungsträger durchzusetzen versuchen." (Ackermann, Paul (2004): Bürgerhandbuch. Basisinformationen und 66 Tipps zum Tun. Schwalbach/Ts., S. 142)

Das Abgleichen der beiden Definitionen, wie in der Aufgabenstellung verlangt, kann die Schülerinnen und Schüler zu mehreren Schlussfolgerungen veranlassen: (1.) Warum sollen wir uns überhaupt anstrengen und auf einen vordergründigen Reiz hereinfallen, wenn es genügend kluge Bücher und Texte gibt, mit denen wir uns im letzten Drittel der Schulstunde beschäftigen müssen? (2.) Hat uns dieser „Aufhänger" nicht getäuscht? Nachdem wir am Beginn der Unterrichtsstunde gebührend „mobilisiert" wurden, sollen wir nun doch wieder zum „Eigentlichen" übergehen und uns mit (unverständlichen) Texten beschäftigen (vgl. hierzu: Giesecke 1972, S. 198 f.). (3.) Wie unzulänglich und unbeholfen sind unsere eigenen sprachlichen Anstrengungen und Mühen, wenn wir unser „Nichtwissen" durch die Konfrontation mit einer wissenschaftlichen Definition dokumentiert bekommen? (4.) Eigentlich haben wir schon immer gewusst, dass „die Politik" in einer Sprache daher kommt, die wir sowieso nicht verstehen!

Die anfängliche Motivierung und intendierte Aktivierung der Lerngruppe mag mit der Verwendung dieses Arbeitsblattes vielleicht gelingen, ob mit dem anscheinend sachlogischen Aufbau politisches Denken gefördert wird, sei an dieser Stelle angezweifelt. Die Aktivierung zielt nämlich zunächst nur „auf die Arbeitshaltung des Lernenden, nicht auf das politische Denken und Handeln" (Breit/Weißeno 2003, S. 75). Das oben erörterte

Arbeitsblatt ist „kaum fachdidaktisch aufgeladen" (a.a.O.) und der assoziative gemeinte Einstieg hat mit dem Terminus Handlungsorientierung (vgl. Breit/Schiele 1998) reichlich wenig zu tun.

Wie viel einfacher, sinnvoller und mit weniger didaktischen „Umwegen" versehen, könnte im vorliegenden Fall die Beschäftigung mit einer konkreten Bürgerinitiative sein? Mit einem schlichten Informationsblatt, das mit dem Text einer authentischen – und insofern möglich, vor Ort stattfindenden – Auseinandersetzung versehen ist, in die eine Bürgerinitiative involviert ist, und ergänzt um einige wenige Untersuchungsfragen, könnten sich Schülerinnen und Schüler „selbstständig über einen politischen Vorgang ein Urteil" (a.a.O.) bilden:

Alternative

Kategorien	Untersuchungsfragen
Politische Probleme	Um was geht es?
Akteure	Wer ist an der Auseinandersetzung beteiligt?
Interessen	Welche Interessen verfolgen die Akteure?
Handlungsrahmen	Welche Bestimmungen der Verfassung beeinflussen die Auseinandersetzung?

(Breit/Weißeno 2003, S. 76)

Schon wenige Fragen, ein „bewusst einfach gehaltenes ‚Handwerkszeug' zur Untersuchung politischer Sachverhalte durch Schülerinnen und Schüler im Unterricht" (a.a.O.), könnten Jugendlichen an einem konkreten Beispiel Zugänge zur „Politik" eröffnen.

BEISPIEL 2: „LÜCKEN" ANSTATT KATEGORIEN?

Wenngleich bei Lehrkräften, Schülerinnen und Schülern beliebt, sind mit Lückentexten versehene Arbeitsblätter im Politikunterricht von besonderer Problematik, weil ihr Kontext zumeist auf die Lernkontrolle einer einzigen Stunde zugeschnitten ist. Die Frage nach dem Lernertrag stellt sich spätestens dann, wenn die Füllwörter bereits auf dem Arbeitsblatt oder Arbeitsbogen angegeben sind. Läuft dieses Verfahren nicht darauf hinaus, dass eine gewünschte Denktätigkeit – und sei es auch nur das „Behalten" einiger weniger Begriffe – in starre Begriffsportionen oder didaktische „Häppchen" gegossen wird?

Hierzu ein Beispiel: Das ansprechend gestaltete Arbeitsblatt „Auf dem Weg zur europäischen Einigung (1)" (Bundeszentrale für politische Bildung 1997, o.S.) präsentiert 19 Füllwörter, 15 Sätze mit den entsprechenden Lücken und stellt an Schülerinnen und Schüler die Aufforderung: „Hier braucht ihr ein Geschichtslexikon!". Unterstellt man nun, dass eine Lehrkraft diese Kopiervorlage, die hier nur im Auszug wiedergegeben wird, getreu (und damit wenig reflektiert) der Arbeitsanweisung einsetzt, werden die Lernenden in den ersten fünf Sätzen, die mitsamt der Arbeitsanweisung eine halbe DIN A4-Seite umfassen, mit folgenden Füllwörtern und Aussagen konfrontiert:

Folgende Begriffe sind im nachfolgenden Text einzusetzen:
Europarat – Kohle und Stahl – Marshall-Plan – Nordatlantikpakt – Wirtschaftliche

1947   In einer Rede verkündet der amerikanische Außenminister Marshall ein Programm für den Wiederaufbau Europas, den _____.

1948   Gründung der Organisation für Europäische _____ Zusammenarbeit (OEEC) in Paris.

1949   In Washington unterzeichnen zehn europäische Staaten, die USA und Kanada den _____ und gründen damit die NATO.

1949   Zehn europäische Staaten gründen in London den _____.
In Artikel I der Satzung heißt es: „Der Europarat bezweckt einen stärkeren Zusammenschluss seiner Mitglieder zum Schutze und zur Förderung der Ideale und Prinzipien, die ihr gemeinsames Erbe sind, und zum Besten ihres wirtschaftlichen und sozialen Fortschritts.

1950   Der französische Außenminister Robert Schumann schlägt die Gründung der Europäischen Gemeinschaft für _____ (EGKS) vor (Schumann-Plan).

Frustration bei den Schülern

Unterstellt man nun wiederum, dass Schülerinnen und Schüler, die sich mit dieser Aufgabenstellung beschäftigen müssen, über einen nur unzureichend ausgeprägten „pragmalinguistischen Wortschatz" (d.h. aufgrund aktiv verfügbarer Vokabeln neue und unbekannte Wörter aus dem bestehenden Wortschatz ableiten zu können) verfügen und nicht gewillt sind, ihrer Kombinationsgabe freien Lauf zu lassen, so werden sie in einem gängigen Geschichtslexikon allein beim Nachschlagen der ersten drei Füllwörter (Die Lernenden werden nur drei Füllwörter nachschlagen können! Denn nach „Kohle und Stahl" sowie „Wirtschaftliche" werden sie vergeblich suchen!) eine herbe Enttäuschung erleben: In einem älteren „Schüler-Duden Geschichte" werden sie weder bei dem Stichwort „Europarat" noch bei „Nordatlantikpakt" fündig. Immerhin stoßen sie beim Stichwort „Marshall-Plan" auf 30 Zeilen, haben aber bei den anderen gesuchten Begriffen das Nachsehen. Ganz Pfiffige schlagen natürlich unter „Europäische Wirtschaftsgemeinschaft" nach, müssen aber dann aufgrund nur weniger Jahreszahlen und fehlender historischer Stationen der europäischen Einigung bereits nach kurzer Zeit kapitulieren!

Die sorgfältige Vorbereitung eines Arbeitsblattes schließt die genaue Formulierung einer Arbeitsaufgabe mit ein. Ist die Aufgabenstellung nur mit einem Referenzmedium (z.B. Nachschlagewerke, Schulbücher, Atlanten und/oder Kartenwerke) zu bewältigen, so ist die Kenntnis des Inhalts und ggf. der Ergiebigkeit dieser Referenzmedien für Lehrkräfte unerlässlich!

Gerade bei (auf den ersten Blick) attraktiv aufgemachten Arbeitsblättern ist es gängige Praxis, dass Schülerinnen und Schüler im Zuge der Bearbeitung „fremde" Begriffswelten – soweit es eben geht – in ihre Wissensstruktur übernehmen sollen. Die im obigen Beispiel gesuchten Begriffe beziehen sich „nur" auf den politischen Handlungsrahmen und bleiben (hoffentlich) als „träges Wissen" bis zur nächsten Klassenarbeit im Gedächtnis haften. Fraglich bleibt jedoch, ob ein sperriger Inhalt politischen Lernens durch eine solche methodische Vorgehensweise, die das Lernen anscheinend erleichtert, auch kognitive „Ankerplätze" findet.

BEISPIEL 3: AKTIVIEREN UND INFORMIEREN
Anstatt Schülerinnen und Schüler in eine „didaktische Einbahnstraße" zu manövrieren, ist es sinnvoll, eine gewünschte Aktivierung – und damit ein so genanntes aktivierendes Arbeitsblatt – inhaltlich so zu gestalten, dass den Lernenden gleichzeitig Informationen

an die Hand gegeben werden, die eine fachlich solide Auseinandersetzung mit dem Unterrichtsthema erlauben.

Die **Kopiervorlage** (S. 82) ist als Einführung in das Unterrichtsthema „Menschenrechte" gedacht. Zunächst fällt auf, dass die Schülerinnen und Schüler die Fragestellung in Einzelarbeit lösen und in einem zweiten Schritt ihre individuell getroffenen Entscheidungen in einer Gruppenarbeitsphase erörtern, abwägen und schließlich im Konsensverfahren eine Prioritätenliste erstellen sollen. Diese Abfolge unterschiedlicher Sozialformen intendiert mehr als nur die bloße inhaltliche Auseinandersetzung mit den aufgelisteten Menschenrechten: Die Schülerinnen und Schüler müssen ihre Entscheidungen in einem diskursiven Prozess begründen. Sie müssen fundiert Stellung beziehen, für ihr Urteil (oder Vorausurteil) gute Argumente finden, sich Gegenpositionen anhören und widerlegen, sich also ggf. auf eine zunächst kontroverse Diskussion einlassen. Sie erfahren, dass die Verschiedenheit ihrer Urteile davon abhängen, welche Perspektive sie einnehmen und welche Kategorien sie zur Begründung verwenden. Die Zusammenfassung der Ergebnisse im Plenum und die Diskussion der Prioritätenliste sollen die unterschiedlichen Ergebnisse widerspiegeln.

Thema Menschenrechte

Unter fachlichen Gesichtspunkten bekommen die Auswertungsfragen am Ende des Arbeitsblattes eine gewisse Brisanz: Die erstellte Prioritätenliste ermöglicht in Verbindung mit der ersten und zweiten Arbeitsfrage eine Diskussion über die Unteilbarkeit und Universalität der Menschenrechte. Hinzu kommt ein weiterer Gesichtspunkt: Obwohl die Wichtigkeit der Menschenrechte in der bundesdeutschen Bevölkerung sehr hoch eingestuft wird, ist die Kenntnis der insgesamt 30 Menschenrechte unzureichend. Zwei neuere, umfassend angelegte empirische Untersuchungen konstatieren gar ein regelrechtes Defizit (vgl. Sommer u.a. 2005, S. 59 f.).

Das Arbeitsblatt zeichnet sich dadurch aus, dass es zwar unter aktivierenden bzw. motivierenden Gesichtspunkten erstellt wurde, sich aber hinsichtlich seiner inhaltlichen Dimension nicht im unverbindlichen Raum bewegt. Es bietet „geschickt" Informationen an, provoziert eine argumentative Auseinandersetzung, ruft das Vorwissen des Politischen ab und fordert von den Schülerinnen und Schülern eine rationale Stellungnahme und Urteilsbildung ab. Wenn es sich hierbei auch „nur" um politische Vorurteile handeln mag, die unter Umständen auf einer schmalen Wissensgrundlage beruhen, so lassen sich diese Vorurteile doch im weiteren Fortgang des Unterrichts „in der Regel ohne großen gefühlsmäßigen Widerstand diskutieren und gegebenenfalls auch modifizieren" (Massing 1999, S. 199).

Hinweise zur Gestaltung von Arbeitsblättern

Bei der Gestaltung eines Arbeitsblattes sollte auf formale und inhaltliche Kriterien geachtet werden (vgl. Brettschneider 1993; Meyer 1993b; Lach 2002). Insofern Politiklehrerinnen und Politiklehrer auf Arbeitsblätter und/oder Arbeitshilfen zurückgreifen, die von kommerziell arbeitenden Verlagen angeboten werden, ist eine sorgfältige Überprüfung anhand didaktischer Kriterien (vgl. **Checkliste**, S. 83) besonders angezeigt.

Zu den formalen Kriterien eines gut gestalteten Arbeitsblattes gehören:
- Arbeitsblätter müssen eindeutig zu identifizieren sein. Sie sollten datiert und/oder nummeriert sein, einen Hinweis auf das Unterrichtsfach, die Unterrichtseinheit und das Thema der Unterrichtsstunde sowie Quellenverweise enthalten. Enthält das Arbeitsblatt mehrere Materialbausteine (Bilder, Texte, Tabellen, Schaubilder), empfiehlt

sich eine durchgehende Nummerierung der einzelnen Materialien (M 1, M 2, M 3...), um eine eindeutige Zuordnung zu ermöglichen. Des Weiteren ist auf ein gefälliges Layout, die Ästhetik der Schrift und nicht zuletzt auf die Rechtschreibung zu achten.

● Arbeitsblätter sollten auch unter ästhetischen Gesichtspunkten ansprechend gestaltet sein. Grafische Gestaltung, optische Aufmachung sowie räumliche Aufteilung – und nicht zuletzt die Qualität (und Größe!) der Abbildungen – können für die Akzeptanz und Motivation, ein Arbeitsblatt zu bearbeiten, förderlich sein. Schenkt man neueren Untersuchungen Glauben, dann verschenkt die politische Bildung unter ästhetischen Gesichtspunkten die „vielfältige und auch vielgesichtige Vermittlung ihrer Inhalte" (Besand 2004, S. 185 f.). Dies ist beileibe kein Plädoyer für die Aneinanderreihung „bunter Bildchen" und kurzer Textpassagen. Ein ordentlich und ansprechend gestaltetes Arbeitsblatt spiegelt nicht zuletzt die Wertschätzung wider, die Lehrerinnen und Lehrer dem Medium beimessen. Arbeitsblätter müssen – und dies gilt im Besonderen für textorientierte Darstellungen – ein sachliches und dennoch ansprechendes Layout haben.

Über diese formalen Ansprüche hinaus sollten Arbeitsblätter **inhaltlichen Kriterien** genügen:

● Im Politikunterricht ist an Arbeitsblätter grundsätzlich der Maßstab anzulegen, dass die Auswahl der Inhalte und/oder Materialien den aktuellen fachwissenschaftlichen Erkenntnissen gerecht wird. Gehalt und Inhalt eines Arbeitsblattes müssen dem Unterrichtsgegenstand (bzw. Unterrichtsthema) angemessen sein, Kompetenzen der Schülerinnen und Schüler fördern, didaktischen Prinzipien (z.B. Kontroversität, Problemorientierung, Exemplarisches Lernen) der politischen Bildung entsprechen (vgl. Sander 2005, S. 79 ff.) und im Unterrichtsverlauf zur Wahl der Methoden und Sozialformen passen.

● Insofern nicht ein ausschließlich textorientiertes Format – z.B. in Gestalt eines Informationsblattes – verwendet wird, sollte das angebotene Material verschiedene Wahrnehmungsformen durch eine Kombination von Texten, Bildern, Statistiken und Grafiken ansprechen. Bei der Verwendung textorientierter Arbeitsblätter, die sich häufig die Vorwürfe der „Trockenheit" und der „Bleiwüste" gefallen lassen müssen, ziehen Schülerinnen und Schüler bereits aufgrund des formalen Erscheinungsbildes Rückschlüsse auf den inhaltlichen Schwierigkeitsgrad:

„Die wichtigsten Merkmale, die einen äußeren Lesewiderstand erzeugen sind: unzureichende Berücksichtigung von Zeilenabständen und -längen, Randausgleich statt eines Flattersatzes, Farbgebung und Kontrastierung, Schriftart und Schriftgröße, Gliederung (Absätze, Einrückungen) und Hervorhebung (Sperrung, Fettdruck). Der innere Widerstand wird durch sprachliche Merkmale (Satzkonstruktion, Wortwahl, Fremdwörter...) geprägt und beeinflusst direkt die Verständlichkeit. Diese erfolgt durch Einfachheit der sprachlichen Formulierung, innere Folgerichtigkeit und äußere Übersichtlichkeit, Kürze und Prägnanz (Sprachaufwand im Verhältnis zum Informationsziel) und zusätzliche Stimulanz, z.B. durch ergänzende Abbildungen" (Brettschneider 1993, S. 34).

● Die dargebotenen Informationen und/oder Materialbausteine dürfen nicht zu umfangreich sein und sollten die Stoff-Zeit-Relation beachten (vgl. Lach 2002, S. 3). Ein gut strukturiertes Arbeitsblatt enthält im Idealfall mehrere Einzelelemente: (1.) eine Text- oder Bildquelle oder mehrere Materialien als Arbeitsgrundlage, die der Erschließung und/oder Vertiefung neuer Inhalte dienen; (2.) einen kurzen, konkret und verständlich formulierten Arbeitsauftrag, der in einer angemessenen Relation zum Inhalt steht und im Rahmen der zur Verfügung stehenden Zeit zu bearbeiten bzw. zu lösen ist; (3.) Lösungshilfen „als Erfolgsverstärker zur Unterstützung der selbständigen Lösungsversuche" (Brettschneider 1993, S. 34) und ggf. Möglichkeiten der eigenständigen Lernkontrolle.

- Ein Arbeitsblatt kann die Selbsttätigkeit einer Klasse und – wenn der Arbeitsauftrag genügend Spielraum lässt – auch die eigenständige Urteilsbildung von Schülerinnen und Schülern anregen. Selbsttätigkeit kann durch einen „Wechsel der Symbolisierungsformen" (Meyer 1993b, S. 310) angeregt werden: Vorher mündlich Besprochenes wird nun schriftlich wiederholt; sprachlich Gefasstes wird in einem zweiten Schritt grafisch dargestellt (vgl. Brettschneider 1993, S. 34 f.). Die eigenständige Urteilsbildung kann durch Materialien gefördert werden, die eine gewisse „Arbeitsspannung" erzeugen.

Arbeitsauftrag: Arbeitsaufgabe und Arbeitsanweisung

Der Arbeitsauftrag ist der „Kern des Arbeitsblattes" (Brettschneider 1003, S. 34). Er präzisiert die Art und Weise, in der Inhalte zu erarbeiten sind und gibt gleichzeitig Hinweise auf spezifische Arbeitstechniken der Informationsverarbeitung und Formen der möglichen Ergebnisdarstellung.

Bei der Formulierung sind Überlegungen anzustellen, inwieweit Arbeitsaufträge *offen* („Welche Entwicklungen tragen zur Krise des Sozialstaates bei?") oder *geschlossen* („Erarbeite aus dem Text mindestens zwei wirtschaftliche Gründe, die zur Krise des Sozialstaates beitragen.") sein sollen. Je offener die Arbeitsanweisungen sind, desto weniger werden die Schülerinnen und Schüler in ihren Antworten festgelegt. Damit geht jedoch die Gefahr einher, dass Antworten unpräzis, diffus und fachlich falsch ausfallen können. Je geschlossener eine Aufgabenstellung ist, desto leichter fällt die Beantwortung; der Weg zum Ergebnis hingegen ist festgelegt und kann (leistungsstarke) Schülerinnen und Schüler demotivieren. Die Kunst bei der Formulierung von Arbeitsaufträgen liegt also darin, einen angemessenen Schwierigkeitsgrad zu antizipieren, der für leistungsstarke und leistungsschwächere Schülerinnen und Schüler gleichermaßen eine Herausforderung ist. Unter motivations- und lernpsychologischen Aspekten sollten bei der Formulierung von Arbeitsaufträgen folgende „Rezepte" beachtet werden:

- Ein Arbeitsauftrag muss in einen Sinn- und Wissenshorizont integriert sein, der für Schülerinnen und Schüler nachvollziehbar ist.
- Arbeitsaufträge müssen den Kompetenzen und Kenntnissen der Lerngruppe entsprechen.
- Diese Entsprechung erlaubt die angemessene Bearbeitung der Aufgabe und erhöht die Wahrscheinlichkeit, dass sich nach erfolgter Bearbeitung oder Lösung ein Erfolgserlebnis einstellt.
- Der Arbeitsauftrag muss andererseits hinreichend komplex sein, um die Schülerinnen und Schüler nicht zu unterfordern (vgl. Stiller 1999, S. 417).

Offene oder geschlossene Arbeitsaufträge

Arbeitsaufträge können als Arbeitsaufgabe oder als Arbeitsanweisung gestaltet sein:

> „Die Arbeitsaufgabe enthält nur zwei Elemente: ein Eingangsstatement, welches das Problemfeld eingrenzt und eine Denkorientierung gibt, und den Auftrag, der genau beschreibt, was der Schüler tun soll (...). Die Arbeitsanweisung enthält darüber hinaus: Lernhilfen, Untergliederung des Auftrags in einzelne Arbeitsschritte und Hinweise auf Problemstellen. (...) Grundsätzlich sollten Arbeitsaufträge vom Schüler mehr als das bloße Ausfüllen von Leerzeilen, nämlich eine ziel- und/oder problemorientierte Auseinandersetzung mit einem begrenzten Sachverhalt verlangen; die im Arbeitsauftrag verwendeten Verben beschreiben die Handlungsformen der Schüler" (a.a.O.).

Dies meint mehr als die bloße – und häufig den eigentlichen Inhalt vereinfachende – „Herstellung, Veränderung, Vervollständigung eines Produktes (Puzzle, Lückentext, Mind-Mapping, Kreuzworträtsel)" (Breit/Weißeno 2003, S. 75) und auch mehr als Instruktionen (z.B.: „Beschreibe, was auf der Karikatur zu sehen ist."), die nur zu oberflächlichen Antworten animieren (vgl. Bernhardt 2004, S. 630 f.). Lernen und Denken lernen ist demnach mehr als das trockene Abarbeiten von Aufgaben oder als das „spielerische Amüsement mit aufgesetzter extrinsischer Motivation" (Peschel 2005, S. 10). Arbeitsaufgaben oder Arbeitsanweisungen sollten die Stufe der Rezeption und Reproduktion überschreiten und kognitiv anspruchsvollere Operationen ermöglichen, d.h. sich im Bereich der Reorganisation von Wissen (Transfer) bewegen und eigenständige Denkanstrengungen und Urteilsbildung anstreben (vgl. GPJE 2004, S. 13 f.).

Literatur

Ackermann, Paul u.a. (Hrsg.) (1994): Politikdidaktik kurz gefasst. Planungsfragen für den Politikunterricht. Schriftenreihe der Bundeszentrale für politische Bildung, Band 326. Bonn

Bernhardt, Markus (2004): Erarbeitung. In: Mayer, Ulrich/Pandel, Hans-Jürgen/Schneider, Gerhard (Hrsg.): Handbuch Methoden im Geschichtsunterricht. Schwalbach/Ts., S. 619-633

Besand, Anja (2004): Angst vor der Oberfläche. Zum Verhältnis ästhetischen und politischen Lernens im Zeitalter Neuer Medien. Schwalbach/Ts.

Bönsch, Manfred (2004): Das Methodenrepertoire einer Schule. In: Die Unterrichtspraxis. Beilage zu „bildung und wissenschaft" der GEW Baden-Württemberg, Heft 2/2004, S. 9-13

Breit, Gotthard/Schiele, Siegfried (Hrsg.) (1998): Handlungsorientierung im Politikunterricht. Schwalbach/Ts.

Breit, Gotthard/Weißeno, Georg (2003): Planung des Politikunterrichts. Eine Einführung. Schwalbach/Ts.

Brettschneider, Volker (1993): Arbeitsblätter und Schülerarbeitsmappen im Unterricht über Ökonomie. In: arbeiten + lernen, Heft 12/1993, S. 33-35 (Auch unter: http://www.sowi-online.de/methoden/dokumente/arbeitsblaetter-brettschneider.htm2001)

Bundeszentrale für politische Bildung (1997): Thema im Unterricht. EXTRA: Politik-Kiste. Bonn

Claußen, Bernhard (1977): Medien und Kommunikation im Unterrichtsfach Politik. Frankfurt/M.

Datz, Margret/Schwabe, Rainer Walter (2002): Attraktive Arbeitsblätter mit Word. Ein Computerlehrgang für Lehrer/innen. Mülheim an der Ruhr

Detjen, Joachim (2001): Das Schulbuch. Klassisches Medium für den Politikunterricht. In: Bundeszentrale für politische Bildung (Hrsg.): Politikunterricht im Informationszeitalter – Medien und neue Lernumgebungen. Schriftenreihe der Bundeszentrale für politische Bildung, Band 374. Bonn, S. 183-197

Eckert, Rudolf (1980): Das Arbeitsblatt im Unterricht. Gestaltungshilfen und Beispiele für die Grund- und Hauptschule. München

Giesecke, Hermann (1972): Didaktik der politischen Bildung. Neue Ausgabe. München

GPJE/Gesellschaft für Politikdidaktik und politische Jugend- und Erwachsenenbildung (Hrsg.) (2004): Nationale Bildungsstandards für den Fachunterricht in der Politischen Bildung an Schulen. Schwalbach/Ts.

Greving, Johannes (Hrsg.) (2005): Politik verstehen – Institutionen und Prozesse. Kopiervorlagen für das 9./10. Schuljahr. Berlin

Heckt, Dietlinde Hedwig (2005): Arbeitsblätter von allen Seiten... In: Grundschule, Heft 12/2005, S. 6-8

Kuhn, Hans-Werner (2004): Karikaturen. In: Frech, Siegfried/Kuhn, Hans-Werner/Massing, Peter (Hrsg.): Methodentraining für den Politikunterricht. Schwalbach/Ts., S. 23-36

Kuhn, Hans-Werner (2005): Mit Texten lernen: Textquellen und Textanalyse. In: Sander, Wolfgang (Hrsg.): Handbuch politische Bildung. 2. Auflage, Schwalbach/Ts., S. 509-522

Lach, Kurt (2002): Arbeitsblatt. In: Kuhn, Hans-Werner/Massing, Peter (Hrsg.): Methoden und Arbeitstechniken. Lexikon der politischen Bildung. Band 3. Hrsg. von Georg Weißeno. 3. Auflage, Schwalbach/Ts., S. 3-4

Landeszentrale für politische Bildung Baden-Württemberg (Hrsg.) (2005): Politik & Unterricht. Zeitschrift für die Praxis der politischen Bildung, Heft 2/2005 (Thema: Menschenrechte. Rechte für dich – Recht für alle!)

Loeser, Otwin (1999): Arbeitsblatt/-transparent. In: Mickel, Wolfgang W. (Hrsg.): Handbuch zur politischen Bildung. Schriftenreihe der Bundeszentrale für politische Bildung, Band 358. Bonn, S. 448-451

Massing, Peter (1999): Politische Urteilsbildung. In: Richter, Dagmar/Weißeno, Georg (Hrsg.): Didaktik und Schule. Lexikon der politischen Bildung. Band 1. Hrsg. von Georg Weißeno. 1. Auflage, Schwalbach/Ts., S. 199-201

Massing, Peter (2004): Die Textanalyse. In: Frech, Siegfried/Kuhn, Hans-Werner/Massing, Peter (Hrsg.): Methodentraining für den Politikunterricht. Schwalbach/Ts., S. 37-48

Meier, Richard (1993): Papier total. In: Unterrichtsmedien. Friedrich Jahresheft XI 1993. Hrsg. von Gunter Otto, S. 32-33

Meyer, Hilbert (1993a): UnterrichtsMethoden I: Theorieband. 5. Auflage, Frankfurt/M.

Meyer, Hilbert (1993b): UnterrichtsMethoden II: Praxisband. 5. Auflage, Frankfurt/M.

Peschel, Falko (2005): Das beste Arbeitsblatt...macht sich selbst überflüssig. Von der Arbeitsblattdidaktik zur Eigenproduktion. In: Grundschule, Heft 12/2005, S. 9-14

Redaktion Schule und Lernen (Hrsg.) (2003): Schülerduden Geschichte. 4., neu bearbeitete Auflage, Mannheim

Sander, Wolfgang (Hrsg.) (2005): Handbuch politische Bildung. 2. Auflage, Schwalbach/Ts.

Sauer, Michael (2004): Verarbeitung, Dokumentation und Präsentation von Lernergebnissen. In: Mayer, Ulrich/Pandel, Hans-Jürgen/Schneider, Gerhard (Hrsg.): Handbuch Methoden im Geschichtsunterricht. Schwalbach/Ts., S. 635-648

Sommer, Gert u.a. (2005): Menschenrechte in Deutschland. Wissen, Einstellungen und Handlungsbereitschaft. In: Der Bürger im Staat, Heft 1/2005, S. 57-61

Stiller, Edwin (1999): Arbeitsaufgabe/Arbeitsauftrag. In: Mickel, Wolfgang W. (Hrsg.): Handbuch zur politischen Bildung. Schriftenreihe der Bundeszentrale für politische Bildung, Band 358. Bonn, S. 415-418

Tulodziecki, Gerhard (1993): Erst über Unterricht nachdenken. In: Unterrichtsmedien. Friedrich Jahresheft XI 1993. Hrsg. von Gunter Otto, S. 34

Weißeno, Georg (1997): Aus Quellen lernen: Arbeit mit Texten, Grafiken, Karikaturen, Fotos und Film. In: Sander, Wolfgang (Hrsg.): Handbuch politische Bildung. 1. Auflage, Schwalbach/Ts., S. 431-445

Weißeno, Georg (1999): Aktualität. In: Richter, Dagmar/Weißeno, Georg (Hrsg.): Didaktik und Schule. Lexikon der politischen Bildung. Band 1. Hrsg. von Georg Weißeno. 1. Auflage, Schwalbach/Ts., S. 4-5

Kopiervorlage

A 1: Menschenrechtsbörse

Wählt in Einzelarbeit zehn Menschenrechtsforderungen aus, die für euch persönlich wichtig sind. In einer anschließenden Gruppenarbeit einigt ihr euch auf fünf Forderungen, die für eure kleine Gemeinschaft am wichtigsten sind. Vergleicht eure Ergebnisse im Klassenplenum und sichert die Übereinstimmungen an der Tafel.

Menschenrechtliche Forderungen	10 Rechte in Einzelarbeit	5 Rechte in Gruppenarbeit
Niemand darf willkürlich getötet werden.		
Die Gesetze müssen für alle gleiche Geltung haben.		
Jeder Mensch hat das Recht, eine Schule zu besuchen.		
Jeder Mensch gilt als unschuldig, bis seine Schuld bewiesen ist.		
Jeder Mensch hat das Recht auf Ernährung.		
Niemand darf Menschen unter menschenunwürdigen Bedingungen arbeiten lassen.		
Männer und Frauen müssen die gleichen Rechte haben.		
Jeder Mensch hat das Recht auf Schutz seiner Privatsphäre.		
Jeder Mensch darf seine Meinung frei äußern.		
Jeder Mensch hat ein Recht auf eine Wohnung.		
Regelmäßig müssen freie und faire Wahlen stattfinden.		
Niemand darf gefoltert werden.		
Niemand darf willkürlich verhaftet werden.		
Politisch Verfolgte haben das Recht auf Asyl.		

ARBEITSAUFTRÄGE ZU A 1

- An welcher Stelle ist es euch besonders schwer gefallen, euch zu entscheiden?
- Musstet ihr ein euch besonders wichtiges Menschenrecht „aufgeben"? Kann man wirklich zwischen den einzelnen Menschenrechten eindeutig auswählen?
- Welche Funktionen erfüllen die Menschenrechte eurer Meinung nach für unser nationale und internationale Gemeinschaft?

Quelle: Landeszentrale für politische Bildung Baden-Württemberg (Hrsg.): Politik & Unterricht. Zeitschrift für die Praxis des politischen Unterrichts, Heft 2/2005 (Thema: Menschenrechte – Rechte für euch – Rechte für alle!; von Gertrud Gandenberger/Michael Krennerich), S. 16

Checkliste

Arbeitsblatt – Inhaltliche und formale Kriterien

Bezug zur Fachwissenschaft

- Werden bei der Auswahl/Darstellung der Inhalte/Materialien die aktuellen fachwissenschaftlichen Erkenntnisse und Wissensbestände verwendet?

Inhalte und didaktische Prinzipien

- Werden unterschiedliche/kontroverse Sichtweisen bzw. Standpunkte deutlich?
- Sind die Inhalte/Materialien so klar und umfassend, dass eine Beeinflussung vermieden wird?
- Wird durch die Art der Präsentation der Inhalte/Materialien das eigene Nachdenken/die eigene (politische) Urteilsbildung angeregt?

Realitätsbezug

- Sind die präsentierten Inhalte/Materialien realitätsnahe?
- Haben die Inhalte/Materialien eine exemplarische Bedeutung, so dass über sie das Lernen von Kategorien und/oder strukturellen Zusammenhängen ermöglicht wird?
- Haben die präsentierten Inhalte/Materialien – soweit dies möglich ist – Elemente, die zu (realen) Problemlösungen führen?
- Wird durch die Inhalte/Materialien bzw. durch die Aufgabenstellung zu eigenem Handeln aufgefordert?

Mögliche Lernprozesse

- Lassen die Inhalte/Materialien verschiedene Sozialformen (Einzel-, Partner-, Gruppenarbeit) zu?
- Haben die Inhalte/Materialien des Arbeitsblattes
  a) die Funktion der Aktivierung/Motivation;
  b) die Funktion der inhaltlichen Weiterführung;
  c) die Funktion der Erarbeitung;
  d) die Funktion der Wiederholung;
  e) die Funktion der Kontrolle?
- Sind die Aufgabenstellungen dem Inhalt/den Materialien angemessen?

Gestaltung

- Wurde bei der Gestaltung des Arbeitsblattes in ausreichendem Umfang Wert gelegt auf
  a) Grafiken, Schaubilder, Diagramme, Statistiken;
  b) Karikaturen, Bilder;
  c) Originaltexte.
- Sind die verwendeten Darstellungen/Abbildungen (s.o.) aktuell und/oder zeitlos?
- Haben die Darstellungen/Abbildungen eine didaktische Funktion oder dienen sie nur illustrativen Zwecken?
- Ist die sprachliche Angemessenheit hinsichtlich der Zielgruppe gegeben?

Sonstige Kriterien

- Könnten auch die nicht fachlich vorgebildete Lehrerin/der nicht fachlich vorgebildete Lehrer mit diesem Arbeitsblatt den Unterricht bestreiten?
- Gibt es zu dem Arbeitsblatt kommentierende Hinweise (z.B. in Form von fachlichen und/oder didaktisch-methodischen Kommentaren) oder Lösungsvorschläge zu den jeweiligen Aufgabenstellungen?

Eigene Notizen

Kurt Lach/Peter Massing

Schriftliche Übung – Test – Klausur

Schriftliche Übung

Auch ein eher auf mündliche Mitarbeit hin orientiertes Fach wie Politik kommt ohne schriftliche Übungen nicht aus. Die Struktur des Faches und die Lernziele erfordern es, dass Schülerinnen und Schüler die Fähigkeit erwerben, sich schriftlich mit Sachverhalten des Faches auseinanderzusetzen. Dies beinhaltet die strukturierte Darstellung von Lerninhalten, die Vernetzung von Teilaspekten und die Formulierung von eigenständigen Urteilen. „Wissen verfügbar zu machen, ist ohne schriftsprachliche Förderung nicht möglich" (Czapek 1996, S. 8). Dabei besteht ein enger Implikationszusammenhang zwischen Sprach-, Fach- und Handlungskompetenz. Wer Urteils- und Handlungskompetenz im Politikunterricht anstrebt, kann deshalb auf die Förderung der schriftsprachlichen Kompetenz seiner Schülerinnen und Schüler und damit auf den Einsatz von schriftlichen Übungen im Unterricht nicht verzichten.

Im Rahmen des Politikunterrichts stehen Lehrerinnen und Lehrern vielfältige Möglichkeiten zur Förderung der schriftsprachlichen Fähigkeiten ihrer Schülerinnen und Schüler zur Verfügung. Dazu gehören zum Beispiel die Anfertigung von Stundenprotokollen, schriftliche Hausarbeiten, Verschriftlichung von Referaten, schriftliche Auswertung von Arbeitsmaterialien, Anfertigung von Strukturskizzen und Wandzeitungen (vgl. die anderen Beiträge zu den schriftlichen Fertigkeiten in diesem Band). Damit schriftliche Übungen im Politikunterricht effizient sind, müssen bestimmte Rahmenbedingungen erfüllt sein:

Rahmenbedingungen

- Die zu lösende Aufgabe muss den Schülerinnen und Schülern vorab sehr sorgfältig erläutert werden. Dies gilt vor allem hinsichtlich des Arbeitsauftrags, der einzusetzenden Arbeitstechniken, des Zeitrahmens, des Umfangs und der Erwartungen. Werden diese Punkte nicht präzise erläutert, ist die Wahrscheinlichkeit sehr groß, dass die Produkte in der einen oder anderen Weise Defizite aufweisen werden. Weiterhin sollte darauf geachtet werden, dass beim Einsatz schriftlicher Übungen Monotonie in der Aufgabenstellung und der Methode vermieden werden. Außerdem sollten mit zunehmendem Alter der Schülerinnen und Schüler die Komplexität und das Anspruchsniveau der Arbeitsaufträge steigen.

● Die schriftliche Übung muss eine Funktion für den Unterricht haben, d.h., es ist unabdingbar, dass die Ergebnisse der Arbeiten im Unterricht sorgfältig besprochen und in ihn integriert werden. Dabei darf sich die Auswertung jedoch nicht nur auf die Inhaltsdimension beschränken, sondern muss auch methodische Aspekte reflektieren. Anschließend müssen die Ergebnisse gebündelt, verallgemeinert und in einen größeren Zusammenhang eingeordnet werden. Dies setzt jedoch voraus, dass der Unterricht langfristig geplant und hinreichend Zeit für die Auswertung und Integration in den Unterricht vorgesehen ist.

● Schriftliche Übungen stellen immer auch eine besondere Leistung der Schülerinnen und Schüler dar und sollten deshalb auch bewertet werden. Eine rechtzeitige Offenlegung der Bewertungskriterien und des Stellenwerts der Note für die Ermittlung der Gesamtnote sorgen für Transparenz und helfen Konflikte zu vermeiden.

Der Test

Der Einsatz von Tests im Politikunterricht ist inzwischen unstrittig, wenngleich nicht unproblematisch. Im Wesentlichen erfüllen schriftliche Lernerfolgskontrollen zwei wichtige Funktionen:

Funktionen

● Sie geben allen am Unterricht beteiligten bzw. interessierten Personen (Schülern, Eltern, Lehrern) eine Rückmeldung über die erzielten Lernfortschritte bzw. -defizite. Zukünftiges Handeln wird dadurch besser planbar.

● Tests dienen dazu, den Leistungsstand der Schülerinnen und Schüler individuell und differenziert zu erfassen. Sie sind damit Bestandteil der Zensur. Überprüft werden können kognitive und instrumentelle Fähigkeiten und Fertigkeiten in den verschiedenen Anforderungsbereichen. Im Unterschied zu anderen Fächern entziehen sich jedoch zentrale Ziele des Politikunterrichts wie die Entwicklung eines demokratischen Verhaltens und politische Handlungskompetenz der schriftlichen Überprüfbarkeit und damit der Bewertung. Dies stellt eine Besonderheit des Faches dar und sollte bei der Entwicklung schriftlicher Lernerfolgskontrollen immer präsent sein.

Verwendungsgrundsätze

Die rechtlichen Rahmenbedingungen für den Einsatz von Tests im Fach Politik sind von Bundesland zu Bundesland unterschiedlich geregelt. Allgemein ist ihnen jedoch, dass ein Test sich hinsichtlich Umfang, Bearbeitungszeit, Verbindlichkeit deutlich von einer Klassenarbeit bzw. Klausur unterscheidet. Dies bedingt, dass Tests in aller Regel nur den Unterrichtsstoff der letzten zwei bis vier Wochen überprüfen, dass ein Test nur einen Teil einer Stunde in Anspruch nehmen darf (Bearbeitungszeit deutlich unter 45 Minuten), dass die Komplexität von Testaufgaben begrenzt ist (häufig nur Überprüfung von Begriffs- und Faktenwissen ohne Materialbezug) und dass der Stellenwert eines Tests für die Ermittlung der Gesamtnote deutlich geringer sein muss als der einer Klassenarbeit bzw. einer Klausur. Wird gegen diese Grundsätze verstoßen, sind Probleme im Schulalltag vorprogrammiert. Zu empfehlen ist, schriftliche Lernerfolgskontrollen regelmäßig in den ersten Monaten eines Schulhalbjahres schreiben zu lassen und mit den betroffenen Schülern und Eltern die Relevanz der Testnoten für die Ermittlung der Gesamtnote vorab zu besprechen. Das Schreiben eines Tests muss für die Lernenden zu einer Selbstverständlichkeit werden und darf nicht den Geruch des Außerordentlichen haben oder gar als Disziplinierungsmittel dienen. Dringend abzuraten ist davon, in den letzten Wochen vor den Zeugniskonferenzen einen Test zu schreiben, weil in diesen Fällen das Testergebnis in seiner Bedeutung alle sonstigen Leistungen eines Schulhalbjahres überlagert. Es wird kaum möglich sein, eine Note zu geben, die deutlich vom Testergebnis abweicht (vgl. die **Checkliste** im Anhang, S. 94).

Beispiel aus der Praxis

TEST

Testfragen:

1) Welche Aufgaben und Ziele hat der Ministerrat, der Europäische Rat, das Europäische Parlament und die Europäische Kommission?

2) Was sind qualifizierte Mehrheiten, was sind doppelte Mehrheiten? Geben Sie je ein ein Beispiel.

2) Was ist das Mitentscheidungsverfahren, was ist das Subsidiaritätsprinzip? Geben Sie je ein Beispiel.

2) Was ist das Einstimmigkeitsprinzip, was ist ein Opt-Out? Geben Sie je ein Beispiel.

3) Stellen Sie aus Ihrer Sicht begründet dar, ob es in Europa ein Demokratiedefizit gibt.

4) Nennen Sie die Herausforderungen der Erweiterung und erläutern sie diese.

4) Nennen Sie die Gesetzgebungsmöglichkeiten in der EU und erläutern sie diese.

4) Nennen und erläutern sie die Probleme, die sich aus der Kompetenzverteilung ergeben.

Der Test wurde in einem Grundkurs Politische Weltkunde zum Abschluss einer Unterrichtseinheit zum Thema „Europäische Union" geschrieben. Er ist so konstruiert, dass die Aufgaben alle drei Anforderungsbereiche abdecken. Die Aufgaben 2 und 4 geben den Schülerinnen und Schülern die Möglichkeit, sich von den jeweils drei angebotenen Alternativen für eine zu entscheiden und diese zu bearbeiten. Ein Zeitrahmen ist nicht vorgegeben, doch kann man davon ausgehen, dass den Lernenden eine Unterrichtsstunde zur Verfügung stand.

Analysiert man den Testbogen genauer, so kann man feststellen, dass er mehrere Schwachstellen aufweist, die geradezu typisch für die Konstruktion von Tests sind und in dieser Form immer wieder auftreten. Als Erstes ist zu nennen, dass der formale Rahmen gänzlich fehlt (Schule, Name, Fach, Klasse/Kurs, Datum, Angabe der Bearbeitungszeit, Unterrichtsbezug). Weiterhin fehlen Hinweise zur Bewertung. Aus Gründen der Transparenz sollte es aber selbstverständlich sein, die Punkteverteilung und damit die Gewichtung der einzelnen Aufgaben bereits vorab festzulegen.

Mängel

Problematisch ist auch, dass es zu den Aufgaben 2 und 4 keinen einleitenden Satz gibt, der den Schülerinnen und Schülern die Aufgabenstruktur erklärt. Dass es sich dabei jeweils um Alternativaufgaben handelt, ist dem Testbogen nicht zu entnehmen. Dies ist deshalb besonders problematisch, weil die Aufgaben den Schülerinnen und Schülern in einer Situation präsentiert werden, die von ihnen als stressig erlebt wird. Hinzu kommt, dass sie sich, bevor sie mit der Bearbeitung beginnen, für eine Aufgabe entscheiden müssen. Dies verlangt von ihnen zumindest eine kurze gedankliche Auseinandersetzung mit jedem Aufgabenvorschlag. Ob dies in Anbetracht der zur Verfügung stehenden Zeit möglich ist, kann zu Recht bezweifelt werden. Um derartige Ungenauigkeiten und Unklarheiten zu vermeiden, sollte bei jeder Testkonstruktion auf begriffliche Präzision und gedankliche Klarheit besonderen Wert gelegt werden.

Geht man davon aus, dass die Bearbeitungszeit dieses Tests maximal 45 Minuten betragen hat, ist der Umfang des Tests kritisch zu hinterfragen. Jede Aufgabe ist auf ihre Art komplex. So sind die Aufgaben 1 und 2 sicher nicht schwer, jedoch inhaltlich breit angelegt. Sie verlangen, dass die Adressaten umfangreiches Wissen in kurzer Zeit niederschreiben. Anders ist es bei der vierten Aufgabe. Die Begriffe „Herausforderungen", „Probleme" und „Gesetzgebungsmöglichkeiten" sind in dieser offenen Formulierung derart komplex, dass sie sinnvoll in der zur Verfügung stehenden Zeit nicht beantwortet werden können. Hinzu kommt, dass vor diesem Hintergrund die Korrektur unnötig erschwert und viel Zeit beanspruchen wird.

Eine andere Schwäche, die häufig bei der Konstruktion von Testaufgaben zu beobachten ist, wird bei Aufgabe 3 sichtbar. Geplant als Urteilsaufgabe ist sie jedoch nicht. „Begründet darstellen" deckt im Wesentlichen den Anforderungsbereich II ab, nicht aber den Anforderungsbereich III.[1] Anders wäre es, wenn der Verfasser des Tests den Begriff „begründet Stellung nehmen" verwendet hätte. Dann wäre klar, dass es sich bei dieser Aufgabe um eine Problematisierungsaufgabe gehandelt hätte. Unklar ist auch der Begriff „Europa". Handelt es sich dabei um die „Europäische Union" oder um den geographischen Begriff „Europa"? Je nach Interpretation des Begriffs wird die Antwort unterschiedlich ausfallen müssen. An diesem Beispiel wird deutlich, wie wichtig es ist, Arbeitsaufträge begrifflich präzise und sprachlich eindeutig zu formulieren.

Zeitrahmen

Davon unberührt bleibt aber immer noch das Problem, ob im vorgegebenen Zeitrahmen Urteilsbildung überhaupt sinnvoll von den Schülerinnen und Schülern zu leisten ist. Maximal stehen dafür 15 Minuten zur Verfügung. Die Frage stellt sich, ob man erwarten kann, dass komplexe politische Probleme, die von den politischen Akteuren und Experten bis heute unterschiedlich interpretiert werden und nicht gelöst worden sind, von Schülerinnen und Schülern in dieser kurzen Zeit im Rahmen eines Tests substantiell beurteilt werden können. Wenn man zu der Überzeugung kommt, dass dies nicht sinnvoll ist, bleiben nur zwei Alternativen: Entweder man verzichtet auf eine derartige Aufgabe oder man reduziert sie auf einen Aspekt (z.B. Kontrollfunktion des Europäischen Parlaments) der Gesamtproblematik.

Optimierungsvorschlag

NAME DER SCHULE:	FACH: SOZIALKUNDE
NAME:	KLASSE/KURS: Grundkurs
BEARBEITUNGSZEIT: 30 Minuten	DATUM:

Unterrichtsbezug: Unterrichtseinheit zur Europäischen Union

Testaufgaben:

1. Stellen Sie die Zusammensetzung und die Aufgaben des Europäischen Rats und der Europäischen Kommission dar.   6/...

2. Definieren Sie den Begriff „doppelte Mehrheiten" und geben Sie ein Beispiel dafür aus der Europäischen Union (EU) an.   6/...

3. Erläutern Sie am Beispiel des Arbeitsmarkts, welche Herausforderungen die Osterweiterung der EU mit sich bringen.   8/...

4. Erläutern Sie das Verfahren der Mitentscheidung innerhalb der EU.   8/...

ERGEBNIS:

Erreichbare Punkte: 28   Erreichte Punkte: ...   NOTE: ...

Der Optimierungsvorschlag versucht – unter Berücksichtigung der obigen Kritikpunkte und auf der Basis des vorliegenden Tests – den Testaufbau so zu verändern, dass er in einer vorgegebenen Zeit von den Schülerinnen und Schülern bearbeitet werden kann. Vollkommen neu ist der Kopf. Der Zeitrahmen wurde auf 30 Minuten beschränkt. Ebenfalls neu sind die Angaben der Wertungspunkte für die Aufgaben und der Notenspiegel. Darüber hinaus beschränkt sich der „neue" Test im Wesentlichen darauf, Fakten- und Begriffswissen oberstufengerecht abzufragen. Auf eine Problematisierungsaufgabe wurde gänzlich verzichtet. Die Zahl und die Komplexität der Aufgaben werden deutlich reduziert. Über eine Umformulierung der Arbeitsaufträge (Impulse statt „W-Fragen") wird versucht, die Zuordnung der Aufgaben eindeutiger den verschiedenen Anforderungsbereichen zuzuordnen. Die Urteilsaufgabe hätte wie folgt verändert werden müssen: „Beurteilen Sie, ob es in der Europäischen Union ein Demokratiedefizit gibt. Begründen Sie Ihre Position." Jedoch wurde auf sie wegen der knappen Bearbeitungszeit gänzlich verzichtet. Die Alternativaufgaben (2 und 4) wurden zugunsten einer einzelnen Aufgabe verändert. Wenn sie übernommen worden wären, hätte man den Aufgaben den folgenden einleitenden Satz hinzufügen müssen: „Bearbeiten Sie eine der drei Aufgaben: Entweder Aufgabe a oder Aufgabe b oder Aufgabe c."

Klausur

Im Gegensatz zu Tests sind Klausuren im Fach Politik für alle Schülerinnen und Schüler der gymnasialen Oberstufe verbindlich vorgeschrieben. Ihre Zahl pro Halbjahr, ihr Aufbau und ihr Stellenwert bei der Ermittlung der Note sind klar geregelt, so dass der Einsatz von Klausuren eigentlich den Lehrerinnen und Lehrern keine größeren Probleme bereiten dürfte. Nach den Empfehlungen der Kultusministerkonferenz besteht eine Klausur aus einem nicht zu weit gefassten Thema, das mithilfe von Arbeitsmaterial selbstständig zu bearbeiten ist. Arbeitsaufträge strukturieren das Thema und bringen es in eine innere Ordnung. Jede Klausur muss alle drei Anforderungsbereiche abdecken. Ihre jeweilige Gewichtung (30:40:30) ist vorgegeben. Klausurthemen können zum einen sehr allgemein als Inhalt angegeben werden (z.B.: Das Wahlsystem der Bundesrepublik Deutschland) oder aber in Form einer problemorientierten Fragestellung (z.B.: Wahlen in der Bundesrepublik Deutschland – Lohnt es sich zu wählen?). Beide Typen haben ihre Vorzüge und Schwächen. Die Formulierung des Themas als Inhalt gibt der Lehrerin/dem Lehrer zwar größere Gestaltungsmöglichkeiten bezüglich Materialauswahl und Schwerpunktsetzung, doch fällt es bisweilen schwer, die verschiedenen Arbeitsaufträge sinnvoll miteinander zu verknüpfen. Sie sind häufig additiv aneinandergereiht und beziehen sich nicht aufeinander. Der rote Faden geht so verloren. Problemorientierte Themen erleichtern die Formulierung der Arbeitsaufträge, da ihre Binnenstruktur in aller Regel durch das Thema vorgegeben ist, engen jedoch die Lehrerin/den Lehrer bei der Auswahl des Arbeitsmaterials ein.

Bei der Konstruktion der Arbeitsaufträge ist es zwingend geboten, dass sie sich aufeinander beziehen und hinsichtlich ihres Schwierigkeitsgrads gestuft sind, beginnend mit dem Anforderungsbereich I und endend mit dem Anforderungsbereich III. Es ist darauf zu achten, dass über die Arbeitsaufträge der Bezug zum Material hergestellt wird und die Schülerinnen und Schüler aufgefordert werden, sich mit ihm unter Bezug auf das Thema auseinanderzusetzen. Dies gilt auch für die Problematisierungsaufgabe. Klare und verständliche Formulierungen sind zwingend geboten. Die Zahl der Arbeitsaufträge sollte sich auf drei bis vier beschränken. Die Klausur wird zu kleinschrittig, wenn Arbeitsaufträge durch zusätzliche Hinweise aufgeteilt bzw. zergliedert werden (vgl. die **Checkliste** im Anhang, S. 94).

Stufung nach Schwierigkeitsgraden

Grundsätzlich gibt es zwei Varianten für den Aufbau einer Klausur im Fach Politik:
- **Variante 1:** Die Schülerinnen und Schüler werden in einem ersten Schritt aufgefordert, ihre im Unterricht erworbenen Kenntnisse themabezogen zu reaktivieren und

Aufbau einer Klausur

selbstständig darzustellen. Darauf aufbauend werden sie bei der Materialanalyse angewendet, um schließlich unter Berücksichtigung der bisherigen Ergebnisse bewertet zu werden.

- **Variante 2:** Die Schüler und Schülerinnen beginnen mit der Materialauswertung, ordnen dann die Arbeitsergebnisse mithilfe ihrer im Unterricht erworbenen Kenntnisse in größere Zusammenhänge ein, um schließlich auf dieser Grundlage ein eigenständiges Urteil abzugeben.

Beispiel

KLAUSUR

Thema: Parteien in Deutschland

Erörtern Sie den vorliegenden Text, indem Sie

1. insbesondere die Argumente des Autors herausarbeiten, die er zur Frage der nicht-kommunistischen Parteien äußert;
2. unter Einbeziehung Ihrer spezifischen Kenntnisse die Unterschiede zwischen einer nicht-kommunistischen Partei in der Deutschen Demokratischen Republik und einer Partei in der Bundesrepublik diskutieren;
3. wesentliche Etappen der Entwicklung der SED von 1946 bis 1950 erläutern und
4. in einer begründeten Stellungnahme Ihre Position zum Parteiensystem der Deutschen Demokratischen Republik darlegen.

Arbeitsmaterial: „SED und Bündnisparteien

(....) in der DDR ist das unter Führung der SED bestehende Parteienbündnis durch die vorbehaltlose Zustimmung aller Parteien zur Gestaltung der entwickelten sozialistischen Gesellschaft gekennzeichnet.

Charakteristisch für die Haltung aller vier nicht-kommunistischen Parteien zur Arbeiterklasse und ihrer marxistisch-lenistischen Vorhut bzw. zum Weltsozialismus sind die zwei ‚Kernfragen', wie sie eine der Parteien als Grundsatzforderung an jedes ihrer Mitglieder stellt. Zum einen ist das die volle Anerkennung des Führungsanspruchs der Arbeiterklasse und der SED, und zum anderen ist es das entschiedene Bekenntnis zur Sowjetunion als der führenden Kraft des sozialistischen Weltsystems (...).

Die mit der SED befreundeten Parteien haben ihren festen Platz in der sozialistischen Gesellschaft. Sie leisten für das Ganze eine bedeutsame Hilfe, wenn sie in den ihnen nahe stehenden Kreisen zur Herausbildung des sozialistischen Staats- und Eigentümerbewusstseins, zur Höherentwicklung der sozialistischen Produktionsverhältnisse, zur festen Verankerung der DDR im sozialistischen Weltsystem beitragen. Es erleichtert die dem ganzen Volk dienende Tätigkeit der SED, wenn durch diese Parteien aus der Sicht der Verbündeten und aus der genaueren Kenntnis ihrer Mentalität Grundfragen des sozialistischen Aufbaus geklärt werden. Und es bedarf keiner Frage, dass die Entwicklung aller Verbündeten durch einen solchen Faktor wesentlich begünstigt wird.

Eine Grundbedingung für den erfolgreichen Fortgang der Zusammenarbeit mit den anderen Parteien ist die Respektierung ihrer Selbständigkeit durch die SED. Unfähig, die wahre Ursache für die Anerkennung der von der SED proklamierten gesellschaftlichen Ziele in den Interessengemeinsamkeiten der Arbeiterklasse mit den anderen Werktätigen erkennen oder bestätigen zu können, erfinden die Gegner des Sozialismus die Legende von einer ‚Diktatur der SED' gegenüber den anderen Parteien.

Diese Behauptungen halten keiner Überprüfung in der Praxis stand. Alle Parteien der DDR sind selbständige, nach den Prinzipien des demokratischen Zentralismus aufgebaute politische Organisationen. Das trifft auf die SED zu, und das gilt auch für die nicht-kommunistischen Parteien. Diese berufen entsprechend ihren Statuten die Parteitage ein und beschließen dort ihre Aufgaben. Die der SED befreundeten Parteien sind auf zentraler, auf Bezirks-, Kreis- und Ortsebene in selbständigen Parteieinheiten tätig. Sie haben ihre eigenen Tageszeitungen, von denen 16 mit einer täglichen Auflage von weit über einer halben Million Exemplaren erscheinen. Jede Partei gibt halbmonatlich ein Funktionärsorgan heraus. Die Parteien haben eigene Häuser, Schulen, Druckereien bzw. Verlage und alles andere für ihre politische Tätigkeit Notwendige.

Es hat sich die gute Tradition herausgebildet, dass führende Funktionäre aller Parteien an den jeweiligen Parteitagen teilnehmen bzw. dass die neu gewählten Parteivorstände vom Ersten Sekretär des ZK der SED empfangen werden. Überhaupt gehören systematische Beratungen einzelner Parteivorstände bzw. der Vorsitzenden aller Parteien und der Nationalen Front mit dem Ersten Sekretär des ZK der SED oder die regelmäßige Diskussion von Grundfragen der Staatspolitik im Demokratischen Block zu den fest eingebürgerten Traditionen des Parteienbündnisses in der DDR. Sehr wertvoll sind die Vorschläge der befreundeten Parteien, die diese unter anderem auch bei der Vorbereitung von Parteitagen der SED zu den sie bewegenden Fragen unterbreiten und sie dann realisiert werden bzw. zum Teil direkt in die Materialien des Parteitages eintreten (...).

Bei der Verwirklichung der wirtschaftlichen Aufgaben setzt sich zu einem wesentlichen Teil die Entwicklung der Arbeiterklasse und ihrer Verbündeten fort. Die Zusammenarbeit mit den anderen Parteien dient also immer auch diesem wichtigen bündnispolitischen Abschnitt des Annäherungsprozesses auf dem historisch langen Weg in die klassenlose Gesellschaft."

Quelle: SED und Bündnisparteien von Stöckigt (1974). In: Egner, Anton/Misenta, Günter (Hrsg.) (1974): Politische Systeme in Deutschland. Hannover 1983, S. 114 f.

Die vorliegende Klausur wurde für einen Grundkurs Politische Weltkunde zum Gegenstandsbereich „Das politische System der DDR" entwickelt. Dem Aufbau nach handelt es sich bei dieser Klausur um die oben beschriebene Variante zwei. Nach der Materialbearbeitung erfolgt auf der Grundlage der Vorkenntnisse die Einordnung der Ergebnisse der Materialanalyse in einen größeren Zusammenhang, um abschließend zu einer kritischen Auseinandersetzung mit dem Gegenstand zu gelangen. Das Thema gibt lediglich den zu bearbeitenden Gegenstand an, eine Schwerpunktsetzung mithilfe einer problemorientierten Fragestellung erfolgt nicht. Die Zahl der Arbeitsaufträge entspricht den Vorgaben. Alle Anforderungsbereiche werden angesprochen. Der Umfang des Materials ist angemessen.

Eine genauere Analyse zeigt jedoch, dass die Klausur nicht frei von inneren Widersprüchen ist. Zunächst einmal ist das Thema missverständlich. Nicht das Thema „Parteien in Deutschland", sondern „Das Parteiensystem in der DDR" ist Gegenstand der Klausur. Dies hat zur Folge, dass Thema und Arbeitsaufträge sich nicht entsprechen. Zu hinterfragen ist auch, inwieweit es sachlich und aufgrund der Materiallage möglich ist, die Klausur in den ersten beiden Arbeitsschritten auf die nicht-kommunistischen Parteien in der DDR zu reduzieren. Dieser Widerspruch spiegelt sich auch in den Arbeitsaufträgen selbst wider. Während die ersten beiden Arbeitsschritte sich im Wesentlichen auf die nicht-kommunistischen Parteien in der DDR beziehen, werden die Schüler und Schülerinnen im dritten Arbeitsschritt unvorbereitet aufgefordert, sich mit dem Parteiensystem der DDR auseinanderzusetzen. Erschwerend kommt hinzu, dass die Lernenden sich nicht kritisch mit dem vorgelegten Material auseinander setzen müssen. Da der Autor jedoch in dem Material eine bestimmte ideologische und damit parteiliche Position vertritt, ist es unbedingt notwendig, diese Position zum Gegenstand der Klausur zu machen. Anderenfalls kann der Eindruck entstehen, dass die Verhältnisse so sind, wie im Text dargestellt. Der Forderung, dass jede Klausur eine sorgfältige Analyse des vorgelegten Materials enthalten muss und die Ergebnisse dieser Analyse Grundlage und Ausgangspunkt der Klausur sind, wird nicht entsprochen. Arbeitsaufträge und Material entsprechen sich nur sehr bedingt.

Mängel

Weiterhin ist zu bemerken, dass auch die Formulierung der Arbeitsaufträge nicht frei von Schwächen ist. So ist bei der Abfolge der Arbeitsaufträge keine klare Struktur erkennbar. Der dritte Arbeitsschritt wird durch die vorangegangenen Aufgaben nicht vorbereitet; eine Verzahnung der Aufgaben miteinander ist kaum gegeben. Ferner sind die Impulse missverständlich. Dies gilt besonders für den Begriff „diskutieren" in Aufgabe 2.1. So formuliert, zielt er eher in Richtung Urteilsbildung und nicht in Richtung Transfer, was wohl beabsichtigt war. Anstelle des Wortes „diskutieren" wären Begriffe wie „(er)klären" oder „analysieren" angemessener gewesen. In Aufgabe 1 ist der Nebensatz („...die er zur Frage der nicht-kommunistischen Parteien äußert") unpräzise. Eindeutiger wäre die Formulierung „die er zur Frage des Status der nicht-kommunistischen Parteien äußert" gewesen. Was gänzlich fehlt, ist das Bewertungsschema. Die Schülerinnen und Schüler werden nicht über die jeweilige Gewichtung der verschiedenen Arbeitsschritte informiert und für die Lehrerin/den Lehrer entsteht nach der Korrektur Mehrarbeit, da sie/er den Schülerinnen und Schülern die Verteilung der Punkte auf die verschiedenen Arbeitsschritte erläutern muss.

Optimierungsvorschlag

Thema: Das Parteiensystem der DDR – eine Diktatur der SED gegenüber den anderen Parteien?

Arbeitsaufträge:

Erörtern Sie den vorliegenden Text, indem Sie

1. die Entwicklung des Parteiensystems in der SBZ bzw. DDR von 1945 bis 1950 in Phasen gegliedert beschreiben;

2.1 vor diesem Hintergrund die Position des Autors zur Frage des Status der Parteien in der DDR mithilfe des Textes analysieren;

2.2 aus Ihrer Analyse das dahinter stehende gesellschaftliche Leitbild des Autors begründet ableiten und

3. sich abschließend mit der im Thema formulierten Frage kritisch und begründet auseinander setzen.

Bewertung:

Arbeitsschritt	AFB	Erreichbare Rohpunkte	Note	Erreichte Rohpunkte (laut Tabelle)
1	I	30		
2.1	II	25		
2.2	II	15		
3	III	30		
Summe		100		

Zwischenergebnis:

Erreichte Rohpunkte: ... = Note: ... = ... Punkte einfacher Wertung

Sprachrichtigkeit:

Zahl der Wörter: ... Fehlerzahl: ... Fehlerquote: ... Höhe des Punktabzugs: ...

ENDERGEBNIS:

Note: ... = ... Punkte einfacher Wertung

Arbeitsmaterial wird übernommen

Der Optimierungsvorschlag versucht zweierlei. Zum einen will er die dargelegten Schwächen beheben und zum anderen zeigen, wie auf der Grundlage des vorliegenden Beispiels eine Klausur aussehen könnte, die sich dem Aufbau nach an der Variante 1 (Präsentation der themenrelevanten Vorkenntnisse, Materialanalyse, Problematisierung) orientiert. Alternativ zum ursprünglichen Thema wurde das Thema nicht als Inhalt, sondern als Problem formuliert. Über eine problemorientierte Fragestellung wird der Sachgegenstand eingeengt und auf die Rolle der SED im Parteiensystem der DDR zugespitzt, wobei der Text der Fragestellung ein Zitat aus dem Material ist.

Problemorientierte
Fragestellung

Dem Bewertungsraster liegt die Idee zugrunde, dass für jeden Arbeitsschritt eine Note gegeben wird, die dann mithilfe einer Tabelle, die die Relation von Note und Rohpunkten darstellt, in erreichte Rohpunkte umgerechnet wird (vgl. **Tabelle 1**, S. 95). Die Verteilung der insgesamt erreichbaren 100 Rohpunkte auf die verschiedenen Aufgaben orientiert sich an den drei Anforderungsbereichen und deren jeweiliger Gewichtung. Grundlage für die Umrechnung der Note in Rohpunkte ist der Verteilerschlüssel, der angibt, wie viel Prozent einer Leistung für eine bestimmte Note erreicht worden sein müssen. Zum Beispiel drückt die Note „befriedigend" aus, dass der Kandidat 65 Prozent bis 69,9 Prozent der erwarteten Leistung erreicht hat. Der Mittelwert der jeweiligen Spanne ist nun der Bezugspunkt für die Umsetzung der Noten in Rohpunkte, d.h., wenn die erbrachte Leistung mit „befriedigend" bewertet wird, werden 67,5 Prozent von den erreichbaren Rohpunkten erzielt. Anschließend werden die erreichten Rohpunkte addiert und mithilfe einer weiteren Tabelle in die Klausurnote umgesetzt (vgl. **Tabelle 2**, S. 95).

Alternativ dazu gibt es ein weiteres Bewertungsverfahren, das für jeden Arbeitsschritt Punkte vergibt, die addiert und anschließend in eine Note umgesetzt werden. Jedes Verfahren hat sicher seine Stärken und Schwächen. Während sich das erste Verfahren im Schulalltag als sehr praktikabel und für die Lernenden als transparent und nachvollziehbar erwiesen hat, liegen die Vorzüge des zweiten Verfahrens bei den größeren Differenzierungsmöglichkeiten. Wie immer man sich entscheiden mag, wichtig ist nur, dass das gewählte Bewertungsschema schulintern einheitlich angewendet und den Schülerinnen und Schülern erklärt wird.

Anmerkung

[1] Der Rahmenlehrplan für die gymnasiale Oberstufe für das Fach Politikwissenschaft nennt drei Kompetenzbereiche für das Unterrichtsfach: (1.) Beurteilungs- und Analysekompetenz, (2.) Analyse- und Orientierungskompetenz sowie (3.) Methodenkompetenz. Am Ende der gymnasialen Oberstufe sollen die Schülerinnen und Schüler *die* zentrale Kompetenz politischer Bildung erworben haben: „politische Mündigkeit als Orientierungs-, Analyse-, Beurteilungs- und Handlungskompetenz in Fragen der regionalen, nationalen, europäischen und internationalen Politikfelder in einer globalisierten Welt". Diese Kompetenz umfasst miteinander vernetzte Teilkompetenzen und soll durch Regelstandards überprüfbar gemacht werden. So ist im Rahmen der Leistungsfeststellung und Leistungsbewertung in den Aufgabenstellungen und -bearbeitungen eine hierarchisierte Anwendung der so genannten „Anforderungsbereiche I – III" (Kennen, Verwendungen, Urteilen) zu beachten. Vgl.: Senatsverwaltung für Bildung, Jugend und Sport Berlin (Hrsg.) (2006): Rahmenlehrplan für die gymnasiale Oberstufe. Gymnasien, Gesamtschulen mit gymnasialer Oberstufe, Berufliche Gymnasien, Kollegs, Abendgymnasien. Politikwissenschaft. Berlin.

Literatur

Arnold, Rolf u.a.: (1978): Lernkontrolle im politischen Unterricht. Stuttgart

Borries, Boris von (1997): Leistungsmessung und Leistungsbeurteilung. In: Bergmann, Klaus u.a. (Hrsg.): Handbuch der Geschichtsdidaktik. Band 2. 5. Auflage, Düsseldorf, S. 89-92

Czapek, Franz-Michael (1996): Schriftliches Arbeiten und schriftliche Lernkontrolle im Erdkundeunterricht. In: Geographische Rundschau, Heft 3, S. 8-10

„Leistungsmessung": Themenheft der Zeitschrift Geographie heute, 10/1986

Unger, Andreas (1999): Lernkontrolle und Leistungsmessung. In: Mickel, Wolfgang M. (Hrsg.): Handbuch der politischen Bildung. Schriftenreihe der Bundeszentrale für politische Bildung, Band 358. Bonn, S. 292-297

Checkliste

Test

- Testbogen eine einheitliche Form geben (allgemeine Angaben im Kopf, Aufgaben mit Angabe der zu erreichenden Punkte, Notenspiegel).
- Aufgaben präzise und allgemeinverständlich formulieren.
- Anstelle von „W-Fragen" eher Impulse mit Aufforderungscharakter benutzen (z.B. beschreiben, darstellen, erklären, erläutern).
- Erwartungen über die Art der Aufgabenformulierung verdeutlichen (z.B. „Nennt drei Merkmale einer sozialen Gruppe.").
- Aufgaben nicht zu komplex stellen.
- Schwierigkeitsgrad der Aufgaben allmählich steigern.
- Unterrichtsbezug herstellen.
- Nur Aufgaben stellen, die sich auf die letzten Unterrichtsstunden bzw. die letzte Unterrichtseinheit beziehen.
- Zahl der Aufgaben dem Leistungsvermögen der Lerngruppe und der zur Verfügung stehenden Zeit anpassen.
- Bei der Korrektur und Bewertung Transparenz herstellen; fachliche Stärken und Schwächen verdeutlichen.
- Verstöße gegen die Sprachrichtigkeit kennzeichnen.
- Nach Möglichkeit mehrere Tests pro Halbjahr schreiben.
- Nach Möglichkeit keine Tests in den letzten Wochen vor den Zeugniskonferenzen schreiben.
- Unbedingt den Stellenwert einer Testnote für die Ermittlung der Gesamtnote mit den Schülerinnen, Schülern und den Eltern vorab besprechen.

Klausur

- Thema, Arbeitsaufträge und Material müssen sich entsprechen.
- Thema und Arbeitsaufträge müssen eindeutig und klar formuliert sein.
- Die Klausur muss unter Bezugnahme auf den vorangegangenen Unterricht Elemente enthalten, die eine selbstständige Leistung von den Schülerinnen und Schülern verlangen.
- Arbeitsaufträge aufeinander beziehen und nach dem Schwierigkeitsgrad stufen. Der rote Faden muss jederzeit erkennbar sein.
- Die Zuordnung der Arbeitsaufträge zu den verschiedenen Anforderungsbereichen muss über die Formulierung der Impulse für alle Beteiligten jederzeit erkennbar sein.
- Zahl der Arbeitsaufträge auf drei bis vier begrenzen. Dies hat zur Folge, dass die Arbeitshinweise lang-schrittig angelegt sein müssen.
- Die Arbeitsaufträge nicht durch weitere strukturierende Hinweise untergliedern.
- Das Arbeitsmaterial vom Umfang her auf das Notwendige begrenzen.
- Das Material muss in einem direkten Bezug zum Thema und zu den Arbeitsaufträgen stehen, d.h. die Schülerinnen und Schüler müssen im Rahmen der Aufgabenstellung mit den Materialien arbeiten, sich mit ihnen auseinandersetzen.
- Quellenangaben nicht vergessen.
- Textverkürzungen kenntlich machen.
- Die Korrektur muss die Stärken und Schwächen einer Klausur verdeutlichen.
- Korrektur, Gutachten und Note müssen sich entsprechen.
- Einheitliche Bewertungsraster verwenden.
- Die Gewichtung der Arbeitsaufträge im Bewertungsraster angeben.
- Sprachrichtigkeit in das Bewertungsraster einbeziehen.

Bewertungsschema von Klausuren

Die folgende Tabelle enthält ein Angebot darüber, wie Noten in Rohpunkte umgesetzt werden können. Die Tabelle wird benötigt, wenn bei der Bewertung der verschiedenen Arbeitsschritte einer Klausur für jede Teilleistung eine Note gegeben wird, die anschließend in Rohpunkte umgesetzt werden müssen. Grundlage für diese Tabelle ist die Abiturordnung. Die Zahlen sind ab- bzw. aufgerundet.

TABELLE 1: NOTE – ROHPUNKTE-RELATION

Note	Erreichbare Rohpunkte								
	10	15	20	25	30	35	40	45	50
1+	10	15	20	25	30	35	40	45	50
1	9,6	14,5	19,5	24,5	29	34	39	43,5	48,5
1-	9,2	14	18,5	23	27,5	32	37	41,5	45,7
2+	8,7	13	17,5	22	26	30,5	35	39	43,5
2	8,2	12,5	16,5	20,5	24,5	28,5	33	37	41
2-	7,7	12	15,5	19,5	23	27	31	34,5	38,5
3+	7,2	11	14,5	18	21,5	25	29	32,5	36
3	6,7	10	13,5	17	20	23,5	27	30	33,5
3-	6,2	9,5	12,5	15,5	18,5	21,5	25	28	31
4+	5,7	9	11,5	14,5	17	20	23	25,5	28,5
4	5,2	8	10,5	13	15,5	18	21	23,5	26
4-	4,7	7	9,5	12	14	16,5	19	21	23,5
5+	4	6	8	10	12	14	16	18	20
5	2,7	4	5,5	7	8	9,5	11	12	13,5
5-	1,55	2,5	3	4	4,5	5,5	6	7	7,5
6	0,5	1	1	1,5	1,5	2	2	2,5	2,5

Hinweis: Wird ein Arbeitsauftrag nicht bearbeitet, werden keine Rohpunkte vergeben.

TABELLE 2: BERECHNUNG DER GESAMTNOTE

Erreichte Rohpunkte	Zensurenpunkte	Note
98 - 100,0	15	1+
94 - 97,9	14	1
90 - 93,9	13	1-
85 - 89,9	12	2+
80 - 84,9	11	2
75 - 79,9	10	2-
70 - 74,9	9	3+
65 - 69,9	8	3
60 - 64,9	7	3-
55 - 59,9	6	4+
50 - 54,9	5	4
45 - 49,9	4	4-
35 - 44,9	3	5+
20 - 34,9	2	5
10 - 19,9	1	5-
0 - 9,9	0	6

Kopiervorlage 2

Vorschlag für die Formulierung von Gutachten

Um das Erstellen von Gutachten zu erleichtern, hat es sich als sinnvoll erwiesen, für jede Note eine allgemein gehaltene schriftliche Begründung zur Hand zu haben. Diese Vorgabe kann dann auf den Einzelfall zugeschnitten und erweitert werden. Anwendbar ist dieses Raster sowohl für Klausuren als auch für mündliche Prüfungen, in denen tragende Erwägungen formuliert werden müssen.

Note 1: Er/sie gliedert seine/ihre Ausführungen völlig sachgerecht auf hohem schriftsprachlichem Niveau. Er/sie weist weit überdurchschnittliche Faktenkenntnisse nach, wendet sie durchgehend selbstständig fachgerecht und differenziert an und setzt sich selbstständig mit einem Problem argumentativ auseinander. Er/sie fällt ein eigenständiges und begründetes Urteil.

Note 2: Er/sie gliedert seine/ihre Ausführungen sachgerecht. Er/sie weist überdurchschnittliche Faktenkenntnisse nach, wendet sie fachgerecht und selbstständig an und setzt sich mit dem Problem differenziert und kritisch auseinander.

Note 3: Er/sie gliedert seine/ihre Ausführungen überwiegend sachgerecht. Er/sie weist durchschnittliche Faktenkenntnisse nach, wendet sie im Allgemeinen fachgerecht an und nimmt zu Teilaspekten der Problematik begründet Stellung.

Note 4: Seine/ihre Gliederung der Ausführung zeigen gedankliche Mängel, sind aber noch erkennbar strukturiert. Er/sie weist noch die Kenntnis grundlegender Fakten nach, wendet sie aber nur zum Teil fachgerecht an. Die Problematik des Stoffes wird nur ansatzweise erfasst, eine begründete Urteilsbildung erfolgt nur punktuell.

Note 5: Seine/ihre Ausführungen sind weitgehend nicht sachgerecht gegliedert. Notwendige Grundkenntnisse werden noch nachgewiesen, jedoch wird eine fachgerechte Anwendung der Kenntnisse nur ansatzweise erbracht. Eine Problematisierung des Prüfungsstoffes erfolgt nicht.

Note 6: Seine/ihre Ausführungen sind völlig unstrukturiert. Die Grundkenntnisse sind nur sehr lückenhaft ausgeprägt. Eine sachgerechte Anwendung und Problematisierung des Stoffes wird nicht erbracht.

Detlef Eichner

Präsentieren und Vortragen

Präsentieren – Begriffliche Eingrenzung

Unter Präsentieren wird ganz allgemein „die gekonnte Darstellung einer Sache oder eines Vorgangs" (Apel 2001, S. 6) verstanden. Menschen bedienen sich hierzu ihrer angeborenen Fähigkeiten, die sich durch Schulung und Übung bis zu einem gewissen Grad vervollkommnen lassen. Das Präsentieren in schulischen Situationen ist von alltäglichen oder in anderen Berufsfeldern anzutreffenden Darstellungen dadurch zu unterscheiden, dass neben einer anzustrebenden hohen Anschaulichkeit eine didaktische Absicht oder Intention implementiert ist. Diese besteht beim schulischen Präsentieren oder Darstellen darin, Schülerinnen und Schüler zum Denken und Lernen anzuregen. Weitere in der schulischen Praxis anzutreffende didaktische Intentionen sind: Interesse und Motivation wecken, zur Beschäftigung mit etwas anregen, Informationen vermitteln oder auch Empfindungen anregen (vgl. a.a.O., S. 6 ff.). Nach Berthold Michael (1983, S. 105) lassen sich folgende Lernintentionen beim Präsentieren und Darbieten unterscheiden: (1.) imitatives Lernen durch modellhaftes Verhaltensbeispiel; (2.) intuitives Verstehen durch Interpretation einer Ganzheit; (3.) rezeptives kognitives Lernen durch Darstellung eines Sachverhalts zwecks anschließender Aneignung; (4.) konstruktives entdeckendes Lernen durch lösungsoffene Information.

Die Präsentation zählt zu den darbietenden Lehrformen. Als das negative Paradebeispiel für schulische Präsentationen gilt der durch langatmige Ausführungen geprägte Lehrervortrag, dessen einzige Intention in der Vermittlung möglichst vieler Lerninhalte mit geringem zeitlichen und medialen Aufwand besteht. Diese als „Stoffhuberei" mittlerweile in Verruf geratene universelle, lehrerzentrierte Unterrichtsmethode hat frontale Unterrichtsverfahren generell in Misskredit gebracht. Auch wenn aufgrund neuerer Erkenntnisse der Lehr- und Lernforschung davon auszugehen ist, dass eine Präsentation oder Darstellung durch die Lehrerin/den Lehrer nicht mit der aktiven Aneignung des Lerninhalts durch die Schüler gleichzusetzen ist, so können darbietende Lehrformen dennoch ihre Berechtigung im Unterricht haben. Voraussetzung dafür ist allerdings, dass sie zeitlich begrenzt sind, adressaten-, stoff- und prozessbezogen erfolgen und der abwechslungsreichen Gestaltung der Unterrichtsabläufe dienen (vgl. Apel 2002, S. 19 ff.).

Lehrerpräsentation

Schülerpräsentation

Im Unterricht sind heute neben der hergebrachten Lehrerpräsentation auch Darstellungen von Schülern und externen Fachleuten anzutreffen. Während sich Letztere in der Regel auf Anfrage eines Lehrers freiwillig für Vorträge und Präsentationen in der Schule zur Verfügung stellen, übernehmen Heranwachsende in der überwiegenden Mehrzahl diese Aufgaben nur aufgrund des Zwangscharakters von Schule. In Lehrer- wie Schülervortrag und entsprechenden Präsentationen zeigt sich in aller Deutlichkeit das Dilemma, welches Hilbert Meyer (1994, S. 55) so treffend beschrieben hat: „Das methodische Handeln des Lehrers steht in dem unaufhebbaren Widerspruch, die Schüler mit Gewalt zu Selbstständigkeit führen zu sollen. Das methodische Handeln der Schüler lebt von dem Widerspruch, selbstständig handeln zu wollen, aber doch auf die Hilfe des Lehrers angewiesen zu sein."

Lehrervortrag und -präsentationen im Politikunterricht

Für den Politikunterricht ist festzustellen, dass dem Vortragen und Präsentieren ambivalente Bedeutungen zugesprochen werden. Während das lehrerzentrierte Verfahren des Lehrervortrags in der Ausbildung häufig ablehnend dargestellt wird, findet er im Unterrichtsalltag dagegen verbreitet Anwendung. Politiklehrerinnen und -lehrer nutzen dieses Verfahren häufig dann, wenn sie ihre Schüler über sozialwissenschaftliche Grundbegriffe und Zusammenhänge, politische Inhalte, Formen oder Prozesse kompakt und wenig zeitintensiv informieren (vgl. Kuhn 2002, S. 94) bzw. vorausgegangene Unterrichtsergebnisse zusammenfassend darstellen möchten. Zur Unterstützung des gesprochenen Wortes greifen Unterrichtende dabei verbreitet auf Formen der Visualisierung wie das Tafelbild oder die Folie (vgl. die Beiträge „Das Tafelbild" und „Die Folie" in diesem Band) zurück. Das gesprochene Wort soll so von den Jugendlichen konzentrierter verfolgt und aufgenommen werden, um das „Nach-Denken" zu erleichtern sowie in Transformationsleistungen die Aneignung zu verstärken (a.a.O., S. 95). Nachfolgenden Unterrichtsschritten dienen die im Unterschied zum sich schnell verflüchtigenden gesprochenen Wort länger verfügbaren Visualisierungen als Vorbereitung und Grundlage (vgl. die **Checkliste** im Anhang, S. 105).

Visualisierung

Neben Tafelbilder und Folien als die bisher gängigsten Formen der Visualisierung treten zunehmend auch computerunterstützte, multimediale Präsentationen. Nicht wenige Lehrer schrecken allerdings vor dem dazu erforderlichen technischen Aufwand zurück, bzw. verfügen nicht über das für die Herstellung und den unterrichtlichen Einsatz multimedialer Präsentationen notwendige technische Wissen.

Bei Lehrervorträgen und -präsentationen ist zu unterscheiden, ob sie geplant und dezidiert vorbereitet oder aus der Unterrichtssituation entstehen und somit zwangsläufig wenig päpariert stattfinden. Letztere ließen sich als Stegreifvorträge bezeichnen. Für beide Arten gilt jedoch, dass sie ohne fachwissenschaftlich fundiertes politisches Grundwissen der Lehrkraft häufig in unzulässige Vereinfachungen, schlimmstenfalls sogar Verfälschungen münden. Fehlende fachdidaktische Strukturierungs- und Auswahlkompetenz führt zur additiven Aneinanderreihung von Belanglosigkeiten. Eine möglichst anschauliche Darstellung, mit deren Hilfe die Schüler in die Lage versetzt werden sollen, i.d.R. hoch komplexe politische Inhalte, Formen und Prozesse zu durchdringen, wird so nicht erreicht.

Provokation

Eine besondere Art des Lehrervortrags im Politikunterricht ist die geplante Provokation oder der zu Stellungnahmen herausfordernde Vortrag. Hierbei stellt der Lehrer einen Sachverhalt bewusst einseitig und überspitzt dar oder formuliert sie in Form von Fragen, um die Heranwachsenden zu spontanen Stellungnahmen zu provozieren. Von besonderer Bedeutung beim Einsatz dieser Art des Lehrervortrags ist, dass im nachfolgenden Unterricht die überspitzte oder einseitige Darstellung durch weitere mögliche Perspektiven ergänzt und somit relativiert wird oder bewusste Falschaussagen richtig gestellt werden. Damit diese Art des Lehrervortrags im Politikunterricht produktiv eingesetzt werden kann, müssen einige wichtige Voraussetzungen gegeben sein. So sollten die Heranwachsenden unbedingt in der Lage sein, eine Provokation als solche zu erkennen und generell mit Formen uneigentlichen Sprechens kritisch und distanziert umgehen können. Sie sollten darüber hinaus im Politikunterricht erfahren haben, dass sie von der Lehrerdarstellung abweichende Meinungen und Einstellungen ohne negative Konsequenzen äußern dürfen und sollen. Diese Art des Lehrervortrags kann zudem nur dann eingesetzt werden, wenn im Unterricht eine von Respekt getragene Atmosphäre des Vertrauens und der gegenseitigen Anerkennung herrscht. Im Zweifelsfall ist auf diese mitunter recht produktive Art zu verzichten.

Die Eigenschaften des geplanten und vorbereiteten Lehrervortrags lassen sich mit Hans-Werner Kuhn (2002, S. 94 f.) in den folgenden Punkten zusammenfassen:
- der Lehrervortrag sollte möglichst einfach sein;
- er sollte übersichtlich gegliedert und geordnet sein;
- er sollte mittleres Ausmaß an Kürze und Prägnanz habe;
- er darf nicht zu weitschweifig, aber auch nicht zu knapp sein;
- er soll ein mittleres Ausmaß an zusätzlicher Stimulanz haben: er soll lebendig, anregend, humorvoll usw. sein, aber dies alles natürlich in Maßen.

Diese Eigenschaften können um bestimmte Merkmale und bedeutsame Aspekte ergänzt werden. So sollte ein Lehrervortrag im Umfang von fünf Minuten nicht mehr als drei bis fünf unterschiedliche Gedankengänge enthalten, die als Ganzes eine möglichst fantasievolle eigene Umsetzung eines bereits in Fach- und Sachbüchern bearbeiteten fachlichen Inhalts darstellen (vgl. die **Checkliste**, S. 105). Das wichtige Gütekriterium für einen gelungenen Lehrervortrag ist die Verständlichkeit eines politischen Inhalts oder Prozesses oder einer politischen Form für die Schülerinnen und Schüler. Dies setzt voraus, dass die Lehrerin/der Lehrer den zu präsentierenden Inhalt fachlich und fachdidaktisch angemessen durchdrungen hat. Die Qualität eines Lehrervortrags erweist sich weiterhin an der Frage, ob sich Jugendliche daran für den Aufbau und die Durchführung eigener Präsentationen und Vorträge orientieren können (vgl. a.a.O., S. 95).

Zeitrahmen

Verständlichkeit

Schülerpräsentation im Politikunterricht

Anders als Lehrervorträge und -präsentationen werden solche von Schülerinnen und Schülern in der Lehrerausbildung wie in der Schulpraxis gleichermaßen hoch geschätzt und positiv bewertet. Sie gelten als Ausdruck eines schülerzentrierten Unterrichts, in dem die häufig kritisierte hohe Lehrerlenkung zugunsten der Jugendlichen relativiert wird. Allzu leicht scheint bei dieser Kritik in Vergessenheit zu geraten, dass Vorträgen und Präsentationen von Schülern eine akribische Vorbereitung durch den Unterrichtenden vorausgeht, die sich in klaren Fragen, Arbeitsanweisungen und Hilfestellungen niederschlägt. Ohne diese Anleitung und Lenkung verlieren sich die Heranwachsenden leicht im „Dickicht" komplexer politischer Vorgänge. Die Schülerinnen und Schüler stoßen nicht zum Kern eines politischen Problems, einer politischen Auseinandersetzung oder einer politischen Form vor (vgl. die **Checkliste**, S. 105). Zudem bleibt als Tatsache bestehen, dass die wenigsten Jugendlichen von sich aus an Politik interessiert sind. Schülervorträge und -präsentationen im Politikunterricht sind somit auch immer Ausdruck einer schulischen

Akribische Vorbereitung durch den Lehrer

Zwangssituation, die durch den Lehrer mit der ihm amtlich übertragenen Machtfülle gestaltet wird.

Nicht immer behandeln Schülervorträge oder -präsentationen im Politikunterricht politische Probleme, Auseinandersetzungen oder institutionelle Regelungen. Themen und Inhalte zur konkreten Lebenshilfe, zum sozialen oder gesellschaftlichen Lernen haben im Politikunterricht ebenso ihre Berechtigung wie dem Allgemeinwissen dienende Hintergrund- und Überblicksdarstellungen. Doch auch für diese Themenbereiche gilt, was zum politischen Lernen bereits betont wurde: Schülervorträge und -präsentationen sollten durch den Lehrenden vorstrukturiert und begleitet werden. Die folgenden Arbeitsanweisungen für Schülerinnen und Schüler einer 9. Realschulklasse in Niedersachsen können dies verdeutlichen helfen.

Themenbereich: Parlamentarismus
Thema: Der Niedersächsische Landtag – Das Leineschloss im Wandel der Zeiten
Arbeitsauftrag: Erarbeitet in den eingeteilten Gruppen Vorträge zur (bau-)geschichtlichen Entwicklung des Leineschlosses.

- Die Gruppen 1 und 2 beschäftigen sich mit dem Zeitraum vom 13. bis zum 18. Jahrhundert („Vom Kloster zur Residenz");

- die Gruppen 3 und 4 behandeln das 19. Jahrhundert („Königsschloss");

- die Gruppen 5 und 6 untersuchen die Entwicklungen im 20. Jahrhundert („Zerstörung und Wiederaufbau").

Zur Vorbereitung der Vorträge könnt ihr die nächsten drei Unterrichtsstunden nutzen. Die zur Verfügung gestellten Materialien solltet ihr sehr genau auswerten. Ihr könnt aber auch zusätzliche Informationen heraussuchen und verwenden.

Orientiert euch für euren Vortrag an den folgenden Leitfragen:

a) Welche historischen Eckdaten bzw. Informationen sind für den von euch zu bearbeitenden Zeitraum in Verbindung mit dem Gebäude von Bedeutung?

b) Wie/von wem wurde das Gebäude genutzt?

c) Welchem Zweck diente das Gebäude?

d) Welche Veränderungen in Nutzung und Zweckbindung erfuhr das Gebäude?

e) Welche äußeren Einflüsse und welche historischen Entwicklungen hatten Einfluss auf das Gebäude?

Hinweise für den Vortrag;

- Euer Vortrag sollte möglichst nicht länger als 15 Minuten lang sein.

- Verwendet während des Vortrags wenige Fremdworte.

- Beschränkt euch auf die wichtigsten Informationen.

- Visualisiert euren Vortrag durch Tafelbilder, Folien, Plakate o. Ä.

- Die Visualisierung sollte von den Zuhörern schnell überblickt werden können, übersichtlich und grafisch ansprechend gestaltet sein. Vermeidet eine Überfrachtung durch zu viele Informationen.

- Wechselt euch beim Vortragen ab.

- Überlegt euch eine Möglichkeit, wie ihr eure Arbeitsergebnisse sichern wollt. Möglich sind: Lückentexte, Kurztests, kurze schriftliche Zusammenfassungen usw.

Quelle: www.landtag-niedersachsen.de/extras/baugeschichte/baugeschichte_index.htm (Zugriff vom 17.01.2006)

Schülervorträge und -präsentationen sind im Politikunterricht insbesondere in den Formen des Referates oder Kurzreferates (vgl. den Beitrag „Das Referat" in diesem Band) sowie als Ergebnisdarstellung von Gruppenarbeitsphasen anzutreffen. Für alle genannten

Formen gilt, dass sie der intensiven Vorbereitung, der aktiven Begleitung und der kon-
struktiv-kritischen Rückmeldung durch den Unterrichtenden bedürfen. Besonders der
letzte Punkt verlangt von allen Beteiligten – Lehrerinnen, Lehrern wie Schülerinnen und
Schülern – Fingerspitzengefühl, soziale Kompetenz und pädagogischen Takt. Mitunter ist
zu beobachten, dass Lehrende, Mitschüler aber auch Fachseminarleiter an Schülervorträge oder -präsentationen inhaltlich wie methodisch überzogene Ansprüche stellen. Aus
diesem Grund scheint es unerlässlich zu sein, dass der für den Unterricht Verantwortliche
seine Erwartungen den Heranwachsenden vor der Präsentation oder dem Vortrag mit-
teilt und als Grundlage und Rahmen zur Orientierung und Eingrenzung der Rückmeldungen anwendet. Dieses entlässt die Lehrerin/den Lehrer allerdings nicht aus der Verpflich-
tung, inhaltlich Falsches als solches deutlich zu benennen. Insgesamt sollte die Rückmeldung geeignet sein, den Jugendlichen Wege für persönliche, fachliche wie methodische Weiterentwicklungen aufzeigen zu können (vgl. **Checkliste**, S. 105).

Gefahr, überzogene Ansprüche zu stellen

Unterrichtspraktische Beispiele

Die nachfolgend dargestellten Unterrichtsbeispiele sind einer acht Stunden umfassen-
den Unterrichtseinheit im Fach Politik entnommen, die im Zeitraum vom 25. Februar bis
zum 3. März 2004 in einer neunten Hauptschulklasse in Niedersachsen durchgeführt
wurde. Das zu der damaligen Zeit aktuell im Niedersächsischen Landtag diskutierte
und noch nicht beschlossene Verbot muslimischer Kopftücher an öffentlichen Schulen
wurde anhand des Fallbeispiels einer betroffenen Lehrerin thematisiert (vgl. Eichner 2006,
S. 161 ff.).

DER GEPLANTE UND VORBEREITETE LEHRERVORTRAG

In der siebten Stunde der oben beschriebenen Einheit soll der konkrete Vorgang des Fallbeispiels auf die politische Lernebene verlagert werden. Zunächst möchte der Lehrer die
vorangegangenen Unterrichtsschritte für seine Schüler in einem Lehrervortrag zusammenfassen. Hierzu hat er sich einen „Spickzettel" angefertigt:

Zusammenfassung

1. Fall-Beispiel Lehrerin Rouchou
2. Kopftuch-Verbot: Entstehung

    2.1 Eltern: Ängste, Befürchtungen
      – Nicht-Gleichberechtigung
      – antidemokratisches Symbol

    2.2 Fr. Rouchou
      – religiöses Symbol
      – strenggläubig

3. Hineindenken in Beteiligte

    3.1 Rouchou: diskriminiert, gegenüber anderen Religionen nicht gleichberechtigt,
      Situation (verstecken müssen) unerträglich
    3.2 Eltern: Beschwerdebriefe an Schulleitungen, s.o.

4. hoher Zeitaufwand für Begriffsklärung: Legislative, Exekutive, Jurisdiktion
5. Ankündigung, Ausblick: aktuelle politische Diskussion in Niedersachsen

Mit Hilfe der schriftlich niedergelegten Stichworte hält der Lehrer zu Beginn der Stunde
den folgenden Vortrag (a.a.O., S. 230):

L: So, nun will ich noch einmal kurz zusammenfassen, was wir bisher gemacht haben. Erstens ging es um das Fallbeispiel mit Frau Rouchou. Wir haben uns mit ihrem Problem mit dem Kopftuch-Verbot beschäftigt. Dann haben wir ganz genau analysiert, warum es zu dem Verbot kam. Da spielten die Eltern mit ihren Ängsten und Befürchtungen eine Rolle. Da haben wir herausgearbeitet, es gibt die Befürchtung der Eltern, dass das Kopftuch für eine Nicht-Gleichberechtigung zwischen Männern und Frauen stehen könnte. Die Eltern befürchten auch, dass das Kopftuch vielleicht sogar ein politisches Symbol ist gegen die Demokratie. Bei Frau Rouchou haben wir herausgefunden, dass das Kopftuch aber auch ein rein religiöses Zeichen sein kann für einen sehr strengen Glauben im Islam, für eine bestimmte Auslegung des Islams. Ihr habt euch dann in die Rollen der Eltern und der Lehrerin hineingedacht. Für Frau Rouchou habt ihr euer Unverständnis für das Kopftuch-Verbot geschildert. Ihr habt gesagt, dass ihr euch diskriminiert, also unterdrückt fühlt, anderen Religionen wie dem Christentum gegenüber als nicht gleichberechtigt fühlt. Und die Tatsache, dass ihr euch im Klassenraum verstecken müsst, bis die Schule leer ist, habt ihr als nicht erträglich beurteilt. Auf der anderen Seite habt ihr aus der Sicht der Eltern Beschwerden an die Schulleitungen geschrieben. Dabei habt ihr die Gründe, warum ihr gegen das Kopftuch seid, aufgeführt. Noch einmal: Angst, dass das Kopftuch ein Zeichen der Nicht-Gleichberechtigung von Männern und Frauen ist, die Angst, dass hinter dem Kopftuch auch eine politische Idee oder Vorstellung steckt, die nicht mit der Demokratie vereinbar ist. Heute müssen wir nun noch einen Schritt weitergehen. Ach so, eine Sache noch. Wir haben ziemlich viel Zeit damit verbracht, um zu klären, wer denn Gesetze beschließt. Dabei sind wir auch auf die Gewaltenteilung eingegangen. Jurisdiktion, Exekutive und Legislative. Nun meine Frage. Wenn Frau Rouchou von der Bezirksregierung das Tragen des Kopftuchs verboten wird, betrifft das dann nur und ausschließlich Frau Rouchou?

Es zeigt sich, dass der Unterrichtende mit Hilfe seiner Stichworte bis zum Gliederungspunkt 3.2 eine recht anschauliche Zusammenfassung des bisherigen Unterrichtsverlaufs sowie der als wichtig erachteten Inhalte darstellen kann. Die unter dem Punkt 3.2 fehlen-

Mängel den Hinweise, die durch die Anmerkung „s.o." ersetzt wurden, bringen ihn aus dem Takt. Durch die Ungenauigkeit seiner Aufzeichnungen gezwungen, scheint sein Auge auf die Hinweise unter 2.1 zurückzugleiten. Es folgt eine Wiederholung der bereits früher gegebenen Zusammenfassung. So aus dem Konzept gebracht, unterbleibt der geplante Ausblick auf die Inhalte der aktuellen Stunde. Die Schülerinnen und Schüler werden nicht darüber informiert, womit sie sich in dieser Stunde beschäftigen sollen.

Aus dem Unterrichtsbeispiel lässt sich folgern, dass die Qualität eines geplanten Lehrervortrags ebenso von der Genauigkeit der zugrunde gelegten Notizen wie von der Geistesgegenwärtigkeit des Unterrichtenden abhängig ist. Das Vertrauen in die eigenen professionellen Fähigkeiten und Fertigkeiten kann eine strukturierende und inhaltlich aussagekräftige Unterrichtsvorbereitung nur bedingt ersetzen.

DER UNGEPLANTE, SPONTANE LEHRERVORTRAG

Während der oben beschriebenen Unterrichtseinheit werden die Verhandlungen zwischen den Fraktionen im Niedersächsischen Landtag über das geplante Kopftuch-Verbot thematisiert. Hierbei setzen sich die Jugendlichen im Unterrichtsgespräch mit der Frage auseinander, warum die Mehrheitsfraktionen von CDU und FDP auf Änderungsvorschläge der sozialdemokratischen Oppositionsfraktion eingehen. Es entwickelt sich das folgende Unterrichtsgespräch, in dem der Lehrer einen ungeplanten, spontanen und kurzen Vortrag hält (a.a.O., S. 234).

S 6:	Ja, ich wollte sagen, wenn die sich vielleicht nicht einig werden, dann würde sich die SPD und die Grünen vielleicht etwas anderes ausdenken und das finden die Leute vielleicht besser. Und dann können die, also dann gibt es wieder einen Konflikt.
L:	Das ist ja tatsächlich die Aufgabe von Oppositionsparteien. Sie sollen Gegenvorschläge entwickeln. Die Wähler entscheiden dann letztendlich, welche Politik sie für die bessere halten. Das könnte in der Tat die politische Begründung für die Verhandlungen zwischen CDU-FDP und SPD sein. Die Mehrheit will so vielleicht versuchen, die Opposition mit ins Boot zu holen, damit die ihnen nicht gefährlich werden kann. Sie wollen eine Einigung finden, damit möglichst viele im Landtag dem Gesetz zustimmen können und eben nicht nur die Regierungskoalition. Sie wollen, wie S 1 (ein bestimmter Schüler; D. E.) das so schön gesagt hat, Stress vermeiden.

Aus dem Unterrichtsbeispiel lässt sich schließen, dass der Lehrer den ungeplanten Vortrag einsetzt, um den Begriff „Opposition" zu erklären. Er möchte so verhindern, dass bei den Jugendlichen der falsche Eindruck entsteht, Konflikte stellten in der demokratischen Politik etwas Schlechtes dar und sollten verhindert werden. Es zeigt sich, dass spontane und ungeplante Lehrervorträge geeignet sein können, um während des Unterrichts aufscheinende Fehl- und Missverständnisse von Schülerinnen und Schülern zu korrigieren. Eine Voraussetzung hierfür ist allerdings, dass der Unterrichtende den Schülerbeiträgen sehr konzentriert folgt und sie auf der Grundlage fachwissenschaftlicher und fachdidaktischer Wissensinhalte zu analysieren in der Lage ist.

DER SCHÜLERVORTRAG

In der oben beschriebenen Unterrichtseinheit setzen sich die Heranwachsenden in arbeitsteiliger Gruppenarbeit mit der Situation und den Ansichten der beteiligten Eltern sowie der muslimischen Lehrerin auseinander (a.a.O., S. 198). Die Arbeitsgruppe 4 stellt das folgende Plakat (a.a.O., S. 215) zur Visualisierung ihrer mündlich dargelegten Arbeitsergebnisse (a.a.O., S. 222) vor.

**Die Eltern wollen
das Kopftuchverbot durchsetzen!**

Eltern für das
Kopftuchverbot

Die Eltern wollen,
dass muslimische Lehrerinnen
in Zukunft keine Kopftücher
mehr tragen sollen, weil
sie die Kinder beeinflussen
kann.

Eltern denken:
– Es gibt keine GLEICHBERECHTIGUNG
  in dem Glauben.
– Männer unterdrücken ihre Frauen.
– Männer denken, dass Frauen ohne
  Kopftücher machen können was sie wollen.

S 3:	Also, wir haben das Thema (...) die Eltern. Ja, die Eltern wollen nicht, dass Lehrerinnen in der Schule das Kopftuch tragen, weil es Schüler beeinflussen könnte.
S 2:	Und die Eltern wollen, dass Kopftuch verboten wird. Die Eltern denken, dass, dass es gibt kein Gleichberechtigung in dem Glauben.
S 4:	Ja, die Männer unterdrücken die Frauen, und Männer denken, dass Frauen ohne Kopftuch machen können, was sie wollen.

Direkt im Anschluss an den Vortrag der Schülerinnen erfolgt die Rückmeldung durch den Lehrer. Zunächst stellt er eine inhaltliche Nachfrage. Abschließend gibt er eine kurze Rückmeldung zum präsentierten Gruppenergebnis.

L:	Wer kann dann machen, was er oder sie will?
S 3:	Die Frauen. Ohne Kopftuch.
L:	Finden die Männer das gut?
S 4:	Nein, die wollen doch bestimmen, was die Frauen dürfen und was nicht.
L:	Auch für euer Arbeitsergebnis gilt genau das, was ich eben schon sagte. Hier geht es um die Ängste der Eltern, nicht um das, was tatsächlich bei Frau Rouchou damit verbunden ist (...).

Die Rückmeldung durch den Lehrer beinhaltet eine Relativierung des vorgetragenen Arbeitsergebnisses der Schülerinnen. Es ist davon auszugehen, dass der Unterrichtende verhindern möchte, dass die dargestellten Ängste der Eltern von den Unterrichtsteilnehmern unreflektiert und unzulässig einseitig als Wahrheit übernommen werden. Die Rückmeldung ist somit insgesamt auf den Inhalt bezogen. Zu der Gestaltung des Plakats, zum Auftreten und Wirken der Schülerinnen oder den von ihnen benutzten sprachlichen Formulierungen äußert sich der Lehrer nicht. Damit vergibt er die Chance, die Heranwachsenden für das durchaus ansprechende Plakat zu loben und zudem auf sprachliche Anforderungen an Vortragende einzugehen. Es ist deshalb nicht nur fraglich, ob den Schülerinnen Entwicklungsmöglichkeiten aufgezeigt werden konnten, sondern auch, ob ihnen das Gefühl vermittelt wurde, dass ihre Leistung bei der Gestaltung des Plakats anerkannt wurde.

Literatur

Ackermann, Paul/Gaßmann, Reinhard (1991): Arbeitstechniken politischen Lernens kurz gefasst. Stuttgart

Apel, Hans Jürgen (2002): Präsentieren – die gute Darstellung. Darstellen: Vortragen – Vormachen – Vorführen – Visualisieren. Reihe: Basiswissen Pädagogik. Unterrichtskonzepte und -techniken. Hrsg. v. Manfred Bönsch und Astrid Kaiser, Band 3. Hohengehren

Eichner, Detlef (2006): Demokratie-Lernen im Politikunterricht durch Lebensweltanalysen. Über das Ich hinaus. Hamburg

Greiner, Monika/Gaßmann, Reinhard (2002): Ergebnispräsentation. In: Kuhn, Hans-Werner/Massing, Peter (Hrsg.): Methoden und Arbeitstechniken. Lexikon der politischen Bildung. Band 3. Herausgegeben von Georg Weißeno. 3. Auflage, Schwalbach/Ts., S. 36 f.

Kuhn, Hans-Werner (2002): Lehrervortrag. In: Kuhn, Hans-Werner/Massing, Peter (Hrsg.): Methoden und Arbeitstechniken. Lexikon der politischen Bildung. Band 3. Herausgegeben von Georg Weißeno. 3. Auflage, Schwalbach/Ts., S. 94-96

Kuhn, Hans-Werner (2002): Schülervortrag. In: Kuhn, Hans-Werner/Massing, Peter (Hrsg.): Methoden und Arbeitstechniken. Lexikon der politischen Bildung. Band 3. Herausgegeben von Georg Weißeno. 3. Auflage, Schwalbach/Ts., S. 161

Marz, Fritz (2002): Kurzreferat. In: Kuhn, Hans-Werner/Massing, Peter (Hrsg.): Methoden und Arbeitstechniken. Lexikon der politischen Bildung. Band 3. Herausgegeben von Georg Weißeno. 3. Auflage, Schwalbach/Ts., S. 92

Meyer, Hilbert (1994): Unterrichtsmethoden I: Theorieband. 7. Auflage, Frankfurt/M.

Michael, Berthold (1983): Darbieten und Veranschaulichen. Bad Heilbrunn

Scholz, Lothar (2001): Methodenkiste (Reihe: Thema im Unterricht. Hrsg. v. der Bundeszentrale für politische Bildung). 2. Auflage, Bonn

Simon, Werner (2002): Fachdidaktik kompakt: Geschichte und Sozialkunde für die Sekundarstufe I. Eine Handreichung in 50 Stichwörtern insbesondere für Studierende des Lehramtes, Lehramtsanwärter, Lehrer und Mentoren. Hamburg

Checkliste

Lehrervortrag

1. Denken Sie immer daran: Ihr Vortrag hat Vorbildcharakter für die Schüler!
2. Stellt der geplante Lehrervortrag eine methodische Abwechslung im Unterrichtsverlauf dar?
3. Mit welcher didaktischen Absicht oder Intention verbinden Sie den Vortrag?
4. Kontrollieren Sie sich selbst: Haben Sie den politischen Sachverhalt ausreichend durchdrungen?
5. Strukturieren Sie Ihren Vortrag schriftlich!
6. Vergessen Sie nie, dass Schülerinnen und Schüler keine Politikwissenschaftler sind. Benutzen Sie deshalb anschauliche Formulierungen! Auf notwendige Fachbegriffe darf und kann dennoch nicht immer verzichtet werden.
7. Wie können Sie Ihren Vortrag visuell unterstützen und präsentieren? Wie umfangreich muss die Präsentation sein, damit sie als Grundlage der Weiterarbeit dienen kann?
8. Halten Sie sich an die Regeln, die für jeden Redner gelten:
    a. Stehe auf, damit dich jeder sieht!
    b. Sprich laut, damit dich jeder hört!
    c. Rede kurz, damit dich jeder mag!

Schülervortrag

1. Welche Hilfestellungen und Materialien müssen Sie den Schülerinnen und Schülern geben, damit diese zielgerichtet eine Schneise durch das „Dickicht" komplexer (politischer) Sachverhalte schlagen können?
2. Formulieren Sie genaue Arbeitsanweisungen.
3. Halten Sie sich zurück, wenn Ihre Schülerinnen und Schüler selbstständig zu arbeiten in der Lage sind!
4. Geben Sie Ihren Schülerinnen und Schülern bekannt, welche Anforderungen Sie an den Vortrag und die Präsentation stellen! Halten Sie sich selbst an Ihre Anforderungen bei Rückmeldungen!
5. Überlegen Sie, wie Sie Ihren Schülerinnen und Schülern nützliche Hinweise für deren persönliche, fachliche und methodische Weiterentwicklung geben können.
6. Loben Sie Ihre Schülerinnen und Schüler so oft es geht!
7. Fehler im Vortrag oder in der Präsentation müssen angesprochen werden. Formulieren Sie die Kritik so, dass sie von den Schülern angenommen werden kann.

Eigene Notizen

Siegfried Frech

Die Moderationsmethode/Metaplantechnik

Einführung – vom Sinn und Unsinn der Metaplantechnik

In der Kolumne einer Tageszeitung beklagte sich unlängst eine Journalistin, dass sie es satt habe, bei jeder Besprechung oder Fortbildungsveranstaltung die Metaplanmethode erleiden zu müssen, bevor es zur eigentlichen Sache gehe. Die Krönung ihrer „Metaplan-Erlebnisse" war eine Abendveranstaltung der örtlichen Volkshochschule über Erziehungsprobleme bei Kleinkindern. Anstatt verschiedenfarbige Kärtchen beschriften und die anschließenden Cluster (d.h. thematisch gebündelte Karten) mit Klebepunkten versehen zu müssen, sei es ihr ausschließliches Interesse gewesen, konkrete Hilfestellungen für den Fall zu erhalten, wenn ihr – in der Trotzphase weilender – Sprössling erneut den Spinat verweigert und mit dem Löffel an die frisch getünchte Küchenwand wirft. Die amüsante Schilderung zeigt, dass auch das „interaktive Lernen mit Pinnwand und Kärtchen" (Dauscher 2006a) seine Tücken hat. Zumal dann, wenn es in überbordender Begeisterung und ohne hinreichende didaktische Reflexion praktiziert wird.

Vorurteilsbehaftete Einstellungen von Lehrerinnen und Lehrern, die „sich gegen den vermeintlichen Firlefanz von Klebepunkten, Pinnwänden und Kärtchen" (Gudjons 2006, S. 117) wehren, rühren zumeist von Erfahrungen im Rahmen der Lehrerfortbildung her. In der „hohen Zeit" der Metaplantechnik hielt diese Methode Einzug in die Aus- und Fortbildung von Lehrerinnen und Lehrern. Die unreflektierte Handhabung als bloße Technik, die Fortbildungen „attraktiver" machen sollte, führte zu einer „gesunden" Skepsis bei Lehrkräften. Eine partizipatorisch anmutende Kartenabfrage wird nämlich dann ad absurdum geführt, wenn die Teilnehmenden einer Fortbildungsveranstaltung eingangs ihre thematisch-inhaltlichen Interessen äußern dürfen, nach der ersten Kaffeepause aber feststellen müssen, dass die Seminarleitung unberührt von diesen Interessensbekundungen strikt ihren „Fahrplan" verfolgt.

Die Verwendung der Metaplan- oder Moderationsmethode sollte für die Teilnehmenden von Bildungsveranstaltungen stets einen „nachvollziehbaren funktionalen Sinn in einem didaktischen Gefüge haben" (Obermann 1998, S. 16). Gerade durch die Euphorie, über eine reiche Auswahl methodischer Instrumente zu verfügen, und die inflationäre Verwendung oder allzu scholastische Handhabung bei jedwedem Anlass hat die Moderationsmethode arg gelitten. Der didaktische Sinn und das „grundlegende Verständnis der Methode trat gegenüber der Verfügbarkeit eines Werkzeugs zurück" (Dauschner 2003, S. 3). Will man die Moderationsmethode im schulischen Rahmen anwenden, so setzt dies bei Schülerinnen und Schülern bestimmte soziale und kommunikative Kompetenzen voraus.

Die Moderationsmethode setzt Kompetenzen voraus

Gefahr der Überforderung

Vor allem Schülerinnen und Schüler der Sekundarstufe I sind von den an sie gestellten Anforderungen in bestimmten Phasen der Moderationsmethode gelegentlich überfordert. Ein Lehrer berichtet von den Schwierigkeiten, mit der Methode der Kartenabfrage eine Klassenreise „demokratisch" planen zu wollen:

> „Das Vorhaben, den SchülerInnen bei der Entscheidungsfindung zu helfen und einen möglichst breiten Konsens herzustellen, ist gescheitert, denn das (...) Sozialverhalten der Gruppe konnte auch durch die Moderationsmethode (...) nicht rational überwunden werden, obgleich die ohnehin schwierige Kommunikationssituation besser strukturiert und damit weniger ‚chaotisch' als sonst oft war. Der Einsatz der Moderationsmethode hat zwar die befürchtete undisziplinierte und uferlose Diskussion vermieden, aber nicht zu dem gewünschten Ergebnis geführt, weil auch der Moderationsprozess bei seinen TeilnehmerInnen bestimmte soziale und kommunikative Fähigkeiten voraussetzt: Gutwilligkeit, Rücksichtnahme, gegenseitige Wertschätzung (...) und die Bereitschaft zu rationaler Diskussion. Kinder und Jugendliche in der Sekundarstufe I werden diese Fähigkeiten oft erst noch erwerben müssen" (Schulz 1996; aus: Gudjons 2006, S. 140).

Die Moderationsmethode fördert, setzt aber zugleich sprachliche Ausdrucksfähigkeit, die Fähigkeit zu abstrakter Begriffsbildung und sprachlicher Verdichtung von Gedankengängen sowie die Einhaltung von Gesprächsregeln (vgl. Weißeno 2004, S. 49 ff.) und diszipliniertes Arbeiten in Kleingruppen voraus (vgl. den Beitrag „Gruppenarbeit" in diesem Band). Die Verwendung dieser Methode im schulischen Kontext wird in der einschlägigen Literatur frühestens in den höheren Jahrgängen der Sekundarstufe I und uneingeschränkt in der Sekundarstufe II empfohlen, da ältere Schülerinnen und Schüler „eher die notwendige reflexive Distanz einerseits zu ihrem Thema und andererseits zu ihrer eigenen Person aufzubringen vermögen" (Obermann 1998, S. 16). Gleichzeitig macht dieses Beispiel aber auch deutlich, dass die Anwendung der Moderationsmethode im Unterricht die Lehrerin/den Lehrer nicht von der Verantwortung für den Lernprozess entbindet. Im Gegensatz zu den abverlangten Fähigkeiten, über die eine Moderatorin/ein Moderator in der außerschulischen Bildung verfügen sollte, wird die Lehrkraft ihren inhaltlichen Vorsprung behalten, soll diesen jedoch „konstruktiv einsetzen (dafür hat sie studiert und wird als Profi bezahlt), – und (...) immer wieder auf Teile ihrer ‚Macht', Kompetenz und ihres Sachwissens verzichten und sich auf die Funktion eines ‚Ermöglichers' (facilitator) konzentrieren" (Gudjons 2006, S. 140). Die Moderationsmethode hebt die Widersprüche der Lehrerrolle nicht auf. Gleichwohl erhebt die Methode den Anspruch, die Schülerinnen und Schüler „zur Selbstorganisation ihrer Lernprozesse anzuleiten und sie von der Leitung des Lehrers zu emanzipieren" (Jank/Meyer 2003, S. 54).

Die Geschichte der Methode

Die Moderationsmethode in Reinkultur gibt es nicht (vgl. Gudjons 2006, S. 114 ff.). Vielmehr existieren in der Praxis erprobte, vielfach modifizierte und variierte Ausgestaltungen einer Grundidee, die immerhin über 30 Jahre alt ist und in ihrer Gründerzeit deutliche gesellschaftspolitische Hintergründe (vgl. Dauschner 2006) besaß:

„Kaum waren die Wehen der 68-Bewegung mit ihren Forderungen demokratischer Bildungsprozesse verklungen, setzte die Wirtschaft nach: Betriebe funktionieren besser, wenn mit dem hierarchischen Führungssystem Schluss gemacht wird und statt dessen der Beteiligungswille und die Bereitschaft zur Partizipation an Entscheidungsprozessen der mitarbeitenden Menschen ernst genommen wird. Diesen drängenden Wünschen nach Mitbeteiligung wurde zuerst die Unternehmensberatung ‚Quickborner Team' gerecht, indem es ein praktikables Verfahren entwickelte, das bald unter dem Namen ‚Metaplantechnik' bekannt wurde. Ab 1973 wurden die ersten Trainings zur Vermittlung der Moderationsmethode durchgeführt. Heute gibt es zahlreiche Anbieter und für sehr unterschiedliche Bedürfnisse zugeschnittene Verfahren, – von der Planungssitzung einer Fachabteilung im Betrieb bis hin zur Lehrerfortbildung" (Gudjons 2006, S. 115).

Zeitgleich entwickelte sich das auf Robert Jungk zurückgehende methodische Konzept der Zukunftswerkstatt (vgl. Weinbrenner 1997, 1997a; Frech 1998) und bereicherte die Metaplantechnik mit neuen didaktischen Implikationen und methodischen Varianten (vgl. Kuhnt/Müllert 1996). Weitere theoretische Anreicherungen erfuhr die Methode aus der Humanistischen Psychologie (z.B. durch die themenzentrierte Interaktion von Ruth Cohn) sowie aus den Erkenntnissen der Kleingruppen- und Kreativitätsforschung. Überall dort also, wo „es um Mitentscheidung und Mitgestaltung verantwortungsbewusster Subjekte geht" (Stiller 1999, S. 411), war und ist die Moderationsmethode gefragt. Auch bei Großgruppenveranstaltungen ist die Moderationsmethode inzwischen zu einem unerlässlichen Bestandteil geworden (vgl. Bundeszentrale für politische Bildung 2006). Kritisch anzumerken ist an dieser Stelle allerdings, dass bei allen der mit diesen Methoden verbundenen didaktischen „Versprechungen" ein Plädoyer für eine gewisse Bescheidenheit hinsichtlich politischer Lernprozesse angebracht ist (vgl. Frech/Ruhl 1997, S. 177 ff.).

Moderationsmethode – Begriff und wesentliche Elemente

Begrifflich kann man sich der Moderationsmethode über die bei Diskussionen und Unterrichtsgesprächen (vgl. den Beitrag über Unterrichtsgespräche in diesem Band) immer wieder auftretenden Probleme annähern (Weißeno 2004, S. 49 ff.): Diskussionen erfordern eine hohe Konzentration aller Beteiligten und viel Geschick auf Seiten der Diskussionsleitung. Rede und Gegenrede müssen im Gedächtnis bleiben, da man sich – insofern man gewillt ist, Diskussionsregeln einzuhalten – nicht immer unmittelbar äußern kann. Missverständnisse, häufige Erklärungen oder auch Wiederholungen sind bei Diskussionen immer wieder festzustellen. Zudem ist eine mündliche Diskussion (manchmal) reichlich unökonomisch und zeitaufwändig: „immer nur ein Einziger kann sich äußern, so dass die Interaktionsdichte relativ gering ist" (Dauschner 2006). Die wesentlichen Standbeine der Moderationsmethode verstehen sich als methodischer „Gegenentwurf" zu klassischen Unterrichts- und Lehrverfahren:

Anforderungen bei Diskussionen

Moderatorin/Moderator: Anstatt dem allwissenden Experten sind bei dieser Methode kompetente Moderatorinnen bzw. Moderatoren gefragt, welche die Lerngruppe aktivieren und im Fortgang des Lernprozesses fördern und unterstützen (vgl. Gugel 2003, S. 113). Die Anwendung der Metaplan- oder Moderationsmethode erfordert ein professionelles Selbstverständnis und entsprechende Kompetenzen (vgl. **Kopiervorlage 1**, S. 116). Ein Moderator hat mehrere Funktionen inne:

- *„Prozesshelfer* (Hervorhebungen i. O.): Er ermöglicht Prozesse der Themenfindung, Meinungs- und Willensbildung, sorgt für Transparenz, hat selbst eine fragende Haltung und initiiert Selbstevaluation. Zudem achtet er auf die Einhaltung der Absprachen und Regeln.

- *Klimaförderer*: Er beobachtet mit Empathie und pflegt eine gute Atmosphäre der gegenseitigen Wertschätzung, ermutigt, aktiviert, ermöglicht Gemeinsamkeit bei gleichzeitiger Akzeptanz von Unterschieden.

- *Schlichter*: Er verfügt über Klärungsstrategien und hilft bei humaner Konfliktlösung, beachtet den (...) Grundsatz, dass gewichtige Störungen Vorrang haben und thematisiert werden müssen.

- *Methodenexperte*: Er ermöglicht den Gruppen Wege, ohne in die Ziel- und Inhaltsdiskussion einzugreifen.

- *‚Diener der Gruppe'*: Er ermöglicht (...) optimale Arbeitsbedingungen und das Ausschöpfen der Gruppenressourcen." (Stiller 1999, S. 412)

Gute Moderatorinnen und Moderatoren sind sachneutral und zielorientiert. Sie respektieren die Teilnehmenden, schaffen eine offene, anregende Arbeitsatmosphäre und verfügen über ein ausreichendes methodisches Repertoire, um Lern- und Gruppenprozesse steuern zu können.

Moderatorenrolle in der Schule

In Bezug auf Schule und Unterricht sind angesichts dieser Funktionen einige Relativierungen notwendig. Die Moderatorenrolle in der außerschulischen Bildung unterscheidet sich grundsätzlich von derjenigen des Lehrers (vgl. Weinbrenner 1997). Es dürfte unumstritten sein, dass sich eine Lehrerin/ein Lehrer trotz der Übernahme einer moderierenden Funktion nicht aus der inhaltlichen Verantwortung zurückziehen kann und sich nicht scheuen sollte, inhaltliche Vorschläge und Wünsche, die sich an vorab definierten Lernzielen orientieren, in den Diskussionsprozess einzubringen. Bei einem im Unterricht zu bearbeitenden Thema können Lehrkräfte nicht einfach voraussetzen, dass Schülerinnen und Schüler über eine inhaltliche Kompetenz verfügen. Gerade wenn die Strukturierungsarbeit der Lerngruppe wichtige thematische Aspekte nicht berücksichtigt, ist eine Korrektur durch die Lehrkraft, die ja letztlich auf inhaltlicher Kompetenz gründet, notwendig und angebracht.

Die institutionelle Verfasstheit der Schule, der Bildungs- und Lehrauftrag mit seinem Ziel- und Inhaltsrahmen und nicht zuletzt die Beurteilungsproblematik schränken den Spielraum der moderierenden und gleichzeitig lehrenden Lehrkraft ein (vgl. Stiller 1999, S. 412). Es ist ein Missverständnis im Sinne einer „Scheindemokratisierung", die Widersprüchlichkeiten der Lehrerrolle und die Verantwortung für den Lernprozess durch das, was in Lerngruppe gemeinschaftlich beschlossen wurde, aufheben zu können (vgl. Gudjons 2006, S. 138 ff.). So ist es neuerdings auch in der außerschulischen Bildung umstritten, wie weit „der Rückzug der Moderatorin bzw. des Moderators aus der Inhaltsverantwortung gehen darf" (Gugel 2002, S. 113).

Visualisierung: Zusätzlich zur Sprache wird der optische (Lern-)Kanal benutzt, indem auf Plakaten oder Pinnwänden Diskussionen skizziert, präsentiert und visualisiert werden. Der rote Faden ist stets präsent, und durch unterschiedliche Verfahren (vgl. die **Kopiervorlagen 3 ff.**, S. 118-122) steigt die Interaktionsdichte bei gleichzeitiger Entlastung des Diskussionsleiters. Über die bloße Visualisierung der Inhalte (vgl. Böttger 2001a) hinaus, die lernpsychologisch nicht unerheblich ist, dient die optische Dokumentation des Lernprozesses hauptsächlich der Transparenz. Auf der Inhaltsebene entsteht Transparenz durch die Visualisierung, die einen weitgehend gleichen Wissensbestand in der gesamten Lerngruppe ermöglicht. Alles, was auf einer Wandzeitung oder Pinnwand präsentiert wird, stellt „Öffentlichkeit her und eröffnet Beteiligungschancen für alle" (Stiller 1999, S. 414). Der Einsatz der Moderationsmethode im Unterricht erfordert somit einen umfangreichen Materialpool (vgl. **Kopiervorlage 2**, S. 117) und setzt eine entsprechende Organisationsform voraus:

> „Das Handwerkszeug des Moderators besteht aus Plakaten (ca. 120 x 140 cm) sowie einem Moderatorenkoffer, der Filzstifte verschiedener Größen und Farben, Karten verschiedener Farben und Größen, Pinnadeln, Klebestifte, Tesa-Krepp und ‚Präsentationswolken' (für Überschriften) usw. enthält. Die klassische Organisationsform ist der Stuhlkreis sowie ca. 4-6 Moderations- oder Pinnwände (in der Klasse auch die Wandtafel). Zusätzliche Flipcharts sind hilfreich, ebenso ein Overhead-Projektor mit entsprechend großer Projektionswand" (Weinbrenner 1997, S. 488).

Frage- und Antworttechnik: Die Frageformulierung, die einen Teil der inhaltlichen Vorbereitung darstellt (vgl. Obermann 1998), dient der Aktivierung, Strukturierung und dem Sammeln von Inhalten. Entscheidend ist, dass alle Teilnehmenden ihre Interessen, Themenwünsche, Probleme und Vorschläge einbringen dürfen. Im Mittelpunkt stehen daher Fragen, die nicht suggestiv sind, sondern zu differenzierten und konkreten Antworten führen.

> „Bei der inhaltlichen Vorbereitung kommt der Frageformulierung eine besondere Bedeutung zu, denn sie ist ein ganz wichtiges Gestaltungsinstrument der Moderation. Durch Fragen aktiviert und öffnet der Moderator die Gruppe füreinander und für das Thema und ermöglicht den Selbststeuerungsprozess der Gruppe. Daher sollten die Fragen gewissen Qualitätskriterien entsprechen. Sie sollten kurz, knapp und konkret formuliert sein, anregend sein und zur Beantwortung reizen, einen breiten Antwortbereich eröffnen und die Teilnehmer persönlich ansprechen. Zum Einsatz kommen W-Fragen (was, wie welche...), allerdings keine Warum-Fragen. Statt einer Frage können auch Gedankenassoziationen in Gang gesetzt werden, wie z.B. ‚Wenn ich an die Zukunft denke, denke ich an...'. Auf jeden Fall sollte der Moderator vermeiden: rhetorische und Suggestivfragen, Entscheidungsfragen (Ja/Nein-Antworten), belehrende Fragen, Wissensfragen" (Obermann 1998, S. 11).

Für den gesamten Zyklus einer Moderation benötigt die Moderatorin bzw. der Moderator mindestens vier Fragetypen, die entsprechend ihrer Funktion als Einpunktfrage, Kartenfrage, Mehrpunktfrage und Fragen für die Themenliste (vgl. die **Kopiervorlagen 3 ff.**, S. 118-122) vorab formuliert werden müssen.

Vier Fragetypen

Wechsel der Sozial- und Arbeitsformen: Der Wechsel zwischen Einzelarbeit, Arbeit in Kleingruppen und Plenum ist ein weiteres Prinzip der Moderationsmethode. Jede Sozial- und Arbeitsform (vgl. Teil 2 „Sozialformen" des Buches) hat in den einzelnen Phasen der Moderation eine bestimmte Funktion:

> „Einzelarbeit ist (...) sinnvoll, wenn die Aspekte eines Themas möglichst breit zusammengetragen werden sollten. Durchgeführt wird sie dann mittels einer Kartenabfrage, bei der jeder für sich selbst die Antworten überlegt. Kleingruppen können dagegen die Ressourcen mehrerer Menschen nutzen, die sich gegenseitig ergänzen und anregen. So werden sie zum tiefer gehenden Bearbeiten von Teilthemen eingesetzt. Das Plenum bietet zwar am meisten Ressourcen, jedoch die schwierigsten Kommunikationsbedingungen. Es wird einerseits eingesetzt zur Anreicherung bereits vorhandener Ausarbeitungen, etwa wenn nach der Präsentation von Ergebnissen der Kleingruppenarbeit die anderen Teilnehmer weitere Anregungen einbringen. Andererseits dient es als eine Art Schaltstelle. Weichenstellungen, die alle betreffen, werden im Plenum durchgeführt. Das betrifft z.B. manche Strukturierungen der weiteren Arbeit (das Sortieren bei der Kartenabfrage) oder die Bestimmung dessen, was inhaltlich vorrangig behandelt werden muss" (Dauscher 2006b, S. 2).

Einzelschritte der Moderationsmethode

Die Metaplan- oder Moderationsmethode ersetzt nicht einen lehrgangsförmigen Unterricht, in dem systematisch Grundlagen und Kenntnisse eines Gegenstandsbereichs erschlossen und bearbeitet werden sollen. Für den (Normal-)Unterricht kommt der gesamte „Spannungsbogen einer Moderation innerhalb von 45 Minuten oder auch einer Doppelstunde kaum in Frage" (Nissen 1999, S. 14). Der gesamte Zyklus einer Moderation eignet sich im schulischen Rahmen vielmehr für zeitlich umfangreiche Vorhaben und Projekte (vgl. Frey 1982; Kroll 2002).

Zeitlicher Rahmen

Die Moderationsmethode bzw. der Moderationsprozess teilt sich in sechs „klassische" Einzelschritte auf, die den Ablauf und die Durchführung bestimmen: (1.) Kennen lernen; (2.) „Anwärmen"; (3.) Erheben von Themen bzw. zu bearbeitenden Problemen; (4.) Bearbeiten von Themen und/oder Problemen; (5.) Vereinbaren von Maßnahmen und schließlich (6.) der bewusste Abschluss bzw. die Nachbetrachtung (vgl. Gudjons 2006, S. 118 ff.). Für den schulischen Rahmen bietet sich eine adaptierte Variante mit vier Schritten an, die sich in der Praxis bewährt hat (vgl. Obermann 1998). Die folgende Darstellung orientiert sich an den idealtypischen Verläufen von Helmut Obermann (1998) und Herbert Gudjons (2006), bezieht – insoweit für den Unterricht dienlich – weitere Beispiele und praktische Hinweise mit ein und konkretisiert die Einzelschritte in den Kopiervorlagen (vgl. **Kopiervorlagen 3 ff.**, S. 118-122). Für die Kopiervorlagen wird als inhaltliches Beispiel das Thema „Demografische Entwicklung" gewählt.

PHASE I

Einführung, Einstimmung und Einstieg: In dieser Phase geht es um die Abklärung der Erwartungen, um die Vorstellung der Schrittfolge der Methode sowie um eine Ein- oder Hinführung zum Thema. Das äußere Arrangement ist hier genauso entscheidend wie einvernehmlich akzeptierte Spielregeln (Gesprächsregeln, Zeitplanung und organisatorische Absprachen). Die Lehrkraft kann in dieser Phase auch einen Ablaufplan (z.B. als Folie auf dem Overheadprojekt) präsentieren und in einem informativen Einstieg darstellen, was in den einzelnen Schritten der Moderationsmethode getan und erreicht werden soll.

In einem zweiten Schritt erfolgt der Einstieg in die inhaltliche Arbeit. Der Einstieg soll die Schülerinnen und Schüler auf das eigentliche Unterrichtsthema einstimmen. Dieser Schritt firmiert gelegentlich auch unter dem Terminus „Anwärmen" (vgl. Gudjons 2006, S. 120-122). In aller Regel wird mit der so genannten Einpunktfrage (s. **Kopiervorlage 3**, S. 118) begonnen. In einer daran sich anschließenden Reflexionsphase können die Schülerinnen und Schüler Stellung zum Ergebnis der Einpunktfrage beziehen. Die Lehrerin/der Lehrer sollte sich in dieser Reflexionsphase eine Interpretation verkneifen, d.h. sie/er „interpretiert nichts, (...) hebt ,Ausreißer' nicht besonders hervor, schreibt die Antworten möglichst wörtlich mit und lässt keine Diskussion über persönliche Statements zu" (a.a.O., S. 121).

PHASE II

Vertiefung und Differenzierung/Ermitteln von Themen und Fragestellungen: Mit einer Kartenabfrage (vgl. **Kopiervorlage 4**, S. 119) werden zu Beginn der zweiten Phase möglichst viele Teilaspekte des Themas, sich daraus ergebende Frage- und Problemstellungen erarbeitet. Letztlich ist die Kartenabfrage „eine visualisierte Ideensammlung, eine Art Brainstorming" (Obermann 1998, S. 13). Die gesammelten Ideen, Teilaspekte und Fragestellungen werden in einem Folgeschritt sortiert und in so genannten Clustern (Gruppen) geordnet. Dies ist ein nicht zu unterschätzender Schritt, denn die Entwicklung größerer inhaltlicher Komplexe und die richtige Zuordnung der Karten können durchaus anstrengend sein. Die einzelnen Karten werden im Konsensverfahren neu angeordnet und abschließend mit Oberbegriffen bzw. Überschriften versehen. Bisweilen bilden die Cluster für die Lerngruppe noch keine bearbeitbaren Themen ab. Daher muss die Lehrkraft genau an diesem Punkt helfen, Themen „gemeinsam zu formulieren, also Oberthemen zu finden, die dann der Gruppe einen machbaren Arbeitsrahmen bieten" (Gudjons 2006, S. 130).

In aller Regel ergibt sich eine Fülle von Themenaspekten, die eine Bewertung bzw. Prioritätensetzung erforderlich macht. Mit der Mehrpunktfrage (vgl. **Kopiervorlage 5**, S. 120) – auch Klebepunktverfahren genannt – wird nun eine Bewertung vorgenommen. Dadurch werden inhaltliche Präferenzen und Prioritäten der anschließenden Arbeit in Kleingruppen ermittelt.

PHASE III

Bearbeitung von Fragestellungen und Themen in Kleingruppen: In dieser Phase steht die Bearbeitung inhaltlicher Aspekte des Themas in Kleingruppen im Mittelpunkt. Die Gruppenbildung erfolgt in der Regel recht zügig, weil sich die Schülerinnen und Schüler an ihren vorher geäußerten und visualisierten Prioritäten orientieren. Unter Umständen ist eine Hilfestellung für die Lerngruppe sinnvoll (vgl. **Kopiervorlage 6**, S. 121). Die Art oder das Medium der Darstellung kann von der Lehrkraft vorgegeben oder der Kleingruppe überlassen werden. In der Praxis hat sich hierbei ein weiterer Teilschritt – die Vereinbarung konkreter Maßnahmen und Zuständigkeiten – bewährt. Auf einem vorbereiteten Plakat wird ein Tätigkeits- oder Maßnahmenkatalog entwickelt, der „Angaben darüber enthält, was gemacht werden soll, von wem, mit wessen Hilfe und bis wann" (Obermann 1998, S. 15). Dieser Teilschritt beinhaltet im Grunde die Detailplanung der Gruppenarbeit und nach deren Durchführung die Präsentation der Ergebnisse der jeweiligen Kleingruppen.

PHASE IV

Präsentation und Schlussbetrachtung: Die Moderationsmethode ist so konzipiert, dass die Schülerinnen und Schüler Ergebnisse erarbeiten und produzieren, die „über den eigenen Wissenszuwachs hinaus auch Mitteilungswert für andere haben" (Gudjons 2006, S. 133). Die Präsentation der Arbeitsprozesse und -ergebnisse erfordert kommunikative Fertigkeiten und sollte sich an vorab definierten Regeln orientieren (vgl. **Kopiervorlage 7**, S. 122). Die Visualisierung der Arbeitsergebnisse ist ratsam, weil sie zur gedanklichen Klarheit zwingt. Argumentative Brüche, thematische Lücken, Unklarheiten werden bei der Erarbeitung eines Plakates zum Zwecke der Präsentation offenkundig und ziehen vor der eigentlichen Präsentation eine Korrektur oder Ergänzung nach sich.

Der letzte Schritt schließlich ist die Schluss- oder Nachbetrachtung. Im Plenum lässt man die Arbeitsschritte noch einmal Revue passieren und erörtert, was in den einzelnen Phasen gut verlief, was erreicht und geschafft wurde, wie erfolgreich die Arbeit in den Kleingruppen und insgesamt war, was verbesserungswürdig ist. Es geht also um die kritisch-konstruktive Reflexion des Lern- und Arbeitsprozesses. Anhand einiger weniger Leitfragen und mithilfe eines vorbereiteten Plakates, das an den entsprechenden Stellen von den Schülerinnen und Schülern mit Klebepunkten versehen wird, kann die Nachbetrachtung sinnfällig strukturiert werden.

In dieser ausgeprägten Form eignet sich der oben dargestellte Zyklus im schulischen Rahmen für projekt- oder handlungsorientierte Unterrichtsvorhaben. Gleichwohl kann im Schulalltag mit einem oder zwei Moderationsschritten durchaus in einer Einzel- oder

Doppelstunde didaktisch und methodisch sinnvoll gearbeitet werden. Werden einzelne Elemente der Methode im Unterricht verwendet, so sind sie als Ergänzung zu anderen Unterrichtsverfahren, Sozial- und Arbeitsformen zu betrachten (vgl. Nissen 1999, S. 14). So ist es denkbar, in einer Einstiegsphase mit der Moderationsmethode „individuelle Erfahrungen der Schülerinnen und Schüler stärker für den nachfolgenden Lernprozess zu berücksichtigen, schülerorientierte Lösungswege zu beschreiten und Themen aktiv und durch Mitarbeit möglichst der gesamten Lerngruppe zu bearbeiten" (a.a.O.). Einzelne Schritte der Methode sind weiterhin beim Planen von Gruppenarbeitsphasen, zur Auswertung von Unterrichtsvorhaben, bei der Herstellung von Wandzeitungen und Plakaten sowie bei der Präsentation von Arbeitsergebnissen nützlich.

Literatur

Böttger, Ilona (2001): Moderation. Unter: http://www.sowi-online.de/methoden/lexikon/moderation-boettger.htm (10.4.2006)

Böttger, Ilona (2001a): Visualisierung. Unter: http://www.sowi-online.de/methoden/lexikon/visualisierung-boettger.htm (10.4.2006)

Bundeszentrale für politische Bildung (Hrsg.) (2006): Großgruppenveranstaltungen in der politischen Bildung. Konzepte und Methodenüberblick. Gestaltung und Moderation in der Praxis. Bonn

Dauscher, Ulrich (2006): Die Entwicklung der Moderationsmethode. Unter: http://www.dauscher-training.de/mm_gesch.htm (5.4.2006)

Dauscher, Ulrich (2006a): Moderationsmethode: Interaktives Lernen mit Pinnwand und Kärtchen. Unter: http://www.dauscher-training.de/gwdz.htm (5.4.2006)

Dauscher, Ulrich (2006b): Prinzipien der Moderationsmethode. Unter: http://www.dauscher-training.de/prinzip.htm (13.4.2006)

Dauscher, Ulrich (1998): Moderationsmethode und Zukunftswerkstatt. Grundlagen der Weiterbildung. 2. Auflage, Neuwied u.a.

Frech, Siegfried (1998): Zukunftswerkstatt und Szenariotechnik. In: Landesinstitut für Erziehung und Unterricht Stuttgart (Hrsg.) (1998): Seminarkurs auf der gymnasialen Oberstufe. Methoden und Beispiele. Stuttgart, S. 49-55.

Frech, Siegfried/Ruhl, Elke (1997): Zukunftswerkstatt „Ökologische Bildung". In: Frech, Siegfried/Halder-Werdon, Erika/Hug, Markus (Hrsg.): Natur – Kultur. Perspektiven ökologischer und politischer Bildung. Schwalbach/Ts., S. 152-184

Frey, Karl (1982): Die Projektmethode. Weinheim und Basel

Gudjons, Herbert (2006): Die Moderationsmethode. Von Klebepunkten zu demokratischen Prozessen in der Schule. In: Gudjons, Herbert: Methodik zum Anfassen. Unterrichten jenseits von Routinen. 2. aktualisierte Auflage, Bad Heilbrunn

Gugel, Günther (2002): Moderation. In: Kuhn, Hans-Werner/Massing, Peter (Hrsg.): Methoden und Arbeitstechniken. Lexikon der politischen Bildung. Band 3. Herausgegeben von Georg Weißeno. 3. Auflage, Schwalbach/Ts., S. 113

Gugel, Günther (2002a): Politische Bildungsarbeit praktisch. Seminarmodelle und Materialien zu den Themen: Fremdenfeindlichkeit, Zukunftsfähigkeit, Neue Medien, Konfliktbearbeitung. Tübingen

Jank, Werner/Meyer, Hilbert (2003): Didaktische Modelle. Berlin

Kroll, Karin (2002): Projektmethode. In: Kuhn, Hans-Werner/Massing, Peter (Hrsg.): Methoden und Arbeitstechniken. Lexikon der politischen Bildung. Band 3. Herausgegeben von Georg Weißeno. 3. Auflage, Schwalbach/Ts., S. 140-143

Kuhnt, Beate/Müllert, Norbert R. (1996): Moderationsfibel Zukunftswerkstätten verstehen – anleiten – einsetzen. Das Praxisbuch zur Sozialen Problemlösungsmethode Zukunftswerkstatt. Münster

Maier, Dieter (2005): Methoden für komplexe Lernvorhaben: Projekt, Sozialstudie und Zukunftswerkstatt. In: Sander, Wolfgang (Hrsg.): Handbuch politische Bildung. Schriftenreihe der Bundeszentrale für politische Bildung, Band 476. Bonn, S. 589-604

Muth, Cornelia (2002): Metaplan. In: Kuhn, Hans-Werner/Massing, Peter (Hrsg.): Methoden und Arbeitstechniken. Lexikon der politischen Bildung. Band 3. Herausgegeben von Georg Weißeno. 3. Auflage, Schwalbach/Ts., S. 106-107

Nissen, Peter H. (1999): Mit der Moderationsmethode in den Unterricht einsteigen. Lernende werden zu Subjekten ihres eigenen Lernprozesses. In: Pädagogik, Heft 3/1999, S. 14-18

Obermann, Helmut (1998): Die Moderationsmethode im Seminarkurs. In: Landesinstitut für Erziehung und Unterricht Stuttgart (Hrsg.) (1998): Seminarkurs auf der gymnasialen Oberstufe. Methodische Beispiele. Stuttgart, S. 9-16

Stiller, Edwin (1999): Moderative Methoden. In. Mickel, Wolfgang W. (Hrsg.): Handbuch zur politischen Bildung. Schriftenreihe der Bundeszentrale für politische Bildung, Band 358. Bonn, S. 411-415

Weidenmann, Bernd (2004): Gesprächs- und Vortragstechnik. Für alle Trainer, Lehrer, Kursleiter und Dozenten. 3. Auflage, Weinheim, Basel und Berlin

Weinbrenner, Peter (1997): Selbstgesteuertes Lernen: Moderation, Zukunftswerkstatt, Szenario-Technik. In: Sander, Wolfgang (Hrsg.): Handbuch politische Bildung. Schwalbach/Ts., S. 485-498

Weinbrenner, Peter (1997a): Didaktische und methodische Konzepte für die Bearbeitung ökologischer und zukunftsorientierter Themen. In: Frech, Siegfried/Halder-Werdon, Erika/Hug, Markus (Hrsg.): Natur – Kultur. Perspektiven ökologischer und politischer Bildung. Schwalbach/Ts., S. 122-151

Weißeno, Georg (2004): Gespräche führen im Politikunterricht. In: Frech, Siegfried/Kuhn, Hans-Werner/ Massing, Peter (Hrsg.): Methodentraining für den Politikunterricht. Schwalbach/Ts., S. 49-64

Kopiervorlage 1

Zehn Regeln für die Moderatorin/den Moderator

1. Die Moderatorin/der Moderator nimmt seine Person und seine Meinung zurück.
2. Sie/er bewertet nicht die Meinungen der Schülerinnen und Schüler, sondern nimmt eine fragende und klärende Haltung ein.
3. Sie/er aktiviert die Lerngruppe durch offene Fragen.
4. Bei der Frageformulierung achtet sie/er darauf, dass die Fragen an die Schülerinnen und Schüler persönlich ansprechend, anregend, kurz, konkret und offen sind.
5. Sie/er fasst die Äußerungen der Lerngruppe als Signale auf, die ihr/ihm helfen, den Gruppen- und Diskussionsprozess zu verstehen sowie ggf. Konflikte zu bemerken.
6. Bei Störungen, die ihre/seine Person betreffen, rechtfertigt sie/er sich nicht, sondern erfragt die Ursachen der Unzufriedenheit und bearbeitet diese gemeinsam mit den Schülerinnen und Schülern.
7. Sie/er lässt keine Grundsatzdiskussionen über die Moderationsmethode als Verfahren zu, sondern thematisiert dies in der abschließenden Auswertungs- und Kritikphase.
8. Sie/er entscheidet, ob sie/er alle Schritte des Konzepts durchführen will oder die für die Lerngruppe geeigneten auswählt und andere Teilschritte weglässt.
9. Sie/er bereitet die Moderation gründlich vor und achtet auf stete Visualisierung.
10. Sie/er „rennt nicht stets und ständig mit dem ‚Moderationskoffer' (seiner Materialkiste) durch die Gegend, missioniert niemanden, sondern praktiziert – besonders in der Schule – auch andere Methoden" (Gudjons 2006, S. 141).

(nach: Gudjons 2006, S. 141; Gugel 2002a, S. 12; Obermann 1998, S. 9 ff.; Stiller 1999, S. 411 ff.)

Hilfsmittel der Moderation

Sinnvoll sind als Minimal- bzw. Grundausstattung mehrere Pinnwände sowie ein so genannter „Moderatorenkoffer" mit entsprechendem Verbrauchsmaterial.

Pinnwand: Pinnwände bestehen aus einer Weichfaserplatte (ca. 125 x 190 cm). Die Weichfaserplatte ist in einen Metallrahmen eingebettet und leicht zu transportieren. Braune Packpapierbögen können mit Stecknadeln rasch auf der Platte befestigt werden.

Moderatorenkoffer und Verbrauchsmaterial: Der im Fachhandel erhältliche Moderatorenkoffer enthält eine Standardausrüstung. Preiswerter ist die Zusammenstellung eines Koffers nach dem Do-it-yourself-Verfahren. Entsprechende Koffer gibt es in jedem Baumarkt und die Kartons können mit farbigem Papier/ Karton (i.d.R. 120 g) selbst zugeschnitten werden. Als praktikabel hat sich folgende Ausstattung erwiesen:

- rechteckige, verschiedenfarbige Karten DIN A4 längs geteilt;
- rechteckige, verschiedenfarbige Karten DIN A5 (oder DIN A4 quer gedrittelt);
- verschiedenfarbige Ovale und Kreise unterschiedlicher Größe;
  (Bei der Moderationstechnik kommen verschiedene Farben zum Einsatz: Gelb dient der Ideenfindung, Orange bei der Suche nach Lösungen, Blau zur Informationsvermittlung und Weiß zur Klärung organisatorischer Fragen)
- Notizpapier DIN A4;
- Notiz- und Zeichenpapier DIN A3;
- Leerfolien und Folienschreiber für den Tageslichtprojektor;
- nachfüllbare Filzschreiber (mit wasserloslicher Tinte) in den Farben schwarz, blau, grün und rot
  (Die Anzahl hängt von der Gruppen- und Klassengröße ab); die preiswertere und ökologisch sinnvollere – dafür schlechter lesbare – Variante sind Wachsmalstifte;
- mehrere Sets von Klebepunkten;
- fünf bis sechs Klebestifte;
- Dose oder Schachtel mit Pinnwandnadeln;
- Klebeband;
- Papierschere.

Der Verbrauch an Karten und Papier ist nicht unerheblich. Deshalb sind günstige Lösungen nach dem Do-it-yourself-Verfahren oder Anleihen bei der Fachschaft Kunst sinnvoll.

(nach: Bundeszentrale 2006, S. 91; Obermann 1998, S. 11; Kuhnt/Müller 1996, S. 48)

Kopiervorlage 3

Phase 1: Einführung, Einstimmung und Einstieg

1.1 ÄUSSERES ARRANGEMENT:

Für die Moderationsmethode ist die U-Form oder ein Halbkreis (ohne Tische) die sinnvollste Sitzordnung. Die Schülerinnen und Schüler können sich gegenseitig sehen und so besser am Unterrichtsgeschehen teilnehmen:

> „Platzieren Sie nach Möglichkeit die Teilnehmer und Teilnehmerinnen im Halbkreis um die vorne aufgestellten Pinnwände, die mit den entsprechenden Plakaten (...) bereits gestaltet sind; vielleicht legen Sie auch auf den Stühlen schon Filzstifte oder Karteikarten bereit. Dies signalisiert, dass Sie selbst das Verfahren ernst nehmen und erwarten, dass die Teilnehmenden sich darauf einlassen" (Gudjons 2006, S. 119).

1.2 VORGEHENSWEISE BEI DER EINPUNKTFRAGE:

- Auf einem Plakat wird die Frage visualisiert und im Wortlaut vorgelesen (s. Abbildung unten). Eine „Wolke" in der linken oberen Ecke benennt gut sichtbar und groß genug geschrieben das Thema.
- Ggf. können weitere Erläuterungen gegeben werden. Bei Lerngruppen, die mit der Moderationsmethode oder Metaplantechnik noch keine oder wenig Erfahrungen haben, empfiehlt es sich, das Antwortverfahren zu erklären.
- Jede Schülerin/jeder Schüler erhält einen Klebepunkt, den sie/er auf die entsprechende Stelle der Skala klebt.
- In der anschließenden Reflexionsphase sollte die Lehrerin/der Lehrer auf Häufungen und Streuungen der Beklebung hinweisen.
- Die Lerngruppe wird um eine Interpretation und/oder Kommentierung gebeten.
- Alle Äußerungen und Kommentare werden in Stichworten auf einem Plakat festgehalten.

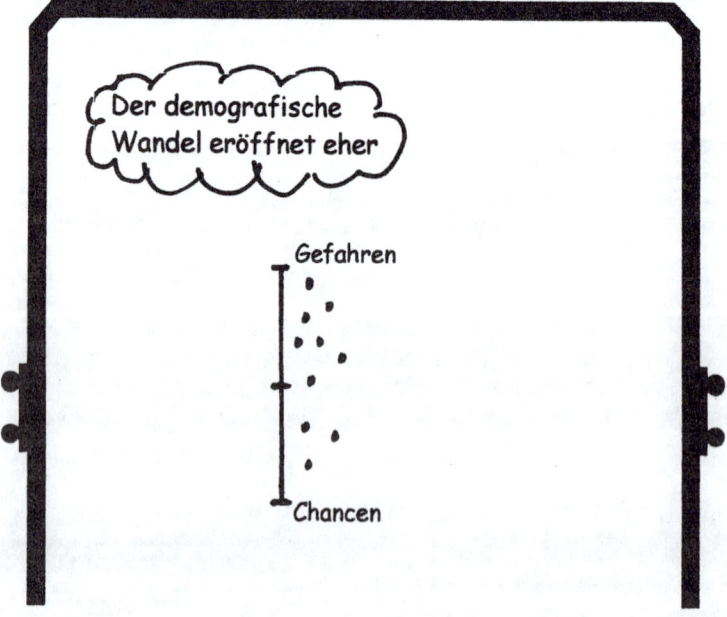

Kopiervorlage 4

Phase II: Vertiefung und Differenzierung/Erheben von Fragestellungen und Themen (I)

2.1 DIE VORGEHENSWEISE BEI DER KARTENABFRAGE

- Die Schülerinnen und Schüler erhalten Filzstifte/Wachsmalkreiden und drei bis fünf Karten.
  Kurze Hinweise zur den Regeln der Kartenbeschriftung sind sinnvoll:

> (1.) Mit der Beschriftung immer links oben beginnen. (2.) Groß genug und lesbar in Druckschrift schreiben.
> (3.) Nur Kernaussagen oder Stichwörter auf die Karten schreiben. (4.) Pro Gedanke oder Idee wird nur
> eine Karte verwendet.

- Die Frage wird auf der Pinnwand links oben aufgeschrieben, vorgelesen und ggf. erläutert.
- Die Lerngruppe sollte genügend Zeit und Ruhe zur Beschriftung ihrer Karten haben.
- Die Karten werden erst dann eingesammelt, wenn alle Schülerinnen und Schüler mit Schreiben aufgehört haben.
- Die Lehrkraft oder ein Tandem aus der Lerngruppe liest die eingesammelten Karten laut vor und pinnt alle Karten an.
- Die Karten werden nun geordnet, umgeordnet und angepinnt. Bei Lerngruppen, die dieses Verfahren bereits kennen, kann dies ein Tandem von zwei Schülerinnen bzw. Schülern durchführen.
- Sind die Cluster angeordnet, erfolgt die Suche nach Oberbegriffen bzw. Überschriften. Bei der Bildung der Cluster und der Suche nach Oberbegriffen soll möglichst die gesamte Lerngruppe mit einbezogen werden.
- Nach Abschluss der Clusterbildung wird von den Schülerinnen und Schulern die Zustimmung für die Zuordnung der Einzelaspekte zu den Oberbegriffen eingeholt.
- Ggf. erfragt und ergänzt die moderierende Lehrkraft noch fehlende Aspekte und Fragestellungen.
- Abschließend werden die Cluster umrahmt und mit Nummern versehen.
- Nicht eingeordnete Karten bleiben sichtbar hängen und können ggf. später noch zugeordnet werden.

Kopiervorlage 5

Phase II: Vertiefung und Differenzierung/Erheben von Fragestellungen und Themen (II)

2.2 VORGEHENSWEISE BEI DER MEHRPUNKTFRAGE

- Die Frage wird erneut links oben visualisiert, vorgelesen und ggf. erläutert. Denkbare Fragen für die Bildung der Prioritätenliste können sein:

> Mit welchem Thema wollen wir beginnen?
>
> Welche Fragestellungen lassen sich am leichtesten lösen?
>
> Welche Themen müssen wir unbedingt bearbeiten?
>
> Was interessiert dich/Sie am meisten?

- Jede Schülerinnen/jeder Schüler erhält in der Regel drei bis fünf Klebepunkte.
- Für die anschließende Bewertung ist es sinnvoll, dass jede Schülerin/jeder Schüler maximal zwei Klebepunkte pro Cluster verwendet.
- Die Schülerinnen und Schüler „bewerten" nun die Cluster mit ihren Punkten.
- Die Anzahl der Klebepunkte und die sich daraus ergebende Rangordnung wird ermittelt.
- Die moderierende Lehrkraft stellt die Prioritäten deutlich und zusammenfassend heraus.

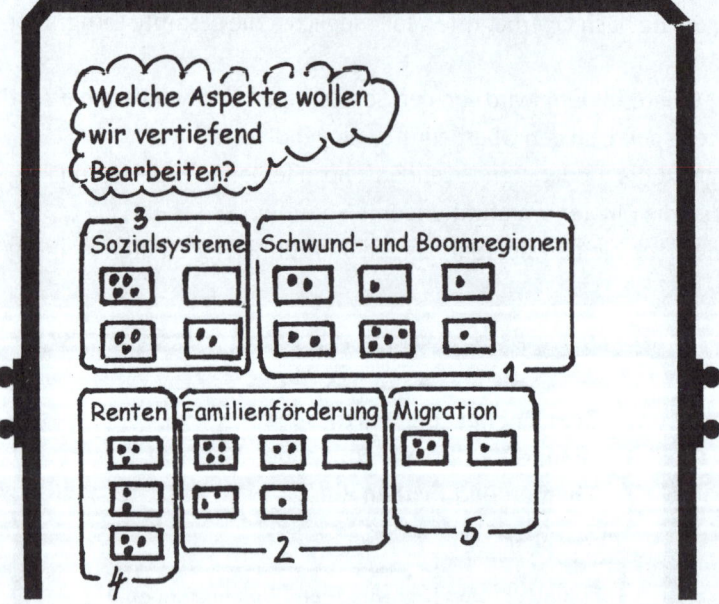

Phase III: Bearbeitung von Fragestellungen/Themen in Kleingruppen

3.1 TÄTIGKEITS- UND MASSNAHMENKATALOG

Auf einem vorbereiteten Plakat werden die vereinbarten Maßnahmen festgehalten. Sinnvoll erscheint
die Strukturierung mit Fragewörtern:

- **„Was":** In dieser Spalte werden einzelne Tätigkeiten und konkrete Arbeiten festgehalten, die sich aus den Gruppenaufträgen ergeben.
- **„Wer":** In dieser Rubrik werden die genauen Arbeitsaufträge der einzelnen Schülerinnen und Schüler – mit den Namen der Zuständigen versehen – notiert.
- **„(bis) Wann":** Hier wird – insbesondere bei sich über mehrere Tage erstreckenden Projekten – die genaue zeitliche Angabe bzw. der Zeitpunkt der Erledigung vermerkt.
- Man kann als Lehrerin/Lehrer noch weitere Spalten hinzufügen. So kann es durchaus sinnvoll sein, in einer Spalte **„Bemerkungen"** oder unter einer Rubrik **„Materialien"** genaue Arbeitsanweisungen, Such- und Recherchestrategien, Fundorte oder konkret zu bearbeitende Materialien für die einzelnen Gruppen zu notieren und zu benennen.

Tätigkeitskatalog

was		wer	mit wem	an wen	(bis) wann	Bemer-kungen
1)						
2)						
3)						

Kopiervorlage 7

Phase IV: Präsentation und Schlussbetrachtung

4.1 REGELN FÜR DIE PRÄSENTATION

Für die Präsentation sollten klare Spielregeln vereinbart werden:

● Die Präsentation der einzelnen Gruppenergebnisse sollte nicht länger als fünf Minuten Zeit in Anspruch nehmen.

● Die Vorstellung der Gruppenergebnisse wird grundsätzlich nicht unterbrochen.

● Fragen, Kommentare, Ergänzungen und Verständnisfragen werden nach der Präsentation in einer sich anschließenden Diskussion eingebracht.

● Das Ergebnis der Gruppenarbeit kann auch von einem Tandem präsentiert werden.

4.2 VORGEHENSWEISE BEI DER SCHLUSSBETRACHTUNG

Die kritisch-konstruktive Schlussbetrachtung kann mit kurzen Fragen eingeleitet werden und sollte sich auf das inhaltliche Ergebnis, die Reflexion der Lern- und Arbeitsprozesse und ggf. auf die Klärung der Befindlichkeiten konzentrieren. Mögliche Fragen können sein:

● Entsprechen die erarbeiteten Ergebnisse den Zielsetzungen?

● Woran liegt es, dass die Ergebnisse unzureichend sind?

● Waren die Fragen der einzelnen Schritte verständlich?

● Gab es Probleme in den Kleingruppen/bei der Präsentation?

● Wie können diese Probleme zukünftig vermieden werden? Was muss verbessert werden?

Mit einem vorbereiteten Plakat und dem Teilschritt der Punkteabfrage kann auch diese letzte Phase der Moderationsmethode visualisiert werden:

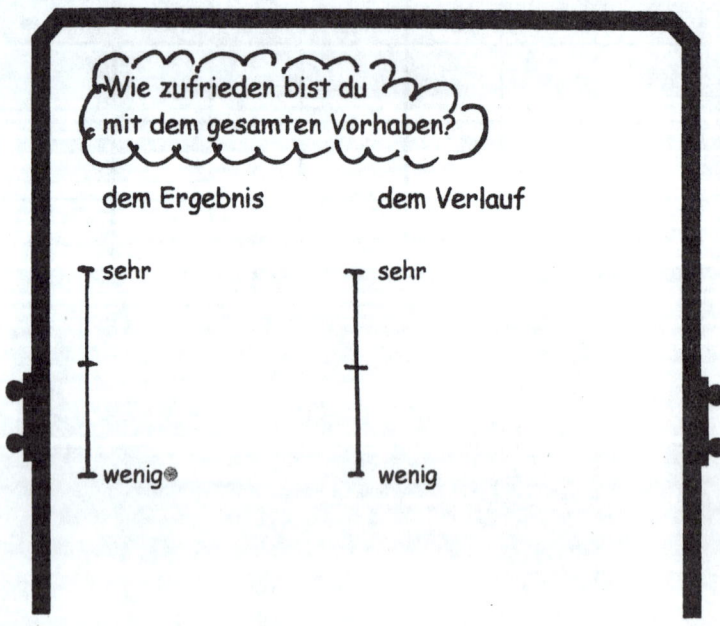

Kurt Lach/Peter Massing

Unterrichtsgespräch, Fragen und Impulse

Unterrichtsgespräche als wesentliches Merkmal des Politikunterrichts

Eine typische Alltagssituation im Politikunterricht ist das Gespräch. Veröffentlichungen zu Methoden der politischen Bildung enthalten in der Regel Beiträge wie „Argumentationstraining", „Debattentraining", „Sokratisches Gespräch". Hinweise zum „normalen Gespräch", das den Unterrichtsalltag prägt, finden sich dagegen eher selten. Trotz vielfältiger Kritik dominiert das Gespräch auch im Politikunterricht. Tatsächlich kann es auch gar nicht anders sein. Lernprozesse bedürfen als produktive und nachvollziehbare Auseinandersetzung mit dem Lerngegenstand einer Verständigung der am Lehren und Lernen Beteiligten, der sprachlichen Interaktion also. Nur die Mittel der Sprache leisten für die Verfahren und für die Inhalte von Unterricht die nötige Eindeutigkeit und Funktionalität der Kommunikation. Die gemeinsame Auseinandersetzung mit einer Lernaufgabe oder einem Problem erfolgt im Gespräch durch gegenseitiges Informieren in Rede und Gegenrede. Im Politikunterricht gewinnt das Gespräch besondere Bedeutung. Sprachliche Fähigkeiten, wie konkrete Probleme des Alltags, in allgemeine Begriffe zu fassen ebenso wie die Fähigkeit zum Dialog, sind ein wichtiger Teil von politischer Kompetenz. Sie sind Voraussetzung für politische Beteiligung und damit ein Ziel von Politikunterricht. Darüber hinaus ist das Gespräch im Politikunterricht sowohl ein Instrument der Wissensvermittlung als auch ein demokratischer Erfahrungsraum für die Idee des Dialoges. Im Gespräch geht es darum, das bessere Argument zu finden und einzusetzen. Voraussetzung dafür ist, dass seine formale Struktur bestimmten Anforderungen genügt: Ein möglichst geringes Gefälle zwischen den Gesprächsbeteiligten, Offenheit für Alternativen, der Wille, den Anderen zu verstehen, die Bereitschaft, gegnerische Argumente zu bedenken, eigene Positionen in Frage stellen zu lassen, Fragen zu Ende zu denken, den Dingen auf den Grund gehen zu wollen, sich nicht mit Schlagworten begnügen, sich eigene Vorurteile bewusst zu machen. Vor diesem Hintergrund ist es Aufgabe der Lehrerin oder des Lehrers, das Unterrichtsgespräch so zu organisieren, dass es ein Ort gemeinsamen Problemlösens und diskursiver Verständigung ist.[1]

> Sprachliche Fähigkeiten sind ein wichtiger Teil von politischer Kompetenz

Formen des Unterrichtsgesprächs

Der Versuch, unterschiedliche Formen von Unterrichtsgesprächen zu unterscheiden, hat in erster Linie einen pragmatischen Grund. Lehrerinnen/Lehrer können vor diesem Hintergrund feststellen, welche Formen des Unterrichtsgesprächs in ihrem Methodenrepertoire vorhanden sind, welche fehlen, welche Form dominiert und welche zu kurz kommt.

Unterrichtsgespräche lassen sich unterscheiden nach der Art der Lehreraktivität bzw. der Lehrerlenkung, nach dem äußeren Gesprächsverlauf, dem Umfang der Gesprächsrunde sowie dem Ziel oder dem Inhalt des Unterrichtsgesprächs. Folgende Gesprächsformen, die sich zum einen durch das Ausmaß der Lenkung durch die Lehrerin/den Lehrer, zum anderen durch die Art der Regelung unterscheiden, prägen Alltagssituationen des Politikunterrichts.

OFFENE GESPRÄCHSFORMEN

Offene Gesprächsformen sind im Wesentlichen gekennzeichnet durch ein geringes Maß an Lenkung.

- **Die Unterhaltung:** Austausch von Meinungen und Ansichten über beliebige und wechselnde Gegenstände zwischen mehreren oder allen Teilnehmern einer Lehr- und Lerngruppe. Unterhaltungen finden eher beiläufig statt, haben einen informellen Charakter und sind weder zielstrebig noch planmäßig. Es besteht die völlige Freiheit, sich daran zu beteiligen oder das Thema zu wechseln. Gespräche dienen dem Kennen lernen, dem Abbau von Fremdheit, der Entwicklung und Pflege des sozialen Klimas.
- **Das Schülergespräch:** Die Lehrerin/der Lehrer nehmen sich weit zurück und lassen den Schülerinnen und Schülern freien Raum, eigene Erfahrungen, Bedürfnisse, Fantasien zu artikulieren und zu reflektieren. In dieser Form kann auch noch unterschieden werden zwischen dem *thematisch gebundenen und in der Form freien Gespräch*, in dem das Thema vorgegeben ist und dem *thematisch und in der Form freien Gespräch*, in dem die Schülerinnen und Schüler auch das Thema festlegen können.

GELENKTE GESPRÄCHSFORMEN

Diese Gesprächsformen sind gekennzeichnet durch eine mehr oder weniger hohe, direkte oder indirekte Lenkung.

- **Das Lehrgespräch:** Ziel und Inhalt dieses Gesprächs werden vorgegeben. Durch regelmäßige Rück- und Zwischenfragen (Verständnis-, Wiederholungs- und Beispielfragen) versuchen Lehrerin oder Lehrer für einen aufmerksamen Nachvollzug des Gedankengangs zu sorgen. Das Lehrgespräch zeigt ein hohes Maß an direkter Lenkung über vorstrukturierte Gesprächsphasen und eine geringe Interaktion zwischen den Teilnehmern und Teilnehmerinnen.
- **Das fragend-entwickelnde Unterrichtsgespräch:** Durch Nutzung der Vorkenntnisse der Schülerinnen und Schüler sowie deren Argumentationsvermögen wird ein Sach-, Sinn- oder Problemzusammenhang aus ihrer Sicht entwickelt. Das Gespräch wird zurückhaltend und indirekt gelenkt. Es existieren nur in Umrissen vorstrukturierte Gesprächsphasen. Das Gespräch stützt sich zumindest auf die potentielle Mitarbeit der Schülerinnen und Schüler. Innerhalb dieser Form lässt sich unterscheiden nach dem:
  - *divergierenden Gespräch*: Es ist gekennzeichnet durch eine geringe Lenkung. Einfälle zu einem Fragen- oder Problembereich werden gesammelt. Auf divergierende Fragen gibt es eine Vielzahl möglicher Antworten, die im Gespräch toleriert werden müssen.
  - *konvergierenden Gespräch*: Bei dieser Form liegt eine starke Lenkung vor. Es wird von der Lehrerin/vom Lehrer geführt und strukturiert. Ihnen ist das gewünschte Ergebnis

bekannt. Intention ist, die Schülerinnen und Schüler im Gespräch an dieses Ziel heranzuführen.

– *Bewertungsgespräch*: Diese Form ist geprägt durch eine mittlere Lenkung und Vorstrukturierung. Bei der Entwicklung von Werten und Normen im Sinne eines Urteilsmaßstabes wird auf die Erfahrungen und das Vorwissen der Schülerinnen und Schüler zurückgegriffen.

– *Prüfungsgespräch*: Diese Form ist stark gelenkt und beruht auf einem eindeutig geregelten Abhängigkeitsverhältnis. Sein Ziel ist es, den Lernfortschritt zu kontrollieren.

GEREGELTE GESPRÄCHSFORMEN

Sie sind weniger geprägt durch Lenkung als durch vorgegebene, von allen einzuhaltenden formale Regeln.

- **Diskussion:** In der Diskussion als Gesprächsform geht es immer um Auseinandersetzung im Sinne des Beutelsbacher Konsenses, d.h. was in Politik und Wissenschaft kontrovers ist, muss auch im Unterricht kontrovers erscheinen. Diskussionen im Politikunterricht sind in der Regel offen und zeitlich nicht begrenzt. Sie folgen bestimmten, gemeinsam akzeptierten Regeln. Ihr Ziel ist es, unterschiedliche Positionen herauszuarbeiten und zur Geltung zu bringen. Diskussionen werden auch geführt, um die anderen von der eigenen Position zu überzeugen. Daher appellieren die Diskussionsteilnehmer an die Meinungen und Auffassungen der anderen Teilnehmer mit der Absicht, sie für ihre eigene Position zu gewinnen oder Gemeinsamkeiten bzw. Unterschiede herauszuarbeiten.
- **Debatte:** Sie ist eine formal und methodisch zugespitzte Form der Diskussion und zeitlich befristet. In der Debatte geht es darum, unterschiedliche Positionen klar herauszuarbeiten, zu begründen, vergleichend gegenüberzustellen, die Anderen von der eigenen Position zu überzeugen und durch eine Abstimmung zu einem formalen Ergebnis zu kommen.
- **Pro-Contra-Debatte:** Diese Form der Debatte ist hoch formalisiert und verläuft nach strengen, klar definierten Regeln. Sie kann auch als simulatives Verfahren durchgeführt werden. Obwohl auch sie mit einer Entscheidung endet, steht im Mittelpunkt nicht die Entscheidung durch Abstimmung, sondern die Begründung der Positionen und Gründe, die das Abstimmungsverfahren beeinflusst haben. Sie soll im Wesentlichen einen Beitrag zur politischen Urteilsbildung leisten.

Alle diese Unterscheidungen sind nur mehr oder weniger trennscharf und auch nicht frei von Willkür. Sie gewinnen für das Lernen erst dann Bedeutung, wenn ihnen bei der Organisation des Lernprozesses der „richtige" didaktische Ort zugewiesen wird.

Unterrichtsgespräche und ihr didaktischer Ort

Für den „richtigen" didaktischen Ort der unterschiedlichen Gesprächsformen bieten sich folgende Zuordnungen an:

- **Einstiegsphase:** Sie ist der Ort, an dem unterschiedliche Formen des Unterrichtsgesprächs sinnvoll sein können. Offene Gesprächsformen bieten sich an, wenn es darum geht, Vorkenntnisse zu aktivieren, Voreinstellungen zu klären, Beziehungen zur Alltagswelt der Schülerinnen und Schüler herzustellen. Mit gebundenen Formen wie dem divergierenden Gespräch können im Einstieg Einfälle zu einer Frage- oder Problemstellung gesammelt werden, mögliche Aspekte eines Themas aufgelistet, verschiedene Erarbeitungsmethoden diskutiert werden. Hat die Lehrerin/der Lehrer die Unterrichtseinheit geplant und ihr ein Thema gegeben, kann das konvergierende

Gespräch angewendet werden. Es dient der Erarbeitung eines bestimmten Ergebnisses – hier dem konkreten Thema der Unterrichtseinheit.

- **Informationsphase:** Für diese Phase eignen sich Formen des Gesprächs am wenigsten. Bestenfalls kann in Ansätzen das Lehrgespräch eingesetzt werden.

- **Anwendungsphase, Problematisierung und Urteilsbildung:** Hier ist das Unterrichtsgespräch in seinen verschiedenen Ausprägungen eine wichtige Arbeitsweise. Dabei geht es um die Bearbeitung, Wiederholung, Kritik bereits bekannter Sachverhalte, Erkenntnisse oder Positionen, also um Vertiefung. In dieser Phase, in der ein Gegenstand unter verschiedenen Perspektiven betrachtet werden soll, ist das gleichberechtigte Gespräch sinnvoll, das nur sehr zurückhaltend gelenkt wird.

- In der **Phase der Urteilsbildung**, in der die zu beurteilenden Sachverhalte vorgestellt, Werte und Normen als Bewertungsmaßstäbe entwickelt und Beziehungen hergestellt werden müssen, kann dann wieder eine höhere Lenkung (z.B. in Form der Bewertungsgesprächs) sinnvoll sein.

- **Metakommunikation**: Wenn über den Unterricht selbst, über die Vorgehensweise, die Brauchbarkeit der Methoden und Materialien geredet wird, sind offene Gesprächsformen mit starker Schülerzentrierung notwendig.

Gefahr eines kurzschrittigen Frage- und Antwortspiels

Während offene Gesprächsformen leicht dazu tendieren, auszuufern oder in Beliebigkeit zu enden, besteht die Gefahr bei gelenkten Gesprächsformen darin, dass sie häufig zu einem kurzschrittigen Frage- und Antwortspiel werden, zu einem sprachlichen „Lückentext", gar zu einem reinen Rateunterricht. Dieser Gefahr lässt sich begegnen, wenn man sich intensiv mit Fragen, Impulsen, Impulstechnik sowie mit Eigenschaften und Wirkungen von Fragen und Impulsen auseinander setzt.

Fragen, Impulse, Impulstechniken

Körpersprache und nonverbale Impulse spielen in der Kommunikation zwar eine wichtige Rolle. Aber nur sprachliche Impulse, wie Aussagen, Aufforderungen und Fragen sind für das Verfahren und für den Inhalt des Unterrichts ausreichend eindeutig. Eine der häufigsten Formen sprachlicher Impulse im Unterricht sind Fragen.[2] Im Folgenden geht es allerdings nicht um Informationsfragen, Erinnerungsfragen, Wissensfragen und Prüfungsfragen, die alle im Unterricht vorkommen können, sondern um solche Fragen, mit denen Lehrerinnen und Lehrer den Unterricht lenken oder steuern wollen und die den Arbeitsprozess der Schülerinnen und Schüler und/oder ihr Verhalten beeinflussen sollen. Ob dieses Ziel erreicht wird, hängt im Wesentlichen von der Art der Frage bzw. ihre Formulierung ab. Fragen können bei Schülerinnen und Schülern nicht nur erwünschte Lern- und Denkprozesse auslösen, sondern haben oft auch nicht erwartete und unerwünschte Wirkungen (vgl. den Beitrag über „Klassen- bzw. Frontalunterricht" in diesem Band).

Unterrichtserfolg hängt von der Formulierung der Fragen ab

Fragen im Unterricht und häufige Fehlerquellen

Im Folgenden sollen unterschiedliche Fragen dargestellt, an Beispielen erläutert sowie Probleme, die sich daraus ergeben können, erörtert werden. Prinzipiell lässt sich sagen, dass bestimmte Formen von Fragen nicht an sich gut oder schlecht sind, sondern dass es letztendlich immer auf die konkrete Unterrichtssituation ankommt, die bewältigt werden soll. Idealtypisch lassen sich folgende Fragen unterscheiden:

- **Enge bzw. geschlossene Fragen** (so genannte „W-Fragen"). Sie zielen in der Regel auf eine richtige Antwort ab. Sie haben eine geringe Reichweite und führen häufig zu einem kurzschrittigen Unterricht. Der Vorteil solcher Fragen liegt darin, dass sie sich eindeutig und präzise formulieren lassen. Dennoch führen gerade solche Fragen auch dazu, dass Schülerinnen und Schüler raten müssen.

EIN BEISPIEL:

Der Lehrer interpretiert zum Einstieg mit der Klasse eine Karikatur.

Lehrer: So, wir haben jetzt die Karikatur besprochen. Wie lautet denn nun das Thema unserer Stunde?

Kurzes Schweigen

Lehrer: Was würdet ihr sagen? Auf geht's!

Ab jetzt raten die Schülerinnen und Schüler, bis der Lehrer sagt:

Lehrer: Ah, gut, wollen wir das als Thema nehmen?

Obwohl er den letzten Satz auch als Frage formuliert hat, meint er sie nur rhetorisch. Er erwartet keine Antwort und schreibt das Thema an die Tafel.

- **Weite Fragen** können einen kurzschrittigen Unterricht verhindern, sind aber sprachlich oft so komplex formuliert, dass Schülerinnen und Schüler nicht genau wissen, was sie tun sollen.

EIN BEISPIEL:

Das Thema der Unterrichtseinheit ist die politische Auseinandersetzung um die Reform des Paragraphen 218. Der Lehrer hatte in den Stunden zuvor diesen Prozess mit Hilfe des Politikzyklus erarbeitet: Problem, Auseinandersetzung, Entscheidung, Reaktionen. Er möchte dies kurz wiederholen lassen. Diese kurze Wiederholung – so die didaktische Zielsetzung – soll verdeutlichen, dass es in der kommenden Stunde um die Reaktion auf die Entscheidung gehen wird. Der Politikzyklus steht auf der Folie des Overheadprojektors.

Lehrer: Mark, können Sie noch einmal kurz zusammenfassen, wo wir uns eigentlich befinden, was wir heute machen werden?

Mark: Wir haben uns erst einmal insgesamt die Problematik um den Abtreibungsprozess angeguckt, d.h. es spiegelten sich am Ende dann vor allen Dingen eine modifizierte Fristenlösung und ein Indikationsmodell heraus. In der modifizierten Fristenlösung fanden sich FDP-, SPD- und einige CDU-Abgeordnete und auch einige von den Grünen und von Bündnis 90, und es war eigentlich, diese modifizierte Fristenlösung hatte, sagen wir einmal, die überwiegende Mehrheit. Und die CSU, der gefiel es nicht so, sie hielt noch an ihrem Indikationsmodell fest und drohte mit einer Verfassungsklage.

Lehrer: Können Sie einmal versuchen, dies auf unsere Kategorien, die wir schon hatten, zu beziehen? Kann jemand anderes helfen? Können Sie einmal rekonstruieren: Wie sind wir eigentlich vorgegangen?

Mark: Na gut, wir hatten uns die drei Phasen angeguckt. Meinen Sie das jetzt?

Lehrer: Nein! (...) Vielleicht können Sie einmal versuchen, unseren Arbeitsfortschritt zusammenzufassen.

Mark: Wir haben uns zunächst einmal selbst informiert über das Thema, wir haben uns sachkundig gemacht, was Indikationsmodell, was Fristenmodell usw. ist. *(Lehrer klopft auf die Folie.)* Und dann haben wir uns das angeguckt, wie das anfing und in drei Phasen aufgeteilt. Und, ich weiß jetzt nicht, worauf Sie hinauswollen.

Für die Steuerung des Unterrichts und die Anregung von Lern- und Denkprozessen sind kurze, aber dennoch langschrittig angelegte Fragen und Impulse hilfreicher (Anstatt „*Wie lautet das Thema der Stunde?*" ist „*Versucht doch bitte einmal aus dem bisher Gesagten mögliche Themen für die Stunde zu nennen.*" besser; anstatt „*Wie hat euch das Rollenspiel gefallen?*" ist die Formulierung „*Bitte nennt doch mal Eure ersten Eindrücke von diesem Rollenspiel.*" geeigneter).

- **Offene Fragen** lassen viele Möglichkeiten zu, haben jedoch den Nachteil, dass die Richtung des Denkanstoßes nicht immer deutlich ist. Die Lehrperson versucht, aus der Vielzahl der Antworten die richtigen herauszusuchen und zu bündeln („Schleppnetzverfahren").

EIN BEISPIEL:

> **Lehrer:** So, und damit wir das, was wieder losgeht, ein bisschen besser einordnen können, sollten wir uns erst einmal genauer damit beschäftigen, was war. Und deshalb schlage ich einfach einmal die Tafel auf. Hier habe ich eine Überschrift dran geschrieben.
>
> *Die Überschrift lautet: Der Castor-Transport – Bürgerkrieg im Wendland*
>
> **Lehrer:** Wendland ist das Gebiet um Gorleben. Bürgerkrieg im Wendland. Wenn ihr das so als unbefangene Bürger lest, was erwartet ihr eigentlich, was müsste eigentlich da passiert sein? Ganz spontan, gar nicht überlegen. Dörte, was erwartest du, wenn du das liest in der Zeitung?
>
> **Dörte:** Ja, irgendwelche Kriegsmeldungen.
>
> **Lehrer:** Julia, was erwartest du?
>
> **Julia:** Streit, Kämpfe untereinander.
>
> **Lehrer:** Und Christopher.
>
> **Christopher:** Das Gleiche.
>
> **Lehrer:** Und Max?
>
> **Max:** Ich würde eher sagen, irgendwie so die Konfrontation von Staat und Bürger, oder so was in der Art.
>
> **Lehrer:** Und nehmen wir einmal Andrea. Was erwartest du?
>
> **Andrea:** Einen Konflikt zwischen den Bürgern, der heftig wird.
>
> **Lehrer:** Bitte laut.
>
> **Andrea:** Einen Konflikt zwischen den Bürgern, der heftig wird.
>
> **Lehrer:** Einen Konflikt zwischen den Bürgern, der heftig wird. Also zumindest etwas, was also Aufruhr, Konflikt, Unruhen und so weiter bedeutet. Gut, das erwarten wir.

- **Fragereihungen:** Wenn Schülerinnen und Schüler auf den ersten Frageimpuls nicht so antworten, wie die Lehrerin/der Lehrer dies erwartet, versuchen diese häufig, ihre Intention dadurch deutlicher zu machen, dass sie mehrere, scheinbar gleichgerichtete Fragen stellen, die jeweils etwas anders formuliert sind.

EIN BEISPIEL:

> „Können Sie einmal versuchen, dies auf unsere Kategorien, die wir schon hatten, zu beziehen? Kann jemand anderes helfen? Könnten Sie einmal rekonstruieren: Wie sind wir eigentlich vorgegangen?"

Eine solche Fragenreihung macht es für die Schülerin oder den Schüler nicht einfacher, sie zu entschlüsseln. Sie ist in der Regel komplexer, und die einzelnen Fragen weisen fast nie genau in die gleiche Richtung. Schülerinnen und Schüler können eigentlich nur versuchen, weiter zu raten und zu hoffen, auf dem „richtigen" Weg zu sein.

● **Fragenballungen:** Damit sind mehrere Fragen in einem Impuls gemeint, die jedoch in verschiedene Richtungen zeigen und unterschiedliche Aufgaben enthalten.

EIN BEISPIEL:

Die Lehrerin beginnt den Einstieg in die Stunde mit einer Karikatur:

Lehrerin: Äh, (...) So, ich habe folgendes Bild mitgebracht und ich möchte bitte, dass ihr euer Augenmerk darauf lenkt und vielleicht ganz einfach mal so anfangt, dass ihr mir sagt, auf welche Situation zielt dieses Bild ab? Vielleicht schon mal überlegt, welche Interessen und Ziele verfolgt werden könnten mit dieser (...) dieser Darstellung. Ganz allgemein, welche Eindrücke bei euch entstehen, wenn ihr dieses Bild seht.

Kurzes Schweigen

Lehrerin: Also jetzt geht's los, mal ganz allgemein.

Schülerinnen und Schüler sollen sagen, auf welche Situation das Bild (gemeint ist die Karikatur) abzielt, welche Interessen und Ziele mit der Karikatur verfolgt werden könnten und welche Eindrücke bei ihnen entstehen. Das sind drei völlig unterschiedliche Impulse, und es ist verständlich, dass die Schülerinnen und Schüler erst einmal mit Schweigen reagieren, um zu sehen, wohin es eigentlich gehen soll.

● **Das Zeitproblem:** In diesem Beispiel wird noch ein weiteres Problem deutlich. Gerade Berufsanfängerinnen und -anfänger neigen dazu, Schülerinnen und Schülern zu wenig Zeit zur Beantwortung der Frage zu lassen. Kommt spontan keine Antwort, wird die Frage neu und anders gestellt. Die Entschlüsselung einer Frage bedarf aber ebenso Zeit, wie das Nachdenken über und die gedankliche Vorformulierung der Antwort. Gerade bei Fragen, die einen langschrittigen Unterricht intendieren und die Lern- und Denkprozesse auslösen sollen, ist ausreichend Zeit notwendig, um solche Prozesse auch tatsächlich anzuregen.

● **Das „Lehrer-Echo":** Im Unterrichtsgespräch, vor allem beim fragend-entwickelnden Unterricht, neigen Lehrerinnen/Lehrer dazu, die Antworten von Schülerinnen und Schülern zu wiederholen. Diese Wiederholung wird „Lehrer-Echo" genannt. Ein Lehrer-Echo kann unterschiedliche Gründe haben. Zum Beispiel wenn die Schülerin bzw. der Schüler akustisch nicht zu verstehen sind. Die Lehrperson wiederholt nun den Beitrag, um ihn für die ganze Klasse verstehbar zu machen, oder der Lehrer möchte eine besonders wichtige Antwort verstärken und als bedeutsam markieren.

EIN BEISPIEL:

Lehrer: Und nehmen wir einmal Andrea. Was erwartest du?
Andrea: Einen Konflikt zwischen den Bürgern, der heftig wird.
Lehrer: Bitte laut.
Andrea: Einen Konflikt zwischen den Bürgern, der heftig wird.
Lehrer: Einen Konflikt zwischen den Bürgern, der heftig wird.

Um solche Wiederholungen zu vermeiden, ist es besser – wie in diesem Fall –, die zu leise oder unverständlich sprechende Schülerin aufzufordern, ihre Aussage deutlich zu wiederholen. Im zweiten Fall hätte das Lehrer-Echo vermieden werden können, wenn die Bedeutung der Antwort der Schülerin direkt hervorgehoben worden wäre (*„Das, was Andrea gerade gesagt hat, ist für unser Thema sehr wichtig."*).

EIN BEISPIEL:

Es geht um Unterschiede im äußeren Erscheinungsbild einer Boulevardzeitung im Vergleich zu einer Abonnementzeitung.

Lehrer: Wir hören erst einmal.

Lisa: Vielleicht auch wegen der Farbe. Also, dass von hinten die Farben besser herauskommen, das wirkt dicker noch und größer. Da ist alles so bunt durcheinander gewürfelt auf der ersten Seite. Alles, was darin vorkommt.

Lehrer: Merkst du dir das mal: „Farbe".

Janina: Das sind auch so Ausdrücke oder so Ausrufe auf der BZ und so Fragen darauf. Und beim Tagesspiegel mehr so, worum es in diesem Text geht.

Lehrer: Janina, du hast etwas ganz Wichtiges erwähnt.

Folgen des Lehrer-Echos

Das Lehrer-Echo ist immer dann problematisch, wenn es sich zu einem unwillkürlichen Verhalten oder zu einer schematischen Gewohnheit entwickelt. Es verkürzt die Wirkung von weit reichenden Impulsen, so dass Fragehaltung und Bereitschaft zum kritischen Weiterdenken überflüssig werden. Die Bestätigung erfolgt nicht aus der Auseinandersetzung mit dem Unterrichtsgegenstand, sondern wird vorgegeben. Das Lehrer-Echo demotiviert Schülerinnen und Schüler, sich am Unterricht zu beteiligen, begünstigt einen kurzschrittigen Unterricht und fördert Impulshäufungen. Die Gefahr des Lehrer-Echos wird geringer, wenn Lehrerinnen/Lehrer nur wenige und langschrittige Fragen stellen. Ein Unterrichtsgespräch besteht aus Beiträgen der Beteiligten und weniger aus Fragen und Antworten. Falls Lenkung notwendig ist, sollte sie indirekt über Aufforderungen und kommentierende Aussagen erfolgen.

- **Reaktion auf falsche Antworten:** Im Unterrichtsgespräch geht es um die korrekte Bearbeitung des Unterrichtsgegenstandes. Sachlich falsche Antworten oder Beiträge bedürfen daher der Korrektur. Diese sollte jedoch weder die Selbstachtung der Schülerinnen und Schüler verletzen noch sie vor der Klasse bloßstellen, sondern sie sollen bei dem Bemühen um die richtige Antwort behilflich sein.

Anmerkungen

[1] Für den Politikunterricht kommt noch ein weiterer Aspekt hinzu. Der Gegenstand dieses Unterrichts ist das Politische. Das Politische ist aber selbst ein sprachliches Produkt. Die Qualität dieses Produkts hängt von der Sprachfähigkeit und vom Sprachniveau der Beteiligten ab. Je differenzierter die sprachlichen Fähigkeiten, desto präziser erscheint der Gegenstand im Unterricht und desto klarer wird das politische Denken. Einsichten in das Politische und in politische Zusammenhänge sind nicht zuletzt Ergebnisse der Fähigkeit, sie sprachlich angemessen zu fassen. Darüber hinaus ist es Aufgabe des Politikunterrichts, die Sprache in der Politik ideologiekritisch zu analysieren. Politik ist „Kampf um Begriffe" und der Politikunterricht hat die Aufgabe, sie als Instrument der Herrschaftsausübung, der Interessenverschleierung, der Manipulation, der Stabilisierung von Vorurteilen usw. zu analysieren und zu beurteilen.

[2] Auch wenn Fragen in der didaktischen Literatur häufig kritisiert werden – etwa in dem Sinne: Fragen bestimmen die Situation, Fragen bedrängen, Fragen zwingen zur Rechtfertigung, Fragen stellen bloß, Fragen beschämen, Fragen behindern Lernhandlungen, Fragen machen Unterricht zur Dauerprüfung – kommt wohl kein Unterricht ganz ohne Fragen aus. Da aber die genannte Kritik durchaus einen richtigen Kern hat, weil Fragen diese oben genannte Wirkung durchaus haben können, kommt es in besonderer Weise auf die Art der Fragen an und weiterhin darauf, dass die Lehrerin oder der Lehrer seine Verwendung von Fragen im Unterricht immer wieder überprüft, evaluiert und reflektiert.

Checkliste 1

Unterrichtsgespräch

Lehrerinnen und Lehrer vertreten in der Regel die Meinung, Unterrichtsgespräche entwickelten sich spontan und ließen sich nicht planen. Tatsächlich können schon bei der Vorbereitung einer Unterrichtseinheit einige Fehler vermieden werden.

VORBEREITUNG

- Formulieren Sie für jede Phase der Unterrichtseinheit zwei bis drei zentrale Impulse.
- Überprüfen Sie, ob die Impulse langschrittig angelegt sind.
- Überlegen Sie, welche Antworten und Beiträge Sie von ihren Schülerinnen und Schülern erwarten.
- Kontrollieren Sie, ob die Richtung ihrer Impulse den erwarteten Antworten der Schülerinnen und Schüler entspricht.

IM UNTERRICHT

- „W-Fragen", Entscheidungs- und Suggestivfragen vermeiden.
- Langschrittige Impulse bzw. Fragen stellen.
- Impulsreihungen vermeiden.
- Impulshäufungen vermeiden.
- Genügend Zeit zur Entschlüsselung der Impulse, zum Finden und Formulieren von Antworten geben.
- Sofortreaktionen und Lehrer-Echo vermeiden.
- Falsche Antworten vorsichtig korrigieren.

NACH DEM UNTERRICHT

Um das eigene Gesprächsverhalten zu reflektieren, die Impulsgebung und den Unterrichtsstil zu überprüfen sowie unwillkürliches Verhalten und Gewohnheiten zu kontrollieren, sind Unterrichtshospitationen durch befreundete Kolleginnen und Kollegen ebenso hilfreich wie Videoaufzeichnungen des Unterrichts und eine gemeinsam Auswertung.

Checkliste 2/1

Impulse

- Lehrerimpulse langschrittig in Form von Impulsen mit Aufforderungscharakter formulieren.
- Zahl der Schlüsselimpulse auf drei bis vier pro Unterrichtsphase begrenzen. Zusätzliche Fragen und Denkanstöße sind jedoch im Unterricht jederzeit möglich.
- Darauf achten, dass Impuls, Material (bzw. Informationseingabe) und Lernziele sich entsprechen.
- Darauf achten, dass das Anspruchsniveau über die Steuerung im Verlauf des Unterrichts angehoben wird.
- Über das Thema und einer entsprechenden Impulsgebung den Unterricht strukturieren und so den roten Faden des Unterrichts verdeutlichen.
- Stufung im Unterricht vornehmen.
- Schülerinnen und Schüler auffordern, ihre Beiträge mit denen der anderen Schülerinnen und Schüler in Beziehung zu setzen.
- Auf der Basis einer soliden Fachkompetenz Angebote der Schülerinnen und Schüler wahrnehmen, aufgreifen und in den Unterricht integrieren.
- „Spitzenunterricht" vermeiden.

Fortsetzung nächste Seite ...

Checkliste 2/2

- Erkennen, ob die Lernenden über- oder unterfordert sind. Ggf. Anspruchsniveau über Impulssteuerung dem Leistungsniveau anpassen.
- Je nach Schwierigkeit, Schülerinnen und Schüler mit unterschiedlichen Leistungsvermögen bevorzugt auffordern, etwas zu sagen.
- Fachwissenschaftliche Kenntnisse in den Unterricht einbringen.
- Auf einen angemessenen Umgang mit der Fachsprache achten.
- Eigene Position nur sehr behutsam in den Unterricht einbringen.
- Darauf achten, dass Informationen am Ende einer jeden Unterrichtsphase mithilfe von Fachbegriffen bzw. Kategorien verallgemeinert, strukturiert und gebündelt werden.
- Art und Weise der Ergebnissicherung rechtzeitig klären (z.B. Tafelbild, persönliche Mitschrift).
- Zeitgefühl entwickeln.
- Unterrichtsstunde vor dem Pausenzeichen sinnvoll abschließen. Ggf. Zwischenergebnisse formulieren.

Checkliste 3

Zusammenhang von Verben und Anforderungsbereichen

Im Folgenden wird eine nach Anforderungsbereichen geordnete Liste von Verben vorgestellt, die geeignet sind, in Schlüsselimpulse umformuliert zu werden. Sie können als solche wesentlich dazu beitragen, die Unterrichtssteuerung zu erleichtern, Arbeitsmaterialien (z.B. Arbeitsbögen) strukturiert aufzuschlüsseln und Klausuraufgaben zu konstruieren. Diese Zusammenstellung ist als Angebot gedacht und erhebt keinen Anspruch auf Vollständigkeit. Ergänzungen sind ausdrücklich erwünscht. Zu beachten ist, dass die Trennschärfe der Verben nicht immer eindeutig zu bestimmen ist.

VERBEN ZUM ANFORDERUNGSBEREICH I:
Nennen, darstellen, schildern, beschreiben, zusammenfassen, darlegen, definieren, notieren, wiederholen, formulieren, feststellen, heraussuchen, entnehmen, belegen, errechnen, sich informieren, skizzieren, charakterisieren, aufzeigen, bestimmen, beschriften, kennzeichnen, ermitteln, unterstreichen, anfertigen, heraussuchen, wiedergeben, zusammenstellen, angeben, erzählen, berichten, festhalten, eintragen, protokollieren, zitieren, demonstrieren, herausarbeiten, recherchieren, erschließen.

VERBEN ZUM ANFORDERUNGSBEREICH II:
Ableiten, anwenden, begründen, erklären, erläutern, ein- bzw. zuordnen, vergleichen, übertragen, ableiten, erschließen, rechtfertigen, analysieren, umsetzen, in Beziehung setzen, prüfen, gliedern, ergänzen, klären, schlussfolgern, verallgemeinern, bündeln, strukturieren, vervollständigen, verknüpfen mit, Parallelen ziehen, ermitteln, entwickeln, herleiten, nachweisen, in Beziehung setzen, generalisieren, abstrahieren, zuweisen, auslegen, vervollständigen, vollenden, in Verbindung setzen, den Nachweis erbringen, beweisen, argumentieren, erörtern, abgrenzen, etwas aufbereiten, auswerten, referieren.

VERBEN ZUM ANFORDERUNGSBEREICH III:
Bewerten, beurteilen, kritisch Stellung nehmen, Hypothesen formulieren, selbstständig Alternativen entwickeln, interpretieren, kritisch reflektieren, selbstständig verifizieren bzw. falsifizieren, kritisieren, begutachten, kommentieren, rezensieren, kritisch prüfen, diskutieren, sich kritisch auseinander setzen.

Siegfried Frech

Folien und Folieneinsatz

Folien – entscheidend sind Form, inhaltliche Richtigkeit und Sachlogik

„Diagramme in perfektem Design, phantasiereiche Hintergründe, Integration von Ton-
und Videodateien in die Folien, animierte Grafiken, Merksätze, die auf Mausklick auftauchen,
um unauslöschlich in den Gehirnen der Zuhörerschaft verankert zu werden. Doch in der
Beschränkung, nicht in der Überfrachtung, liegt die Kunst und auch das mächtigste Werkzeug
wird stumpf, wenn es zu oft benutzt wird. Vorgefertigte Folienlayouts aus der Powerpoint-
Entwurfsvorlage sind heute keine ‚Hingucker' mehr und ‚Eyecatching' mit spiralig einge-
flogenen Folienüberschriften und rotierenden Logos führt eher zu einem entnervten Abwinken
des Publikums" (Kiefer 2004, S. 58).

Die anfangs von vielen bewunderte, aufgrund inflationären Gebrauchs inzwischen seuf-
zend ertragene und gar als „ausgepowert" deklarierte Methode der Powerpoint-Präsentationen, d.h. ein vorprogrammierter Vortrag, bei dem die Bilder dominieren und die oder
der Vortragende „nur noch eine Zugabe darstellt" (Bartscherer 2004, S. 40), mag auf den
ersten Blick nur wenig mit der Verwendung von Folien und Arbeitstransparenten im
Politikunterricht zu tun haben. Mit der Kritik am „Banalitätenvergrößerer" (Kiefer 2004,
S. 58) Powerpoint geht jedoch der berechtigte Einwand einher, dass die „Gewichtung von
äußerer (Präsentations-)Form und inhaltlicher Korrektheit und Sachlogik" (a.a.O.) der
didaktisch entscheidende Maßstab einer guten medialen Präsentation ist.

Maßstab für gute
mediale Präsentation

Seit 1968 der erste Overheadprojektor (OHP) auf der Bildungsmesse „Didacta" vorgestellt
wurde, hat der Einsatz von Folien einen Siegeszug in allen Klassenzimmern angetreten.
Die anfängliche Euphorie, mit einem „modernen" Gerät arbeiten zu können und nie
wieder unter Kreidestaub leiden zu müssen, brachte häufig mediale und methodische
Missgriffe mit sich. Die an den Overheadprojektoren angebrachten Rollfolien füllten sich
während mancher 45 Minuten mit krakeligen, oft gar unleserlichen Notizen der Lehrenden. Dieses „Extrakt" des dargebotenen Stoffes musste am Ende der Unterrichtsstunde
abgeschrieben werden, war angesichts der nahenden Pause und der Textmenge im Nachhinein auch im Schülerheft unleserlich und musste von den Schülerinnen und Schülern
zu einem späteren Zeitpunkt reproduziert werden. Die Folie musste als schlichter Tafelersatz herhalten und präsentierte eine (mehr oder weniger) strukturierte Zusammen-

Folie als Tafelersatz

fassung des Unterrichtsstoffes – häufig „als ‚Gerippe' ohne Fleisch und Blut" (Dörr 1999, S. 87). Wetteiferte dann noch „die Morgensonne mit dem Projektor" (Maier 1998, S. 59), war der gewünschte Effekt gründlich verdorben. Die fortschrittlichere Variante dieses „monotonen Paukunterrichts" (Dörr 1999, S. 43) war die Verwendung von DIN-A4-Seiten, die 1:1 kopiert wurden und sich für die Projektion als völlig ungeeignet erwiesen. Nicht zuletzt entdeckten Schulbuch- und Lehrmittelverlage dieses neue Medium und geizten fortan nicht mit opulenten und professionell hergestellten Folienmappen. Wahrhaft un-

Medialer Aktionismus

geahnte Möglichkeiten brachte schließlich das Zeitalter der „Powerpoint-Präsentationen" mit sich, die ein rezeptiv gut aufgelegtes Publikum voraussetzen.[1] Die Auffassung, dass alles, was gesagt wird, auch visuell präsentiert werden muss, erhielt neuen Auftrieb. Allerdings ist bei all dem methodischen Aktionismus, der oft bizarre Blüten treibt, die kritische Frage angebracht, ob nicht die Form über den Inhalt gestellt und dadurch der didaktische Sinn vergessen wird.

BEISPIEL 1: DIE KUNST DER BESCHRÄNKUNG

Ein Lehrer schildert, dass es auch anders geht:

> „Vor kurzem verfolgte ich in ‚meinem' Seminarkurs eine Kurzpräsentation. Der Schüler schrieb zu Beginn die sechs Punkte seiner Gliederung an die Tafel. Er bezog sich immer wieder auf dieses Ordnungsschema. Er legte eine liebevoll gestaltete, handgeschriebene (!) Overhead-Folie auf. Er erschlug seine Zuhörer nicht mit einer raschen Abfolge digitaler Folien, sondern wählte ein angemessenes, geradezu wohltuendes Tempo. Er sprach frei und schaute ins Publikum, nicht auf den Computerbildschirm. Kurzum: er war präsent" (Kiefer 2004, S. 57).

Die kurze Schilderung der Unterrichtssequenz zeigt, dass eine sorgfältige mediale Insze-nierung von methodisch-praktischen und auch „handwerklichen" Voraussetzungen (vgl. **Checklisten 1** und **2**, S. 143 f.) abhängt: (1.) Die Folie wird mit einem anderen Medium (Tafel) kombiniert; (2.) es herrscht kein langweiliger „Folienmonismus" (Gudjons 2006, S. 749); (3.) die verwendete Folie wurde selbst hergestellt und auf die spezifischen Ge-gebenheiten der Lerngruppe zugeschnitten und (4.) schließlich erfolgen Vortrag und Folieneinsatz koordiniert (vgl. Beispiel 4).

Folien bieten vielfältige methodische Möglichkeiten

Die Verwendung von Folien bietet vielfältige methodische Möglichkeiten:

> „Durch die Möglichkeit des Abdeckens und Abklappens bestimmter Bildpartien, des Hinwei-sens auf wesentliche Bildpunkte, die Ergänzung mit Faserschreibern, des allmählichen Aufbaus von Bildkompositionen durch Nebeneinander- oder Übereinanderlegen von Transparenten bzw. Transparentteilen, durch schrittweise Entwicklung mittels der Verschiebung von Abdeck-blättern usw. ist eine flexible und vielseitige Handhabung des Mediums gewährleistet. (....) Mit Faserschreibern können auch fertige Transparente noch während des politikunterrichtlichen Arbeitsprozesses ohne Beschädigung ergänzt und umgestaltet werden. (...) Durch den fort-laufend beschriebenen Folienfilm ist zudem eine Hilfestellung gegeben, da etwa die Struktur eines Vortrags allmählich entwickelt oder vorgegeben werden kann, Notizen gesammelt und einander gegenübergestellt werden können, Skizzen das Gesagte zu visualisieren vermögen usf. Vor allem auch für die Schüler ist damit ein Arbeitsinstrument gegeben, welches es ihnen gestattet, mit den Mitschülern anders als verbal in Kommunikation zu treten. Einzeltrans-parente können von ihnen in Einzel-, Partner- und Gruppenarbeit am Arbeitsplatz in aller Ruhe hergestellt werden, ohne dass sie, wie etwa beim Tafelanschrieb, vor den Augen der ganzen Klasse ihr Produkt in Eile hervorbringen müssen" (Claußen 1977, S. 136).

Diese schon etwas ältere, aber hinsichtlich der Einsatzmöglichkeiten immer noch gültige Beschreibung enthält eine Vielzahl von Funktionen, die Folien im Politikunterricht erfüllen können. Sie dienen der „Unterrichtsführung bzw. Steuerung des Lernprozesses" (Breit/ Weißeno 2003, S. 84) und können den Politikunterricht „versachlichen und den Blick vom Lehrenden auf die Sache lenken" (a.a.O.). Folien können Unterrichtsinhalte gewichten, strukturieren, veranschaulichen, visualisieren, konkretisieren und Details abbilden (vgl. Dörr 1999, S. 91 ff.). Zugleich sprechen sie mehrere Sinneskanäle und damit auch unterschiedliche Lerntypen an (vgl. Vester 1984, S. 96 ff.). Folien visualisieren das „Abstrakte", übersetzen es ins Optische, machen es anschaulich, einleuchtend, auf einen Blick überschaubar und sprechen unter lernpsychologischen Gesichtspunkten den „optischen Kanal" – einer der wichtigsten Kanäle für menschliches Lernen (vgl. Vester 1984, S. 96 ff.) – an.

Für die Verwendung von Folien gibt es – unter medientechnischen Gesichtspunkten – eine Reihe guter Gründe:
- Folien sind leicht zu erstellen und „können im eigenen Lehrmittelpool für viele Wiederholungen gespeichert werden" (Maier 1998, S. 58).[2] Sie sind beliebig oft einsetzbar.
- Perfekte Schaubilder und prägnante Texte können zu Hause mit dem PC angefertigt werden. Damit bekommt die Unterrichtsvorbereitung ein größeres Gewicht: „Man kann Folien zu Hause sorgfältig gestalten, hat sie im Unterricht sofort parat und muss nicht (...) vor der Stunde ein Tafelbild anfertigen" (Gudjons 2006, S. 71).
- Man kann eine Fülle von Visualisierungs- und Darstellungstechniken (s. u.) einsetzen und hinterlässt somit „plastische Erinnerungsspuren" (a.a.O.).
- Man bleibt den Schülerinnen und Schülern zugewandt. In aller Regel ist dieser Blickkontakt von Vorteil für die Kommunikation und Gesprächsführung im Unterricht.
- Der Einsatz von Folien ist vielseitig. Die Verwendung kann sich über alle unterrichtlichen Phasen erstrecken, von der Motivation über die Präsentation bis hin zur Übung und Erfolgskontrolle.

Didaktisch-methodische Funktionen

FACHDIDAKTISCHE ANFORDERUNGEN

Bei der Verwendung von Folien ist zu bedenken, dass auch dieses visuelle Medium nicht neutral ist, sondern Eigengesetzlichkeiten entwickeln kann (vgl. Ackermann u.a. 1994, S. 154) und sich nicht als Informationsträger schlechthin eignet. Für Textdarbietungen zum Beispiel eignen sich Schulbücher und Arbeitsblätter wesentlich besser. Die didaktisch zu klärende Frage ist, ob die Inhalte des Unterrichts durch den Einsatz von Folien „günstiger aufzubereiten sind als durch andere didaktische Formen" (a.a.O., S. 155). Jeder Folieneinsatz erfordert die Berücksichtigung mehrerer fachdidaktischer Determinanten, die bei der Planung und Vorbereitung des Unterrichts bedacht werden müssen.

Die Folie muss fachwissenschaftlich stimmig und solide sein, d.h. eine notwendige Voraussetzung für jeden Folieneinsatz ist die „fachliche Korrektheit bzw. fachwissenschaftliche Vertretbarkeit" (Lach 2001, S. 206) der dargebotenen Informationen und/oder Sachverhalte. Dies schließt die Vollständigkeit im didaktischen Sinne mit ein.[3] Aufgrund des knappen Formats stellt sich (z.B. bei Textdarbietungen) die Frage, ob in der mit jedem visuellen Medium verbundenen Reduktion noch genügend „repräsentative Informationen enthalten sind, um dem mit dem Unterricht verbundenen Ziel gerecht zu werden" (Ackermann u.a. 1994, S. 154). Die didaktische Ergiebigkeit einer Folie hängt also wesentlich davon ab, inwieweit es Lehrerinnen und Lehrern bei der Visualisierung gelingt, „politische Sachverhalte so zu veranschaulichen, dass sie für die Lernenden merkfähig" (Lach 2001, S. 207) und kognitiv anschlussfähig sind. Lehrerinnen und Lehrer haben daher die folgenden didaktischen Fragen zu klären:

Inhalt

- Wird durch die Folie das Politische ausreichend und angemessen repräsentiert, zum Beispiel „eine oder mehrere Dimensionen des Politischen bzw. Phasen des Politikzyklus oder wesentliche damit zusammenhängende politische Kategorien" (Ackermann u.a. 1994, S. 155)?
- Wird der zu vermittelnde Sachverhalt durch die Folie besser der Analyse und der Beurteilung zugänglich?
- Ermöglicht die Folie einen Bezug zur Vorstellungswelt bzw. Lebenswelt der Schülerinnen und Schüler?

Durch die Verwendung von Folien wird eine weitere Ebene in den Unterricht eingebaut. Auf dieser medialen Ebene wird der zu vermittelnde Sachverhalt durch die „Übersetzung" in ein Folienbild ein weiteres Mal rekonstruiert, neu inszeniert und symbolisch vermittelt (vgl. Meyer 1993, S. 83 ff.). Weil Medien die politische Wirklichkeit nicht authentisch darstellen, sondern stets einen interpretativen Ausschnitt der Realität repräsentieren, ist im Rahmen der Unterrichtsplanung weiterhin zu bedenken, wie Schülerinnen und Schüler „Inhalte, Ziele und Formen der Mediendarstellung verstehen und bearbeiten können" (Ackermann u.a. 1994, S. 155).

Verwendungsmöglichkeiten   Unter dem Gesichtspunkt der angestrebten Lernziele und der Verwendung in bestimmten Unterrichtsphasen (s.u.) können Folien verschiedene Stufen kognitiver Anforderungen ansprechen. Die Bandbreite reicht hierbei von bloßer Reproduktion, die „lediglich eine mechanische Gedächtnisleistung" (Dörr 1999, S. 89) erfordert, bis hin zu selbstständig von der Lerngruppe entworfenen Folien. Erarbeiten Schülerinnen und Schüler im Rahmen einer Arbeitsphase eine Folie, so müssen sie eine dem Sachverhalt angemessene Struktur oder die dem Inhalt entsprechenden Kategorien finden, ihre Ergebnisse vergleichen, verändern und schließlich vor der gesamten Klasse präsentieren. Von den Schülerinnen und Schülern selbst erstellte Folien bieten der Lehrerin/dem Lehrer didaktische Ansatzpunkte, die Lernergebnisse ihrer Schüler zu beurteilen. Dabei sind nicht nur das Produkt, sondern auch der Prozess der Erarbeitung und „die dabei erreichten Lernerfolge zu reflektieren und zu bewerten" (Frenz 1982, S. 327).

DIE VERWENDUNG IN VERSCHIEDENEN UNTERRICHTSPHASEN
Je abhängig von den Unterrichtsphasen (vgl. Teil 3 dieses Buches), in denen Folien verwendet werden, kommt ihnen eine bestimmte didaktisch Intention und methodische Funktion zu.

Unterrichtsphase	Funktion	Anwendung im Politikunterricht
Motivation	motivieren; kontroverses Denken auslösen; provozieren.	Folien können eine Fragehaltung aufwerfen, durch die Art ihrer Aussagen kontroverses Denken auslösen und ggf. provozieren, wenn die Folie Schülerinnen und Schüler mit Sachverhalten, Bildern (z.B. Karikaturen) und/oder Informationen konfrontiert, die Widerspruch auslösen.
Informationen	informieren; Problem erfassen.	In dieser Unterrichtsphase können Folien Informationen zum Problem bzw. Thema erhalten, das im Politikunterricht bearbeitet werden soll.

Veranschaulichung	veranschaulichen	Folien dienen der Veranschaulichung von Zusammenhängen und Strukturen (vgl. Beispiel 4)
Problembearbeitung	informieren; reflektiert bearbeiten; prüfen; untersuchen.	Folien bieten systematisch strukturierte Informationen an mit dem Ziel, Probleme/ Fälle oder Themen selbstständig zu prüfen, zu untersuchen und methodisch reflektiert zu bearbeiten (vgl. Frenz 1982, S. 336 ff.)
Ergebnispräsentation	erarbeiten; strukturieren; Kategorien bilden; erkennen; präsentieren.	In dieser Phase sind Folien für die Strukturierung von Begriffen, Kategorien, Dimensionen des Politischen, für Erkenntniszusammenhänge und Einsichten wirksam. Von Schülerinnen und Schülern erarbeitete Unterrichtsergebnisse können in Einzel-, Partner- oder Gruppenarbeit auf Folie gestaltet werden.
Vertiefung	memorieren; wiederholen.	Folien können zum Zweck der Wiederholung und Vertiefung eingesetzt werden.

(nach: Breit/Weißeno 2003, S. 83 ff.; Maier 1998, S. 61 ff.; Frenz 1982, S. 324 ff.)

Visualisierungs- und Darstellungstechniken

Verwendet man nur reichlich ideenlose Fertigfolien, schöpft man das Potenzial des Mediums noch lange nicht aus. Kommerziell vertriebene und von Lehrmittelverlagen angebotene Folien werden für eine möglichst große und damit heterogene Zahl von Adressaten produziert (vgl. Frenz 1982, S. 315). Sie orientieren sich an einem „imaginären Durchschnittsschüler" (Horst Rumpf) und sind nicht unbedingt stimmig zum Kontext der jeweiligen Lerngruppe. Die nachfolgend genannten Visualisierungs- und Inszenierungstechniken und mehrere Beispiele sind nur eine Auswahl, die jedoch zeigt, dass der didaktischen Fantasie keine Grenzen (vgl. Gudjons 2006; Maier 1998) gesetzt sind.

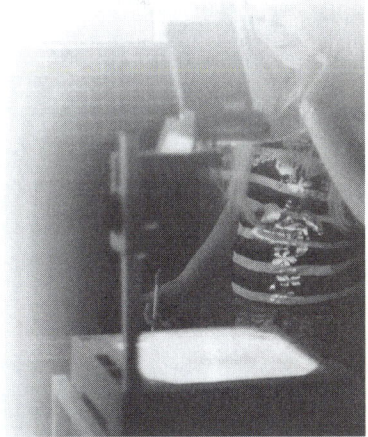

- **Visualisierungstechnik 1: Live-Folien:** Vergleichbar mit einem Tafelbild oder Tafelanschrieb entwickelt sich die Folie sukzessive während des Unterrichts. Auf einer Leerfolie entsteht im Verlauf des Unterrichts eine Skizze (vgl. Beispiel 2), die Lerngruppe erlebt die Entwicklung der Skizze Schritt für Schritt mit und hat die einzelnen Unterrichtsschritte und Arbeitsergebnisse sichtbar vor Augen.

BEISPIEL 2: LIVE-FOLIE „GLOBALISIERUNG"

In einem Lehrerhandbuch (Bub-Kalb/Kalb 2006, S. 134 ff.) wird – parallel zur Interpretation zweier Karikaturen und zur Auswertung von Schulbuchtexten – die sukzessive Erstellung einer Mindmap (vgl. Gugel 2000, S. 80 ff.) vorgeschlagen:

„In diesem Kapitel (des Schulbuches; S.F.) kommt es darauf an, sich den Begriff ‚Globalisierung' aus unterschiedlichen Perspektiven und unter kontroversen Fragestellungen in einer ersten Annäherung zu erfassen. Dafür eignet sich sehr gut die Methode des Mindmaps. Die Aspekte, die in den Materialien angesprochen werden, sollten durch eigenes Brainstorming der Schülerinnen und Schüler ergänzt und komplettiert werden" (Bub-Kalb/Kalb 2006, S. 134).

Eine im Lehrerhandbuch (a.a.O., S. 135) abgebildete Skizze kann für Lehrerinnen und Lehrer eine erste Idee davon geben, wie eine solche Mindmap aussehen könnte:

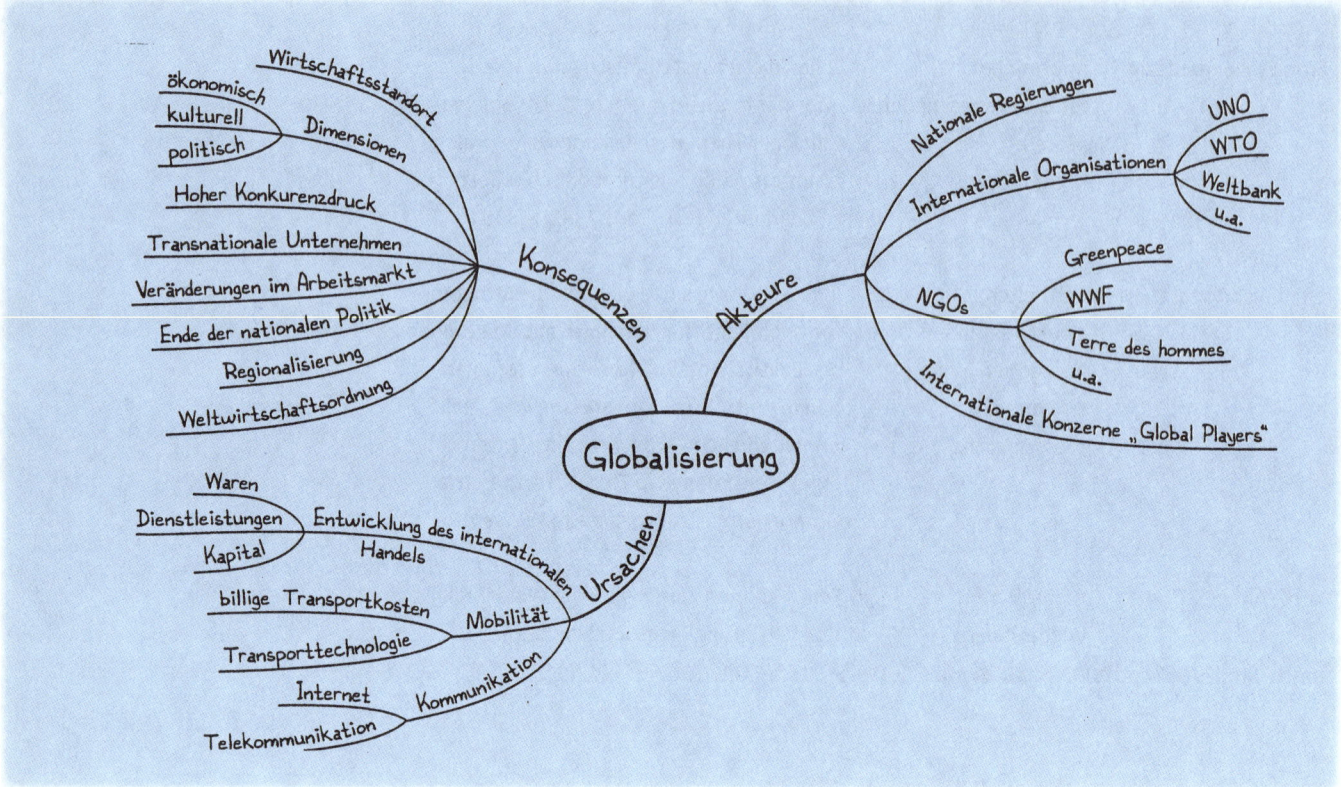

Erarbeitung der Mindmap

Die Materialbasis für die Erarbeitung dieser Folie, deren Struktur im Übrigen auch in Form eines Tafelbildes denkbar ist, setzt sich aus zwei Karikaturen und fünf kurzen Texten, welche die Akteure, Ursachen und Konsequenzen der Globalisierung thematisieren, zusammen. Bereits hinsichtlich der getroffenen Auswahl beinhalten die Texte kontroverse Standpunkte (vgl. Bub-Kalb u.a. 2005, S. 152-153) und fordern die Schülerinnen und Schüler somit zur Abwägung, Gewichtung und eigenständigen Urteilsbildung heraus. Das Verfahren des Mind Mappings wird in diesem Beispiel nicht als methodischer Modetrend oder gar „neue Kulturtechnik" (Kasper 2006, S. 128) didaktisch „missbraucht", sondern dient einzig und alleine dem Zweck, erarbeitete Informationen in eine sinnfällige und merkfähige Übersicht zu bringen. So verzweigen sich um den Mittelpunkt bzw. die Fragestellung der Unterrichtsstunde die verschiedenen Haupt- und Nebenaspekte in einer übersichtlichen Gliederung. Es wird also nicht beliebig frei assoziiert, sondern Begriffe werden zueinander in Beziehung gesetzt, geordnet und bei der Erstellung des Beziehungsnetzes müssen verschiedene Argumentationslinien gefunden werden (Frank 1997).

● **Visualisierungstechnik 2: Teilfertig-Folien:** Informationen, Bilder und Grafiken sind bereits vorbereitet und werden während der Darbietung durch Einzeichnen, Einfügen von Begriffen, Markierungen, Randnotizen o.Ä. ergänzt und erweitert (vgl. Beispiel 3).

● **Visualisierungstechnik 3: Overlay-Technik:** Bei dieser Technik entsteht das komplette Folienbild in Etappen. Mehrere Folien erlauben einen sukzessiven Aufbau des Bildes (vgl. Beispiel 3).

BEISPIEL 3: GÜTER- UND GELDSTRÖME EINER VOLKSWIRTSCHAFT

Mit einer Grundfolie (Folie 1) werden zunächst zwei zentrale Wirtschaftseinheiten (Unternehmen, die über Art, Umfang der Produktion und die Verwendung der Gewinne entscheiden, sowie die privaten Haushalte) eingeführt. Die zwischen beiden Segmenten ablaufenden Geld- und Güterströme werden sodann mit Folienschreiber (oder bereits als Textfolien vorgefertigt) festgehalten. Die Darstellung wird mit einer weiteren Folie (Folie 2), die den Bereich der Vermögensbildung am Beispiel des Bankensystems thematisiert und die in diesem Sektor ablaufenden Geldströme aufzeigt, erweitert. Durch die Einbeziehung des staatlichen Sektors als weiteres Segment (Folie 3) erweitert sich der Wirtschaftskreislauf erneut. Die Transferzahlungen und Umverteilungsaufgaben sowie die Produktion von „öffentlichen Gütern" werden wiederum auf der Folie schriftlich notiert. Mit den Austauschbeziehungen mit dem Ausland schließlich (Folie 4) wird die schematische Darstellung der Geld- und Güterströme einer Volkswirtschaft vervollständigt.

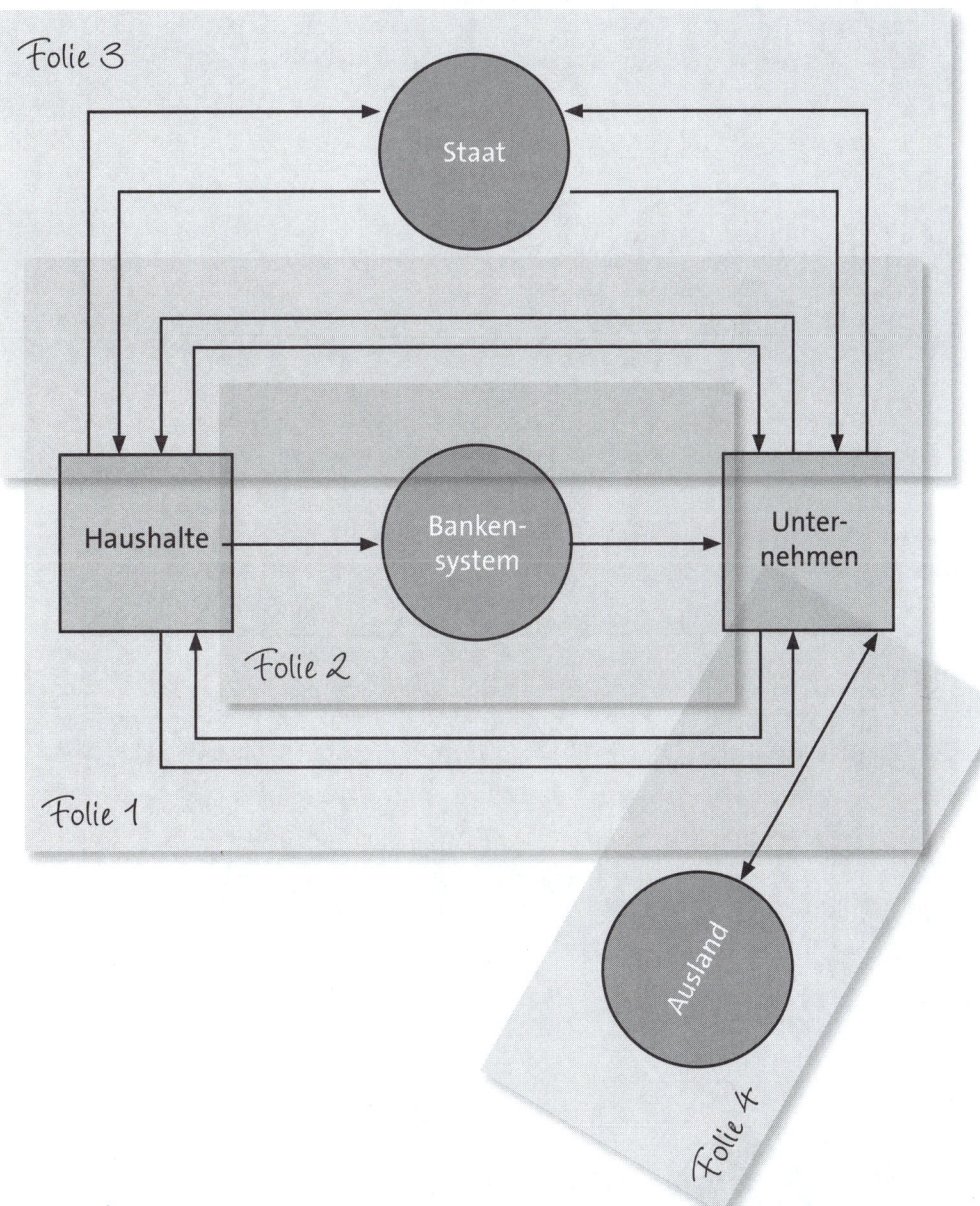

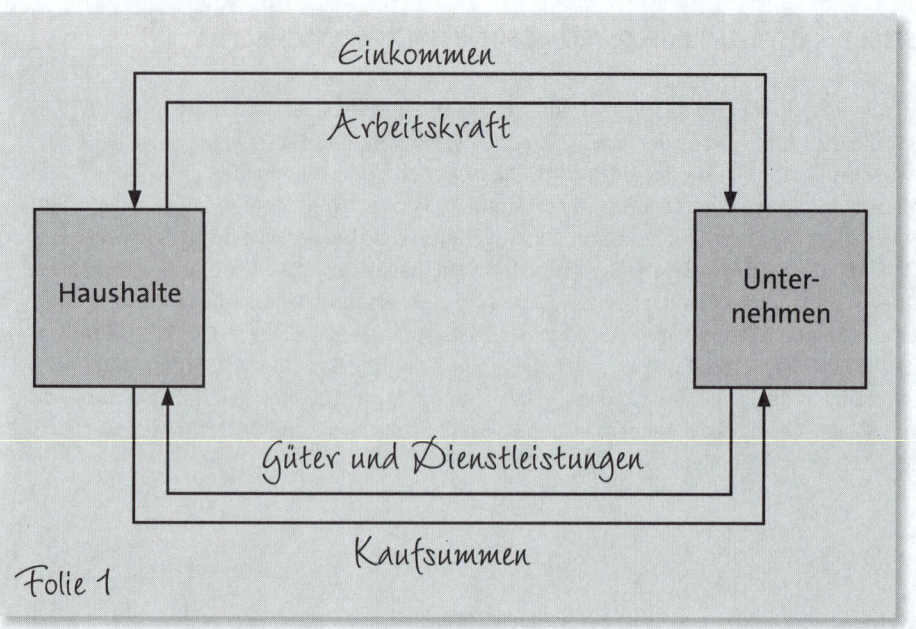

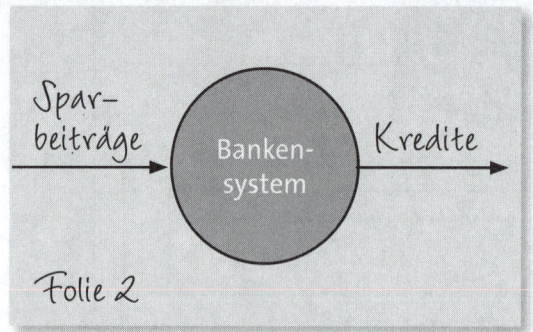

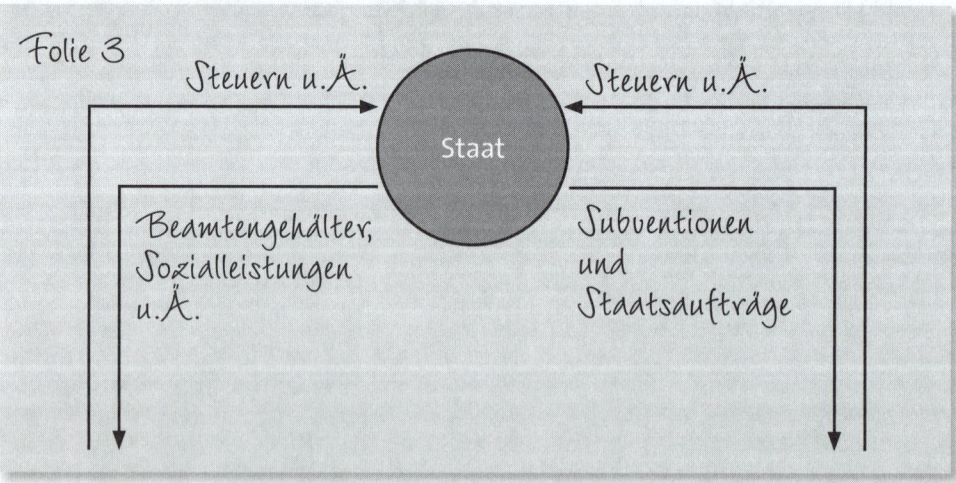

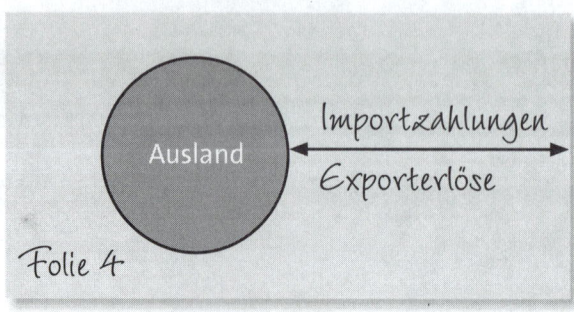

- **Visualisierungstechnik 4: „Striptease-Technik":** Diese Technik ist das Gegenteil der Overlay-Methode. Das Folienbild präsentiert zunächst ein Ganzes. Man nimmt von mehreren aufeinander liegenden Folien einzelne Elemente weg, bis die Grundfolie – reduziert auf die wesentlichen Elemente – sichtbar wird.

- **Visualisierungstechnik 5: Auflagetechnik:** Der Overheadprojektor wird zur beleuchteten „Miniatur-Bühne", wenn man kleine Gegenstände darauf legt, die als Schattenbilder sichtbar werden. Auf einer Folie mit einer Grundskizze werden kleine bewegliche Symbole (Mini- und Auflegetransparente) zu immer neuen Varianten angeordnet. Im Politikunterricht kann zum Beispiel bei kommunalpolitisch orientierten Stundenthemen ein aktueller Bebauungs- und Siedlungsplan einer Gemeinde oder Stadt mit Folien und Auflegetransparenten visualisiert und problematisiert werden (vgl. Gudjons 2006, S. 74 ff.).

Koordination von Lehrervortrag und Folieneinsatz

Kritisch anzumerken ist, dass die vielfältigen Darstellungs- und Visualisierungstechniken die Gefahr in sich bergen, dass Lehrerinnen und Lehrer permanent selbst Informationen anbieten, anstatt sie von der Lerngruppe erarbeiten zu lassen. Bombardements mit zu vielen Folien, zu schnell aufgelegte, überfrachtete oder mit winziger Schrift beschriebene Folien sind wenig attraktiv und haben nur einen minimalen Lerneffekt.

Unabhängig von allen Visualisierungstechniken gilt daher, dass die Verwendung von Folien im Unterricht sorgfältig geplant und praktiziert werden muss. So kann zum Beispiel ein vorbereiteter Lehrervortrag (vgl. Massing 2004, S. 16 ff.) durch Folien unterstützt werden, um Sachverhalte strukturiert und verständlich auf den Punkt zu bringen, d.h. der „optische Eindruck wird geschickt durch einen verbalen Kommentar ergänzt" (Gudjons 2006, S. 72).

1. Kurze Vorbereitung auf den Inhalt: ‚Ich zeige euch jetzt eine Graphik, auf der ihr die Verbreitung von Ernährungsmängeln auf der Erde ablesen könnt.'

2. Die Folie wird gezeigt, die Schülerinnen und Schüler können sich während einer Sprechpause des Lehrers die Abbildung in Ruhe anschauen.

3. Erklären der Folie: ‚Ihr seht die verschiedenen Erdteile. Die rote Farbe bedeutet: Unterernährung. Gelb sind die Gebiete markiert, in denen die Menschen gerade ausreichend ernährt werden. Grün heißt: Hier gibt es genug Nahrung für alle. Diejenigen Länder, die Nahrung im Überfluss produzieren, sind blau gekennzeichnet.'

4. Explizites Kommentieren der Folie: ‚Wie ihr seht, ist die Nahrungsüberproduktion auf folgende Länder konzentriert..."

Hilfreich ist es, wenn die Lehrkraft dabei mit einem Stift oder Zeigestab auf die jeweils relevanten Teile der Folie hinweist. Dabei muss man den Schülerinnen und Schülern genügend Zeit zum ruhigen Betrachten und Studieren geben!" (a.a.O.).

Anmerkungen

[1]   Clifford Stoll, Spezialist für Datenschutz und Computersicherheit und Internet-Pionier der ersten Stunde, merkt an, dass PowerPoint „der Feind jeden guten Vortrags" und „die Wahl der Feiglinge" (Stoll 2001, S. 202) ist. Er beschreibt PowerPoint-Präsentationen wie folgt: „Stellen Sie sich zunächst einen langweiligen Diavortrag vor. Nun denken Sie sich einen Haufen simpler, nichtssagender akustischer und optischer Feuerwerke dazu. Das ist PowerPoint: ein langweiliger Diavortrag, ergänzt mit belanglosen Knalleffekten" (a.a.O.).

[2]   Der Medienpädagoge Wolfgang Maier merkt hierzu an: „Die Technik ist selbst für Gegner der Unterrichtstechnologie leicht beherrschbar. Mehr als zur Bedienung einer Nachttischlampe ist nicht erforderlich" (Maier 1998, S. 58).

[3]   Für die Verwendung von Folien im Politikunterricht gelten zum Teil die gleichen Anforderungen, die an einen Tafelanschrieb oder ein Tafelbild zu stellen sind. Vgl. hierzu Lach 2001; Dörr 1999.

Literatur

Ackermann, Paul u.a. (Hrsg.) (1994): Politikdidaktik kurz gefasst. Planungsfragen für den Politikunterricht. Schriftenreihe der Bundeszentrale für politische Bildung, Band 326. Bonn

Bartscherer, Hans-Christoph (2004): Die Bilder an der Wand – Folien und Dias in Vorlesung und Vortrag. In: Winteler, Adi: Professionell lehren und lernen. Ein Praxisbuch. Darmstadt, S. 40-45

Bönsch, Manfred (2006): Performativer Unterricht. In: Unterrichtspraxis, Beilage zu „bildung und wissenschaft" der GEW Baden-Württemberg, Heft 3/2006, S. 17-20

Breit, Gotthard/Weißeno, Georg (2003): Planung des Politikunterrichts. Eine Einführung. Schwalbach/Ts.

Bub-Kalb, Simone/Kalb, Jürgen (Hrsg.) (2006): Terra Handbuch. GWG 3 Gemeinschaftskunde Wirtschaft. Gymnasium Baden-Württemberg. Stuttgart und Leipzig

Bub-Kalb, Simone/Kalb, Jürgen u.a. (Hrsg.) (2006): Schülerbuch Terra 3. GWG 3 Gemeinschaftskunde Wirtschaft. Gymnasium Baden-Württemberg. Stuttgart und Leipzig.

Claußen, Bernhard (1977): Medien und Kommunikation im Unterrichtsfach Politik. Frankfurt/M. u.a.

Dörr, Margarete (1999): Tafelarbeit. In: Pandel, Hans-Jürgen/Schneider, Gerhard (Hrsg.): Handbuch Medien im Geschichtsunterricht. Schwalbach/Ts., S. 87-145

Emer, Wolfgang/Lenzen, Klaus-Dieter (2004): Arbeitsergebnisse dokumentieren und präsentieren. Ein Formenrepertoire. In: Pädagogik, Heft 3/2004, S. 10-14

Frank, Andrea (1997): „Clustering" und „Mindmapping". In: Autorenteam Oberstufenkolleg Bielefeld (Hrsg.): Lernbox. Tipps und Anregungen für Schülerinnen und Schüler zum Selbstlernen. Seelze, S. 14

Frenz, Wilhelm (1982): Medien im politischen Unterricht. In: Nitzschke, Volker/Sandmann, Fritz (Hrsg.): Neue Ansätze zur Methodik des Politischen Unterrichts. Stuttgart, S. 305-332

Gudjons, Herbert (2006): Tafel und Folieneinsatz im Unterricht. Von langweiliger Gewohnheit zur modernen Präsentation. In: Gudjons, Herbert: Methodik zum Anfassen. Unterricht jenseits von Routinen. Bad Heilbrunn, S. 59-78

Gugel, Günther (2000): Methoden-Manual I: „Neues Lernen". Tausend Praxisvorschläge für Schule und Lehrerbildung. 3. Auflage, Weinheim und Basel, S. 80-81

Kasper, Horst (2006): Handbuch kreative Lernpraxis. Erfolgskurs für die ganze Schule. Lichtenau

Kiefer, Gerald (2004): Nur nicht schon wieder PowerPoint! Präsentation im mündlichen Abitur und im Rahmen der GFS. In: Forum Schulstiftung, April 2004, S. 56-72

Lach, Kurt (2001): Das Tafelbild als Baustein im Unterrichtsprozess. In: Bundeszentrale für politische Bildung (Hrsg.): Politikunterricht im Informationszeitalter – Medien und neue Lernumgebung. Schriftenreihe der Bundeszentrale für politische Bildung, Band 374. Bonn, S. 198-209

Maier, Wolfgang (1998): Grundkurs Medienpädagogik. Ein Studien- und Arbeitsbuch. Weinheim und Basel

Massing, Peter (2004): Der Lehrervortrag. In: Frech, Siegfried/Kuhn, Hans-Werner/Massing, Peter (Hrsg.): Methodentraining für den Politikunterricht. Schwalbach/Ts., S. 13-22

Meyer, Hilbert (1993): UnterrichtsMethoden I: Theorieband. 5. Auflage, Frankfurt/M.

Schildt, Thorsten/Kürsteiner, Peter (2003): 100 Tipps und Tricks für Overhead- und Beamerpräsentationen. Weinheim und Basel

Stoll, Clifford (2001): LogOut. Warum Computer nichts im Klassenzimmer zu suchen haben und andere High-Tech-Ketzereien. Frankfurt/M.

Vester, Frederic (1984): Denken, Lernen. Vergessen. Was geht in unserem Kopf vor, wie lernt das Gehirn, und wann lässt es uns im Stich? 11. Auflage, München

Weißeno, Georg (1999): Tafelbild/Tafelanschrieb. In: Mickel, Wolfgang W. (Hrsg.): Handbuch zur politischen Bildung. Schriftenreihe der Bundeszentrale für politische Bildung, Band 358. Bonn, S. 461-465

Weißeno, Georg (2001): Medien im Politikunterricht. In: Bundeszentrale für politische Bildung (Hrsg.): Politikunterricht im Informationszeitalter – Medien und neue Lernumgebung. Schriftenreihe der Bundeszentrale für politische Bildung, Band 374. Bonn, S. 21-38

Checkliste 1

Tipps zur Gestaltung von Textfolien

Auf gute Lesbarkeit achten!

- Leicht lesbare Schriften verwenden. Groteskschriften (z.B. Arial, Futura) verzichten auf Serifen und haben ein klares und schlichtes Erscheinungsbild.
- Auf Dekorationsschriften, Frakturschriften oder Schreibschriften verzichten.
- Auf eine ausreichende Schriftgröße achten (Überschriften ca. 40 pt., Text nicht unter 24 pt.)
- Handschrift auf Folien muss mindestens 7 mm groß sein. Für handschriftlich erstellte Folien bewährt sich ein Linienblatt, das man unter die Folie legt (Buchstabengröße: 7 mm, Schriftstärke: 0,7 mm, Zeilenabstand: 11 mm).

Bei reinen Textfolien nicht mehr als sieben Zeilen verwenden!

- Eine mit Text überfrachtete Folie ist weder informativ noch optisch attraktiv.
- „Asketischer" Gebrauch von Text ist angesagt: Die 7 x 7-Regel, besser die 5 x 5-Regel besagt: maximal 5 Zeilen pro Folie, maximal 5 Wörter pro Zeile. Sieben Zeilen sollten ausreichen, um die wichtigsten Inhalte darzustellen.

Die Leserichtung und die Sehgewohnheiten berücksichtigen!

- Von links nach rechts.
- Von oben nach unten.

Auf sprachliche Einfachheit achten!

- Geläufige Wörter und einfache Formulierungen verwenden.
- Der Text muss sachlich und fachlich richtig sein
- Stichwörter verwenden statt ganzer Sätze.
- Zahlen und Daten können visualisiert werden (Säulen-, Balken-, Kreis- und Linien- oder Kurvendiagramm).
- Ausnahmen stellen Definitionen, Gesetzestexte und Zitate dar. Hier sollten Schülerinnen und Schüler genügend Zeit haben, um den Text lesen und erfassen zu können.

Checkliste 2

Tipps zur Gestaltung des Folienlayouts

(Bei Verwendung mehrerer Folien bzw. bei Vorträgen, die durch Folien unterstützt werden)

Auf ein einheitliches Design achten!
● Übereinstimmender Folienhintergrund, identische Platzierung der Elemente.

Die Informationsmenge pro Folie sinnvoll begrenzen!
● Der Folieninhalt sollte eine Sinneinheit bilden.

Farben funktionell einsetzen (z.B. zur Hervorhebung und Strukturierung)
● Empfehlung: Bei Textfolien nicht mehr als drei Farben verwenden.
● Grundsätzlich gilt: Farben sparsam einsetzen. Zusätzliche Reize behindern das Aufnahmevermögen.

Die Folie optisch gliedern!
● Über- und Zwischenüberschriften, Aufzählungszeichen, Rahmen und Linien verwenden.

Tipps zum Umgang mit dem Overheadprojektor

● Nicht im Projektionsstrahl stehen.
● Zum Publikum, nicht zur Projektionswand sprechen.
● Keine Demonstrationen (mit Finger oder Zeigestab) an der Projektionsfläche.
● „Folienschleuder" vermeiden! Folien nicht zu schnell wechseln.
● Projektor nur so lange angeschaltet lassen, wie zu einer Folie gesprochen wird.

(nach: Bartscherer 2004, S. 43 ff.; Kiefer 2004, S. 70-73; Maier 1998, S. 59 ff.; Schildt/Kürsteiner 2003)

Siegfried Frech

Das Plakat

Das Plakat – ein zeitloses Medium des Wahlkampfs

„Das künstlerische politische Plakat soll und kann jeden auf der Straße gedankenlos Vorüber-
bummelnden oder gedankenschwer Vorüberhastenden mit telepathischem Griff fesseln, sein
Gehirn durch ein kurz orientierendes Schlagwort in die gewollt politische Richtung drängen,
sein Herz durch die Schönheit und Anmut des Bildes gewinnen, sein Interesse durch den Witz
satirischer Verstellung erhaschen, den Abscheu vor der ‚anderen' Richtung durch illustrative
Darstellung der Konsequenzen gegnerischer Gedankengänge und der Schwächen ihrer
bisherigen Taten und Persönlichkeiten erregen..." (Lüthy 1921, zit. nach: Jörg 1999, S. 460).

Denkt man an so manchen Wahlkampf zurück, fragt man sich, ob dieses Zitat aus dem
Jahre 1921 überhaupt noch Gültigkeit besitzt. Fehlte vielen Plakaten in vergangenen
Wahlkämpfen doch weitgehend das Politische, das Kämpferische. Die großflächig sich
präsentierenden Postulate waren eher platt, langweilig und ihr durchgängiges Marken-
zeichen war der fehlende Esprit (vgl. Schneider 1999, S. 308 ff.) Dies mag für das politische
Plakat der Gegenwart zutreffen. Nicht zuletzt durch gewandelte Strategien des Wahlkampfes im Medienzeitalter verlieren Plakate beim Repräsentieren politischer Parteien
und beim Prozess der Mobilisierung von Wählerinnen und Wählern an Bedeutung (vgl.
Sarcinelli 2002, S. 62 ff.; Bentele 1998; Kaase 1998). Insbesondere die Bundestagswahl-
kämpfe seit 1998, an denen der medienversierte ehemalige Kanzler Gerhard Schröder
beteiligt war, haben die Debatte über die „Personalisierung der Parteikampagnen ange-
facht und der Politik den Vorwurf der Themenarmut eingebracht" (Holtz-Bacha 2006,
S. 13). Trotzdem ist das Plakat ein „zeitloses" Medium des Wahlkampfs. Daher hat die
Auseinandersetzung mit Plakaten im Politikunterricht einen nicht zu unterschätzenden
Bildungsgehalt: Über die Grundlagen der Bild- und Plakatsprache und Persuasionsfor-
schung informierte Schülerinnen und Schüler werden (eher) in der Lage sein, den Charakter von politischen Plakaten zu durchschauen. Gerade in Wahlkämpfen steht die „expres-
sive Dimension des politischen Prozesses" (Besand 2004, S. 44) im Vordergrund. Nutzen
politische Parteien doch in Wahlkampfzeiten im Medienverbund (Wahlplakat, Werbe-
spots, Parteienlogos u.Ä.) die gesamte Bannbreite ästhetischer Darstellungsmöglich-
keiten. Greifen Lehrerinnen und Lehrer dieses Thema in Wahlkampfzeiten auf, bieten sie
ihren Schülerinnen und Schülern die Gelegenheit, sich „in der politischen Analyse und
Urteilsbildung zu üben" (Breit 2004, S. 37).

Begriffsklärung

> „Plakate werden großflächig für die Öffentlichkeit sichtbar angebracht. Sie enthalten pointierte Botschaften (Kernaussagen), zielen auf Wirkung und sind mit ästhetischen Mitteln ansprechend gestaltet. Plakate werden in unterschiedlichen Bereichen (Wahlen, Werbung, Kunst) eingesetzt. Für politisches Lernen insbesondere interessant ist die Analyse von Wahlplakaten" (Schelle 2002, S. 126).

Funktion — Plakate sind aus unserer Lebenswelt nicht mehr wegzudenken. Sie sind Bestandteil unserer Alltagskultur und werden gemeinhin als absichtsvoll gestaltete Medien betrachtet. Ihre stilistischen Besonderheiten unterscheiden sie von Bildern. Plakate dienen offen und ganz bewusst einem erkennbaren Zweck: Sie wollen Einfluss nehmen, überwältigen, führen und oftmals auch „verführen". Grafik, Bildauswahl und Slogan müssen auf den ersten Blick sitzen. Die endgültige Reduktion einer zu vermittelnden Botschaft oder eines Programms ist bei einem Plakat auf einen Slogan reduziert, der alle wesentlichen Anteile der Botschaft abdeckt, dynamisch und (auf)drängend sein muss (vgl. Schröder 1988, S. 170).

> „Je nach Intention der Auftraggeber oder Gestalter haben Plakate die vielfältigsten Aufgaben und Funktionen: Plakate werben, informieren, warnen, drohen, mahnen, erklären, argumentieren, klagen an, fordern auf, agitieren, protestieren, provozieren, überzeugen, verharmlosen, übertreiben (...). Um ihr jeweils implizites Ziel zu erreichen, müssen Plakate daher ihrer Form, Farbe und Größe nach auffällig gestaltet, aus einiger Entfernung bereits erkennbar und schnell erfassbar sein" (Hübner/Müller 1997, S. 188).

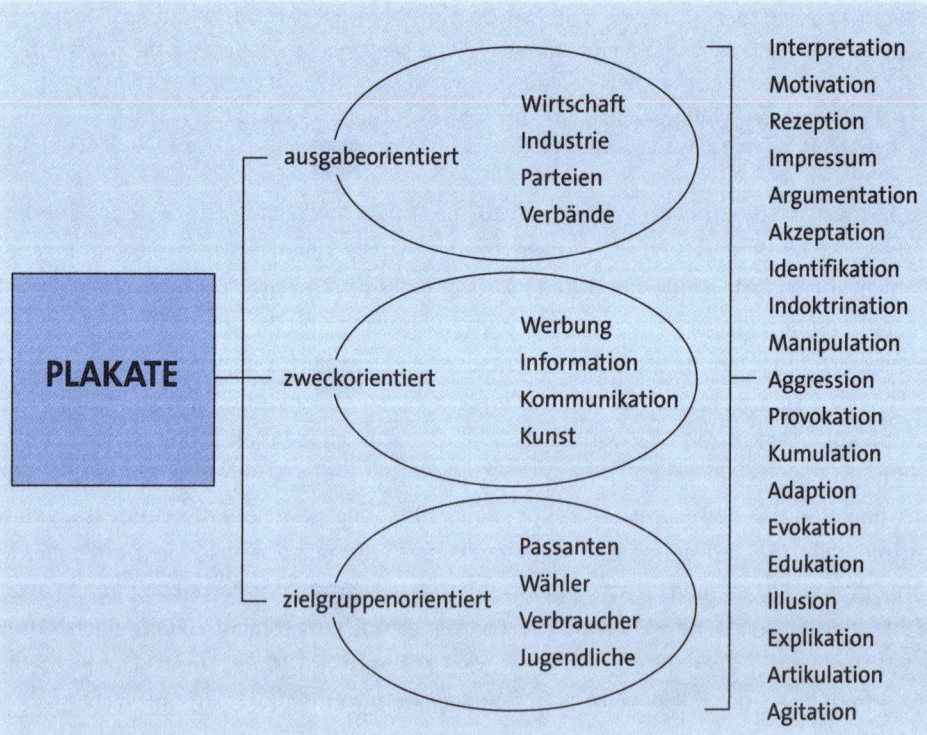

Abbildung 1: Wirkungs- und Beziehungsgefüge von Plakaten: Mehrdimensionaler Charakter und multifunktionale Bandbreite (Hübner/Müller 1997, S. 189)

Vor dem Hintergrund des Wirkungs- und Beziehungsgefüges wird deutlich, dass politische Plakate – und Wahlplakate im Besonderen – mit knappen Slogans und Bildmotiven darauf abzielen, (partei-)politische Themen auf verdichtete Kernaussagen zu reduzieren und die Identifikation mit den jeweiligen Kandidaten zu erhöhen.

„Politik ist keine Ware" – Probleme der Dechiffrierung

Plakate stehen in einem bestimmten Vermittlungszusammenhang. Sie sind aufgrund ihrer Machart und der ihnen zugewiesenen Funktion gewissermaßen schon „didaktisch aufbereitet". Gerade die Verdichtung der inhaltlichen Aussage auf eine sinnfällige Grafik bzw. die Konzentration auf plakative Bildmotive und die Reduzierung der Botschaft auf einen Slogan können bei einer Plakatanalyse im Unterricht Probleme bereiten und unter Umständen zu nicht intendierten Folgen führen (vgl. Beispiel 2). Die Rezeption, Analyse und Interpretation kann unter Umständen schon deshalb Schwierigkeiten bereiten, weil „Form und Inhalt (...) nicht miteinander korrespondieren bzw. harmonisieren" (Schelle 2001, S. 210). So kann die „äußere", auf den ersten Blick sichtbar werdende Komposition in einem deutlichen Widerspruch zur inhaltlichen Botschaft stehen. Die Botschaft von Plakaten oszilliert häufig zwischen der offenkundigen, „buchstäblichen" Nachricht und der „versteckten", der codierten Nachricht (Ehmer 1974), die eine Dechiffrierung erfordert (vgl. Beispiel 1). In didaktisch-methodischer Hinsicht sind deshalb Instrumente und/oder Kategorien notwendig, mit denen Bedeutungen, „manifeste und latente Sinngehalte und -strukturen aus einem optischen Bestand herausgelesen, entschlüsselt bzw. dechiffriert werden" (Schelle 2001, S. 210). Will man eine an der bloßen Intuition orientierte Auswertung und somit den reinen Austausch von Sichtweisen – die Aneinanderreihung von „Meinungsgirlanden" (Tilman Grammes) – im Unterricht vermeiden, muss die Rezeption, Analyse und Interpretation von Plakaten einer gewissen Systematik folgen.

Quelle: Archiv Grünes
Gedächtnis, Berlin

BEISPIEL 1: „ICH BIN SO FREI" – EXEMPLARISCHE PLAKATANALYSE
Die exemplarische Analyse eines Wahlplakates aus dem Wahlkampf 1990 zeigt, dass die Methode der Plakatanalyse ein anspruchsvolles Unterfangen ist und nicht losgelöst vom zeitgeschichtlich-politischen Kontext bzw. den gesellschaftspolitischen Rahmenbedingungen der Entstehungszeit des Plakates zu bewerkstelligen ist.

Die politische Situation der Entstehungszeit lässt sich folgendermaßen beschreiben: Seit 1982 regierte in Deutschland eine Koalition aus Union und FDP. Die Grünen gehörten seit ihrem erstmaligen Einzug in den Bundestag (1983) zur Opposition. Für den Wahlkampf zur Bundestagswahl 1990 entschlossen sich die Grünen zu einem gemeinsamen Wahlkampf mit der Bürgerrechtsbewegung „Bündnis 90" aus der ehemaligen DDR. Das Thema „Paragraph 218 – Abtreibung" war in den alten Bundesländern zu diesem Zeitpunkt durch die sog. „Indikationslösung" definitiv geregelt, die in der ehemaligen DDR gültige wesentlich liberalere „Fristenlösung" bzw. die Frage nach einer möglichen Übernahme dieser Lösung für die „neue" Bundesrepublik machte jedoch das Thema wahlkampfpolitisch aktuell. Da der Einigungsvertrag die Weitergeltung der Fristenlösung in den neuen Bundesländern nur als Übergangslösung vorsah, stand eine endgültige Gesamtlösung also auf der Aufgabenliste der zukünftigen Bundesregierung. (...) Die Intention des Absenders ist die Streichung des Paragraphen 218, um auf diese Art und Weise die „Entscheidungsfreiheit" der Frau zu verwirklichen. Konkret bedeutete dies damals die Unterstützung der Forderung nach Übernahme der „alten" DDR-Fristenregelung. Um dieses Ziel durchsetzen zu können, fordert der Absender indirekt zur Wahlentscheidung für seine Partei auf, indem er sich als Garant für die Verwirklichung dieses Anliegens darstellt: „Mit uns für die Entscheidungsfreiheit der Frau". (...)

Die visuelle Gestaltung des Werbeträgers setzt einerseits auf die „eye-catching"-Funktion der abgeänderten Mona Lisa und andererseits auf die Teildiskrepanz zur Hauptbildunterschrift „Ich bin so frei". Insofern als die „Mona Lisa" inzwischen fast zum Sinnbild für „Weiblichkeit" und modernes, emanzipatorisches Bewusstsein geworden ist (...), setzt die Plakatgestaltung ganz bewusst auch auf das Vorwissen der Betrachter, um einen Kontakt herzustellen und Verständnis anzubahnen.

Unterstützt wird dieser Prozess noch durch die Bildunterschrift, die sich als Werbebotschaft einer Kaffeereklame deutlich vom Bereich Hochkultur „Mona Lisa" abgrenzt; eine Differenz, die ins Auge fällt und provoziert. Auf den zweiten Blick allerdings löst sich diese Konfliktkonstellation auf, da der Spruch inhaltlich durchaus zum signifikant veränderten Outfit der Mona Lisa passt: Statt eines prächtigen Renaissancekleides trägt sie auf dem Plakat nur eine Art weißes Tuch (schulterfrei), das sie mehr oder weniger im Begriff ist abzulegen. Dieser Prozess des „Entkleidens" als emanzipatorischer Akt unterstützt (ebenso wie der rot durchkreuzte Paragraph 218) visuell den Text „Ich bin so frei", der Freiheit und Selbstbestimmung der Frau als Leitmaxime für jede künftige Regelung der Abtreibungsfrage in den Mittelpunkt stellen möchte. Nicht umsonst unterstreicht die Positionierung des „Ich" in der Frontstellung im Ausrufesatz diesen Aspekt noch einmal in besonders deutlicher Weise. Konkret ausformuliert wird dieses dann noch einmal in der zweiten (kleiner gedruckten) Bildunterschrift: „Mit uns für die Entscheidungsfreiheit der Frau". (...) Die eigene Position wird durch die Koppelung mit positiven Werten („Entscheidungsfreiheit der Frau") und bildliche Assoziation mit dem klassischen Kulturgut „Mona Lisa" aufgewertet.

Insgesamt kann man festhalten, dass hier eine Plakatgestaltung vorliegt, die von Anfang an auf eine soziologisch eng eingrenzbare Gruppe von Adressaten zielt und nicht, wie die Plakate der Volksparteien, auf alle gesellschaftlichen Gruppierungen. Vor dem Hintergrund des Bildungspotentials der Wählergruppe kann das Plakat es sich erlauben, auf billige Tricks und ideologische Floskeln zu verzichten. Vielmehr spielt der Gestalter geschickt mit Bild und Text und provoziert auf diese Weise eine intensive Auseinandersetzung mit Plakat und Thema bei der Zielgruppe.

(Quelle: http://www.bpb.de/methodik/M8LPU8.html)

Ein weiteres Problem gilt es zu bedenken: Es ist ein Gemeinplatz, dass Werbekommunikation und politische Kommunikation nach den gleichen Gesetzmäßigkeiten funktionieren, obwohl sich beide Formen ihrem Wesen nach erheblich unterscheiden. Werbung will für Produkte und Dienstleistungen werben, politische Kommunikation hingegen verfolgt „wertpolitische" Ziele und propagiert unterschiedliche normative Vorstellungen und Gesellschaftsbilder. Eine didaktisch fundierte Plakatanalyse im Unterricht, die sich nur auf Methoden und Strategien der Werbung konzentriert, bleibt auf halbem Wege stehen (vgl. Beispiel 2). Bei einer Plakatanalyse ist es sinnvoll, zwischen einer ästhetisch-formalen und einer inhaltlichen Ebene zu unterscheiden. Zur ästhetisch-formalen Analyse gehören die Kategorien der sprachlichen Gestaltung und Komposition (vgl. Albrecht-Schnickmann/Wolff 1976), Kategorien der visuellen Gestaltung bzw. „Aufmachung" und das Layout. Die eigentliche politische Ebene umfasst die verschiedenen Elemente der politischen Kommunikation (politisch-programmatische Aussagen, angesprochene Themenfelder der Politik, Gesamtkontext des Wahlkampfes, transportiertes Image der Partei, der Politikerinnen und Politiker usw.). Eine methodisch solide Plakatanalyse bewegt sich demnach auf mehreren Ebenen (vgl. Tabelle), wobei die Übergänge zwischen diesen Ebenen durchaus fließend sein können.

Ästhetisch-formale und inhaltliche Ebene

Ästhetisch-formale Analyse I: Visuelle Elemente bzw. Zeichensysteme und deren Komposition	– (zentrale) Bildelemente, Farben, Embleme, Haltung, Mimik und Gestik bei Personen (Einzelelemente); – Gesamtaussage, Verknüpfung der Einzelelemente, Aussagen/Botschaften der Bildelemente, Akzentuierungen.
Ästhetisch-formale Analyse II: Verbale Elemente bzw. Zeichensysteme und deren Komposition	– Rhetorische Mittel: Schlüsselbegriffe, Schlagworte, auffallende Satzformen, Zitate; – Rhetorische Figuren: Aufwertung des eigenen Standpunktes (positive Attribute), Abwertung des gegnerischen Standpunktes (negative Attribute); – Perspektivische Gliederung: Selbstdarstellung und Darstellung des Gegners (s.o.); – Argumentationstechnik: Behauptung, Beleg, Begründung; – Adressatenbezug: Anredeform, Aufforderung, Warnung usw.
Inhaltliche Analyse: Elemente der politischen Kommunikation/politischen Werbung	– Informatorische Gliederung: Sachangaben zum Wahlkampf, zu Themen und Aufgaben der Politik; – Dimension(en) des Politischen/politische Kategorien oder Kontroversen; – Benennung/Beurteilung konkreter Sach- und Streitfragen aus Politik, Wirtschaft und Gesellschaft; – Rekurs auf bestimmte Politik- und Menschenbilder.

Die Plakatanalyse ist eine anspruchsvolle Angelegenheit, weil diese Methode mehr als nur im Alltag verhaftetes „Bildersehen" ist und bei Schülerinnen und Schülern verschiedene Kompetenzbereiche voraussetzt bzw. die Übung und den schrittweisen Aufbau eben dieser Kompetenzen erfordert.

Ein weiterer Aspekt sollte bei einer Plakatanalyse bedacht werden: Aufgrund seiner zumeist „künstlerischen Gestaltung, seiner Farbgebung, seiner Komposition und Aussage (kann) es mehr als andere Medien das Interesse" (Schneider 1999, S. 277) der Schüler und Schülerinnen auf sich ziehen. Gerade die stilistische und/oder ästhetische Besonderheit macht das Plakat zu einem attraktiven Unterrichtsmedium. Die Akzeptanz und letztlich die didaktische „Wirksamkeit" von Plakaten hängen jedoch davon ab, ob sie den Wahrnehmungs- bzw. Sehgewohnheiten der Schülerinnen und Schüler entsprechen und den Zeitgeist angemessen abbilden (vgl. Besand 2004). Die saloppe Aussage, dass sich Plakate „biographisch verheddern" (Otto 1993, S. 2) können, weist auf den Gegensatz von „Lebensnähe" und „Fremdheit" hin. Lebensnahe Plakate können von Schülerinnen und Schülern „gelesen" werden, denn das (Wieder-)Erkennen von Bekanntem ermöglicht einen ersten Zugang. Ohne eine gewisse Fremdheit jedoch fehlt das Neue, der Lernzuwachs (vgl. Maier 1998, S. 41 ff.). Die Darstellung wäre redundant, wenn sie lediglich bekannte Sachverhalte wiederholt. Ohne eine gewisse Fremdheit regen Plakate „nicht zum Nachdenken an und werfen keine Fragen auf" (a.a.O.). [1]

Lebensnähe und Fremdheit

Zwei grundlegende Schritte der Plakatanalyse

SCHRITT 1: ÄSTHETISCH-VERSTEHENDER ZUGANG

Plakate erzielen meist unterschiedliche Wirkungen beim Betrachter. Häufig erfolgt die Begegnung mit Plakaten „diskursiv". Schülerinnen und Schüler verweilen in aller Regel unterschiedlich lange auf den stilistischen, grafischen und sprachlichen Ebenen, wechseln häufig und sprunghaft in ihren Interpretationen. Zumindest für die Rezeption und Interpretation von Plakaten im Unterricht gilt daher, dass jede Interpretation stets nur eine von mehreren möglichen Auslegungen sein kann, weil Plakate unterschiedlich wahrgenommen, mit verschiedenen Bedeutungen, Vorausurteilen (Massing 1999, S. 199 ff.) belegt und affektiv besetzt werden. Unterschiedliche Interpretationen sind als Chancen im Lernprozess zu begreifen, weil sie kontroverse Diskussionen auslösen können und somit Prozesse der Verständigung notwendig machen

Plakate werden unterschiedlich wahrgenommen

Denken an und mit Plakaten erfordert im ersten Schritt der Plakatanalyse eine gewisse Offenheit des Unterrichts, weil in dieser Unterrichtssituation subjektiv gehaltene Interpretationsideen und Interpretationsstücke zur Verhandlung kommen. Unter dieser Maßgabe sollten weniger das abstrahierende Lernen favorisiert und die „kunsttheoretisch" verbindliche Auslegung angestrebt werden, sondern die Schaffung von Unterrichtssituationen, die Anlass und Aufforderung zu Ich-Beteiligung geben. Der Umgang mit Plakaten ist nur sinnvoll, wenn er zunächst eine „subjektive Ingebrauchnahme" zulässt, d.h. die Bedeutung und der Sinn von Plakaten mit Alltagserfahrungen, Emotionen und Entsprechungen in der Realität der Schüler und Schülerinnen besetzt werden können. Diese Offenheit meint nicht Beliebigkeit, denn auch eine offene Unterrichtsführung „setzt Eindeutigkeit und Verbindlichkeit des methodischen Handelns" (Meyer 1993, S. 223) der Lehrerin bzw. des Lehrers voraus.

Für diesen ersten, ästhetisch-verstehenden Zugang eignen sich folgende Leitfragen (vgl. die ausführliche Variante in **Checkliste 1** und **2**, S. 159 f.), die für politisch-ästhetische Lernprozesse konstitutiv sind (vgl. Schelle 2005; 2002; 2001).

- Wie wirkt das Plakat auf mich?

- Welche Assoziationen, Vorstellungen, Fantasien werden durch das Plakat in mir geweckt?

- Welche emotionalen Reaktionen löst das Plakat/lösen einzelne Elemente des Plakats bei mir aus?

- Was spricht mich an, empört oder erheitert mich?

(nach: Schelle 2005, S. 526 ff.)

SCHRITT 2: FORMALE UND INHALTLICHE ANALYSE

Dieser verstehende Zugang kann und soll politikdidaktische Fragen generieren: „Über eine Klärung dessen, was Schülerinnen und Schülern bedeutsam ist (von subjektorientierten Deutungen), können in weiteren Schritten sachliche und inhaltliche Bezüge systematisch unterschieden werden" (Schelle 2001, S. 220), d.h. in einem zweiten, didaktisch weitaus anspruchsvolleren Schritt geht es darum, die formale Analyse durchzuführen und den Bezug zu den politischen Informationen und Fakten herzustellen. Dieser zweite Schritt kann sich an folgenden Leitfragen (vgl. die ausführliche Variante in **Checkliste 1** und **2**, S. 159 f.) orientieren:

- Was ist auf dem Plakat abgebildet und wie lässt sich das Abgebildete und Ausgesagte beschreiben?

- Auf welche politischen Kategorien/Inhalte/Kontroversen verweist das Plakat?

- Inwiefern transportiert/vermittelt/präsentiert das Plakat Vorstellungen von Gesellschaft und Politik?

- Welche Informationen und Recherchen sind für die Interpretation hilfreich?

(nach: Schelle 2005, S. 527)

Gerade weil die visuellen und verbalen Zeichensysteme eines Plakates hochgradig verdichtet sind (vgl. Beispiel 1), ist in dieser Phase i.d.R. die Recherche nach und Verwendung von Referenzmedien, d.h. weitere, das Plakat erschließende Informationen (z.B. konkretisierende Texte und Bildquellen), notwendig. Da sich Wahlplakate auf aktuelle politische Sachfragen und Kontroversen beziehen, ist eine Auseinandersetzung mit den hinter den Slogans und visuellen Zeichen stehenden politischen Positionen und Konzepten geboten.

Arbeits- und Aktionsformen

Ob und wie sich das didaktische Potenzial einer Plakatanalyse entfaltet, ist nicht zuletzt eine Frage der Arbeits- und Aktionsformen. Zu berücksichtigen ist, dass die Verwendung von Plakaten im Unterricht „tiefgefrorene" Ziel-, Inhalts- und Methodenentscheidungen beinhaltet, die durch das methodische Handeln von Lehrenden und Lernenden wieder „aufgetaut" werden müssen (vgl. Meyer 1993, S. 150). Nachfolgend werden vier der gebräuchlichsten Arbeits- und Aktionsformen (vgl. Schelle 2005; Frech 2002; Gugel 1998, S. 36 ff.) geschildert.

Plakate analysieren: Die Botschaft eines „auf eine einzige Aussage vereinfachten Plakats kann Tiefgang haben und einen differenzierten Beitrag" (Ackermann/Gaßmann 1991, S. 30) zur künstlerischen, sprachlichen Auseinandersetzung und politischen Urteilsbildung darstellen. Bei dieser Arbeitsform geht es zunächst um die gestalterischen Bestandteile des Plakats. Bei der Analyse der Bildsprache können Schülerinnen und Schüler „die besondere Wirkmächtigkeit der von Plakatkünstlern angewendeten Gestaltungselemente durchschauen lernen" (Schneider 1999, S. 323). Außer den ikonografischen Details (Farbe, Text, Symbolik, Komposition) interessieren die inhaltlichen Aussagen. Da Plakate zu nahezu allen politischen und gesellschaftlichen Anlässen hergestellt werden, ermöglichen sie Einblicke in die politische Praxis einer bestimmten Zeit. Schüler und Schülerinnen „treten ein in die politischen Auseinandersetzungen (...), werden Zeuge der Wahlkämpfe, prüfen die Argumente der Parteien und bilden (...) daraus ein Urteil" (Peters 1968; zit. nach Schneider 1999, S. 316). In Anlehnung an das Verfahren der Quellenkritik ergeben sich mehrere Einzelschritte der ästhetischen, formalen und inhaltlichen Analyse (vgl. die **Checklisten 1** und **2**, S. 159 f.).

Eine ähnliche Vorgehensweise gilt für Plakate, die keinen explizit politischen Inhalt verkünden. Plakate sind weit mehr als nur ein Medium der Werbung oder Informationsträger für Produkte. Sie sind zugleich zeit- und kulturgeschichtliche Quellen ersten Ranges (vgl. Schindelbeck 2001; 2003) und eigenen sich somit als Illustrations- und Arbeitsmittel. Mit ihnen lassen sich Aussagen über die kulturelle Praxis einer Gesellschaft, über deren Sozialstruktur und über die Verfügbarkeit und den Stellenwert von Konsumprodukten machen.

> „Sie ermöglichen uns auch Einblicke in den Geist einer Zeit: Sie dokumentieren Freizeit- und Konsumverhalten, lassen Bedürfnisse erkennen, wie sie in der Gesellschaft tatsächlich vorherrschten oder durch Plakate angestachelt wurden; sie geben Auskunft über Geschmacks- und Bildungsstandards; die auf Plakaten dargestellten Produkte spiegeln den technologischen Fortschritt wider; wie Seismographen dokumentieren sie Veränderungen in der Kunst und im Kunstgeschmack sowohl aufgrund der Gestaltungselemente, die auf ihnen erkennbar sind, wie etwa auch aufgrund der mit Plakaten beworbenen Kunstausstellungen; Plakate die – wie etwa zur Zeit des Ersten Weltkriegs – zu Sammlungen und Spenden aufrufen, appellieren an die Solidarität der Mitbürger, sind aber zugleich auch ungewollte Zeugnisse für offensichtliche Defizite in den staatlichen und kommunalen Sozialhaushalten; sofern die Plakate politische Inhalte transportieren bzw. ausgesprochene Wahlkampfplakate sind, führen sie uns ein in die großen politischen Auseinandersetzungen ihrer Entstehungszeit, lassen Ideologien und Ziele der Parteien erkennen usw." (Schneider 1999, S. 310).

Günther Gugel (1998, S. 38) hat eine umfassende Checkliste zur Beurteilung solcher Plakate entwickelt. Diese Liste ist weiter gefasst als die erste **Checkliste** (vgl. S. 159) und zielt darauf ab, Plakate zu analysieren, die keine dezidiert politische Aussage enthalten oder absichtsvoll gestaltete Medien der politischen Kommunikation sind (vgl. **Checkliste 2**, S. 159 f.).

Plakate selbst gestalten: Es kann didaktisch ein durchaus sinnvolles Vorhaben sein, wenn Schülerinnen und Schüler selbst ein Plakat gestalten und Unterrichtsinhalte aus ihrer Perspektive plakativ „auf den Punkt bringen" (vgl. Pohl 2004). Diese Aufgabe kann methodisch so angeleitet werden, dass Schüler auf der Grundlage eines Textes ein eigenes Plakat entwerfen (vgl. Pohl 2004; Schröder 1988, S. 169 ff.). In der Praxis bedeutet dies, dass ein Text – in diesem Fall verschiedene Wahlprogramme – so verkürzt und sprachlich reduziert wird, dass über die Zwischenstufen einer Wandzeitung und/oder eines Flugblattes ein Plakat entsteht. Somit ist die „endgültig letzte Reduktion einer Botschaft (...) die Entwicklung eines Plakates" (a.a.O.). Bei dieser Umsetzung eines Textes in ein Plakat bzw. bei der „Reduktion des Textes auf einen möglichst treffenden Plakatslogan erlebt der Schüler ein Stück weit die Arbeit des Plakatkünstlers nach und gewinnt Einblicke in die Konsequenzen, die sich aus der Reduktion einer (politischen) Aussage zu einer möglichst knappen Botschaft ergeben" (Schneider 1999, S. 328).

Plakate ermöglichen Einblicke in die politische Praxis

Verkürzung – gedankliche Leistung der Schüler

Plakate umgestalten und verfremden: Diese hinlänglich bekannte Methode wird häufig dem Kunstunterricht zugeordnet. Es kann jedoch auch für andere Fächer reizvoll und ertragreich sein, wenn Schülerinnen und Schüler (oder andere Zielgruppen) selbst ein Plakat gestalten bzw. ein vorhandenes Plakat überarbeiten. Plakate können zu einer Art „kultureller Praxis" anstiften, bei der durch Nachahmung, Veränderung, Umgestaltung und Neuinterpretation eigene und subjektiv geprägte Ausdrucks- und Artikulationsformen der Schülerinnen und Schüler im Mittelpunkt des Unterrichts stehen. Elemente des Plakats werden aus ihrer Objektgebundenheit herausgelöst, aus dem Gesamtzusammenhang „befreit" und für die Eigenproduktion geöffnet.

> „Nicht gleich Farben und Papier zur Hand nehmen. Erst sich Klarheit über die angestrebte Botschaft verschaffen. Dann Informationen über das Anstoß erregende Problem einholen – mit anderen darüber diskutieren. Ideen zur Umsetzung des Themas notieren, Entwürfe entwickeln und Alternativen erwägen. Wenn Sie Ihre Plakatidee haben, kommt die Phase der Umsetzung. Entscheiden Sie jetzt über Format (Querformat = Erzählformat, Hochformat = Informationsformat), Technik, Farben, Schrift. Streben Sie einen Gleichklang dieser Elemente an. Überdenken Sie Ihren Entwurf in Ruhe, besprechen Sie ihn und bleiben Sie offen für Verbesserungen" (Ackermann/Gaßmann 1991a, S. 30).

Als (historische und politische) Vorbilder sei an John Heartfield oder Klaus Staeck erinnert, deren Plakate nichts von ihrer Aussagekraft, Prägnanz und Bissigkeit eingebüßt haben. Da Plakate als eine Mischung aus Bild, Text und transportierter Botschaft bzw. Aussage angesehen werden können, ist es nahe liegend, bei der Analyse und Eigenproduktion von Plakaten die angesprochenen Fächer (Deutsch, Kunst, Geschichte und Gemeinschaftskunde) „zu fächerübergreifendem Tun zu veranlassen" (Schneider 1999, S. 329).

Plakatausstellung: Selbst entworfene oder auch gesammelte Plakate zu einem bestimmten Themenbereich können als Ausstellung präsentiert werden. Die Komplexität des gewählten Themenbereichs muss hierbei reduziert werden und gleichzeitig stellt sich die Lerngruppe der „Öffentlichkeit". Die öffentliche Präsentation und die damit verbundene Produktorientierung bedingt, dass die Arbeit an den Plakaten zielgerichtet überdacht, die Ideen stilistisch und grafisch aufbereitet werden, weil die Plakate für sich selber sprechen müssen. Es herrscht ein ständiger Wechsel zwischen Handeln und Reflexion. Schüler und Schülerinnen filtern aus Materialien aus, was ihnen besonders wichtig erscheint, probieren und konstruieren Beziehungen zu ihrem Thema, entdecken Zusammenhängendes, diskutieren, heben hervor, kommentieren, verwerfen und entscheiden schließlich über die Gestaltung des gewählten Themas zu einer Ausstellungstafel. Geht man dieses Vorhaben projektorientiert an, bietet sich zudem die Chance, dass Schülerinnen und Schüler sich entsprechend ihrer jeweiligen Fähigkeiten beteiligen und einbringen können. Das konkrete und praktische Handeln, das gezielte und von Kategorien bestimmte Auswählen, Hervorheben, Weglassen, Ergänzen, Kommentieren führt in aller Regel zu einem Produkt, auf das Schüler und Schülerinnen stolz sind (vgl. **Checkliste 3**, S. 160).

Unterrichtsbeispiele und Optimierungsvorschläge

BEISPIEL 2: PARTEIENVERDROSSENHEIT ALS NICHT INTENDIERTE FOLGE?

In einem unlängst veröffentlichten Unterrichtsvorschlag (Langner 2005, S. 40-44) – der im Folgenden nur in seinen wesentlichen Akzentuierungen dargestellt wird – steht die Analyse von vier Wahlplakaten aus dem Bundestagswahlkampf des Jahres 2005 im Mittelpunkt. In einem ersten Schritt – so die „politikdidaktische Perspektive" des Autors – sollen die Schülerinnen und Schüler unter Zuhilfenahme werbepsychologischer Fragestellungen zunächst „den strategischen Aspekt von Wahlplakaten" (Langner 2005, S. 41) analysieren, sodann den politischen Gehalt erschließen, gar zu einem eigenen „Urteil hinsichtlich des Nutzens politischer Werbung" (a.a.O.) finden. In einem abschließenden, der Urteilsbildung vorausgehenden Schritt soll die Lerngruppe prüfen, „inwieweit sich die Parteien in ihren plakativen Ansätzen zum Arbeitsmarkt überhaupt unterscheiden" (a.a.O.).

M 1

Als Unterrichtsmedien werden vier Wahlplakate präsentiert (vgl. **M 1**), die mithilfe eines Autorentextes über das „kleine Einmaleins" der Werbung und dreier Arbeitsaufträge zunächst hinsichtlich ihrer ästhetischen Wirkung (Text- und Bildgestaltung) einer Analyse zu unterziehen sind. Diese Unterrichtsphase soll den Zusammenhang von Marketing und Politik verdeutlichen und als Resultat einer „marketingbezogenen Analyse" (a.a.O.) zur (politischen) „Kernbotschaft" führen.

Verwendung im Unterricht

In einem anschließenden Schritt wird die Lerngruppe aufgefordert, aus neun kurz definierten Funktionen politischer Werbung (Emotionalisieren, Mobilisieren, Diskreditieren, Personalisieren, Profilieren, Simplifizieren, Überzeugen, Informieren, Provozieren) diejenigen Funktionen auszuwählen, auf die „im Wahlkampf verzichtet werden sollte" (a.a.O.). Nach dieser Auswahl sollen die Schülerinnen und Schüler zu folgender Frage Stellung beziehen: „Wahlkampf – Information oder Manipulation?"

Hier stellt sich zunächst die sachlogische Frage, warum überhaupt eine Auswahl aus diesen neun Funktionen erfolgen soll. Alle diese Faktoren sind durchaus legitime Mittel, Techniken und Taktiken des Wahlkampfes. Vor dem Hintergrund eines „realistischen" Politikbildes und Demokratieverständnisses erscheint „die wahlkampfspezifische Politikvermittlung (...) als normaler, mehr oder weniger effizienter politischer Wettbewerb um Stimmen" (Pohl 2004, S. 209 f.). Anstatt die Ambivalenzen zu diskutieren, die jeder Wahlwerbung innewohnen (vgl. Pohl 2004, S. 210), könnte die Lerngruppe auch zu dem Schluss kommen, Wahlkämpfe aufgrund von Pauschalisierungen und manipulativen Wahlkampfstrategien (vgl. a.a.O., S. 213) grundsätzlich zu verurteilen. Die Fragestellung provoziert geradezu das Argument, dass „die Politik" mit unlauteren Mitteln arbeitet, gar Propaganda betreibt, in der „die Norm der wahrheitsgemäßen Information untergeordnet und bewusst ausgeklammert wird" (Bentele 1998, S. 133). Nicht Rechnung getragen wird bei dieser Vorgehensweise im Unterricht zudem neueren Analysen, die darauf hinweisen, dass das „Beeinflussungspotenzial von Wahlkämpfen und Wahlstrategien für das Wahlverhalten der Bürger überschätzt wird" (Kaase 1998, S. 47; Schmitt-Beck 1998, S. 325).

Der didaktisch brisantere Teil offenbart sich im Rahmen der Auseinandersetzung mit den Werbebotschaften. Als Referenzmedium zur Kernaussage – „Die Parteien unterscheiden sich hinsichtlich ihrer Programmatik zum Problemfeld nicht" – wird ein Text von Ulrich Beck als Arbeitsmaterial angeboten, dessen zentrale Aussage wie folgt lautet:

> „Die Parteien bewegen sich in drei wesentlichen Punkten in einem Konsens: Sie nennen als Ziel die Wiederherstellung der Vollbeschäftigung; sie verfolgen das Ziel im nationalstaatlichen Rahmen; und sie setzen dabei alle auf eine mehr oder weniger neoliberale Medizin (...).
> Die SPDCDUFDPGRÜNENNEUELINKE (Hervorhebung im Original) predigen alle dasselbe: Wachstum, Wachstum, Wachstum (...). Das ist völlig irreal!" (a.a.O., S. 44).

Die Erkenntnis, dass diese Ansätze „weniger als konkurrierende, sondern eher als komplementäre Konzepte aufgefasst werden" (a.a.O., S. 41) können, soll durch die Einwände von Ulrich Beck deutlich werden. Einschränkend wird eingeräumt, dass die Intensität, mit der die Schülerinnen und Schüler über den Zusammenhang von Wirtschaft und Arbeit reflektieren, von „den bereits vorhandenen Kenntnissen" abhängt. Der Autor ist hier aber guten Mutes: „Da dieser Aspekt in der öffentlichen Diskussion breit diskutiert wird, lässt sich hier jedoch einiges an Vorwissen voraussetzen" (a.a.O.). Sollte dieses Vorverständnis wider Erwarten doch nicht vorhanden sein, wird vorgeschlagen, folgende Übung durchzuführen:

> „Die Schüler erhalten die Begriffe ‚Innovation', ‚Deregulierung', ‚Arbeitsanreize', ‚Arbeitsvermittlung', ‚Steuersenkung', verfügbares Einkommen', ‚Wachstum', ‚Nachfrage', ‚Angebot' sowie ‚Arbeitsplätze' und ordnen diese in einem Pfeildiagramm so an, dass die Abhängigkeiten zwischen den Begriffen zu Tage treten. Dabei wäre auf ein hinreichendes Begriffsverständnis der Schüler zu achten. Außerdem sollten Sie im Anschluss daran den Bezug zu den aktuellen Politikkonzepten der Parteien herstellen" (Langner 2005, S. 41).

Der Unterrichtsvorschlag verzichtet – im Gegensatz zur sonstigen Ausführlichkeit – auf die Darstellung des Pfeildiagramms und lässt nach der Lektüre eine gewisse Ratlosigkeit zurück.

Mängel Ohne an dieser Stelle alle Unzulänglichkeiten diskutieren zu wollen, sind die didaktischen Mängel offensichtlich: Über den Umweg der so genannten „marketingbezogenen Analyse" und der Bearbeitung des Textes bleibt als Resultat die reichlich oberflächliche Erkenntnis, dass Wahlkampf ein (unnützes) Medienspektakel ist, gelegentlich in ein „schmutziges Geschäft voller Lügen" ausartet und dass „Parteien doch alle das Gleiche wollen". Der beliebige (und naiv anmutende) Umgang mit ökonomischen Begriffen bzw. volkswirtschaftlich komplexen Zusammenhängen und die Einebnung unterschiedlicher parteipolitischer Positionen legen den Schluss nahe, dass „in der ‚Politik' ewig diskutiert wird, (...) überzeugende Lösungen untergehen" und „Politiker sich nicht wirklich in der Sache engagieren" (Breit 2004, S. 41).

BEISPIEL 3: VON DER PLAKATANALYSE ZUR WAHLKAMPFBEOBACHTUNG

Politische Werbung zeigt sich „paradigmatisch in Wahlkämpfen" (Bentele 1998, S. 131), verwendet verbale (z.B. Slogans) sowie mediale Instrumente (z.B. Plakate, Anzeigen, Fernsehspots, Aufkleber, Logos usw.) und wird innerhalb von Kampagnen mit Hilfe professioneller Werbeagenturen entwickelt. Zu den zentralen Gesichtspunkten solcher Kampagnen gehören die Präsentation der parteipolitischen Position, Stellungnahmen zu aktuell ausgetragenen Kontroversen, die Darstellung der Ziele, die in der Politik verfolgt werden sollen, und die dafür einzusetzenden Mittel (vgl. Schmitt-Beck 1998).

Eine Bündelung all dieser Aspekte kann im Rahmen einer projekt- und handlungsorientierten Vorgehensweise (vgl. auch Breit/Eichner 2006, S. 134-137) dazu beitragen, „den Heranwachsenden einen Eindruck von der Spannung zu vermitteln, die Politik allgemein und insbesondere Wahlen auf den kompetenten Beobachter ausüben" (Breit 2004, S. 37). Es ist nahe liegend, nicht bei einem durch den Wahlkampf veränderten Straßenbild stehen zu bleiben und lediglich die Wahlplakate im Unterricht zu analysieren, sondern die Gesamtstrategie des Wahlkampfes und dessen Eigengesetzlichkeiten (vgl. Pohl 2004, S. 208) zum Unterrichtsinhalt zu machen. Indem Schülerinnen und Schüler die verschiedenen Einzelstrategien einer Kampagne kennen lernen und analysieren, filtern sie diejenigen Argumente heraus, die einer rationalen, politisch bewussten Wahlentscheidung dienlich sind.[2] Die Lerngruppe kann bei dieser Form der „Wahlkampfbeobachtung" Argumente und Botschaften ermitteln, die Wählerinnen und Wähler informieren und/oder eher „überreden" sollen. Wenn die Wahlentscheidung davon abhängt, wie Wählerinnen und Wähler die Leistungen und Problemlösekompetenzen der Parteien bewerten (vgl. Bentele 1998, S. 131), ist es folgerichtig, dass Schülerinnen und Schüler beurteilen, welche Argumente eher den „Kopf" und welche eher den „Bauch" ansprechen (vgl. den nachfolgenden Arbeitsauftrag).

In einem Kapitel der unlängst erschienenen Sonderausgabe der Zeitschrift „Politik & Unterricht" (Krause/Schneider-Helling 2006, S. 8 ff.), die sich an Schülerinnen und Schüler der Sekundarstufen I und II richtet, werden unter der Überschrift „Wahlkämpfe müssen nun mal plakativ sein..." mehrere Wahlplakate (vgl. **M 1**) präsentiert.[3] Nach einer erfolg-

Vorgehen im Unterricht

M 1

M 2

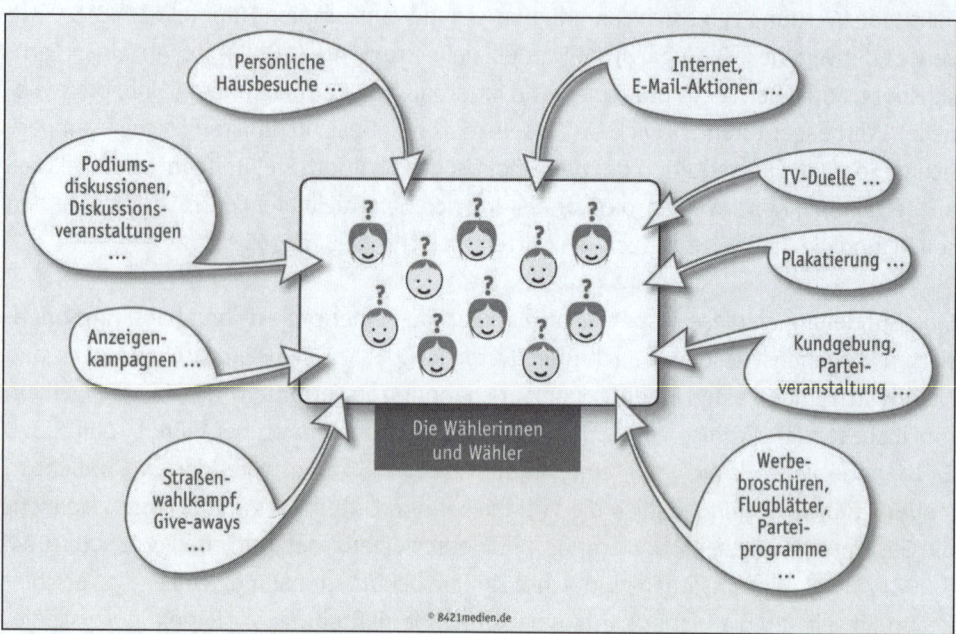

ten Plakatanalyse, die mithilfe der **Checkliste 1** durchgeführt werden kann, wird mit einer weiteren Abbildung (**M 2**) die Gesamtstrategie der Wählermobilisierung verdeutlicht. Den Schülerinnen und Schülern wird spätestens an dieser Stelle des Unterrichts bewusst, dass ein erfolgreicher Wahlkampf nicht nur aus Plakatwerbung besteht. Parteien und Politiker versuchen vielmehr mit unterschiedlichsten Strategien, ihre parteipolitischen Aussagen, Botschaften und Themen in der Öffentlichkeit zu platzieren.

Wählt man nun handlungsorientierte Aufgabenstellungen aus, die beobachtende und recherchierende Einzelaufträge beinhalten, übernehmen Schülerinnen und Schüler die Rolle von „Wahlkampfbeobachtern":

- Teilt eure Klasse – je nach Größe – in fünf bis sieben Gruppen auf. Jede Gruppe entscheidet sich für die Beobachtung einer Partei. Sammelt in den nächsten Wochen Wahlwerbung entlang den (in M 2) aufgeführten Wahlaktivitäten. Schaut regelmäßig in die Zeitung, fotografiert Plakate, Infostände usw. Haltet fest, wann und wo ihr die Materialien gefunden habt.

  Entwickelt eine Wandzeitung zur Partei eurer Wahl – Idealgröße DIN A0. Teilt den Platz in neun gleich große Felder ein (...). In diese Felder kommen die Wahlkampfaktivitäten. Macht die Einteilung der Wandzeitung für alle Parteien einheitlich. So kann man sie gut vergleichen. Vergleicht einmal pro Woche den Stand der Nachforschungen. Wo fehlen noch Materialien? Welches ist der originellste „Fund der Woche"? Kommen im Verlauf des Wahlkampfs Aktivitäten oder Materialien hinzu? Welche?

- Ob man wählen geht oder für welche Partei man sich entscheidet, ist eine Frage des Verstandes und des Gefühls. Betrachtet die Wandzeitung unter diesem Gesichtspunkt. Was soll eher den „Kopf", was den „Bauch", und was soll eher beides ansprechen. Haltet das Ergebnis in Tabellenform (3 Spalten) fest. Vergleicht eure Zuordnung mit der eurer Mitschülerinnen und Mitschüler.

- Welche Wahlwerbung kommt bei euch gut an, welche nicht? Warum?

- Lassen sich anhand der gesammelten Materialien Phasen des Wahlkampfs sowie eine Wahlkampfstrategie erkennen?

- Bildet Arbeitsgruppen und erstellt Präsentationen zu den Spitzenkandidaten der Parteien (...). Stellt diese Porträts dann in der Klasse vor. Im Internet findet ihr Angaben zum beruflichen und politischen Werdegang der Politiker, aber auch zu privaten Dingen wie Familie oder Hobbys.

- Warum präsentieren Parteien eine Spitzenkandidatin oder einen Spitzenkandidaten?

(aus: Krause/Schneider-Helling 2006, S. 11)

Im Gegensatz zu einem rein institutionenkundlich orientierten Politikunterricht gibt die hier vorgestellte Variante den Schülerinnen und Schülern Möglichkeiten und vor allem „Werkzeuge" zur eigenen Analyse und Beurteilung des Wahlkampfes im Vorfeld der eigentlichen Wahl an die Hand (vgl. auch Breit 2004, S. 37 ff.). Wahlplakate finden als Impulse Verwendung und generieren Fragen, die im weiteren Fortgang des Politikunterrichts bearbeitet werden. Die Konzentration auf ausgewählte Inhalte, versehen mit einer Arbeitsaufgabe, die zum Recherchieren, Analysieren und zur eigenen Urteilsbildung anregt, kann bei Schülerinnen und Schülern Interesse und Verständnis für Politik wecken.

Anmerkungen

[1] Eine Analyse der „Wahlplakate im Spiegel der Zeit" – so auch der Titel einer Bildergalerie der Bundeszentrale für politische Bildung (vgl. www.bpb.de) – zeigt die ästhetischen Veränderungen von Wahlplakaten, die sich wandelnde Seh- und Wahrnehmungsgewohnheiten und darauf abgestimmte Strategien des Wahlkampfes widerspiegeln.

[2] Kerstin Pohl hat hierzu eine vorbildliche Unterrichtseinheit vorgelegt, in der eine projektorientierte Vorgehensweise detailliert geschildert wird; vgl. Pohl 2004, S. 208-235.

[3] Im Folgenden wird nur das Kapitel geschildert, das sich mit Wahlkampfwerbung und Wählermobilisierung beschäftigt.

Literatur

Ackermann, Paul/Gaßmann, Reinhard (1991a): Arbeitstechniken politischen Lernens kurz gefasst. Stuttgart

Ackermann, Paul/Gaßmann, Reinhard (1991b): Methoden in der politischen Bildung – Handlungsorientierung. Bundeszentrale für politische Bildung (Hrsg.) (1991): Erfahrungsorientierte Methoden der politischen Bildung. Schriftenreihe der Bundeszentrale für politische Bildung, Band 304. Bonn, S. 74-84

Albrecht-Schnickmann, Beatrix/Wolff, Gerhard (1976): Von der Sympathiewerbung zur Konfrontation. Wahlanzeigen in Zeitungen und Zeitschriften. In: Praxis Deutsch, 18/1976, S. 48-51

Bentele, Günter (1998): Politische Öffentlichkeitsarbeit. In: Sarcinelli, Ulrich (Hrsg.): Politikvermittlung und Demokratie in der Mediengesellschaft. Schriftenreihe der Bundeszentrale für politische Bildung, Band 352. Bonn, S. 124-145

Besand, Anja (2004): Angst vor der Oberfläche. Zum Verhältnis ästhetischen und politischen Lernens im Zeitalter Neuer Medien. Schwalbach/Ts.

Breit, Gotthard/Eichner, Detlef (2005): Handlungsorientierte Aufgaben für den Politikunterricht zum Thema „Bundestagswahlen 2005". In: Politische Bildung, 2/2005, S. 134-137

Breit, Gotthard (2004): Fachdidaktische Anmerkungen zum Inhalt Wahlen in der Demokratie. In: Projektgruppe Berlin (Hrsg.): Beispiel Wahlen. Planung und Methoden des Politikunterrichts in der Praxis. Schwalbach/Ts., S. 37-43

Breit, Gotthard/Weißeno, Georg (2003): Planung des Politikunterrichts. Eine Einführung. Schwalbach/Ts.

Dittmer, Lothar/Siegfried, Detlef (2005) (Hrsg.): Spurensucher. Ein Praxisbuch für historische Projektarbeit. Überarbeitete und erweiterte Auflage. Hamburg

Dritte Welt Haus Bielefeld (Hrsg.) (1990): Von Ampelspiel bis Zukunftswerkstatt. Ein Dritte-Welt-Werkbuch. Wuppertal

Ehmer, Hermann K. (1974): Zur Metasprache der Werbung – Analyse einer Doornkaat-Reklame. In: Ehmer, Hermann K. (Hrsg.): Visuelle Kommunikation – Beiträge zur Kritik der Bewusstseinsindustrie. Köln, S. 162-178

Frech, Siegfried (2002): Das Plakat im Unterricht. In: Die Unterrichtspraxis. Beilage zu „bildung und wissenschaft" der GEW Baden-Württemberg, 7/2002, S. 54-56

Gugel, Günther (1998): Methoden-Manual II: „Neues Lernen". Tausend neue Praxisvorschläge für Schule und Lehrerbildung. Weinheim und Basel

Haus der Geschichte der Bundesrepublik Deutschland (Hrsg.) (1998): Bilder, die lügen. Begleitbuch zur Ausstellung im Haus der Geschichte der Bundesrepublik Deutschland, Bonn. 27. November 1998 bis 28. Februar 1999. Bonn 1998

Heartfield, John (1982): Krieg im Frieden. Fotomontagen zur Zeit 1930-1938. München

Holtz-Bacha, Christina (2006): Strategien des modernen Wahlkampfes. In: Aus Politik und Zeitgeschichte. Beilage zur Wochenzeitung Das Parlament, 7/2006, S. 11-19

Hübner, Reinhard/Müller, Hans-Niklaus (1997): Das Plakat in der Umweltbildung. In: Frech, Siegfried/Halder-Werdon, Erika/Hug, Markus (Hrsg.): Natur – Kultur. Perspektiven ökologischer und politischer Bildung. Schwalbach/Ts. 1997, S. 186-202

Jörg, Hans (1999): Wandzeitung und Plakat. In: Mickel, Wolfgang W. (Hrsg.): Handbuch zur politischen Bildung. Schriftenreihe der Bundeszentrale für politische Bildung, Band 358. Bonn, S. 457-460

Kaase, Max (1998): Demokratisches System und die Mediatisierung von Politik. In: Sarcinelli, Ulrich (Hrsg.): Politikvermittlung und Demokratie in der Mediengesellschaft. Schriftenreihe der Bundeszentrale für politische Bildung, Band 352. Bonn, S. 24-51

Krause, Elisabeth/Schneider-Helling, Kurt (2006): P & U aktuell 14. Landtagswahl 2006 in Baden-Württemberg. Materialien zur Wahl am 26. März 2006. Hrsg. von der Landeszentrale für politische Bildung Baden-Württemberg. Stuttgart

Landeszentrale für politische Bildung (2000) (Hrsg.): Erfahrungen & Empfehlungen. Schülerwettbewerb des Landtags von Baden-Württemberg. Stuttgart

Langner, Frank (2005): Arbeit, Arbeit, Arbeit. Schüler untersuchen Plakate aus dem Bundestagswahlkampf 2005. In: Praxis Politik, 6/2005, S. 40-44

Maier, Wolfgang (1998): Grundkurs Medienpädagogik Mediendidaktik. Ein Studien- und Arbeitsbuch. Weinheim und Basel

Massing, Peter (1999): Politische Urteilsbildung. In: Richter, Dagmar/Weißeno, Georg (Hrsg.): Didaktik und Schule. Lexikon der politischen Bildung. Band 1. Herausgegeben von Georg Weißeno. Schwalbach/Ts., S. 199-210

Matthias, Dieter/Steinert, Joachim (1976): Bild und Wort in Wahl-Kampfstellung. Eine semiotische Analyse politischer Propaganda. In: Praxis Deutsch, 18/1976, S. 52-57

Meyer, Hilbert (1993): Unterrichtsmethoden. I: Theorieband. Frankfurt/M.

Otto, Gunter (1993): Medien verheddern sich biographisch. In: Unterrichtsmedien. Friedrich Jahresheft XI, 1993. Hrsg. Von Gunter Otto. S. 2-3

Pohl, Kerstin (2004): UE 9 Wahlkampf: Information oder Manipulation der Wähler? In: Projektgruppe Berlin (Hrsg.): Beispiel Wahlen. Planung und Methoden des Politikunterrichts in der Praxis. Schwalbach/Ts., S. 208-235

Sarcinelli, Ulrich (2002): Repräsentieren, Kommunizieren, Mobilisieren – Regieren im Medienzeitalter. In: Der Bürger im Staat, Heft 1-2/2002, S. 62-67

Schelle, Carla (2001): Politisches Lernen an Abbildungen – Bildbotschaften deuten und reflektieren. In: Bundeszentrale für politische Bildung (Hrsg.): Politikunterricht im Informationszeitalter – Medien und neue Lernumgebungen. Schriftenreihe der Bundeszentrale für politische Bildung, Band 374. Bonn, S. 210-222

Schelle, Carla (2002): Plakate. In: Kuhn, Hans-Werner/Massing, Peter (Hrsg.): Methoden und Arbeitstechniken. Lexikon der politischen Bildung. Band 3. Herausgegeben von Georg Weißeno. 3. Auflage, Schwalbach/Ts., S. 126-127

Schelle, Carla (2005): Mit Bildern lernen: Foto, Karikatur, Grafik, Gemälde. In: Sander, Wolfgang (Hrsg.): Handbuch politische Bildung. 2. Auflage, Schwalbach/Ts., S. 523-536

Schindelbeck, Dirk (2001): Illustrierte Konsumgeschichte der Bundesrepublik Deutschland 1945-1990. Erfurt

Schindelbeck, Dirk (2003): Marken, Moden und Kampagnen. Illustrierte deutsche Konsumgeschichte. Darmstadt

Schmitt-Beck, Rüdiger (1998): Wähler unter Einfluss. Massenkommunikation, interpersonale Kommunikation und Parteipräferenzen. In: Sarcinelli, Ulrich (Hrsg.): Politikvermittlung und Demokratie in der Mediengesellschaft. Schriftenreihe der Bundeszentrale für politische Bildung, Band 352. Bonn, S. 297-325

Schneider, Gerhard (1999): Das Plakat. In: Pandel, Hans-Jürgen/Schneider, Gerhard (Hrsg.): Handbuch Medien im Geschichtsunterricht. Schwalbach/Ts., S. 277-338

Schröder, Peter (1988): Wandzeitung, Flugblatt, Plakat. In: Bundeszentrale für politische Bildung (Hrsg.): Erfahrungsorientierte Methoden der politischen Bildung. Schriftenreihe der Bundeszentrale für politische Bildung, Band 258. Bonn, S. 169-177

Staeck, Klaus (1973): Plakate abreißen verboten! Politische Plakate im Bundestagswahlkampf 72. Göttingen

Staeck, Klaus/Adelmann, Dieter (1976): Der Bonner Bildersturm oder: Was die CDU von Demokratie hält. Göttingen

Ullmann, Eugen: Unterrichtsprojekt „Archivpädagogik" in Zusammenarbeit mit dem Stadtarchiv Bamberg: Das Bild des politischen Gegners im Wahlkampf. Unterrichtsmodell für den Geschichtsunterricht ab der 9. Jahrgangsstufe. Unter: http://www.khg.bamberg.de/seite05/fachbereiche_geschichte_archivpaedagogik.htm

Einzelschritte der Plakatanalyse im Politikunterricht

Plakatanalyse – Schritt 1: Bild und Schrift

- Was ist auf dem Plakat abgebildet?
- Wie ist die farbliche Gestaltung?
- Welche Symbole bzw. Farben werden verwendet und was bedeuten diese?
- Werden Kandidaten abgebildet? Wie ist deren Mimik und Gestik?
- Was steht im Vordergrund/Hintergrund?
- Welchen Gesamteindruck vermittelt das Plakat?
- Gibt es zentrale Botschaften/Schlüsselbegriffe?
- Wie ist die zentrale Botschaft formuliert?
- Welches Image bekommt die Partei/der Kandidat?
- In welchem Verhältnis stehen Text und Bild?

Plakatanalyse – Schritt 2: Inhaltliche Aussage

- Welche inhaltliche Aussage wird gemacht?
- Was soll mit dem Plakat erreicht werden? Welchen Zweck verfolgt das Plakat?
- Fordert die Aussage zur Identifikation und/oder Mobilisierung auf?
- Enthält die Plakataussage wichtige Informationen?
- Werden politische Sachverhalte und/oder politische Streitfragen angesprochen?
- Ist die Plakataussage zutreffend, überzogen, polemisch usw.?
- Wer soll damit angesprochen werden?
- In welchem Verhältnis steht die Plakataussage zu anderen politischen Meinungen?
- Für wen bzw. gegen wen wird Partei ergriffen?
- Werden (politischen) Perspektiven und Lösungen aufgezeigt?

(nach: Schneider 1999, S. 328 ff.; Albrecht-Schnickmann/Wolff 1976, S. 51)

Fünf Bereiche der Plakatanalyse

Gestaltung

- Wie übersichtlich und einprägsam ist das Plakat gestaltet?
- Ist das Plakat verständlich?
- Hat das Plakat eine (gewisse) Originalität?
- Wie ist der künstlerische Gesamteindruck?

Konzeption

- Wie deutlich ist die Botschaft auf ein erkennbares Kommunikationsziel bezogen?
- Wie deutlich sind Botschaft und Kommunikationsziel auf eine Zielgruppe bezogen?
- Überzeugt die gestalterische Umsetzung im Blick auf Kommunikationsziel und Zielgruppe?
- Aktualisieren die Gestaltungsmittel die Botschaft?
- Kann das Plakat die Botschaft auch öffentlich verdeutlichen?

Fortsetzung nächste Seite ...

Checkliste 2/2

Wirkung

- Wirkt das Plakat glaubwürdig?
- Bietet es Identifikationsmöglichkeiten für Betrachterinnen und Betrachter?
- Besitzt es Überzeugungskraft im Sinne von Handlungsmotivation und Einstellungsänderung?
- Wie wird das Image des Absenders dargestellt?
- Wie ist der Aufmerksamkeitswert des Plakats im Vergleich zu anderen Plakaten?

Verbreitung

- Von wem wurde das Plakat in Auftrag gegeben, hergestellt und verbreitet?
- Wo ist das Plakat überall zu finden?
- An welche speziellen Zielgruppen wendet es sich?
- Gibt es spezielle Reaktionen auf das Plakat?

Subjektives Erleben

- An wen oder was erinnert Sie das Plakat?
- Welche Gestaltungselemente sprechen Sie besonders an? Welche stoßen Sie ab?
- Welche „Gegenaussage" provoziert das Plakat bei Ihnen?

(nach: Gugel 1998, S. 30 ff.)

Checkliste 3

Plakate selbst gestalten / Eine Ausstellung gestalten

Plakatanalyse – Schritt 1: Bild und Schrift

- Das Thema muss klar formuliert und begrenzt sein.
- Am besten ist es, eine Zielgruppe vorzugeben, für die die Ausstellung konzipiert wird.
- Wichtig ist, zu entscheiden, ob der Arbeitsgruppe Material über die Themenbereiche zur Verfügung gestellt wird, oder ob sie dieses selbst recherchieren soll.
- Material und technische Hilfsmittel bereitstellen (Bilder, Stifte, Klebebuchstaben, Schreibmaschine, Kopierer, evtl. Computer...).
- Auf welchen Ausstellungsträgern soll die Ausstellung präsentiert werden (z.B. DIN A1- oder DIN A2-Karton)?
- Eine inhaltliche und grafische Konzeption erarbeiten: Wie viele Tafeln (z.B. 5-8 Tafeln) sollen verwendet werden? Welche Themen sollen auf welcher Tafel erscheinen?
- Überschriften für einzelne Bereiche/Themenfelder festlegen.
- Präsentationsformen finden, z.B. einzelne Bereiche als Comic oder Bildergeschichte gestalten.
- Eine skizzierte Arbeitsfassung anlegen.
- Die Text-Bild-Kombinationen festlegen und die Texte formulieren.
- Die eigentliche technische Produktion durchführen.
- Einen Rahmen für die Eröffnung und Präsentation überlegen.

(nach: Gugel 1998, S. 32 f.)

Teil II: Sozialformen

Peter Massing

Einführung

In der pädagogischen Fachliteratur werden für den gleichen Sachverhalt neben dem Begriff Sozialformen auch die Begriffe Unterrichtsformen, Kooperationsformen oder Interaktionsformen verwendet. Diese begriffliche Unklarheit wird noch gesteigert, wenn Begriffe wie Sozialformen und Aktionsformen wenig trennscharf benutzt werden – obwohl Aktionsformen eher das konkrete Tun von Lernenden und Lehrenden bezeichnen (z.B. das Gespräch oder der Vortrag) – und wenn Sozialformen schlicht als Unterrichtsmethoden beschrieben werden.

Nach Hilbert Meyer regeln Sozialformen die Beziehungsstruktur des Unterrichts. Sie haben eine äußere, räumlich-personal differenzierende und eine innere, die Kommunikations- und Interaktionsstruktur regulierende Seite (vgl. Meyer 1987, S. 138). Nach außen definieren sich Sozialformen also im Wesentlichen in ihrer Relation zur Gesamtheit, also zur Klasse. So betrachtet gibt es genau festgelegte, voneinander abgrenzbare Formen. Entweder handelt es sich um die Klasse als Ganzes oder um Teile der Klasse, wobei es auch Mischformen geben kann. Nach innen lassen sich Sozialformen erstens systematisieren im Hinblick auf die Weite des Interaktionsfeldes. Interaktionen laufen zwischen Schülerinnen, Schülern und Lehrperson sowie zwischen Schülerinnen, Schülern und Mitschülern ab. Die zweite Systematisierung orientiert sich an der Intensität des Einflusses der Lehrerin/des Lehrers auf die Lernprozesse der Schülerinnen und Schüler. Auf dieser Grundlage unterscheiden wir hier die Sozialformen Frontalunterricht, Einzelunterricht, Partnerunterricht, Gruppenunterricht und Offene Unterrichtsformen. Die in den vergangenen Jahren heftig geführte Debatte darüber, welche Sozialform im Politikunterricht die beste, gar die demokratischste ist, hat mittlerweile deutlich nachgelassen. Einerseits konnten empirische Untersuchungen die Überlegenheit einer bestimmten Sozialform nicht nachweisen, andererseits dominiert im schulischen Alltag angesichts der institutionellen Rahmenbedingungen immer noch der Frontalunterricht. Mittlerweile herrscht in den Fachdidaktiken die Überzeugung vor, dass es in der Praxis sowohl guten als auch schlechten Frontalunterricht gibt – genauso wie sich guter und schlechter Gruppenunterricht finden lässt. Wichtiger scheint vielmehr zu sein, dass schon bei der Planung des Unterrichts auch die Sozialformen mit einbezogen werden. Ihre Wahl hängt von der didaktischen Perspektive und damit von den Lernzielen, vom Thema der Unterrichtseinheit, dem Vorwissen der Schülerinnen und Schüler, von den Methoden und Medien ab. Auch bei den Sozialformen ist es wichtig, dass Lehrerinnen und Lehrer den Implikationszusammenhang ausreichend berücksichtigen, um sich begründet für eine bestimmte Sozialform entscheiden zu können.

Außerdem müssen Sozialformen wie Arbeitstechniken geübt werden. Gruppenarbeit und Partnerarbeit funktionieren nicht von sich aus, sondern verlangen von Schülerinnen und Schülern zahlreiche Kompetenzen. Aufgabe von Unterricht, gerade auch von Politikunterricht, ist neben der gemeinsamen Reflexion der Methoden und Arbeitstechniken

Begriffliche Klärung

auch die ständige Reflexion der Sozialformen, der dabei auftretenden Schwierigkeiten und der Optimierungsmöglichkeiten. Die folgende Erörterung der Sozialformen ist also kein Plädoyer für eine bestimmte Form, sondern ein Plädoyer dafür, auch Sozialformen bewusst zu planen, zu variieren, zu evaluieren und ausdrücklich zum Gegenstand von Unterricht zu machen.

Literatur

Meyer, Hilbert (1987): UnterrichtsMethoden I: Theorieband. Frankfurt/M.

Kurt Lach/Peter Massing

Klassen- bzw. Frontalunterricht

Frontalunterricht – eine dominierende Unterrichtsform

Der Frontalunterricht ist auch im Fach Politik noch immer eine der verbreiteten Unterrichtsformen. Wesentliches Merkmal des Frontalunterrichts ist die Lehrerzentriertheit. Die Lehrerinnen und Lehrer übernehmen die Unterrichtsführung und lenken über Impulse, Fragen und Denkanstöße in Richtung der geplanten Lernziele. Frontalunterricht ist demzufolge ein impulsgesteuerter, zielorientierter Unterricht, in dessen Zentrum das von den Lehrerinnen und Lehrern gelenkte Unterrichtsgespräch steht (vgl. den Beitrag „Unterrichtsgespräch, Fragen und Impulse" in diesem Buch). Von den Schülerinnen und Schülern wird erwartet, dass sie Interesse zeigen, mitdenken, sich aktiv am Unterrichtsgespräch beteiligen und sich selbstständig die Ergebnisse des Unterrichtsgesprächs notieren.

Lehrerzentriertheit

Die Informationsgrundlagen für diese Unterrichtsform sind u.a.: Vorkenntnisse der Schülerinnen und Schüler, vorbereitete Hausaufgaben, Lehrervorträge, aber auch Informationsphasen im Unterricht selbst, in denen das Wissen erarbeitet wird, das für die Gestaltung ergebnisorientierter Unterrichtsgespräche benötigt wird (vgl. die **Checkliste** im Anhang, S. 168).

Gut gemacht ist der Frontalunterricht eine Unterrichtsform, die effizient und zielgerichtet politische Sachverhalte problemorientiert vermittelt und strukturiert. Wenn dennoch die Kritik an dieser Unterrichtsform nicht verstummt, so hat dies vielfältige Gründe. Zum einen liegt es an der Dominanz dieser Form des Unterrichts im Schulalltag. Zum anderen konzentriert sich die Kritik aber auch auf handwerkliche Fehler, die bei Unterrichtenden im Rahmen des Frontalunterrichts immer wieder zu beobachten sind und die dazu führen, dass die Unterrichtsgestaltung eintönig wirkt und die Schülerinnen und Schüler nicht zu selbstständigem Denken und Handeln angeregt werden. Solche Fehler können sein:

Kritik am Frontalunterricht

Mögliche Fehler

- Die Unterrichtssteuerung ist nicht zielgerichtet, sprunghaft und für Schülerinnen und Schüler nicht nachvollziehbar.
- Die Prozesssteuerung ist kurzschrittig. Die Interaktion beschränkt sich auf die aktive Mitarbeit weniger („Spitzenunterricht").
- Es bestehen Friktionen zwischen eingesetztem Material, angestrebtem Ziel und Unterrichtssteuerung. Für die Adressaten des Unterrichts wird der Unterricht undurchsichtig und nicht nachvollziehbar.
- Lehrerinnen und Lehrer gelingt es häufig nicht, inhaltliche Angebote der Schülerinnen und Schüler zu erkennen, aufzugreifen und in den Unterricht zu integrieren. Fehlende fachliche Souveränität erschwert einen sachgerechten und flexiblen Umgang mit den Schülerbeiträgen.

Beispiel aus der Praxis

Das Beispiel zeigt einen Ausschnitt aus einer Sozialkundestunde in einer 9. Klasse des Gymnasiums. Gegenstand der Stunde waren die Parteien in Deutschland. Die hier darge-stellte Sequenz bezieht sich auf den Einstieg, in dem das Thema der Stunde „Wessen Interessen vertreten die Parteien? – Anspruch und Wirklichkeit" mithilfe einer Fotomon-tage, die den mit Firmenlogos beflaggten Reichstag zeigt, entwickelt werden soll.

L: Schaut! Was ist auf der Folie zu erkennen?

S: Reichstag mit Werbung.

L: Reichstag. Weiß jemand, was das für Schilder sind?

S: Es sind die Firmenlogos von deutschen Konzernen.

L: Sieht der Reichstag immer so aus? Warum diese Fotomontage? Warum macht er (der Künstler) das?

S: *Antwort nicht verständlich*

L: Warum macht er das?

S: Es ist wegen des Wachstums in Deutschland.

L: Richtige Entscheidung, da wird gesponsert. Dadurch entsteht Einfluss. Deshalb soll gesagt werden, Firmen haben Einfluss. Wer wählt den Bundestag?

S: Das Volk.

L: Da ist was nicht in Ordnung oder (...) Wer entscheidet, was der Bundestag macht?

S: Natürlich die Bürger.

L: Was sollen Parteien machen?

S: Unsere Interessen verwirklichen.

Lehrer nennt Thema und schreibt es an die Tafel „Wessen Interessen vertreten die Parteien? – Anspruch und Wirklichkeit"

L: Sind alle damit einverstanden?

S: Ja.

Die Fotomontage ist anregend und durchaus geeignet, das Interesse der Schülerinnen und Schüler für politische Fragen zu wecken, aber sie macht auch deutlich, dass dem Lehrer bei der Wahl des eingesetzten Materials ein schwerwiegender Planungsfehler unterlaufen ist. Die Fotomontage führt nicht zum angestrebten Thema „Parteien in Deutschland", sondern lenkt das Interesse der Klasse in Richtung Parlament und thematisiert den Zusammenhang von Parlament und Wirtschaft. Die Parteien bleiben außerhalb des Fragehorizonts. Die Fotomontage ist demzufolge nicht funktional und trägt eher zur Verwirrung denn zur Klärung des Themas bei. Konsequenterweise löst sich der Lehrer sehr schnell von der Fotomontage und versucht mit der Frage *„Wer wählt den Bundestag?"* die Schülerinnen und Schüler in die vorgesehene Richtung zu lenken. Nach einem kurzen Unterrichtsgespräch über den Zusammenhang von Bundestag und Volk merkt der Lehrer, dass auch dieser Gedanke nicht in die intendierte Richtung führt und unternimmt mit seinem Impuls *„Was sollen die Parteien machen?"* einen zweiten Anlauf, um den Einstieg zu retten. Diese Frage kommt für die Schülerinnen und Schüler jedoch unvermittelt und unvorbereitet. Sie bringt eine bisher nicht angesprochene Thematik in das Unterrichtsgeschehen ein. Dementsprechend mager sind die Reaktionen auf diesen Impuls. Dies führt schließlich dazu, dass der Lehrer das Thema der Stunde nennt und an die Tafel schreibt. Die Schlussfrage *„Sind alle damit einverstanden?"* hat ausschließlich rhetorischen Charakter und soll dem Lehrer das Gefühl vermitteln, dass die Lerngruppe die Thematisierung im Einstieg nachvollzogen hat.

Ein Planungsfehler
und seine Folgen

Man sieht, dass Fehlentscheidungen bei der Unterrichtsplanung zu Friktionen führen, die sich durch die gesamte Einstiegsphase durchziehen. Daher ist es im Rahmen des Frontalunterrichts wichtig, die Gefahr derartiger Brüche zu vermeiden, indem man die Stimmigkeit von eingesetztem Material, angestrebtem Ziel und Impulssteuerung in der Planungsphase sorgfältig prüft. Treten hier Fehler auf, sind sie im Unterricht kaum mehr zu korrigieren.

Eine genauere Analyse des Einstiegs zeigt aber auch, dass es durchaus Chancen gegeben hätte, den Unterricht in die angestrebte Richtung zu steuern. Mit der Antwort auf die Frage *„Wer wählt den Bundestag?"* hätte die Möglichkeit bestanden, durch einen entsprechenden Impuls den Blick auf die Rolle der Parteien im parlamentarischen System der Bundesrepublik Deutschland zu richten. Doch der Lehrer erkennt dieses Angebot der Schülerinnen und Schüler nicht und verschenkt deshalb die letzte Möglichkeit, den Planungsfehler zu korrigieren. Die Entwicklung des Stundenthemas gemeinsam mit der Klasse ist nun nicht mehr möglich. Dieses Beispiel zeigt sehr deutlich, wie wichtig Flexibilität, Fachkompetenz und präzise Steuerung für den Frontalunterricht sind. Fehlen diese Voraussetzungen, werden sich immer wieder derartige Schwächen einschleichen und der Unterricht wird wenig effizient und zielorientiert ablaufen.

Ein weiteres grundlegendes Problem des Frontalunterrichts ist die Unterrichtssteuerung (vgl. das Kapitel „Unterrichtsgespräch, Fragen und Impulse" in diesem Buch). Auch in diesem Bereich zeigt unser Beispiel, wo die Schwächen liegen. Zum einen ist die Fragetechnik nicht geeignet, einen langschrittigen und zielgerichteten Unterricht anzubahnen. Die zahlreichen „W-Fragen" führen in aller Regel dazu, dass die Antworten der Schülerinnen und Schüler aus einem Wort oder einem kurzen Satz bestehen. Es ist nur konsequent, wenn auf eine Frage wie *„Wer entscheidet, was der Bundestag macht?"* als einzige Antwort kommt: *„Natürlich die Bürger."* Ein weiteres Problem stellen auch die Doppel- bzw. Dreifachfragen dar. Da sie jeweils unterschiedliche Aspekte abfragen, weiß die Klasse nicht, welche Erwartungen der Lehrer hat. Dies wird ganz deutlich an der Fragenkumulation *„Sieht der Reichstag immer so aus? Warum diese Fotomontage? Warum macht er das?"*.

Problem Unterrichtssteuerung

Angesichts dieser Vielfalt unterschiedlicher Anregungen sind Schülerinnen und Schüler überfordert und hilflos. Deshalb ist es auch nicht verwunderlich, dass diese Fragen keine tragfähige Interaktion eingeleitet haben. Problematisch ist weiterhin, dass die Fragen in der Regel Entscheidungsfragen sind, die mit einem „Ja" oder „Nein" richtig beantwortet wären. Wenn die Schülerinnen und Schüler dennoch Aussagen zur Sache treffen, so liegt es daran, dass sie die Erwartungen erahnen und sich – so gut es geht – darauf einlassen.

Lehrer hört nicht zu Auffallend ist auch, dass sich der Lehrer nicht auf die Antworten der Schülerinnen und Schüler einlässt, sondern vielmehr das in die Antworten hinein interpretiert, was er erwartet hat. Die Antwort „*Es ist wegen des Wachstums in Deutschland.*" kommentiert er, entsprechend seinen Vorstellungen, mit den Worten „*Richtige Entscheidung. Da wird gesponsert. Dadurch entsteht Einfluss. Deshalb soll gesagt werden, Firmen haben Einfluss.*" Diese Interpretation wird der Antwort in keiner Weise gerecht, führt zu einem gedanklichen Bruch, verbaut Interaktionsprozesse und führt zu einem lehrerzentrierten und kurzschrittigen Unterrichtsgeschehen, in dem Denkanstöße der Lernenden nicht aufgegriffen und dadurch das Interesse der Schülerinnen und Schüler, sich in den Unterricht einzubringen, schwinden wird.

Optimierungsvorschlag

Vor dem Hintergrund der Analyse soll versucht nun werden, die obige Unterrichtssequenz zu optimieren, ohne sie grundlegend zu verändern. Die weiterhin bestehende Schwierigkeit ist, dass es nur sehr schwer möglich sein wird, mit dem vorliegenden Material zum angestrebten Thema zu gelangen. Dennoch soll der Versuch gewagt werden, wohl wissend, dass das Angebot an Themenvorschlägen seitens der Schülerinnen und Schüler sehr breit sein und in verschiedene Richtungen weisen kann. Zusätzlich wird versucht, über die Impulse, die in ihrer Abfolge nach Komplexität und Schwierigkeit gestuft sind, langschrittige Interaktionsprozesse anzubahnen, die Lehrerzentiertheit zugunsten einer deutlich stärkeren Schülerorientierung zu minimieren und die Binnenstruktur der Sequenz zu optimieren, um auf diese Art und Weise den Schülerinnen und Schülern den roten Faden des Einstiegs zu verdeutlichen. Ergänzende Fragen und weitere Denkanstöße sind in der Praxis natürlich jederzeit möglich, gar notwendig, wenn der Unterrichtsverlauf dies erfordert (vgl. die **Checkliste**, S. 168). Gegen Ende des Einstiegs muss die Lehrerin/der Lehrer wahrscheinlich im Sinne der geplanten Schwerpunktsetzung eine Entscheidung treffen und aus dem Themenangebot der Klasse das Thema auswählen, das dem geplanten Stundenthema am ehesten entspricht. Dieses Vorgehen entspricht zwar nicht den idealtypischen Vorstellungen von einem Einstieg, ist aber in Anbetracht der Materialvorgabe nicht anders zu lösen. Wenn dies so sein sollte, dann muss die Entscheidung des Lehrenden jedoch auf jeden Fall gegenüber den Schülerinnen und Schülern begründet werden.

VERÄNDERTE FASSUNG DES BEISPIELS:

L: Beschreibt die Folie detailliert formal und inhaltlich.

S:

L: Interpretiert sie vor dem Hintergrund der bisherigen Arbeitsergebnisse.

S:

L: *als Zusatzimpuls, um das ursprüngliche Ziel zu erreichen:* Erklärt, welche Akteure stehen sich nach Auffassung des Autors der Fotomontage gegenüber.

S:

L: Fasst nun Eure Ergebnisse zusammen, indem Ihr eine Unterschrift für die Fotomontage formuliert.

S:

L: Klärt in einem nächsten Schritt, wie im Bundestag das Volk repräsentiert wird.

S:

L: Leitet nun aus unseren Arbeitsergebnissen das Thema der Unterrichtsstunde ab.

S: *formulieren als mögliche Themen u.a.* „Wer hat die Macht – das Parlament oder die Wirtschaft?"; „Können die großen Konzerne die ‚Politik' beeinflussen?"; Welche Interessen vertreten die Parteien im Bundestag – die des Volkes oder die der Wirtschaft?

Literatur

Gagel, Walter (1973): Methodik des politischen Unterrichts. München

Grell, Jochen (1975): Techniken des Lehrerverhaltens. 3. erweiterte Auflage, Weinheim und Basel

Hage, Klaus u.a. (1985): Das Methodenrepertoire von Lehrern. Eine Untersuchung zum Schulalltag der Sekundarstufe I. Opladen

Massing, Peter (1999): Reden – Formen des Gesprächs. In: kursiv, Journal für politische Bildung, 2/1999, S. 30-35

Meyer, Ernst/Okon, Wincenty (1984): Frontalunterricht. Königstein/Ts.

Meyer, Hilbert (1987): UnterrichtsMethoden II: Praxisband. 1. Auflage, Frankfurt/M.

Ritz-Fröhlich, Gertrud (1973): Verbale Interaktionsstrategien im Unterricht. Impuls – Denkanstoß – Frage. Ravensburg

Ritz-Fröhlich, Gertrud (1982): Das Gespräch im Unterricht. Anleitung – Phasen – Verlaufsformen. 2. neu bearbeitete Auflage, Bad Heilbrunn

Weißeno, Georg (2004): Gespräche führen. In: Frech, Siegfried/Kuhn, Hans-Werner/Massing, Peter (Hrsg.): Methodentraining für den Politikunterricht. Schwalbach/Ts., S. 49-64

Klassen- bzw. Frontalunterricht

- Lehrerimpulse langschrittig in Form von Impulsen mit Aufforderungscharakter formulieren.

- Zahl der Schlüsselimpulse auf drei bis vier pro Unterrichtsphase begrenzen. Zusätzliche Fragen und Denkanstöße sind jedoch im Unterricht jederzeit möglich.

- Darauf achten, dass Impuls, Material (bzw. Informationseingabe) und Lernziele sich entsprechen.

- Darauf achten, dass das Anspruchsniveau über die Steuerung im Verlauf des Unterrichts angehoben wird.

- Über das Thema und einer entsprechenden Impulsgebung den Unterricht strukturieren und so den roten Faden des Unterrichts verdeutlichen.

- Stufung im Unterricht vornehmen.

- Schülerinnen und Schüler auffordern, ihre Beiträge mit denen der anderen Schülerinnen und Schüler in Beziehung zu setzen.

- Auf der Basis einer soliden Fachkompetenz Angebote der Schülerinnen und Schüler wahrnehmen, aufgreifen und in den Unterricht integrieren.

- „Spitzenunterricht" vermeiden.

- Erkennen, ob die Lernenden über- oder unterfordert sind. Ggf. Anspruchsniveau über Impulssteuerung dem Leistungsniveau anpassen.

- Je nach Schwierigkeit, Schülerinnen und Schüler mit unterschiedlichen Leistungsvermögen bevorzugt auffordern, etwas zu sagen.

- Fachwissenschaftliche Kenntnisse in den Unterricht einbringen.

- Auf einen angemessenen Umgang mit der Fachsprache achten.

- Eigene Position nur sehr behutsam in den Unterricht einbringen.

- Darauf achten, dass Informationen am Ende einer jeden Unterrichtsphase mithilfe von Fachbegriffen bzw. Kategorien verallgemeinert, strukturiert und gebündelt werden.

- Art und Weise der Ergebnissicherung rechtzeitig klären (z.B. Tafelbild, persönliche Mitschrift).

- Zeitgefühl entwickeln.

- Unterrichtsstunde vor dem Pausenzeichen sinnvoll abschließen. Ggf. Zwischenergebnisse formulieren.

Gotthard Breit

Einzelarbeit

Im Unterricht spricht vor allem die Lehrerin bzw. der Lehrer. Die Schülerinnen und Schüler hören zu und sind weitgehend zur Passivität verurteilt. Ihr inaktives Verhalten steht in einem Gegensatz zur allgemeinen Zielsetzung von Schule und Unterricht, nämlich die Mündigkeit der Schülerinnen und Schüler zu fördern. Um diesen Widerspruch ein wenig aufzuheben und die Jugendlichen zum selbstständigen Denken und damit zur eigenen Aktivität zu bewegen, ist es angebracht, in einer Stunde Einzelarbeit, Partnerarbeit oder Gruppenarbeit vorzusehen. Hierbei müssen sich alle Schülerinnen und Schüler auf die gestellte Frage- bzw. Aufgabenstellung konzentrieren und zielorientiert arbeiten. In der Einzelarbeit bearbeiten jede Schülerin und jeder Schüler für sich allein eine Aufgabe, die ihnen die Lehrerin/der Lehrer stellt (vgl. die **Checkliste** im Anhang, S. 173).

Ziel: Eigenaktivität

Ein Unterrichtsbeispiel

In einer Unterrichtseinheit zur Außenpolitik untersucht die Klasse nach Ostern 2006 die Krise, die mit der Urananreicherung durch den Iran entstanden ist. Den Ausgangspunkt für die Beschäftigung bildet der leicht gekürzte Kommentar aus der Regionalzeitung.

Leitartikel

Friedemann Diederichs

Bedrohlicher Bush

Es war eine triumphalen Ankündigung aus Teheran: Man habe erfolgreich Uran angereichert und gehöre damit zum „Atom-Club". Prompt folgte die kollektive Schelte der USA, der Europäer und sogar Russlands und Chinas. Die Führung in Teheran schert es wenig. Dort hat man längst erkannt, dass der Iran vom UN-Sicherheitsrat keine ernstzunehmenden Konsequenzen zu erwarten hat. Unbeeindruckt treibt die Regierung die Nuklearprojekte voran.

Zu wirkungsvollen Sanktionen wird sich der bewährte Debattierclub der Vereinten Nationen nicht durchringen – Peking und Moskau wissen derartige Schritte zu verhindern. Über ein Einreiseverbot, wie es diskutiert wird, kann man in Teheran eher schmunzeln. Die Führung bleibt bekanntlich am liebsten im eigenen Land. Angesichts der Stimmungslage und der ernüchternden Irak-Erfahrungen hat eine scharfe Resolution, die Gewalt als letztes Mittel nicht ausschließt, bei der Weltorganisation derzeit ohnehin keine Chance.

Am Ende liegt das Heft des Handelns vermutlich wieder einmal nicht bei der UN, sondern bei US-Präsident George W. Bush. Er wird entscheiden müssen, wie er mit Blick auf die Sicherheit künftiger Generationen der wachsenden Gefahr begegnet.

Keine andere Nation – von Israel einmal abgesehen – wäre zu einer wirksamen Intervention in der Lage, geschweige denn dazu bereit. (...)

In: Braunschweiger Zeitung, 15. April 2006, S. 4

Verteilt die Lehrerin/der Lehrer diesen Text, um ihn dann im gewohnten Frage-Antwort-Verfahren gemeinsam mit der Klasse durchzugehen, dann werden viele Schülerinnen und Schüler ihn nur oberflächlich durchlesen und sich nur oberflächlich auf den Inhalt einlassen. Die obligate Frage: *„Was ist Euch unklar?"* führt zu keiner Reaktion, da die Unterrichtsteilnehmer noch gar nicht gemerkt haben, dass ihnen etwas unklar ist. Wie erreicht es die Lehrerin/der Lehrer, dass alle Schülerinnen und Schüler den Text gründlich lesen, ihnen dabei Unklarheiten bewusst werden und sie danach fragen?

Hier kann Einzelarbeit weiterhelfen. Jede Schülerin und jeder Schüler muss für sich in zehn Minuten die scheinbar einfache Frage beantworten: *„Welche Akteure werden in dem Text genannt?"*

Arbeitsauftrag:

Schreibt die politischen Akteure auf, die in dem Kommentar genannt werden. Ihr habt dazu zehn Minuten Zeit. Jeder arbeitet für sich.

Diese Aufgabe bringt alle Schülerinnen und Schüler dazu, den Text gründlich zu lesen. Niemand wird über- oder unterfordert. Jeder wird zumindest zwei Akteure nennen können. Alle Akteure herauszufinden, verlangt Aufmerksamkeit und Können.

Wissenslücken werden den Schülern bewusst

Bei der Bearbeitung der Aufgabe werden die Schülerinnen und Schüler auf Wissenslücken aufmerksam. Erst jetzt werden sie Nachfragen stellen. Deren gemeinsame Beantwortung bereitet die Untersuchung der internationalen Krise und die Urteilsbildung vor:

- Stimme ich der Konfliktlösung, wie sie in dem Kommentar der Braunschweiger Zeitung angedeutet wird, zu?
- Wie begründe ich meine Position?
- Gibt es Alternativen?
- Welche Begründungen lassen sich für andere Lösungen finden?

Die Unterrichtsphase der Einzelarbeit wird das Nachdenken über diese Fragen vorbereiten. Durch die Einzelarbeit und deren Auswertung werden den Schülerinnen und Schülern der Ernst und die Tragweite des Konflikts bewusst. Sie werden mögliche Folgen vorhersehen; zumindest einige von ihnen werden von sich aus die Fortentwicklung der Auseinandersetzung in den Nachrichtensendungen des Fernsehens und in der Zeitung weiter verfolgen. Dazu wird es aber nur dann kommen, wenn sie sich auf die Beschäftigung mit dem politischen Prozess näher einlassen. Dies kann und wird in der Einzelarbeit geschehen.

Voraussetzungen gelingender Einzelarbeit

Für das Gelingen der Einzelarbeit sind einige Voraussetzungen (vgl. auch die **Checkliste**, S. 173) wichtig:

- Die Aufgabenstellung muss klar und leicht verständlich sein. Muss die Lehrerin/der Lehrer während der Einzelarbeit Nachfragen beantworten, dann können sich die Jugendlichen nicht auf die Aufgabenstellung konzentrieren. Die Lehrerin/der Lehrer wird zum Störfaktor des Unterrichts.

- Die Lehrerin/der Lehrer muss während der Einzelarbeit schweigen, auf Interventionen verzichten, die Schülerinnen und Schüler möglichst wenig stören und sich lediglich auf das Beobachten der Klasse beschränken. Zehn Minuten lang die gewohnte Lehrerrolle aufgeben, allein die Schülerinnen und Schüler tätig sein zu lassen und selbst nichts zu tun, fällt sehr schwer und erfordert viel Selbstdisziplin.

Zehn Minuten Einzelarbeit sind für Lehrer eine lange Zeit

- Zehn Minuten können arg lang sein. Ohne strikte Einhaltung mit Hilfe einer Uhr wird der unerfahrene Lehrer die Einzelarbeit viel zu früh beenden. Die Einzelarbeit erfüllt aber nur dann ihren Zweck, wenn die Schülerinnen und Schüler über einen längeren Zeitraum für sich allein und selbstständig ohne Einmischung der Lehrerin/des Lehrers denken und handeln.

- Einzelarbeit kann nur dann gelingen, wenn sie eingeübt ist. Zunächst werden die Schülerinnen und Schüler über die Zurückhaltung und das Schweigen ihres Lehrers überrascht sein und die ungewohnte Situation zum Schwatzen und Lachen über fachfremde Vorgänge nutzen. Das ist für sie viel angenehmer als der Wechsel von der passiven Zuhörerrolle in die aktive Einzelarbeiterrolle. Einige Schüler werden das Schweigen und vor allem die von ihnen geforderte Arbeitsleistung als unangenehme Belastung oder Zumutung empfinden. Andere werden darin eine Herausforderung sehen, die entstandene Stille zur Eigenarbeit zu nutzen. Ihr Eifer wird zunehmen, wenn sie sehen, dass die Ergebnisse ihrer Einzelarbeit den weiteren Verlauf des Unterrichts beeinflussen. Beteiligen sich so Schülerinnen und Schüler an der inhaltlichen Ausformung des Unterrichts, dann treten sie aus der gewohnten (oder durch die Schule anerzogenen?) Rolle der Belehrten heraus und werden zu Mitgestaltern des Unterrichts. Gerade im Politikunterricht, der politische Mündigkeit als Zielsetzung verfolgt, sollte dieser Rollenwechsel angestoßen und forciert werden.

- Je häufiger Einzelarbeit auch in anderen Fächern durchgeführt wird, desto schneller und leichter gewöhnt sich die Klasse an diese Unterrichtsform.

- Ist die Einzelarbeit eingeführt, dann ist für die Durchführung so gut wie kein organisatorischer Aufwand notwendig.

- Die Auswertung bietet eine günstige Gelegenheit, schwächere und weniger redefreudige Schülerinnen und Schüler aufzurufen. Sie hatten Gelegenheit, sich auf eine Antwort vorzubereiten und werden daher nicht unfair „überfallen".

Die Einzelarbeit kann zum Üben, zum Wiederholen, zur Vertiefung, aber auch, wie in unserem Beispiel, zur Weiterführung des Unterrichts genutzt werden.

Mögliche Probleme

Mit der Einzelarbeit sind auch Gefahren verbunden:

- Fühlen sich einzelne Schülerinnen und Schüler über- oder unterfordert, dann geben sie rasch die Bearbeitung der Aufgabenstellung auf und wenden sich anderen Dingen zu. Es wird laut in der Klasse. Die übrigen Unterrichtsteilnehmer können sich nicht mehr konzentrieren, lassen sich ebenfalls ablenken oder fangen an, sich lauthals zu beschweren. Hier wieder Ruhe herzustellen und den Unterricht sinnvoll fortzusetzen, wird nicht (immer) einfach sein.

- Tragen in der Auswertung alle Schülerinnen und Schüler ihre Ergebnisse vor, kommen Langeweile und, als Folge davon, Unruhe auf.

● Haben die Schülerinnen und Schüler ihre Aufgabe schriftlich bearbeitet, so bleiben leicht Fehler unkorrigiert. Bewährt hat sich hier die wechselseitige Kontrolle von Banknachbarn, doch werden bei gemeinsamen Wissensdefiziten beider Banknachbarn Fehler unentdeckt bleiben. Im Grunde bleibt der Lehrerin/dem Lehrer die zeitaufwändige häusliche Korrektur der Einzelarbeitsergebnisse nicht erspart.

Der hauptsächliche Nachteil von Einzelarbeit besteht in dem Zeitaufwand. Im gewohnten Lehrer-Schüler-Gespräch reicht eine Stunde leicht aus, den Text aus der Braunschweiger Zeitung durchzugehen, den internationalen Konflikt zu untersuchen und zu einer Urteilsbildung zu gelangen. Mit Einzelarbeit und deren Auswertung wird die Behandlung aber mindestens zwei Unterrichtsstunden erforderlich machen. Dafür sind die Jugendlichen jedoch mit dem notwendigen Ernst erfüllt, der dem politischen Vorgang angemessen ist. Einzelarbeit kostet Zeit, die eine Lehrerin/ein Lehrer unter dem Druck der Stofffülle oft nicht hat. Die Förderung der Selbsttätigkeit der Schülerinnen und Schüler rechtfertigt aber, will man der Zielsetzung Mündigkeit gerecht werden, immer einen großen Zeitbedarf.

Vorteile für Lehramtsanfänger Studenten und Referendaren gibt die Einzelarbeit Sicherheit. In diesen fünf oder zehn Minuten haben sie die Gelegenheit, sich wieder zu sammeln, den bisherigen Verlauf der Stunde mit dem vorgefertigten Planungskonzept zu vergleichen und sich über die Fortsetzung der Stunde klar zu werden. Allein das Wissen um diese „Verschnaufpause" mindert die Angst vor einer Stunde und erleichtert so den Beginn der eigenen Unterrichtstätigkeit.

Literatur

Haubrich, Hartwig u.a. (2005): Didaktik der Geographie konkret. 3. Neubearbeitung, München

Meyer, Hilbert (1993): UnterrichtsMethoden II: Praxisband. 5. Auflage, München

Checkliste

Einzelarbeit

- Ist in der Klasse Einzelarbeit bereits eingeführt?

- Finden sich die Schülerinnen und Schüler zu konzentrierter Einzelarbeit bereit? Neigen zumindest einige von ihnen dazu, die Einzelarbeit anderweitig zu nutzen?

- Ist der Arbeitsauftrag für die Schülerinnen und Schüler so interessant, dass sie während der Einzelarbeit diese Aufgabe bearbeiten werden?

- Ist der Arbeitsauftrag eindeutig und verständlich formuliert?

- Bin ich als Lehrerin/Lehrer innerlich darauf vorbereitet, während der Einzelarbeit nicht zu reden und meine Schülerinnen und Schüler so wenig wie möglich zu stören?

- Sehe ich für die Auswertung genügend Zeit vor?

- Bin ich auf Nachfragen vorbereitet, die nach der Einzelarbeit Schülerinnen und Schüler stellen werden?

- Rufe ich bei der Auswertung zunächst die leistungsschwächeren und weniger redegewandten Schülerinnen und Schüler auf?

- Nicht alle Schülerinnen und Schüler können bei der Auswertung zu Wort kommen. Wie gleiche ich diese Benachteiligung aus?

- Wie kontrolliere ich die Ergebnisse der Einzelarbeit?

- Habe ich die Schülerinnen und Schüler für ihre Leistungen gelobt?

Eigene Notizen

Gotthard Breit

Partnerarbeit

Partnerarbeit fördert Eigenaktivität, selbst bestimmtes und soziales Lernen

In der Partnerarbeit versuchen zwei Schülerinnen oder Schüler, fast immer die beiden Benutzer eines Schultisches, gemeinsam eine Aufgabe zu lösen. Dazu müssen sie miteinander sprechen. Geschieht dies nur leise, so werden die Jugendlichen bei der Partnerarbeit nur wenig gestört, sind sie doch an einen bestimmten Geräuschpegel im Unterricht durchaus gewöhnt.

Partnerarbeit fördert sowohl die Eigenaktivität und das selbst bestimmte Lernen der Schülerinnen und Schüler als auch das soziale Lernen. Während der Partnerarbeit ruht die Dominanz der Lehrerin/des Lehrers, dafür agieren Schülerinnen und Schüler. Während im Lehrer-Schüler-Gespräch vor allem die Lehrerin/der Lehrer spricht, reden und arbeiten in der Partnerarbeit alle Schülerinnen und Schüler. Unabhängig von Mitschülern und Lehrer denken und unterhalten sich zwei Jugendliche mit dem Ziel, eine gestellte Aufgabe zu bewältigen. Sie verstehen sich von vornherein ganz gut (sonst würden sie nicht nebeneinander sitzen) oder wurden für die Aufgabe vom Lehrer bewusst zusammengesetzt und müssen die Zusammenarbeit erst lernen. Die beiden Partner arbeiten für sich und selbst bestimmt, sie helfen sich gegenseitig und ergänzen sich. Dabei lernen sie, sich an den Anderen anzupassen, auf seine besonderen Arbeitsgewohnheiten Rücksicht zu nehmen und ihn mit seinen besonderen Stärken und Schwächen als gleichwertigen Partner zu respektieren. Partnerarbeit dient nicht nur wie die Einzelarbeit (vgl. das Kapitel „Einzelarbeit" in diesem Buch) dem selbst bestimmten Denken und Handeln, sondern auch dem sozialen Lernen. Werden im Verlauf der Schulzeit soziale Verhaltensnormen wie gegenseitiger Respekt, Rücksichtnahme und Hilfsbereitschaft eingeübt und verinnerlicht, so kann dieser Erfolg für das zivilisierte Zusammenleben in einer demokratischen Gesellschaft nicht hoch genug eingeschätzt werden.

Soziales Lernen

Für die Partnerarbeit bietet sich die Kooperation der beiden Tischnachbarn an. Zeitaufwändige organisatorische Maßnahmen können so unterbleiben. Es besteht aber die Gefahr, dass der Ertrag der Partnerarbeit mit der Zeit ausbleibt. Die Banknachbarn kennen sich gut und werden sich daher bei der Arbeit nicht mehr gegenseitig ergänzen. Die Lehrkraft sollte daher hin und wieder die Zusammensetzung der Lernenden für die Partnerarbeit eigens vorgeben. Die notwendigen Umsetzungsaktionen kosten aber Zeit, schaffen Unruhe und lösen auch vereinzelte Proteste aus. Vor Beginn der Partnerarbeit muss daher erst einmal wieder Ruhe im Klassenraum hergestellt werden. Das alles kostet Zeit.

Gefahren Bei der Partnerarbeit müssen die Jugendlichen miteinander sprechen. Dazu kommt es nur, wenn die Aufgabenstellung eine Diskussion herausfordert. Ansonsten verkommt die Partnerarbeit zur „verkappten Einzelarbeit" (Voit 2004, S. 486). Partnerarbeit zwischen Banknachbarn kann bei dem geringen organisatorischen Aufwand rasch und leicht in nahezu allen Phasen des Unterrichts eingebaut werden. Lassen sich Lehrerinnen und Lehrer im Unterricht dazu verleiten, Partnerarbeitsphasen spontan und unvorbereitet einzuschieben, dann besteht die Gefahr, dass der Erfolg dieser Sozialform ausbleibt. Ohne zielgerichtete Planung (vgl. die **Checkliste** im Anhang, S. 180) entsteht leicht Leerlauf; die Partnerarbeit verkommt zum Selbstzweck.

Partnerarbeit muss eingeübt werden. Ohne die Gewöhnung an Einzelarbeit wird die ungeübte Durchführung von Partnerarbeit ein schwieriger Prozess sein. Mit der Erfahrung von Einzelarbeit dagegen wird es den Jugendlichen leicht fallen, die neue und für sie ungewohnte Sozialform des Unterrichts nicht zum fröhlichen Schwatzen, sondern zu ernster Arbeit nutzen. Sie werden von sich aus ihren jugendlichen Schwung eingrenzen, sich zu Ordnung und Selbstdisziplin bereit finden und die neue Freiheit zum gemeinsamen produktiven Arbeiten nutzen. Dies gelingt umso leichter, je mehr die gestellte Aufgabe ihr Interesse weckt.

Teamfähigkeit Einige Schülerinnen und Schüler werden zu diesem Übergang vom spontanen Unfug zur selbstbestimmten Arbeit mehr Zeit benötigen als andere. Der Zeitaufwand für die Gewöhnung an die Partnerarbeit lohnt sich. Auch nach der Schulzeit in der Ausbildung und bei der Arbeit werden die Jugendlichen ihre Teamfähigkeit unter Beweis stellen müssen. Die frühe Gewöhnung an produktive Partnerarbeit erweist sich dann für sie von Vorteil.

Phasen der Partnerarbeit

Die Partnerarbeit zerfällt fast immer in Phasen der Einzelarbeit und Phasen des Gesprächs (Haubrich u.a. 2005, S. 180). Zunächst nehmen die Tischnachbarn, jeder für sich, die von der Lehrerin/dem Lehrer gestellte Aufgabe auf. Anschließend sprechen sie darüber, verständigen sich über die Aufgabenstellung, räumen noch bestehende Unklarheiten aus und schaffen so eine Basis für die gemeinsame Fortsetzung der Arbeit. Danach arbeitet wieder jeder für sich. Anschließend werden die Ergebnisse dieser Einzelarbeit von beiden Partnern besprochen und wechselseitig ergänzt. Spätestens zu diesem Zeitpunkt bricht die Lehrerin/der Lehrer die Partnerarbeit ab und leitet zur Präsentation der Ergebnisse über.

Auswertung Die Auswertung der Partnerarbeit ist schwierig. Einzelne Teams berichten über ihre Arbeitserträge, andere steuern Ergänzungen bei und so wird ein gemeinsames Ergebnis der Klasse zusammengestellt, über das diskutiert werden soll. Tragen alle Tandems ihre Ergebnisse vor, so tritt unweigerlich Langeweile ein. Andererseits fühlen sich die Teams, die nicht zu Wort kommen, übergangen und sind gekränkt. Die Lehrerin/der Lehrer muss für sie einen Ausgleich finden. Wurden die Ergebnisse der Partnerarbeit schriftlich nicht nur stichwortartig, sondern in ganzen Sätzen festgehalten, dann bleiben unweigerlich Fehler unkorrigiert. Die Lehrerin/der Lehrer muss sich daher der Mühe unterziehen, die

Ergebnisse einzusammeln und durchzulesen. Angesichts der eklatanten Schreibmängel vieler Schülerinnen und Schüler ist diese Mehrarbeit sehr verdienstvoll. Gab es in einigen Tandems Verständigungsschwierigkeiten, so müssen diese in der Auswertungsphase ebenfalls angesprochen und Abhilfemöglichkeiten entwickelt werden.

Beispiele für Partnerarbeit

WIEDERHOLUNGSAUFGABE

In einer Unterrichtseinheit über Zeitungen hat die Klasse eine Boulevardzeitung, die Lokalzeitung als Beispiel für Regionalzeitungen und mehrere überregionale Tageszeitungen kennen gelernt (vgl. Politik in der Zeitung. Wochenschau Sonderausgabe, Sek. I + II 2005). Zur Sicherung und Vertiefung des erworbenen Wissens bekommt die Klasse die Aufgabe, in Partnerarbeit mit Stichworten zu jeder Art von Zeitung charakteristische Merkmale zusammenzutragen. Am Schluss dieser Arbeit steht ein Katalog von Wissen über Zeitungen, der den Jugendlichen hilft, sich in der bundesdeutschen Zeitungslandschaft rasch zurecht zu finden.

UNTERSUCHUNGSAUFGABE

Der Rücktritt des SPD-Parteivorsitzenden Müntefering am 31.10.2005 schlug hohe Wellen. Am 2. Oktober 2005 stand in der BILD-Zeitung auf Seite 2 ein Brief von Franz Josef Wagner an Frau Nahles. Zur Erläuterung: Franz Josef Wagner schreibt beinahe täglich unter der Kolumne „Post von Wagner" einen persönlichen Brief im Umfang von ca. 40 Zeilen an eine Persönlichkeit des Zeitgeschehens. Hier der Brief vom Anfang Oktober 2005:

> Münte-Mörderin, natürlich haben Sie danach nicht geweint. Die moderne Frau wie Sie greift zum Handy, simst ihre Freundinnen an, Heidemarie, Ute...
>
> Da fallen dann Sätze wie „Ich verstehe sehr gut, worum es dir geht..." Ich bin im Grunde genau wie du..." „Das wichtigste ist, dass du im Reinen bist mit dir".
>
> In Wahrheit ist ein Freundinnen-Netzwerk, arglos geboren als Entmüdungsbecken weiblicher Emotionen, die Folterwerkstatt für den Mann. Zuerst trugen die Quasselstrippen kleine Siege davon. Kindersorgerecht, Vaterrecht, Frauenquote. Jetzt stürzten sie Deutschland in die größte Krise.
>
> Frau Nahles ist 35, unverheiratet, Literaturwissenschaftlerin. Stellen wir uns einen ahnungslosen Mann vor, der sich in Frau Nahles verliebt. Entweder wird er von ihren Schraubstockhänden erdrückt, totgequasselt von ihren Freundinnen – oder aber er macht ein Kätzchen aus ihr.
>
> Frau Nahles braucht einen Mann.
>
> *Herzlichst Ihr Franz Josef Wagner*

Mit diesem selbst für Wagner ungewöhnlich geschmacklosen Text (vgl. Süddeutsche Zeitung, 15.4.2006, S. 23) wird sich jede Klasse gerne beschäftigen. Der Brief provoziert Lehrerinnen und Lehrer wie Schülerinnen und Schüler so stark, dass er nur präsentiert werden muss, und der Unterricht läuft wie von selbst. Fast alle Schülerinnen und wohl auch die meisten Schüler werden sich über die Aussagen von Wagner aufregen. Wird aber gleich darüber gesprochen, dann bleibt den meisten Unterrichtsteilnehmern keine Zeit zum Nachdenken. An der sicherlich vehement geführten Diskussion würden sich längst nicht alle Mitglieder der Klasse beteiligen. In der allgemeinen Aufregung müsste sich niemand der Anstrengung unterziehen, das Empörende an der Argumentation Wagners auf den Begriff zu bringen. Damit sich die Jugendlichen nicht nur erregen und dabei das Hochgefühl eigener Anständigkeit und des Abscheus vor dem primitiven „Supermacho" Wagner genießen, sondern sich auch der Mühe gedanklicher Arbeit unterziehen, bekommen sie die Frage gestellt: *„Sind Frauen nach Wagner politikfähig?"*

Arbeitsauftrag:
Für Wagner sind Frauen nicht politikfähig. Arbeite die Bemerkungen Wagners aus dem Brief heraus, die diese Schlussfolgerung zulassen.

Gute Schülerinnen und Schüler können sich ohne die Vorgabe zusätzlicher Untersuchungsfragen an die Arbeit machen. Den anderen helfen die Fragen weiter:

- Wie gehen nach Wagner Politikerinnen vom Schlage Andrea Nahles mit ihren männlichen Kollegen um? (Antwort: *„Sie erdrücken mit Schraubstockhänden, foltern, quasseln tot, morden."*)
- Was ist die Ursache für diese „Umgangsformen"? (Antwort: *„Frau Nahles braucht einen Mann."* – Politikerinnen brauchen Männer. Dank des Umgangs mit Männern werden aus Mörderinnen Kätzchen. Ohne Verkehr mit Männern dagegen stürzen Frau Nahles und andere Politikerinnen Deutschland in die größte Krise.").
- Was bewirken Frauen in der Politik? (Antwort: *„Sie haben das Kindersorgerecht, Vaterrecht und die Frauenquote erkämpft und stürzten jetzt Deutschland in die größte Krise."*)

Einen Konflikt innerhalb der Volkspartei SPD dadurch zu erklären, dass einer Wortführerin der Mann gefehlt und sie deshalb Deutschland in die größte Krise gestürzt habe, legt den Schluss nahe, dass Frauen nicht politikfähig sind. Ohne Mann stürzen Politikerinnen das Land ins Unglück, mit Mann werden sie samtweich. Als nicht konfliktfähig gehören sie dann nicht in die Politik, sondern zurück zu Heim, Herd und Mann.

Vorteile   Man weiß nicht, ob man sich mehr über die chauvinistische Unverschämtheit Wagners oder mehr über seine Dummheit aufregen soll, eine innerparteiliche Auseinandersetzung derartig unpolitisch zu sehen und zu analysieren. Man hört förmlich die begeisterte Zustimmung einer Vielzahl der zwölf Millionen Leser, die täglich die BILD-Zeitung und Wagners Kolumne lesen. Hören Schülerinnen und Schüler, ohne den Text gründlich gelesen zu haben, der aufgeregten Diskussion weniger Wortführer in der Klasse zu, dann bleiben sie passiv und drücken sich um die Anstrengung eigener gedanklicher Arbeit. Trotz des provozierenden Textes wird bei ihnen der Unterricht nur geringe Spuren hinterlassen. Gelingt es den Schülerinnen und Schülern aber, in der Partnerarbeit die Argumentation Wagners als unpolitisch, dafür aber als frauenfeindlich zu entlarven, dann werden sie auch in Zukunft bei ähnlichen Argumentationsmustern hellhörig sein und – hoffentlich – nicht in zustimmendes Hohngelächter einstimmen, sondern widersprechen. Selbst wenn Schülerinnen und Schüler in der Partnerarbeit nicht mit dem Text zurechtkommen, dann aber in der anschließenden Auswertung ein „Aha-Erlebnis" haben, wird für sie der Unterricht nicht ohne Wirkung bleiben. Für diesen Lernerfolg ist die selbstständige, zeitaufwändige und vom Lehrereinfluss freie Partnerarbeit von ausschlaggebender Bedeutung.

Voraussetzungen für gelingende Partnerarbeit

Partnerarbeit wird gelingen (vgl. auch die **Checkliste**, S. 180), wenn

- die gestellte Aufgabe die Schülerinnen und Schüler interessiert und zu gemeinsamer Arbeit ermuntert;
- die Jugendlichen weder über- noch unterfordert werden;
- der Arbeitsauftrag so klar und einfach gestellt wird, dass die Schülerinnen und Schüler ihn rasch begreifen und störende Nachfragen unterbleiben;

- die Lehrerin/der Lehrer die gewohnte Lehrerrolle aufgibt, ruhig bleibt, Interventionen unterlässt und die Klasse ca. zehn Minuten lang ungestört arbeiten lässt;
- die Schülerinnen und Schüler, durch Einzelarbeit vorbereitet, die für zehn Minuten eingeräumte Eigenständigkeit zur Arbeit und nicht zum Nichtstun nutzen;
- genügend Zeit für die Auswertung bleibt.

Partnerarbeit erfordert Zeit. Der Gewinn für die Selbstständigkeit der Schülerinnen und Schüler und für das soziale Lernen macht es der Lehrerin/dem Lehrer leicht, sich in seinem Unterricht diese Zeit trotz der oft gegebenen und bedrängenden Stofffülle zu nehmen.

Literatur

Meyer, Hilbert (1993): UnterrichtsMethoden II: Praxisband. 5. Auflage, München

Meyer-Willner, Gerhard (2004): Partnerarbeit. In: Keck, Rudolf W./Sandfuchs, Uwe/Feige, Bernd (Hrsg.): Wörterbuch Schulpädagogik. 2., völlig überarbeitete Auflage, Regensburg, S.338-339

Nonnenmacher, Frank (1999): Gruppen- und Partnerarbeit. In: Mickel, Wolfgang W. (Hrsg.): Handbuch zur politischen Bildung. Schwalbach/Ts., S. 492-496

Voit, Hartmut (2004): Partnerarbeit. In: Mayer, Ulrich/Pandel, Hans-Jürgen /Schneider, Gerhard (Hrsg.): Handbuch Methoden im Geschichtsunterricht. Schwalbach/Ts. , S. 481-496

Checkliste

Partnerarbeit

- Sind die Schülerinnen und Schüler an Einzelarbeit gewöhnt und so auf Partnerarbeit vorbereitet?

- Wird Partnerarbeit in der Klasse – auch in anderen Fächern – bereits praktiziert?

- Nutzen die Jugendlichen Partnerarbeit zu ernsthafter Arbeit oder zu gemeinsamem Unsinn?

- Interessiert der Arbeitsauftrag die Schülerinnen und Schüler so, dass sie sich zur Partnerarbeit bereit finden?

- Habe ich für die Partnerarbeit ausreichend Zeit vorgesehen?

- Habe ich den Arbeitsauftrag klar und verständlich formuliert?

- Wird kein Schüler über- oder unterfordert?

- Gebe ich während der Partnerarbeit meine dominante Lehrerrolle auf und beschränke ich mich auf das stille Zuschauen?

- Habe ich mir Gedanken über die Auswertung gemacht? Wie kann es mir gelingen, möglichst viele Teams aufzurufen, ohne Langeweile aufkommen zu lassen?

- Wie schaffe ich einen Ausgleich für die Tandems, die nicht zu Wort kommen?

- Findet eine Ergebniskontrolle der (schriftlichen) Partnerarbeit statt?

- Gebe ich den Schülerinnen und Schülern Gelegenheit, über Schwierigkeiten bei der Zusammenarbeit mit dem Banknachbarn oder dem neuen Partner zu sprechen?

- Habe ich die Schülerinnen und Schüler für ihre Leistungen gelobt?

Gotthard Breit

Gruppenarbeit

Gruppenarbeit – Selbstständigkeit und Zusammenarbeit lernen

Unterricht in allen Fächern versucht die Jugendlichen zum selbstständigen Denken und Handeln und damit zur Mündigkeit zu befähigen. Zugleich sollen sich die Jugendlichen im friedlichen und gleichberechtigten Umgang mit anderen üben. Der Politikunterricht setzt sich zum Ziel, die Jugendlichen zum eigenständigen politischen Denken und Handeln zu befähigen und so auf die Wahrnehmung der Bürgerrolle in der Demokratie vorzubereiten. Wie in allen anderen Unterrichtsfächern sollen sie auch im Politikunterricht soziale Verhaltensnormen wie Gewaltlosigkeit, Fairness, Kritik- und Konfliktfähigkeit, Kompromissbereitschaft, Rücksichtnahme, Verantwortungs- und Hilfsbereitschaft von der Lehrerin/dem Lehrer vorgelebt bekommen, sich selbst daran orientieren und so während ihrer Schulzeit allmählich verinnerlichen. Beide Zielsetzungen (Mündigkeit und soziales Verhalten) verlangen von den Heranwachsenden einerseits Selbstständigkeit, andererseits Zusammenarbeit mit anderen. Guter Unterricht räumt den Jugendlichen dazu Gelegenheit ein; die Gruppenarbeit bietet dafür eine gute Gelegenheit. Schulstunden, in denen die Lehrerin/der Lehrer ständig führt, Informationen vermittelt, Fragen stellt, sich mehrere Antworten anhört, die richtige aufnimmt und mit ihr den Unterricht fortsetzt, fördern diese Zielsetzungen nicht. Die Schülerinnen und Schüler müssen ausreichend Gelegenheit eingeräumt bekommen, ohne Leitung des Lehrers allein oder zusammen mit anderen zu arbeiten. Möglichst viele Unterrichtsstunden sollten daher entweder Einzel-, Partnerarbeit oder Gruppenarbeit vorsehen. Diese Arbeitsphasen kosten Zeit. Angesichts der geringen Stundenzahl, die jeder Politiklehrerin und jedem Politiklehrer zur Verfügung steht, besteht immer die Gefahr, die einzelne Stunde inhaltlich zu überfrachten. Wer bei der Planung für die Schülerinnen und Schüler selbstständige Arbeitsphasen vorsieht, wird diesen Fehler vermeiden. Für die Vorbereitung, Durchführung und Auswertung von Gruppenarbeit muss genügend Zeit vorgesehen werden – eine Zeit, in der die Jugendlichen nicht in Passivität verharren, sondern gemeinsam ohne Leitung der Lehrerin/des Lehrers intensiv arbeiten.

Einzelschritte der Gruppenarbeit

Für die Gruppenarbeit teilt die Lehrerin/der Lehrer die Klasse in mehrere Kleingruppen mit mindestens drei, maximal fünf Schülerinnen und Schülern auf. Diese Gruppen bearbeiten eine selbst gestellte oder von der Lehrerin/dem Lehrer vorgeschlagene Aufgabe. Alle Gruppen können dieselbe Aufgabe gestellt bekommen. Sie können aber auch arbeitsteilig unterschiedliche Aufgaben zu einem Thema bearbeiten. Wichtig ist, dass der Auftrag klar und unmissverständlich ausgedrückt ist und dass die Schülerinnen und Schüler ihn schriftlich vor Augen haben (Tafel, Folie, Arbeitsblatt). Nur so werden störende Nachfragen während der Gruppenarbeit unterbleiben (vgl. die **Checkliste** im Anhang, S. 188).

Einteilung in Gruppen ist zeitaufwändig

Die Einteilung in Gruppen kann sich hinziehen. An Gruppenarbeit gewöhnte Klassen nehmen die Zusammenstellung der Gruppen und die räumliche Aufteilung im Klassenraum rasch vor. Bei ungeübten Klassen muss hier mit zeitlichen Verzögerungen gerechnet werden. Zusätzlich muss die Gruppe festlegen, wer die Arbeitsergebnisse im Plenum vortragen wird.

In jedem Fach, so auch im Politikunterricht, dient die Gruppenarbeit zunächst einmal dem sozialen Lernen. Die drei bis fünf Mitglieder einer Gruppe müssen über einen verhältnismäßig langen Zeitraum (mindestens zehn Minuten) miteinander auskommen und produktorientiert zusammenarbeiten. Jedes Mitglied der Gruppe übernimmt Aufgaben, deren Lösung produktive Energie verlangt. Die Gruppe wird nur dann Erfolg haben, wenn sich alle Gruppenmitglieder gegenseitig respektieren und als gleichberechtigt anerkennen. Keiner darf sich auf Kosten anderer vordrängeln. Niemand darf sich aber auch in bequeme Unterordnung und Passivität abdrängen lassen. Jeder muss mitmachen, Kreativität und Fantasie entwickeln, Vorschläge unterbreiten und Ergebnisse erarbeiten. Zusammenarbeit geht nicht ohne gegenseitige Hilfe und Unterstützung. In guter Gruppenarbeit gewinnen die Jugendlichen die Erfahrung gemeinsamen Handelns. „Gleichheit" und „Solidarität" sind große Worte; hier können sie gelebt werden.

Auswertung und Metaunterricht

Die Auswertung von Gruppenarbeit gestaltet sich zeitaufwändig und schwierig. Haben die Gruppen unterschiedliche Arbeitsaufträge behandelt, dann werden die verschiedenen Teilergebnisse vorgetragen und zu einem Gesamtergebnis zusammengefasst. Bei gleichen Aufgaben trägt eine Gruppe ihre Ergebnisse vor und die anderen steuern Ergänzungen bei. In der Auswertungsphase muss jede Gruppe zu Wort kommen. Die zwangsläufig eintretenden Wiederholungen wirken ermüdend. Der Zeitdruck, unter dem die Lehrerin/der Lehrer steht, führt häufig zu einer Benachteiligung der Schlussgruppen; deren Mitglieder reagieren verärgert und wenden sich anderen Inhalten zu. Ihr Elan für zukünftige Gruppenarbeit wird sicherlich nicht gestärkt. Schülerinnen und Schüler besitzen für die Gruppenpräsentation nur über geringe Erfahrung und tragen dementsprechend schlecht vor. Trotz der Mängel sollte mit Lob für das Ergebnis der Gruppenarbeit und den Vortrag nicht gespart werden (vgl. die **Checkliste**, S. 188). Aller Anfang ist schwer.

Präsentation der Gruppenarbeit

Kommt es in einer Gruppe während der Arbeitsphase zu Unstimmigkeiten, dann muss darüber gesprochen werden. Dafür eignet sich eine Nachbesprechung nach Abschluss der Unterrichtseinheit. Der Zeitaufwand von einer Stunde ist dafür gerechtfertigt. Gruppenarbeit dient nicht primär oder ausschließlich der Erarbeitung von Wissensinhalten, sondern zumindest gleichberechtigt auch der Schulung sozialer Kompetenzen. Wer unter dem Druck, den Anforderungen des Lehrplans gerecht zu werden, es unterlässt, Probleme der Schülerinnen und Schüler bei der Zusammenarbeit untereinander zu thematisieren, verschenkt eine günstige Gelegenheit zum sozialen Lernen und handelt der Zielsetzung der Gruppenarbeit zuwider.

Ein immer wieder auftretendes Problem während der gemeinsamen Arbeit ohne Aufsicht der Lehrerin/des Lehrers ist das Verhalten der „Trittbrettfahrer". Sie lassen die Mitschüler arbeiten, tun selbst nichts, amüsieren sich anderweitig und erhalten dennoch die gleiche Note, die bei Benotung der Gruppenarbeit jedes Gruppenmitglied erhält. Diese „Ungerechtigkeit" löst Unwillen aus. Hält die Lehrerin/der Lehrer an dem Prinzip fest, allen Gruppenmitgliedern die gleiche Note zu geben, dann werden die Jugendlichen schon dafür sorgen, dass bei der nächsten Gruppenarbeit niemand untätig bleibt und sich vor der Arbeit drückt. Treten Beziehungsprobleme auf, ist ein Mitglied mit seiner Rollenzuweisung durch die Gruppe unzufrieden, hat sich ein Junge als „Macho" entpuppt, ist ein Mädchen gehemmt und arbeitet deshalb nicht mit, dann soll darüber gesprochen werden. Wer von seinen Mitschülern vorgehalten bekommt, sich immer vorzudrängeln oder niemals einen eigenen Beitrag beizusteuern, wird über sein Verhalten nachdenken und sich zu ändern versuchen.

„Trittbrettfahrer"

Ein Unterrichtsbeispiel

Im Politikunterricht dient die Gruppenarbeit vor allem der selbstständigen Informationsgewinnung, der politischen Analyse und der Urteilsbildung. Ein Beispiel:

Am Donnerstag, den 3. November 2005, findet Politikunterricht in einer politisch durchaus interessierten 11. Klasse eines Gymnasiums statt. Auch die Schülerinnen und Schüler haben von den überraschenden Vorgängen in Berlin erfahren. Sie können sich den plötzlichen Rücktritt des SPD-Vorsitzenden Franz Müntefering nicht erklären und würden gerne Näheres darüber erfahren. Die Lehrerin/der Lehrer nutzt dieses Interesse an einem aktuellen politischen Vorgang zu einer Gruppenarbeit. Am Dienstag, den 1.11., waren in der Regionalzeitung, am darauf folgenden Tag in allen überregionalen Tageszeitungen ausführliche Berichte und Kommentare zu den Vorgängen innerhalb der SPD zu lesen. In allen Zeitungen war die Überraschung spürbar; niemand hatte ernsthaft mit dieser Entwicklung gerechnet. In der Öffentlichkeit herrschten Unverständnis und Zorn gegen die „Putschisten". Was war geschehen? Der SPD-Vorsitzende hatte für das Amt des Generalsekretärs seinen langjährigen engen Mitarbeiter Kajo Wasserhövel vorgeschlagen; aber auch die frühere Juso-Vorsitzende Andrea Nahles bewarb sich um das Amt. Am Montag, den 31.10.2005, stimmte der SPD-Parteivorstand darüber ab. Sein Votum sollte dem Parteitag Mitte November in Karlsruhe als einziger Personalvorschlag für die Wahl des Generalsekretärs unterbreitet werden. Obwohl sich Müntefering nachhaltig für seinen Kandidaten eingesetzt hatte, entschied der Parteivorstand deutlich mit 23 gegen 14 Stimmen bei einer Enthaltung für Nahles. Alle Zeitungen versuchten, den Konflikt und seine Hintergründe zu erklären. Wie konnte der Parteivorstand der SPD nach dem schlechten Bundestagswahlergebnis vom 18.9.2005 mitten in schwierigen Koalitionsverhandlungen gegen den ausdrücklichen Wunsch von Franz Müntefering Frau Nahles wählen und so ihrem Parteivorsitzenden in den Rücken fallen? Wurde die SPD durch den persönlichen Ehrgeiz einer jungen Politikerin in eine Führungskrise gestürzt? Auch viele Schülerinnen und Schüler wollten sich dazu eine eigene Meinung bilden. Sie wollten sich ein eigenes Bild von dem parteiinternen Konflikt machen und Einblicke in die Hintergründe gewinnen. Die Lehrerin/der Lehrer sieht eine gute Gelegenheit, die SchülerInnen und Schüler zu einer gründlichen Zeitungslektüre zu veranlassen. Folgende Vorgehensweise wird vorgeschlagen. Die Klasse teilt sich in Kleingruppen auf. Jede Gruppe erhält eine Zeitung. Jede Kleingruppe soll die Berichte und Kommentare ihrer Zeitung zum Rücktritt Münteferings auswerten und sich auf dieser Grundlage eine Erklärung der Vorgänge erarbeiten.

*Thema: Rücktritt
des SPD-Vorsitzenden
Franz Müntefering*

> **Arbeitsauftrag:**
> Erarbeiten Sie in Ihrer Gruppe aus der Zeitung „X" Erklärungen für den überraschenden Rücktritt Münteferings vom Parteivorsitz der SPD.

Dazu können den Schülerinnen und Schülerinnen Untersuchungsfragen an die Hand gegeben werden:

- Um was geht es?
- Wer ist an der Auseinandersetzung beteiligt?
- Welche Ziele und Interessen verfolgen die einzelnen Akteure?
- Welche Möglichkeiten besitzen die Akteure, ihre Ziele und Interessen in dem Konflikt durchzusetzen?
- Wer setzt sich durch?
- Welcher Artikel der Verfassung bestimmt den Handlungsrahmen, in dem diese Auseinandersetzung stattfindet?

Organisation der Gruppenarbeit durch die Schüler

Die Gruppen erhalten für ihre Untersuchungstätigkeit eine Stunde Zeit. Das Ergebnis der Gruppenarbeit wird erst zu Beginn der nächsten Stunde vorgetragen. Dieser Auftrag erfordert von der Gruppe zunächst einmal die Organisation ihres Vorgehens. Nicht jedes Mitglied kann alle Berichte und Kommentare lesen. Die Zeitungen müssen gesichtet, die gefundenen Texte zu dem Vorgang aufgeteilt und von den dafür bestimmten Gruppenmitgliedern mit Hilfe der Untersuchungsfragen untersucht und ausgewertet werden. Für den Vortrag im Plenum müssen die Einzelergebnisse zusammengefasst, mit eigenen Anmerkungen, Beobachtungen, Bewertungen und Fragen versehen und so zu einem Gruppenbericht zusammengefasst werden. Während der Arbeit in der Gruppe und bei der Auswertung machen die Jugendlichen die Erfahrung, welche Möglichkeiten Zeitungen ihren Leserinnen und Lesern für eigene politische Untersuchungen eröffnen.

Bei diesem Vorhaben besteht die begründete Aussicht, dass einzelne Gruppenmitglieder die Woche über noch zusätzliche Zeitungen und Magazine heranziehen und Ergänzungen vornehmen werden. Zumindest die Lehrerin/der Lehrer nimmt die Gelegenheit wahr, die Woche über sich aus den Medien ein abgewogenes Urteil über die Entscheidung und die daran beteiligten Akteure zu bilden und niemanden vorschnell zu verurteilen. Wenn in der nächsten Stunde die einzelnen Gruppen ihre Arbeitsergebnisse vortragen, so werden die unterschiedlichen Sichtweisen des Vorganges sicherlich eine lebhafte Diskussion auslösen. Hierauf sollte die Lehrerin/der Lehrer vorbereitet sein und für jede Gruppe Gegenargumente parat haben. Die Diskussion kann sie/er auch dazu nutzen, kurz auf den Artikel 21 GG einzugehen („Die Parteien wirken bei der politischen Willensbildung des Volkes mit. (...) Ihre innere Ordnung muss demokratischen Grundsätzen entsprechen.").

Voraussetzungen einer gelingenden Gruppenarbeit

Das Unterrichtsbeispiel stand unter einem guten Stern. Auf die günstigen Umstände soll eigens aufmerksam gemacht werden. Den Inhalt bildete ein aktueller politischer Prozess, der zum Zeitpunkt des Unterrichts die Öffentlichkeit mächtig erregt und auch die Schülerinnen und Schüler nicht unberührt gelassen hat. Die Jugendlichen wollten sich Klarheit verschaffen und sich darüber eine eigene Meinung bilden. Mit diesem Interesse war vielleicht die wichtigste Voraussetzung für das Gelingen von Gruppenarbeit gegeben. Langweilt das Thema, dann kann die Lehrerin/der Lehrer nicht damit rechnen, dass in der Gruppenarbeit auch tatsächlich an der Aufgabenstellung gearbeitet wird. Gruppenarbeit sollte daher nur dann geplant werden, wenn die Lehrerin/der Lehrer von einem Interesse ihrer/seiner Klasse an dem Thema ausgehen kann. Nur dann werden die Schülerinnen und Schüler die Strapazen selbstständiger Arbeit auf sich nehmen und nicht angesichts der Mühen eigener Anstrengungen aufgeben.

Interesse am Thema

Besonders günstig an dem Beispiel war, dass den Kleingruppen genügend Zeit für die Untersuchung einer innerparteilichen Auseinandersetzung eingeräumt werden konnte. Die Aufregung in der Öffentlichkeit über den zu untersuchenden aktuellen politischen Prozess war so groß, dass sie eine Woche lang anhielt. Die Lehrerin/der Lehrer konnte es daher wagen, die Auswertung der Gruppenarbeit in die nächste Stunde eine Woche später zu verlegen. Dadurch erhielten die Schülerinnen und Schüler viel Zeit für die Arbeit in der Kleingruppe. Solch günstige Bedingungen herrschen selten. Häufig erfolgen Gruppenarbeit und Auswertung in einer Stunde. Der Vorteil besteht darin, dass die Jugendlichen die gedankliche Arbeit an einem Thema abschließen können, ohne über einen langen Zeitraum daraus herausgerissen zu werden. Der Wiedereinstieg in der darauf folgenden Stunde fällt immer schwer. Dieser Vorteil wird allerdings durch mehrere Nachteile teuer erkauft:

Zeitprobleme

- Für die Gruppenarbeit reicht eine Stunde nicht aus; unter dem Zeitdruck denken die Gruppenmitglieder Arbeitsergebnisse gerade einmal an.
- Die gemeinsame Auswertung in der Klasse wird rasch durchgeführt; die einzelnen Gruppen kommen beim Vortragen ihrer Ergebnisse kaum zu Wort.
- Die Diskussion über die Ergebnisse wird durch das Pausenklingeln vorzeitig abgebrochen.

Die Erfahrung, dass sich die Mühen in der Kleingruppenarbeit im Grunde gar nicht lohnen, wird die Jugendlichen für eine zukünftige Gruppenarbeit wenig motivieren.

In unserem Beispiel war die Klasse bereits an Gruppenarbeit gewöhnt; die Einteilung in Kleingruppen konnte rasch und ohne störende Konflikte durchgeführt werden. Dank regelmäßiger Übung bereitete den Kleingruppen die Organisation der räumlichen Trennung im Klassenzimmer keine Probleme. Zudem besaß die Klasse auch Erfahrung bei der Untersuchung eines politischen Vorganges mit Hilfe von Schlüsselbegriffen und Schlüsselfragen.

Schließlich ermöglichte das Beispiel eine Binnendifferenzierung. Die Kleingruppe mit den eher schwächeren Schülern beschäftigte sich mit der Regionalzeitung. Die Mitglieder lasen Texte, die kürzer und leichter verständlich waren als bei den Gruppen mit überregionalen Tageszeitungen.

Zum Verhalten der Lehrerin/des Lehrers

Zur Gruppenarbeit gehört, dass die Mitglieder selbstständig ohne Lehrerin/Lehrer für sich die gemeinsame Arbeit planen. Viele Lehrerinnen und Lehrer trauen dies ihrer Klasse nicht zu. Sie besitzen nicht die Zuversicht und die Nerven, den Jugendlichen die Organisation der Kleingruppenarbeit selbst zu überlassen. Sie geben Vorgehensweise und Arbeitsschritte vor, um Irrwege von vornherein auszuschließen. Damit schwächt die Lehrerin/der Lehrer die Selbstständigkeit der Jugendlichen, fördert dafür aber die Erfolgsaussichten der Gruppenarbeit. Jede Lehrerin und jeder Lehrer sollte die Entscheidung vom Können und der Erfahrung der Klasse abhängig machen.

Gefahr: Einschränkung der Selbstständigkeit

Jeder Lehrerin und jedem Lehrer fällt es sehr schwer, tatenlos der Arbeit ihrer Schülerinnen und Schüler zuzusehen. Gerne tritt man als Berater oder Streitschlichter auf, läuft ständig zwischen den Tischreihen auf und ab, gibt hier und da einen Hinweis, nimmt den Beitrag des Mitgliedes einer Kleingruppe auf und entwickelt ihn mit klugen Worten weiter. Mit all diesen Aktivitäten erzeugt man Unruhe und stört die Jugendlichen bei ihrer Arbeit. Sie brauchen Zeit und Ruhe, um gemeinsam etwas zustande zu bringen. Für die Gruppenarbeit soll sich daher die Lehrerin/der Lehrer fest vornehmen, sich ruhig zu verhalten, zuzuhören, abzuwarten und zu beobachten (Meyer 1993, S. 249); sie/er soll nur in Ausnahmefällen auf Wunsch von Schülern beratend eingreifen. Diese Lehrerrolle ist ungewohnt; sie einzuhalten bereitet gerade den hilfsbereiten, engagierten und auf die Schülerinnen und Schüler ausgerichteten Lehrern große Pein. Die Rolle eröffnet aber auch Chancen. Bei der Gruppenarbeit kann die Lehrerin/der Lehrer den Schülerinnen und Schülern bei ihrem freien und selbstbestimmten Tun zuschauen und mitunter an ihnen neue und positive Seiten entdecken.

Lehrer als Unruhestifter

Gruppenarbeit – die rettende Insel für Lehramtsneulinge

Studenten und Referendare sehen mit bangen Erwartungen ihren ersten Unterrichtsstunden entgegen. Werden sie das Unterrichtsgeschehen in der Hand behalten oder werden sie den Überblick verlieren und untergehen? Hier gibt die Planung einer Stunde mit einer Gruppenarbeit Sicherheit. Ist die Klasse an diese Arbeits- und Sozialform gewöhnt, dann erhält der Neuling in der Stunde mindestens zehn Minuten lang eine „Auszeit", in der er sich sammeln, den bisherigen Verlauf überdenken und die Fortsetzung der Stunde neu planen kann. Auch die Auswertung der Gruppenarbeit ist klar strukturiert und daher verhältnismäßig leicht zu bewältigen. Die Auswertung leitet meist zu einer Diskussion über, in der sich die Lehrerin/der Lehrer auf die Moderation beschränken kann. Kurz: Eine Stunde mit Gruppenarbeit wird auch der unerfahrene Lehramtsneuling durchstehen. Er kann ihr ohne Angst entgegensehen.

Zusammenfassung

Mehr noch als die Partnerarbeit dient die Gruppenarbeit den Zielen,
- die Jugendlichen zum selbstständigen (politischen) Denken zu befähigen und
- sie zum gleichberechtigten Umgang mit anderen zu befähigen.

Notwendigkeit sorgfältiger Inhaltsauswahl

Der Zeitaufwand, der immer mit Gruppenarbeit verbunden ist, erfordert bei der Planung einer Unterrichtseinheit eine sorgfältige Auswahl des Inhalts. Wichtiges aus dem Themenbereich muss weggelassen werden („Didaktik heißt Auswahl."). Im lehrerzentrierten Frontalunterricht dagegen können viele Aspekte angesprochen werden. Die Lehrerin/der Lehrer verschafft sich dadurch das beruhigende Gefühl, umfangreichen „Stoff" abzuarbeiten. Ohne Vertiefung bleibt aber erfahrungsgemäß wenig hängen und auch das wird rasch vergessen. Zudem führt der Unterricht die Teilnehmer nicht zum selbstständigen Denken und zur Zusammenarbeit mit anderen.

Lohn für die Mühen

Die Diskussionen nach der Auswertung der Gruppenarbeit werden in der Klasse auf gleicher Augenhöhe geführt. Alle Unterrichtsteilnehmer, Lehrende wie Schülerinnen und Schüler, vertreten gleichberechtigt ihren Standpunkt, führen dafür Begründungen an und versuchen, die anderen davon zu überzeugen. Wird die Diskussion dank der vorausgegangenen Gruppenarbeit engagiert und sachbezogen geführt, dann bedeutet dies für die Lehrerin/den Lehrer den Lohn für ihre/seine Mühen. Dabei erhält sie/er einen Einblick in die Vorstellungs- und Wertwelt der nachwachsenden Generation. Vor allem aber lernt sie/er die Schülerinnen und Schüler schätzen. Die überraschenden und fantasievollen Beiträge der Jugendlichen versetzen einen fast immer in Erstaunen.

Literatur

Haubrich, Hartwig u.a. (2005): Didaktik der Geographie konkret. 3. Neubearbeitung. München

Lach, Kurt (2000): Gruppenarbeit. In: Kuhn, Hans-Werner/Massing, Peter (Hrsg.): Methoden und Arbeitstechniken. Lexikon der Politischen Bildung. Band 3. Herausgegeben von Georg Weißeno. Schwalbach/Ts., S. 68-69

Meyer, Hilbert (1993): UnterrichtsMethoden II: Praxisband. 5. Auflage, München

Uffelmann, Uwe/Seidenfuß, Manfred (2004): Gruppenarbeit. In: Mayer, Ulrich/Pandel, Hans-Jürgen/Schneider, Gerhard (Hrsg.): Handbuch Methoden im Geschichtsunterricht. Schwalbach/Ts., S. 497-514

Politik in der Zeitung. Wochenschau-Sonderausgabe Sek. I + II. Schwalbach/Ts. 2005

Checkliste

Gruppenarbeit

- Sind die Schülerinnen und Schüler durch Einzel- und Partnerarbeit auf Gruppenarbeit vorbereitet?

- Sind die Schülerinnen und Schülern auch von anderen Fächern her Gruppenarbeit gewohnt?

- Können die Gruppeneinteilung (drei bis fünf Schülerinnen und Schüler) und die Umsetzung im Klassenraum rasch und ohne große Störungen vorgenommen werden? Besitzt die Klasse darin Übung?

- Habe ich mit der Klasse die Benotung von Gruppenarbeit geklärt? Weiß jede Schülerin/jeder Schüler, dass es keine individuellen Noten gibt, sondern die Gruppe insgesamt eine Note erhält?

- Räume ich für die Gruppenarbeit genügend Zeit ein?

- Habe ich bei der Planung die dadurch notwendig gewordene Eingrenzung des Unterrichtsinhalts vorgenommen? Kann ich die Auswahl didaktisch verantworten?

- Habe ich den Arbeitsauftrag für die einzelnen Gruppen so klar formuliert, dass sich Nachfragen erübrigen?

- Können die leistungsschwächeren Gruppen mit leichteren Aufgaben beauftragt werden als die leistungsstärkeren?

- Präsentiere ich den Schülerinnen und Schülern den Arbeitsauftrag so, dass sie ihn während der Gruppenarbeit ständig vor Augen haben (Tafel, Folie, Arbeitsblatt)?

- Ist die Aufgabe so motivierend und interessant, dass die Schülerinnen und Schüler die selbstständige Arbeitsphase zum politischen Lernen und nicht anderweitig nutzen?

- Gebe ich den Gruppen für die Analyse und Urteilsbildung Fragen an die Hand oder lasse ich sie ihre Untersuchungstätigkeit selbst organisieren?

- Habe ich die für die Gruppenarbeit notwendigen Materialien in ausreichender Zahl vorbereitet? Kann ich das Material rasch verteilen?

- Habe ich den festen Vorsatz gefasst, während der Gruppenarbeit meine Schülerinnen und Schüler so wenig wie möglich zu stören?

- Habe ich eine Uhr dabei, damit ich während des Unterrichts die Gruppenarbeit nicht vorzeitig abbreche?

- Wie kann ich zu einer abwechslungsreichen Präsentation der Gruppenergebnisse beitragen?

- Sind die Schülerinnen und Schüler im Abfassen eines Gruppenberichts geübt?

- Bekommen alle Gruppen in der Auswertung ausreichend Gelegenheit, ihre Arbeitsergebnisse zu vorzutragen?

- Gehe ich nach Beendigung der Gruppenarbeit auch auf die sozialen Prozesse innerhalb der einzelnen Gruppen ein?

- Sehe ich für die Nachbesprechung über das soziale Verhalten der Schülerinnen und Schüler in der Gruppenarbeit ausreichend Zeit vor?

- Habe ich die Schülerinnen und Schüler für ihre Leistungen gelobt?

Detlef Eichner

Öffnung des Politikunterrichts: Stationenlernen, Wochenplanarbeit, Chefsache

Begriffliche Eingrenzung

Offener Unterricht geht auf reformpädagogische Ansätze vor allem in den USA und in Deutschland, aber auch in Großbritannien zurück. Er ist als Kritik am sowie als Abwendung vom hergebrachten lehrerzentrierten Unterricht zu verstehen. Mit Offenem Unterricht ist mitunter der hohe, teilweise überhöhte pädagogische Anspruch verbunden, der aus Lehrerzentrierung und Unterrichtsplanung des Lehrers entstehenden „Diktatur eines geschlossenen Plans" (Frenz 1988, S. 334) entgegenzuwirken. In diesem Sinne wird Offener Unterricht als Möglichkeit betrachtet, das Lernen des Lernens mit dem Lernen des Lebens zu verbinden und implizierte emanzipatorische Ziele langfristig zu erreichen (vgl. Prote 1997, S. 159 f.). Mit Blick auf die Schule als gesellschaftlich-politische Institution mit hierarchischen und bürokratischen Strukturen werden die Möglichkeiten des Offenen Unterrichts weitaus kritischer beurteilt: „Neue, vor allem auch schülerorientierte methodische Arbeitsformen können schon deshalb nicht in nennenswertem Umfang verwirklicht werden, weil dann der Schulbetrieb in weiten Bereichen zusammenbrechen dürfte" (Meyer 1993, S. 89).

Eine „präzise, definitorische Eingrenzung" des Begriffs „Offener Unterricht" und des damit verbundenen pädagogischen Konzepts liegt bisher nicht vor. Offener Unterricht ist vielmehr als „pragmatisches methodisches Konzept" (Frenz 1988, S. 333 f.) zu verstehen und bestenfalls mit Rahmenkonzeptionen zu beschreiben (vgl. Bohl 2004, S. 16). Wichtige Anstöße und Entwicklungen zum Offenen Unterricht erwuchsen in erster Linie nicht aus der pädagogischen oder didaktischen Forschung, sondern aus der Unterrichtspraxis und der Gestaltung des Schullebens vor allem in der Grundschule. Mit Formen des Offenen Unterrichts sollte den Bedingungen einer veränderten Kindheit durch eine darauf ausgerichtete modifizierte Schul- und Unterrichtspraxis Rechnung getragen werden (vgl. Prote 1997, S. 158 f.). Mittlerweile finden Formen des Offenen Unterrichts auch im Bereich der Sekundarstufe I, abgeschwächt ebenso in der gymnasialen Kursstufe Anwendung. Die These, dass die Schule „in einer tiefen Modernisierungskrise" (Sander 1997, S. 40) stecke, erweist sich zumindest mit Blick auf die von Lehrerinnen und Lehrern angestoßenen Veränderungen der alltäglichen Unterrichtspraxis als unhaltbar.

Offener Unterricht

Öffnung des Unterrichts

Aufgrund der bislang ausstehenden begrifflichen Klarheit einer als Offenen Unterrichts zu verstehenden Konzeption bei gleichzeitig vorliegender Bandbreite methodischer Umsetzungsmöglichkeiten empfiehlt es sich, stattdessen von „Öffnung des Unterrichts" zu sprechen (Richter 2002, S. 118). „Offener Unterricht wäre hiernach kein statisches Konzept, sondern eher ein Leitbild für den Prozess der ‚Öffnung des Unterrichts' im Sinne einer Veränderung der schulischen Lernkultur" (Sander 1997, S. 42). So ließen sich unter der Formulierung „Öffnung des Unterrichts" alle methodischen Unterrichtsarrangements fassen, die selbstständige Entscheidungen bzw. das Aushandeln zwischen Lehrern und Schülern über Ziele, Inhalte, Methoden, Medien und Sozialformen ermöglichen (vgl. Frenz 1988, S. 335). Darüber hinaus wären darunter all jene Unterrichtsarrangements zu verstehen, die das durch den Unterricht initiierte Lernen auf Orte außerhalb des Klassenzimmers und der Schule ausweiten sowie externe Fachleute als Lernchance einbeziehen. Den Unterricht zu öffnen, bedeutet inhaltliche, methodische und institutionelle Offenheit herzustellen (vgl. Prote 1997, S. 164 f.). Intentional verfolgt eine Öffnung des Unterrichts die „Förderung der Selbstständigkeit und Mündigkeit" der Lernenden „sowie die Förderung ihrer Handlungsfähigkeiten und sozialen Kompetenzen" (Richter 2002, S. 118) und betont dabei den Prozesscharakter des Lernens. Entsprechend finden meta-kognitive Techniken, die der Selbstevaluation der Lernenden sowie dem Aufbau von Lernstrategien dienen, Anwendung (vgl. Nauck 1993, S. 212).

Im Prozess der Öffnung von Unterricht haben vor allem Organisationsformen der Freiarbeit einen festen Platz in der alltäglichen Unterrichtspraxis erhalten. So finden auch außerhalb der Grundschule mittlerweile Stationenlernen, Wochenplanarbeit und die so genannte „Chefsache" Anwendung.

Bedeutung für den Politikunterricht

Die zentrale Frage für die Bedeutung der Öffnung von Unterricht im Rahmen der schulischen politischen Bildung lautet, ob Schülerinnen und Schüler befähigt sind, selbstständig Politik zu lernen. Die Blickrichtung der Frage lässt sich aber auch umdrehen: Sind Politiklehrerinnen/Politiklehrer willens und in der Lage, sich selbst bei der Steuerung der Prozesse während des Unterrichts weitgehend zurückzunehmen, um den Jugendlichen ausreichend Raum für selbstständiges Lernen zu geben?

Ziele

„Lernen im Politikunterricht besteht im Erwerb von Fähigkeiten und Kenntnissen, die für das Verstehen, die Analyse sowie die Beurteilung von politischen Ereignissen, Prozessen und Strukturen benötigt werden" (Weißeno 2004, S. 154). Damit wird im Politikunterricht von Jugendlichen viel verlangt. In ihrem Alltag spielt Politik neben ihren eigenen lebensnahen Problemen und Entwicklungsaufgaben wenn überhaupt, dann überwiegend nur eine untergeordnete Rolle. Zudem ist Politik abstrakt und komplex und selbst für Fachleute aufgrund neuerer aktueller Entwicklungen schwer zu durchschauen (vgl. Schiele 2004, S. 5). Deshalb erweist sich Politik nicht nur im Unterricht der Sekundarstufe I häufig als sperriger Lerngegenstand. Dennoch ist es in der Demokratie unerlässlich, dass Bürgerinnen und Bürger fundiertes Wissen über politische Institutionen, Inhalte und Prozesse verfügen und Urteilskompetenz besitzen. Nur so können sie ihre Bürgerrolle in der Demokratie ausfüllen. Politiklernen im Rahmen des Demokratie-Lernens stellt für Schülerinnen und Schüler eine Zumutung dar, die Schule den nachwachsenden Generationen nicht ersparen darf. Zur Mündigkeit zu erziehen und zu bilden, bedeutet in diesem Zusammenhang auch, dass die Lernenden durch den Politikunterricht befähigt werden, die Analyse und Beurteilung politischer Inhalte, Formen und Prozesse selbstständig durchzuführen. Sie müssen lernen, dass die Bürgerrolle in der Demokratie von ihnen verlangt, vermeintlichen und tatsächlichen Eliten oder selbst ernannten Anführern mit Skepsis zu begegnen (vgl. Breit 2004). Dazu gehören die Bereitschaft und die Fähigkeit, sich den Anstrengungen des selbstständigen demokratisch-politischen Denkens zu unterziehen. Für die Erreichbarkeit dieses hochgesteckten Ziels sprechen Ergebnisse der empirischen Unterrichtsforschung. Sie lassen sich dahingehend deuten, dass Schülerinnen und Schüler im Politikunterricht „oftmals besser und fachlich präziser argumentieren als die Lehrenden" (Weißeno 2004, S. 164).

Aus der vorstehenden Argumentation lässt sich auf die Notwendigkeit der Öffnung des Politikunterrichts – zumindest in bestimmten Phasen – hin zu mehr Selbstständigkeit und Partizipation von Schülerinnen und Schülern schließen. Das Ziel demokratisch-politischer Bildung ist der mündige Bürger. Die dazu notwendige Selbstständigkeit muss im Unterricht eingeübt werden. Damit ist ein Abbau der Lehrerdominanz verbunden, ohne sie vollständig zu diskreditieren. Professionelles Lehrerhandeln im Politikunterricht bedeutet, den Jugendlichen Zeit, Raum und Möglichkeiten zur Einübung von Mitbestimmung und Selbstständigkeit zu geben. Das heißt nicht, dass die Lehrenden aus ihrer Verantwortung für den Unterricht entlassen sind. Sie wird ganz im Gegenteil ausgeweitet. Während die Unterrichtenden im lehrerzentrierten Unterricht für die Planung der Inhalte und Ziele auf der Grundlage von Rahmenrichtlinien alleine verantwortlich zeichnen und diese den Heranwachsenden „richtig" darzubieten haben, verlangt die Öffnung des Unterrichts, diesen methodisch so zu arrangieren, dass den Schülerinnen und Schülern eine Subjektrolle im Unterricht zuwächst.

Selbstständigkeit muss eingeübt werden

Besonders in der Grundschule und in der Sekundarstufe I ist dies mit erheblichen Problemen verbunden. Beim Politiklernen fallen Schülerinnen und Schüler dieser Schulstufen nicht selten aufgrund ihres fehlenden Vorwissens in die Rolle der Belehrten und somit in die Objektrolle zurück. Methodische Möglichkeiten zur Öffnung des Politikunterrichts wie Formen der Freiarbeit können dies verhindern helfen. Den Forderungen des Beutelsbacher Konsenses nach Überwältigungsverbot, Kontroversitätsgebot und der Ermöglichung, dass Schülerinnen und Schüler ihre eigenen Interessen und Möglichkeiten der politischen Einflussnahme erkennen, wird durch Formen der Freiarbeit und der damit verbundenen Förderung selbstständigen Denkens und Handelns entsprochen. Inhaltliche Partizipationsmöglichkeiten können den Lernenden trotz der weiter bestehenden Planungshoheit beim Lehrer dadurch eröffnet werden, dass für eine Unterrichtseinheit mehrere, mindestens jedoch drei unterschiedliche fachdidaktische Perspektiven entwickelt werden (Gagel 1983, S. 227 ff.; vgl. Eichner 2004). So stellt der Unterrichtende sicher, fachlich-inhaltlich fundiert eingearbeitet zu sein und flexibel auf unterschiedliche Deutungs- bzw. Interessenangebote der Jugendlichen reagieren zu können (vgl. auch die **Checkliste** im Anhang, S. 203). Der Unterrichtsinhalt und die damit verbundene Zielsetzung werden so innerhalb des schulfachlich abgesteckten Rahmens zwischen Schülern und Lehrer im Unterricht ausgehandelt. Auf diese Weise kann eine inhaltliche Öffnung des Unterrichts ebenso erreicht werden, wie der Prozess des Aushandelns selbst eine Öffnung des Unterrichts hin zu einer schulischen „Kultur der Anerkennung" (Hafeneger u.a. 2002) im Rahmen des Demokratie-Lernens darstellt.

Lehrer muss mehrere fachdidaktische Perspektiven entwickeln

Organisationsformen der Freiarbeit

STATIONENLERNEN

Beim Stationenlernen, das auch als Lern- oder Übungszirkel und Stationenarbeit bezeichnet wird, bearbeiten die Schülerinnen und Schüler an inhaltlich logisch aufeinanderfolgenden oder in beliebiger Reihenfolge zu absolvierenden Orten im Klassenraum oder im

Vorbereitung
des Stationenlernens

Schulgebäude das vom Lehrer bereitgestellte Material (vgl. Köck 2000, S. 222 f.). Die Materialien werden mit unterschiedlichen Arbeitsaufträgen verbunden. Zur inneren Differenzierung können Pflicht- und Wahlstationen unterschieden werden. So wird es jeder Schülerin/jedem Schüler ermöglicht, die Stationen in einem der eigenen Leistungsfähigkeit angemessenen Arbeitstempo und -umfang zu durchlaufen. Die Bereitstellung von Wahlstationen eröffnet den Lernenden zudem die Möglichkeit, eigene Interessenschwerpunkte zu setzen. Der für ein Stationenlernen zur Verfügung stehende Zeitrahmen wird in der Regel einer Unterrichtsstunde entsprechen. Es ist jedoch ebenso denkbar, das Lernen an Stationen auf mehrere Einzelstunden auszudehnen. Eine Voraussetzung hierfür ist allerdings, dass die Stationen nicht nach jeder Stunde abgebaut werden müssen. Die Materialauswahl und -zusammenstellung wird beim Stationenlernen ebenso vom Lehrer vorgenommen wie die Formulierung der damit verbundenen didaktischen Perspektiven und Lernzielformulierungen. Der Unterrichtende kann, muss aber nicht für die Bearbeitung der einzelnen Stationen eine bestimmte Sozialform, wie Einzel-, Partner- oder Gruppenarbeit (vgl. die entsprechenden Kapitel in diesem Band) vorschreiben. Um die Selbstständigkeit der Jugendlichen und ihr Verantwortungsbewusstsein für den eigenen Lernprozess zu fördern, sind an den einzelnen Lernstationen vom Unterrichtenden vorbereitete Lösungs- oder Kontrollblätter (z.B. in einem Briefumschlag) ausgelegt. Die Schüler werden so in die Lage versetzt, ihre Arbeitsergebnisse ohne Hilfe der Lehrerin/des Lehrers selbstständig zu kontrollieren und ggf. zu verbessern (vgl. Nauck 1993, S. 193). Dem Unterrichtenden eröffnen sich dadurch Freiräume. Diese kann er nutzen, um die Heranwachsenden intensiv bei ihrer Arbeit zu beobachten und dabei seine Diagnosebasis zu erweitern. Gleichzeitig erhält er so die Möglichkeit, lernschwächeren Schülerinnen und Schülern Hilfestellungen zu geben.

Durchführung

Zur Durchführung des Stationenlernens erhält jeder Unterrichtsteilnehmer einen Laufzettel (vgl. das unterrichtspraktische Beispiel in diesem Beitrag), auf dem er vermerkt, welche Stationen er bereits bearbeitet und kontrolliert hat. Zusätzlich wird auf dem Laufzettel notiert, welche Probleme sich bei der Bearbeitung einer Station für den Schüler ergeben haben. In einem sich an das Stationslernen anschließenden Meta-Gespräch werden die Schwierigkeiten der Jugendlichen thematisiert. Dabei erhalten die Heranwachsenden von Mitschülern und vom Lehrer Hilfestellungen, wie sie eine eigene Lernstrategie entwickeln bzw. verbessern können. Im Anschluss an das Meta-Gespräch werden die Inhalte der Lernstationen und die Schülerergebnisse im Unterrichtsgespräch thematisiert. Unterschiedliche politische Einstellungen und Sichtweisen können so kontrovers vorgestellt und diskutiert sowie kriteriengeleitet beurteilt werden (vgl. Bundeszentrale für politische Bildung 1997). Während des Unterrichtsgesprächs lässt sich recht schnell erkennen, wo der Interessenschwerpunkt der Schülerinnen und Schüler bei der Behandlung des Themenbereichs liegt. Der Unterrichtende verständigt sich mit den Lernenden auf der Grundlage bestehender Rahmenvorgaben über die im nachfolgenden Unterricht vertiefend zu verfolgende didaktische Perspektive.

WOCHENPLANARBEIT

Bei der Wochenplanarbeit händigt die Lehrerin/der Lehrer an die Schülerinnen und Schüler eine Liste mit innerhalb einer Woche zu erledigenden Aufgaben aus. Diese Zusammenstellung enthält neben von allen Schülerinnen und Schülern verbindlich zu bearbeitenden Pflichtaufgaben auch einen Katalog mit fakultativen Wahlaufgaben (vgl. das unterrichtspraktische Beispiel in diesem Beitrag). Auf diese Weise wird ein weitestgehend individualisiertes, an Leistungsfähigkeit und -bereitschaft, Arbeitstempo und Interesse der Schülerinnen und Schüler orientiertes Arbeiten und Lernen ermöglicht. Die vom Unterrichtenden intentional zusammengestellten Aufgaben werden von den Jugendlichen in frei gewählten oder vorgegebenen Sozialformen (Einzel-, Partner, Gruppenarbeit) während der zur Verfügung stehenden Unterrichtsstunden und zu Hause innerhalb einer Woche bearbeitet (vgl. Köck 2000, S. 222 f.). An der Zusammenstellung der Aufgaben und des damit verbundenen Arbeitsaufwands für die Schüler erweist sich das unterrichtspraktische Geschick des Lehrenden. Die Aufgaben sollten so konzipiert sein, dass leistungsschwächere Schülerinnen und Schüler bei normalem häuslichem Arbeitsaufwand zumindest die Pflichtaufgaben erledigen können. Leistungsstärkere Jugendliche sollten je nach selbst gewähltem Arbeitsaufwand den Aufgabenkatalog über den Bereich der Pflichtaufgaben hinaus bis zur Vollständigkeit bewältigen können. Dies stellt an die Planungsprofessionalität der Lehrerin/des Lehrers hohe Anforderungen. Für Berufsanfänger, aber auch für „alte Hasen" empfiehlt es sich, die an die Schülerinnen und Schüler gestellten Anforderungen zur eigenen Kontrolle ab und zu selbst zu erledigen. Berufsanfänger lernen so, den zumutbaren und zu erwartenden Aufgabenaufwand realistisch einzuschätzen. Erfahrene Lehrerinnen und Lehrer können durch die Selbstkontrolle im Laufe der Zeit eingeschlichene Unter- bzw. Überforderungstendenzen in ihrer Aufgabenstellung erkennen und ggf. korrigieren. Um die Selbstständigkeit und Eigenverantwortung der Lernenden zu fördern, empfiehlt es sich, im Klassenraum Kontroll- und Lösungsblätter zu den gestellten Aufgaben vorzuhalten. Den Jugendlichen wird es so ermöglicht, ihre Arbeitsergebnisse selbst zu kontrollieren – und falls notwendig zu verbessern. Es muss allerdings sichergestellt werden, dass die Heranwachsenden erst nach dem Bearbeiten einer Aufgabe die Lösung einsehen können. Dieser Hinweis klingt banal, ist aber aufgrund einer als völlig normal anzusehenden Faulheit und Gerissenheit von Schülern notwendig. Es ist andererseits ebenso denkbar, dass die Lehrerin/der Lehrer die Schülerergebnisse am Ende der Woche einsammelt und möglichst schnell durchsicht. Der damit verbundene Arbeitsaufwand darf jedoch nicht unterschätzt werden. Schülerinnen und Schüler haben ein verständliches Interesse daran, möglichst schnell eine Rückmeldung über ihre Leistungen zu erhalten. In der Praxis bedeutet dies, dass sich der Lehrer das Wochenende frei hält, um die Schülerergebnisse durchzusehen. Das ist mit viel Arbeit verbunden. Gerade Berufsanfänger neigen dazu, ihre Arbeitskraft zu überfordern. Als Lehrerin/Lehrer professionell zu agieren bedeutet aber auch, sich Raum und Zeit zur Erholung zu schaffen. Daraus folgt, dass Formen des Offenen Unterrichts möglichst nicht während der Phasen des Schuljahres stattfinden sollten, die für den Lehrer ohnehin mit viel Arbeitsaufwand verbunden sind.

Gleichwohl gilt, dass die Heranwachsenden ein Recht darauf haben, dass ihre Leistungen vom Lehrenden entsprechend gewürdigt werden. Im Sinne des mit der Öffnung von Unterricht verbundenen Ziels, die Entwicklung von Lernstrategien der Schülerinnen und Schülern zu fördern, ist die Durchführung von Meta-Unterrichtsphasen unerlässlich. Hier wird möglichst individuell geklärt, wie aufgetretene Schwierigkeiten zukünftig vermieden oder gemeistert werden können.

CHEFSACHE

Die Chefsache oder auch Expertenarbeit weist Ähnlichkeiten mit der Wochenplanarbeit auf. Auch bei der Chefsache erhalten die Schülerinnen und Schüler eine Liste mit innerhalb einer vorgegebenen Zeit zu erledigenden Pflicht- und Wahlaufgaben (vgl. das unterrichtspraktische Beispiel in diesem Beitrag). Die vom Lehrenden intentional zusammengestellten Aufgaben werden von den Heranwachsenden unter Zuhilfenahme bereitgestellter Materialien selbstständig bearbeitet. Dafür steht ihnen der Fachunterricht vollständig zur Verfügung. Die Aufgaben sind so zusammengestellt, dass die Jugendlichen darüber hinaus auch zu Hause weiterarbeiten müssen, um die Pflichtaufgaben vollständig und zumindest einige Wahlaufgaben bearbeiten zu können.

Organisation und Durchführung der Wochenplanarbeit

Die Chefsache unterscheidet sich von der Wochenplanarbeit wesentlich dadurch, dass jeder Aufgabe ein oder zwei Schüler als so genannte Chefs zugeordnet werden. Die Zuordnung wird vom Lehrer vorgenommen. Es ist ebenso möglich, dass die Jugendlichen aus dem Aufgabenkatalog ihre Chefaufgabe nach individuellem Interesse selbst auswählen. Für beide Varianten ist zu beachten, dass anspruchsvolle Aufgaben möglichst von leistungsstarken Jugendlichen betreut werden. So kann eine Selbstüberschätzung oder Überforderung der Lernenden und damit das von Frustrierung und Enttäuschung begleitete Scheitern der Chefsache vermieden werden.

Die eingeteilten Chefs bearbeiten zunächst ihre eigene Chefaufgabe und legen das Arbeitsergebnis der Lehrerin/dem Lehrer zur Kontrolle und Besprechung vor. Der Unterrichtende sollte darauf bedacht sein, die Chefaufgaben mit großer Sorgfalt durchzusehen, zu korrigieren und seine Erwartungshaltung ausgiebig mit den betreffenden Schülern zu besprechen. Jede Nachlässigkeit der Lehrerin/des Lehrers hierbei potenziert sich im Verlauf der Chefsache. Die eingeteilten Chefs sind nach der Kontrolle durch den Lehrer für die korrekte Bearbeitung ihrer Aufgabe durch die anderen Schüler verantwortlich. Die Chefs treten dabei an die Stelle des Lehrers, kontrollieren die Ergebnisse ihrer Mitschüler und geben ihnen Hinweise und Tipps. Je besser und intensiver der Unterrichtende die Heranwachsenden auf diese Aufgabe vorbereitet hat, umso besser können sie ihre Mitschüler anleiten und zum Lernerfolg führen.

Nachdem die Jugendlichen ihre eigene Chefaufgabe bearbeitet haben, wenden sie sich den weiteren Pflichtaufgaben zu. Ihre Arbeitsergebnisse legen sie den für die jeweilige Aufgabe zuständigen Chefs vor. Eine neue Aufgabe darf erst dann angefangen werden, wenn die Chefs mit den Ergebnissen zufrieden sind und dies durch Testat auf dem Aufgabenzettel bestätigt wurde. Wenn die Schülerinnen und Schüler alle Pflichtaufgaben erledigt haben, können sie sich den Wahlaufgaben zuwenden. Auch hierbei gilt das beschriebene Chefprinzip.

Bei einer Spielart der Chefsache entwickeln die Schülerinnen und Schüler nach ihren eigenen Interessen aus einem vorgegebenen Themenbereich die zu bearbeitenden Aufgaben selbst. Nach der Bearbeitung der selbst gewählten Aufgaben stellen die Heranwachsenden ihre Ergebnisse den Mitschülern vor. Diese hochgradig schülerorientierte Form der Chefsache ist sehr anspruchsvoll. Die Jugendlichen sollten bei der Auswahl ihrer Aufgaben vom Unterrichtenden intensiv beraten werden. Der mit den Aufgaben verbundene Anspruch muss auf das Leistungsvermögen der Schüler abgestimmt sein, da es ansonsten zu Überforderungen kommt, die nicht selten zum Scheitern der Chefsache führen. Zudem müssen die Lernenden über ein solides Grund- und Orientierungswissen aus dem Themenbereich verfügen, um die mit der Aufgabe verbundenen Anforderungen adäquat und realistisch einschätzen zu können. Aus diesen Gründen empfiehlt es sich, diese Art der Chefsache erst in höheren, vor allem leistungsstarken und methodisch versierten Klassen der Sekundarstufe I, besser jedoch erst in der gymnasialen Oberstufe einzusetzen.

Wie beim Stationenlernen und der Wochenplanarbeit ist es auch beim Einsatz der Chefsache im Politikunterricht unerlässlich, im Anschluss an die eigentliche Freiarbeitsphase die Arbeitsergebnisse im Klassenunterricht zu besprechen. Nur so kann sichergestellt werden, dass die in den Aufgaben angelegten Inhalte kontrovers diskutiert und der abwägenden Urteilsbildung zugeführt werden. Zudem zeigt das im Unterrichtsgespräch offenbarte Schülerinteresse die Richtung für eine mögliche inhaltliche Weiterarbeit im Rahmen der entwickelten didaktischen Perspektiven auf.

Ein Unterrichtsbeispiel

Im Unterricht einer neunten Realschulklasse sollen die Ergebnisse der Bundestagswahl vom 18. September 2005 thematisiert werden. Der Politiklehrer entscheidet sich, den Unterricht auf eine Form der Freiarbeit aufzubauen. Dazu zieht er die Möglichkeit des Stationenlernens, der Wochenplanarbeit sowie der Chefsache in Betracht. Mit dieser methodischen Vorentscheidung verbindet er die Zielsetzung, seine Schülerinnen und Schüler auf die Übernahme der Bürgerrolle in der Demokratie vorzubereiten. Dazu gehört, dass die Heranwachsenden die Notwendigkeit erkennen und die Fähigkeit entwickeln, sich über aktuelle demokratisch-politische Prozesse, Probleme und Aufgaben sowie den sie betreffenden institutionellen Handlungsrahmen selbstständig zu informieren und sie zu beurteilen.

Mit Hilfe von regionalen Tageszeitungen sowie überregionalen Wochenzeitungen arbeitet sich der Lehrer zunächst in den Themenbereich ein und entwickelt darauf aufbauend drei didaktische Perspektiven (Gagel 1983, S. 227 ff.; vgl. Eichner 2004).

Ausgangslage

ENTWICKLUNG DIDAKTISCHER PERSPEKTIVEN

Didaktische Perspektive 1: Die Bundestagswahl am 18. September 2005 hat keine eindeutigen Mehrheiten geschaffen. Weder konnte die bisher regierende rot-grüne Koalition ihre parlamentarische Mehrheit verteidigen, noch konnten CDU/CSU und FDP die angestrebte und von den Meinungsforschungsinstituten prognostizierte Regierungsmehrheit erreichen. Als rechnerische Möglichkeiten für eine Regierungsbildung bieten sich eine große Koalition aus SPD und CDU/CSU ebenso an wie eine Ampel aus SPD, Grünen und FDP. Zumindest im Bereich der Möglichkeiten liegt die so genannte „Jamaika-Koalition" aus CDU/CSU, FDP und Grünen. Ein von der Linken.PDS toleriertes Minderheitenkabinett erscheint hingegen als wenig wahrscheinlich.
Der Schwerpunkt des Unterrichts liegt auf der Untersuchung des Wahlergebnisses hinsichtlich möglicher Regierungsmehrheiten.

Koalitionsmöglichkeiten nach der Wahl

- In einem ersten Schritt werden rechnerisch mögliche Mehrheiten ermittelt, wie sie sich nach der Bundestagswahl darstellen.
- In einem zweiten Schritt untersuchen die Schülerinnen und Schüler die rechnerisch ermittelten Mehrheitsoptionen auf ihre inhaltliche Wahrscheinlichkeit. Dazu vergleichen sie die Positionen der Parteien auf feststellbare Unterschiede und Ähnlichkeiten.

> **Thema des Unterrichts:** Jeder mit jedem und Gott mit uns allen? Welche Regierungskoalitionen sind nach der Bundestagswahl rechnerisch und inhaltlich denkbar?

Didaktische Perspektive 2: Das Ergebnis der Bundestagswahl weicht zum Teil stark von den Vorhersagen der Demoskopen ab. Diese hatten noch bis kurz vor der Wahl eine deutliche Mehrheit für Schwarz-Gelb prognostiziert. Tatsächlich konnte weder Rot-Grün die Regierungsmehrheit verteidigen, noch Schwarz-Gelb den Regierungswechsel herbeiführen. Beiden Möglichkeiten haben die Wählerinnen und Wähler eine Absage erteilt. Stattdessen konnten die FDP sowie Die Linke.PDS Stimmenzuwächse verbuchen, während beide Volksparteien Stimmen an die Nichtwähler verloren. Die Wählerinnen und Wähler haben erstmals nach 1949 kein politisches Lager mit einer Mehrheit ausgestattet. Dieses Ergebnis wird nicht nur von Fachwissenschaftlern und Politikern, sondern auch von etlichen Bürgern kritisch beurteilt. Aufgrund der fehlenden Mehrheiten für die angestrebten Koalitionen Rot-Grün bzw. Schwarz-Gelb könnte es zur Bildung einer großen

Überraschendes Wahlergebnis

Koalition kommen. Diese wurde von keiner der Parteien angestrebt. Zudem wären in einer großen Koalition sowohl FDP als auch Die Linke.PDS trotz ihrer großen Stimmenzuwächse nicht an der Regierung beteiligt, sondern auf die Rolle der parlamentarischen Opposition beschränkt.

Der Schwerpunkt des Unterrichts liegt auf der Analyse der Wählerwanderungen bei der Bundestagswahl 2005 und ihrer Hintergründe. In einem zweiten Schritt wird das Ergebnis der Wahl vor dem Hintergrund der Volkssouveränität und den Folgen für das Funktionieren des politischen Systems beurteilt. Im Mittelpunkt des Unterrichts stehen bei der Urteilsbildung folgende Fragen:

- Können die Wählerinnen und Wähler mit ihrer Stimmabgabe die Regierungsbildung beeinflussen?
- Werden durch politische Wahlen Partizipationserwartungen geweckt, die von den Parteien in den Koalitionsverhandlungen missachtet werden?
- Ist mit Hilfe des personalisierten Verhältniswahlrechts der Bundesrepublik die Bildung einer effektiven Regierungsmehrheit möglich?
- Sollte das personalisierte Verhältniswahlrecht der Bundesrepublik durch ein reines Mehrheitswahlrecht ersetzt werden?

Thema des Unterrichts: Der bundesdeutsche Wähler: unentschlossen, unberechenbar und im Nachhinein auch noch unzufrieden?

Bedeutung der Wahl für die zukünftige Außenpolitik

Didaktische Perspektive 3: Nicht nur in Deutschland selbst, sondern auch im Ausland wurde die Bundestagswahl 2005 mit großem Interesse verfolgt. Die enorme Beachtung im Ausland spiegelte die Bedeutung der Wahl als außenpolitische Richtungswahl wider. Für die EU-Staaten und für die Türkei war vor allem von Belang, ob die zukünftige Bundesregierung an der bisher angestrebten Vollmitgliedschaft der Türkei in der EU festhält (Rot-Grün) oder den außenpolitischen Wechsel mit dem Ziel einer „privilegierten Partnerschaft" (CDU/CSU) vollzieht. International bedeutsam war ebenso die Frage, ob der außenpolitische Kurs der Bundesrepublik vorrangig an der Achse Paris-Berlin bei gleichzeitigen freundschaftlichen Beziehungen mit Russland (SPD/Grüne) ausgerichtet bleibt oder durch einen Regierungswechsel die transatlantischen Beziehungen zu den USA (CDU/CSU) in den Vordergrund rücken. Das Wahlergebnis kann hier keine eindeutigen Antworten liefern. Die außenpolitische Richtung und ihre Schwerpunkte werden sich wohl erst in den Ergebnissen gelungener Koalitionsverhandlungen und in der Regierungserklärung des neuen Bundeskanzlers bzw. der Bundeskanzlerin konkretisieren. Besonders in Anbetracht der aktuellen Krise der EU ist eine möglichst schnelle und für das Ausland verlässliche Festlegung der außenpolitischen Zielsetzungen der Bundesrepublik notwendig.

Der Schwerpunkt des Unterrichts liegt auf der Analyse ausländischer Pressestimmen zum Ergebnis der Bundestagswahl. Daran anschließend wird die Bedeutung der Bundesrepublik sowie ihrer Außenpolitik im europäischen und internationalen Rahmen analysiert und beurteilt.

Thema des Unterrichts: Bundestagswahlen – Wahlen in Deutschland mit europäischer und globaler Bedeutung?

Wahlergebnis nach stark personalisiertem Wahlkampf

Didaktische Perspektive 4: Der Bundestagswahlkampf 2005 war nicht nur durch den Kampf der großen Volksparteien CDU und SPD um die Regierungsmehrheit, sondern auch durch die Auseinandersetzungen zwischen den beiden Spitzenkandidaten Schröder und Merkel um die Wählergunst bestimmt. Das TV-Duell der beiden Politiker stellte den Höhepunkt eines stark auf Personalisierung ausgerichteten Wahlkampfes dar. Den Wählerinnen und Wählern wurde so mitunter suggeriert, den Bundeskanzler respektive die Kanzlerin direkt wählen zu können. Obwohl die Direktwahl des Bundeskanzlers nicht möglich ist, fließt der Eindruck der Spitzenkandidaten auf die Bürger in deren Wahlentscheidung ein. Neben der Frage nach der Sympathie geht es bei politischen Wahlen immer auch um Inhalte und die Problemlösungskompetenz der Kandidaten mit ihren Mannschaften. So zeigte diese Wahl, dass eine Mehrheit der Wählerinnen und Wähler zwar Gerhard Schröder als Bundeskanzler favorisierte, die SPD aber – wenn auch nur knapp – der CDU/CSU unterlag.

Für den Unterricht ergeben sich daraus mehrere Leitfragen:
- Wie werden Angela Merkel und Gerhard Schröder von den Bürgerinnen und Bürgern beurteilt?
- Wie wird der deutsche Bundeskanzler gewählt?
- Welcher Kandidat/welche Kandidatin erhielt von den Wählerinnen und Wählern den Auftrag, das Amt des Bundeskanzlers zu übernehmen?

Thema des Unterrichts: Schröder oder Merkel – Wen haben die Wählerinnen und Wähler beauftragt, in das Bundeskanzleramt einzuziehen?

Auf der Grundlage der vorstehenden Überlegungen arbeitet die Politiklehrerin/der Politiklehrer mögliche inhaltlich-methodische Arrangements zum Stationenlernen, zur Wochenplanarbeit sowie zur Chefsache aus. Den Schülerinnen und Schülern sollen die folgenden, zum Teil gekürzten Materialien an die Hand gegeben werden.[1]

M 1	Grafik „Bundestagswahl". Aus: Das Parlament vom 23.9.2005, S. 3.
M 2	Zusammenstellung programmatischer Aussagen der Parteien nach: www.wahlomat.de
M 3	Susanne Kailitz: Der Wähler ist unberechenbar – und unzufrieden mit seiner Wahl. Aus: Das Parlament vom 23.9.2005, S. 3.
M 4	Grafik „Die Wählerwanderung". Aus: Das Parlament vom 23.9.2005, S. 3.
M 5	Jörg Kallmeyer: Die große Überraschung: Der Wähler. Aus: Aller-Zeitung Gifhorn vom 19.9.2005, S. 4.
M 6	Uwe Andersen/David H. Gehne: Bundestagswahlratgeber 2005. Schwalbach/Ts. 2005, S. 46 f.
M 7	Grafik „Auf die Zweitstimme kommt es an". Aus: Horst Pötzsch: Die deutsche Demokratie. Bonn 1996, S. 33.
M 8	Interview „Ein katastrophales Ergebnis". Aus: Das Parlament vom 23.9.2005, S. 3.
M 9	„Pressestimmen". Aus: Das Parlament vom 23.9.2005, S. 2.
M 10	Uwe Andersen/David H. Gehne: Bundestagswahlratgeber 2005. Schwalbach/Ts. 2005, S. 8 f.
M 11	„Die Wahl des Bundeskanzlers". Aus: Karl-Rudolf Korte: Wahlen in der Bundesrepublik Deutschland. 4., überarbeitete u. aktualisierte Auflage, Bonn 2003, S. 62.
M 12	Grafik „Das Duell Schröder – Merkel aus Sicht der Zuschauer". Aus: Aller-Zeitung Gifhorn vom 6.9.2005, S. 4.
M 13	Grafik „Was die Deutschen wollen". Aus: Aller-Zeitung Gifhorn vom 19.9.2005, S. 4.

LAUFZETTEL FÜR DAS STATIONENLERNEN

Fach:

Name: Klasse: Datum:

Vermerke auf diesem Laufzettel, welche Stationen du bereits bearbeitet hast. Achte darauf, dass du zuerst alle Pflichtstationen erledigst. Wenn du anschließend noch Zeit hast, kannst du die Wahlstationen, die dich besonders interessieren, bearbeiten. Notiere in der rechten Spalte dieses Laufzettels, welche Probleme du bei der Bearbeitung der Stationen hattest.

Station	Pflicht-aufgabe	Wahl-aufgabe	Thema	Material	Ergebnisse kontrolliert?	Welche Probleme ergaben sich an der Station?
1	X		Welche Fraktionen können zusammen die Mehrheit im Bundestag stellen?	M 1		
2		X	Welche Parteien stehen sich inhaltlich nahe, so dass eine Zusammenarbeit möglich ist?	M 2		
3	X		Wer hat wen warum gewählt?	M 3, M 4, M 5		
4		X	Muss das deutsche Wahlsystem verändert werden?	M 6, M 7, M 8		
5	X		Was sagt das Ausland zum Wahlergebnis?	M 9		
6		X	Die Bedeutung der Bundesrepublik in der EU und in der Welt	M 10		
7	X		Wie wird der Bundeskanzler gewählt?	M 11		
8		X	Wen wollen die Wähler als Kanzler: Schröder oder Merkel?	M 12, M 13		

ARBEITSPLAN FÜR DIE WOCHENPLANARBEIT

Fach:

Name: Klasse: Datum:

Die folgenden Aufgaben sollst du innerhalb einer Woche bearbeiten. Dafür steht dir der Fachunterricht zur Verfügung. Du wirst aber auch zu Hause weiterarbeiten müssen. Erledige zuerst alle Pflichtaufgaben. Wende dich dann den Wahlaufgaben zu. Bearbeite so viele Wahlaufgaben, wie du schaffst oder möchtest. Denke aber daran, dass auch dein Fleiß in die Note eingeht.

Thema A: Jeder mit jedem und Gott mit uns allen? Welche Regierungskoalitionen sind nach der Bundestagswahl rechnerisch und inhaltlich möglich?

Aufgabe	Pflichtaufgabe	Wahlaufgabe	Materialien
1. Errechne, welche Fraktionen zusammen die Mehrheit im Bundestag stellen können.	X		M 1, M 2
2. Vergleiche die Aussagen der Parteien. Zwischen welchen Parteien bestehen inhaltliche Ähnlichkeiten? Welche Parteien unterscheiden sich deutliche voneinander?	X		
3. Welche Koalitionen sind rechnerisch und inhaltlich möglich? Begründe deine Aussagen.		X	

Thema B: Der bundesdeutsche Wähler: unentschlossen, unberechenbar und im Nachhinein auch noch unzufrieden?

Aufgabe	Pflichtaufgabe	Wahlaufgabe	Materialien
1. Aus welchen Gründen hat die SPD Wählerstimmen verloren?		X	M 3, M 4, M 5, M 6, M 7, M 8
2. Aus welchen Gründen haben CDU/CSU Wählerstimmen verloren?		X	
3. Warum hat die FDP Stimmen gewonnen?		X	
4. Warum konnte Die Linke.PDS Stimmen gewinnen?		X	
5. Aus welchen Gründen wird das Wahlergebnis von Bürgern und Fachleuten kritisiert?	X		
6. Sollte das reine Mehrheitswahlrecht eingeführt werden? Begründe deine Ansicht	X		

Thema C: Bundestagswahlen – Wahlen in Deutschland mit europäischer und globaler Bedeutung?

Aufgabe	Pflichtaufgabe	Wahlaufgabe	Materialien
1. Gib die Inhalte der Zeitungsartikel aus den ausländischen Zeitungen mit eigenen Worten wieder.	X		M 9, M 10
2. Wird der Wahlausgang positiv oder eher negativ bewertet? Warum?		X	
3. Aus welchen Gründen wurde die Bundestagswahl in Großbritannien, Spanien, Frankreich oder Polen mit großem Interesse verfolgt?		X	
4. Aus welchen Gründen zeigten die USA und Russland großes Interesse an der Bundestagswahl?		X	
5. Beziehe zu der folgenden Aussage Stellung und begründe deine Ansicht: Die Bundestagswahl hat ausschließlich für Deutschland Bedeutung.	X		

Thema D: Schröder oder Merkel – Wen haben die Wählerinnen und Wähler beauftragt, in das Bundeskanzleramt einzuziehen?

Aufgabe	Pflichtaufgabe	Wahlaufgabe	Materialien
1. Welcher Kandidat/welche Kandidatin genießt bei den Bürgern Sympathie?		X	M 11, M 12, M 13
2. Welcher Kandidatin/welchem Kandidaten trauen die Bürger größeren Sachverstand zu?		X	
3. Wen würde die Mehrzahl der Bürger als Kanzler/Kanzlerin wollen?	X		
4. Merkel und Schröder beharren beide darauf, Bundeskanzler zu werden. Wer hat deiner Meinung nach Anspruch auf das Amt? Begründe.	X		
5. Fertige ein Schaubild an, mit dessen Hilfe du erläutern kannst, wie der Bundeskanzler gewählt wird.	X		

ARBEITSPLAN FÜR DIE EXPERTENARBEIT – „CHEFSACHE"

Fach:

Name: Klasse: Datum:

Die folgenden Aufgaben sollst du innerhalb von zwei Wochen bearbeiten. Dafür steht dir der Fachunterricht zur Verfügung. Du wirst aber auch zu Hause weiterarbeiten müssen.

1. Erledige zuerst die Aufgabe, für die du der Chef bist. Lass dein Arbeitsergebnis vom Lehrer kontrollieren und auf dem Arbeitsplan abzeichnen.

2. Bearbeite dann alle weiteren Pflichtaufgaben. Lass die Aufgaben von einem der zuständigen Chefs kontrollieren. Jeder Chef ist berechtigt, eine falsche oder unvollständige Aufgabe zurückzuweisen und Verbesserungen oder Ergänzungen zu verlangen. Nur wenn der Chef mit deiner Arbeit zufrieden ist, zeichnet er die Aufgabe ab.

3. Wenn du alle Pflichtaufgaben zur Zufriedenheit der Chefs bearbeitet hast, kannst du dich den Wahlaufgaben zuwenden. Lass die Aufgaben von einem der zuständigen Chefs kontrollieren. Jeder Chef ist berechtigt, eine falsche oder unvollständige Aufgabe zurückzuweisen und Verbesserungen oder Ergänzungen zu verlangen. Nur wenn der Chef mit deiner Arbeit zufrieden ist, zeichnet er die Aufgabe ab.

4. Du bist der Chef für die dir zugeordnete Aufgabe. Wenn Mitschüler deine Chefaufgabe bearbeitet haben, müssen sie ihr Ergebnis dir vorlegen. Du musst die Aufgabe kontrollieren. Wenn alles zu deiner Zufriedenheit bearbeitet wurde, zeichnest du auf dem Arbeitsplan des Schülers deine Aufgabe ab. Bist du nicht zufrieden, dann weist du deinen Mitschüler darauf hin, was er oder sie ergänzen oder verbessern muss. Denke immer daran: Behandle deine Mitschüler so, wie du selbst behandelt werden möchtest!

Thema A: Jeder mit jedem und Gott mit uns allen? Welche Regierungskoalitionen sind nach der Bundestagswahl rechnerisch und inhaltlich möglich?

Aufgabe	Chef	Pflichtaufgabe	Wahlaufgabe	Materialien
1. Errechne, welche Fraktionen zusammen die Mehrheit im Bundestag stellen können.	Jörn Nadine		X	M 1, M 2
2. Vergleiche die Aussagen der Parteien. Zwischen welchen Parteien bestehen inhaltliche Ähnlichkeiten? Welche Parteien unterscheiden sich deutliche voneinander?	Cemile Eduard	X		
3. Welche Koalitionen sind rechnerisch und inhaltlich möglich? Begründe deine Aussagen.	Danny Sarah		X	

Thema B: Der bundesdeutsche Wähler: unentschlossen, unberechenbar und im Nachhinein auch noch unzufrieden?

Aufgabe	Chef	Pflichtaufgabe	Wahlaufgabe	Materialien
4. Aus welchen Gründen hat die SPD Wählerstimmen verloren?	Timo Claudia		X	M 3, M 4, M 5, M 6, M 7, M 8
5. Aus welchen Gründen haben CDU/CSU Wählerstimmen verloren?	Vitali Anne		X	
6. Warum hat die FDP Stimmen gewonnen?	Liana/Viktor		X	
7. Warum konnte Die Linke.PDS Stimmen gewinnen?	Lennart Nicole		X	
8. Aus welchen Gründen wird das Wahlergebnis von Bürgern und Fachleuten kritisiert?	Sandra Dennis	X		
9. Sollte das reine Mehrheitswahlrecht eingeführt werden? Begründe deine Ansicht.	Matthias Ramona		X	

Thema C: Bundestagswahlen – Wahlen in Deutschland mit europäischer und globaler Bedeutung?

Aufgabe	Chef	Pflichtaufgabe	Wahlaufgabe	Materialien
10. Gib die Inhalte der Zeitungsartikel aus den ausländischen Zeitungen mit eigenen Worten wieder.	Timo Claudia	X		M 9, M 10
11. Wird der Wahlausgang positiv oder eher negativ bewertet? Warum?	Anita Yunus		X	
12. Aus welchen Gründen wurde die Bundestagswahl in Großbritannien, Spanien, Frankreich oder Polen mit großem Interesse verfolgt?	Florian Judith		X	
13. Aus welchen Gründen zeigten die USA und Russland großes Interesse an der Bundestagswahl?	Verena Alexander		X	
14. Beziehe zu der folgenden Aussage Stellung und begründe deine Ansicht: Die Bundestagswahl hat ausschließlich für Deutschland Bedeutung.	Melanie Ralf	X		

Thema D: Schröder oder Merkel – Wen haben die Wählerinnen und Wähler beauftragt, in das Bundeskanzleramt einzuziehen?

Aufgabe	Chef	Pflichtaufgabe	Wahlaufgabe	Materialien
15. Welcher Kandidat/welche Kandidatin genießt bei den Bürgern Sympathie?	Kristin Sebastian		X	M 11, M 12, M 13
16. Welcher Kandidatin/welchem Kandidaten trauen die Bürger größeren Sachverstand zu?	Anna Lennart		X	
17. Wen würde die Mehrzahl der Bürger als Kanzler/Kanzlerin wollen?	Sina Oliver	X	X	
18. Merkel und Schröder beharren beide darauf, Bundeskanzler zu werden. Wer hat deiner Meinung nach Anspruch auf das Amt? Begründe.	Mike Sabrina	X		
19. Fertige ein Schaubild an, mit dessen Hilfe du erläutern kannst, wie der Bundeskanzler gewählt wird.	Melina Chris	X		

Anmerkung

[1] Die Materialien werden nicht abgedruckt. Die Zusammenstellung soll in exemplarischer Absicht Spektrum und Umfang der Text- und Bildmaterialien für die drei methodischen Spielarten Offenen Unterrichts verdeutlichen.

Literatur

Bohl, Thorsten (2004): Prüfen und Bewerten im Offenen Unterricht. 2., erweiterte Auflage, Weinheim und Basel

Breit, Gotthard (2004): Interesse, Skepsis und Anteilnahme – Zur Entwicklung einer demokratischen Verhaltensdisposition. In: Breit, Gotthard/Siegfried Schiele (Hrsg.): Demokratie braucht politische Bildung. Schwalbach/Ts., S. 196-212

Bundeszentrale für politische Bildung (1997): Politische Urteilsbildung. Aufgabe und Wege für den Politikunterricht. Schriftenreihe der Bundeszentrale für politische Bildung, Band 344. Bonn

Eichner, Detlef (2004): Bildung politikdidaktischer Perspektiven am Beispiel der Unterrichtseinheit „Die Folgen der alternden Gesellschaft für das Gesundheitssystem – eine Herausforderung für den Wähler?". In: Politische Bildung, Heft 4/2005, S. 68-87

Frenz, Wilhelm (1988): Offener Unterricht und offenes Curriculum. In: Mickel, Wolfgang W./Zitzlaff, Dietrich (Hrsg.): Handbuch zur politischen Bildung. Schriftenreihe der Bundeszentrale für politische Bildung, Band 264., Bonn, S. 333-337

Gagel, Walter (1983): Einführung in die Didaktik des politischen Unterrichts. Studienbuch politische Didaktik I. Opladen

Gautschi, Peter (2004): Lernen an Stationen. In: Mayer, Ulrich/Pandel, Hans-Jürgen/Schneider, Gerhard (Hrsg.): Handbuch Methoden im Geschichtsunterricht. Schwalbach/Ts., S. 515-531

Hafeneger, Benno/Henkenborg, Peter/Scherr, Albert (Hrsg.) (2002): Pädagogik der Anerkennung. Grundlagen, Konzepte, Praxisfelder. Schwalbach/Ts.

Köck, Peter (2000): Handbuch der Schulpädagogik für Studium – Praxis – Prüfung. Donauwörth

Meyer, Hilbert (1993): UnterrichtsMethoden II: Praxisband. 5. Auflage, Frankfurt/M.

Nauck, Joachim (1993): Offener Unterricht. Eine analytische Betrachtung. In: Nauck, Joachim (Hrsg.): Offener Unterricht. Ziele, Praxis, Wirkungen. Braunschweiger Arbeiten zur Schulpädagogik, Band 10. Braunschweig, S. 173-190

Nauck, Joachim (1993a): SchülerInnen als Experten des Lernens. Erfahrungen mit eigenständig Lernenden. In: Nauck, Joachim (Hrsg.): Offener Unterricht. Ziele, Praxis, Wirkungen. Braunschweiger Arbeiten zur Schulpädagogik, Band 10. Braunschweig, S. 191-212

Prote, Ingrid (1997): Politische Bildung und Erziehung in der Grundschule. In: Sander, Wolfgang (Hrsg.): Handbuch politische Bildung. Schwalbach/Ts., S. 157-172

Richter, Dagmar (2002): Offener Unterricht. In: Kuhn, Hans-Werner/Massing, Peter (Hrsg.): Methoden und Arbeitstechniken. Lexikon der politischen Bildung. Band 3. Herausgegeben von Georg Weißeno. 3. Auflage, Schwalbach/Ts., S. 118-119

Sander, Wolfgang (1997): Offener Unterricht und die Perspektiven der politischen Bildung in der Schule. In: Politische Bildung, Heft 3/1997, S. 40-49

Schiele, Siegfried: Demokratie braucht politische Bildung. In: Breit, Gotthard/Schiele, Siegfried (Hrsg.): Demokratie braucht politische Bildung. Schwalbach/Ts., S. 1-10

Weißeno, Georg (2004): Vom Input zum Output – zur Zukunft empirischer Untersuchungen für den Politikunterricht. In: Breit, Gotthard/Schiele, Siegfried (Hrsg.): Demokratie braucht politische Bildung. Schwalbach/Ts., S. 149-165

Checkliste

Öffnung des Politikunterrichts

- Sind Sie als Lehrerin/Lehrer in der Lage, die Lehrerlenkung während der Freiarbeitsphase konsequent abzubauen?

- Sind in der Klasse Regeln eingeübt, so dass konzentriertes Arbeiten in einem positiven sozial-emotionalen Klima möglich ist?

- Sind die Schülerinnen und Schüler mit dem Ablauf von Stationenlernen, Wochenplanarbeit oder Chefsache vertraut? Was muss vorher noch geübt werden?

- Haben Sie sich intensiv in den Themenbereich eingearbeitet?

- Haben Sie mindestens drei didaktische Perspektiven entwickelt?

- Liegt ausreichend Material vor?

- Lässt sich das Material in Abhängigkeit vom Thema so in einzelne Sequenzen untergliedern, dass der Zusammenhang für die Schülerinnen/Schüler erkennbar bleibt?

- Lassen sich aus dem Material Pflicht- und Wahlaufgaben entwickeln, die dem Leistungsstand der Jugendlichen angemessen sind und Differenzierungen ermöglichen?

- Sind die entwickelten Aufgaben politikdidaktisch bildungsrelevant? Wird Aktionismus vermieden?

- Können die Aufgaben von den Heranwachsenden mit Hilfe der Materialien selbstständig bearbeitet werden? Welche Schülerinnen/Schüler benötigen erwartungsgemäß Hilfestellungen?

- Können die Lernstationen über einen längeren Zeitraum aufgebaut bzw. können die Materialien ausgelegt bleiben?

- Wie sollen die Schülerergebnisse bewertet werden? Wollen Sie alle Arbeiten einsammeln und zensieren? Sollen die Jugendlichen bei der Benotung einbezogen werden?

Eigene Notizen

Teil III: Unterrichtsphasen

Peter Massing

Einführung

Bei der Organisation des Lernprozesses besteht eine wesentliche Aufgabe darin, den Unterrichtsverlauf zweckmäßig und einsehbar zu gliedern. Dies geschieht in der Regel durch eine Einteilung in Unterrichtsphasen. Ziel von Unterrichtsphasen ist es, Schülerinnen und Schülern durch einen gestuften Aufbau des Unterrichts das Lernen zu erleichtern. Der Unterrichtsprozess soll dadurch einsichtiger und nachvollziehbarer werden. Die Vorstellung, der Unterricht müsse in Handlungsfolgen gegliedert werden, hat in der allgemeinen Didaktik seit Johann Friedrich Herbart (1776-1841) und seinen so genannten „Formalstufen" Tradition. Im Anschluss daran sind zahllose Stufenschemata bzw. Phaseneinteilungen entwickelt worden. Immer bestand dabei – zumindest in der Praxis – die Gefahr, den Unterricht in ein Korsett zu zwängen; auch dann, wenn von den Didaktikern ständig betont wird, dass die Hilfen eben kein starres Schema bedeuteten, an das man sich in jeder Unterrichtsstunde zwingend halten müsse (vgl. Ackermann u.a. 1994, S. 117). Eine Unterrichtseinheit sollte zwar für Lehrende und Lernende einen gleichermaßen einsichtigen und nachvollziehbar gegliederten Aufbau haben, aber Lehrerinnen und Lehrer müssen auch die Freiheit besitzen und nutzen, ihre je eigene Gliederung des Lernprozesses zu entwerfen, die den Schülerinnen, Schülern und dem Stoff angemessen ist.

Unterrichtsphasen sind Hilfen und kein Zwangskorsett

Untersucht man die in der didaktischen Literatur gängigen Phaseneinteilungen genauer, wird eine zumindest formal ähnliche Gliederung deutlich, die dann vielfach variiert, ergänzt und erweitert wird. In der Regel beginnt jede Unterrichtseinheit mit einem Einstieg, der zum Thema der Unterrichtseinheit führt (**Einstiegsphase**). Danach sollen Schülerinnen und Schüler sich nach Möglichkeiten Kenntnisse erwerben (**Erarbeitungsphase**), und die Einheit endet damit, dass die erarbeiteten Ergebnisse gesichert werden (**Phase der Ergebnissicherung**).

Andere Autoren (Klingberg 1982, S. 81) lehnen jede Einteilung als mechanistisch ab und gehen davon aus, dass der Unterrichtsprozess vorwiegend durch die didaktische Funktion von Neuvermittlung und Verarbeitung (Festigen) geprägt sei. Zwischen beiden bestehe eine Wechselwirkung. Zusätzlich bedürfe es jeweils einer Vorbereitung und Hinführung sowie einer Kontrolle und Bewertung. Auch diese Vorstellung enthält also durchaus voneinander abgrenzbare Phasen.

Ein anderes, ziemlich bekanntes Modell stammt von Helmut Seel (vgl. Seel 1969). Helmut Seel geht von folgenden Phasen aus:

1. Phase der Problembegegnung	Anstoß
2. Phase der Problemlösung	Problemeinsicht, Fragen
3. Phase der Durchführung	Lösungseinsicht, Erkenntnis
4. Phase des Übens	Bestätigung, Bereitstellung

Phasenmodelle

Helmut Seel verweist ausdrücklich darauf, dass diese Phasenfolge einen Idealtypus darstellt und dass in der Praxis häufig Modifikationen auftreten werden.

Auch in der Politikdidaktik schlägt fast jeder Autor ein eigenes spezifisches Verlaufsmodell mit einer eigenen Phasenstruktur vor. Bernhard Sutor favorisiert folgendes Modell (vgl. Sutor 1992, S. 25):

(1.) Einstieg (Vorphase)
(2.) Was ist? (1. Hauptphase)
(3.) Was ist politisch möglich? (2. Hauptphase)
(4.) Was soll geschehen? (3. Hauptphase)
(5.) Transfer und Kontrolle, Metakommunikation (Abschlussphase)

Wolfgang Hilligen schlägt einen etwas anderen Phasenverlauf vor (vgl. Hilligen 1992, S. 204 f.):

(1.) Konfrontation mit einer problemhaltigen Situation, einem Fall und Erkenntnis der subjektiven/objektiven Betroffenheit.
(2.) Erkenntnis und ggf. Herausschälen des Problems in seiner „allgemeinen Bedeutung" *(1. Hypothesenbildung)*.
(3.) (Erste) Frage nach den für die Beurteilung notwendigen Fakten (Was muss man wissen, wenn man sich damit auseinandersetzen will?).
(4.) Möglichkeiten der Lösung *(2. Hypothesenbildung)*.
(5.) Beurteilung der Lösung in Bezug auf partielle/allgemeine Interessen (Antizipation der Konsequenzen der Möglichkeiten).
(6.) a) Möglichkeiten konkreter politischer Beteiligung (Handeln).
b) Übertragung auf andere, ähnliche Situationen/Probleme (Weiter-„Denken").

Trotz der jeweils fachdidaktisch unterschiedlichen Akzentuierung und der Verwendung verschiedener Begriffe lässt sich in fast allen Verlaufsmodellen der Politikdidaktik eine weitgehend gemeinsame formale Gliederung des Politikunterrichts in einzelne Phasen erkennen, die zeitlich und vor allem logisch aufeinander folgen.

Eigener Vorschlag

Das Phasenmodell, das hier vorgeschlagen wird, hat den Vorteil, dass es Lehrerinnen und Lehrer nicht auf ein bestimmtes Strukturschema des Politikunterrichts festlegt, sondern ausreichend Raum für eigene Konkretisierungen bietet. Ein weiterer Vorzug dieses Schemas besteht darin, dass es sich mit unterschiedlichen Abstraktionsstufen (von konkret bis abstrakt) verknüpfen lässt sowie den unterschiedlichen Anforderungsbereichen Wissen (AFB 1), Anwenden (AFB 2) sowie Problematisieren und Urteilen (AFB 3) zugeordnet werden kann (vgl. Anmerkung 1, S. 93).

1. Einstiegsphase	Präsentation des Problems, Motivation, Herausfinden von Meinungen und Vorprägungen der Schülerinnen und Schüler, Herausarbeitung des Themas, Strukturierung des Themas, Methodenplanung.	AFB 1 AFB 2 AFB 3
2. Informationsphase	Informationserarbeitung, Ermittlung der für die Fragestellung (für das Thema) relevanten Sachverhalte, Fakten, Kategorien, Problemanalyse.	Überwiegend AFB 1, aber auch AFB 2

3. Anwendungsphase	Informationsverarbeitung, strukturierte Verknüpfung von Informationen, Analyse von Beziehungen, Verallgemeinerungen, Generalisierungen, Transfer.	Überwiegend AFB 2, aber auch AFB 1 und AFB 3
4. Problematisierungsphase, Urteilsbildung	Vergleich und Bewertung kontroverser Positionen, Urteilsbildung, Gewinnen einer eigenen begründeten Position, Gewinnen einer Handlungsorientierung, Erkennen von Möglichkeiten konkreter politischer Beteiligung.	Überwiegend AFB 3, aber auch AFB 2
5. Metakommunikation	Gemeinsames Nachdenken über die Vorgehensweise im Unterricht, Stärken und Schwächen der Unterrichtskommunikation, der angewandten Methoden, Arbeitstechniken und Materialien.	AFB 3

Abb.: Verlaufsstruktur und Phasenmodell (vgl. Ackermann u.a. 1994, S. 119 f.)

Ein anderes und eigenständige Verlaufsmodell von Unterricht (vgl. Ackermann u.a. S. 128 f.) ergibt sich, wenn der Politikunterricht nicht in erster Linie nach Handlungsphasen eingeteilt wird, sondern wenn die schrittweise Erweiterung des Horizontes als Gliederungsprinzip verwendet wird. Die einzelnen Unterrichtsphasen als Stufenschema ergeben sich dann aus der jeweiligen Reichweite der Probleme, die im Unterricht behandelt werden. Die Schritte der Horizonterweiterung lassen sich am Beispiel „Armut" verdeutlichen.

Phasen können auch Schritte der Horizonterweiterung bedeuten

Schritte der Horizonterweiterung	Problemreichweite
Ausgangspunkt/Einstieg	**Individuelles Problem:** Armut aus der Sicht der betroffenen Individuen: physische Seite (Sicherung von Nahrung, Kleidung, Wohnung); psycho-soziales Seite (Armut als soziale Diskriminierung) ...
Erster Schritt	**Regionales Problem:** Situation sozialer Randgruppen in Ballungsgebieten; Problematik strukturschwacher Gebiete ...
Zweiter Schritt	**Nationales Problem:** Fragen der sozialen Sicherung; Probleme der Sozialpolitik, des Sozialrechts; Zukunft des Sozialstaats ...
Dritter Schritt	**Internationales/Globales Problem:** Probleme der Unterentwicklung; ungleiche Verteilung von Ressourcen; unterschiedliche Entwicklungsstufen von Gesellschaften; Nord-Süd-Konflikt ...

Im Mittelpunkt des folgenden Teils steht die Phaseneinteilung des ersten Modells. Die Informationsphase, die Anwendungsphase und die Problematisierungsphase bilden den Kern des Politikunterrichts. Ob Unterricht jedoch gelingt, hängt wesentlich auch von der Einstiegsphase ab. Nach unserer Erfahrung haben Studentinnen und Studenten, Lehrerinnen und Lehrer bei der Planung und bei der Durchführung von Unterricht vor allem mit zwei Phasen Probleme. Einmal mit der Einstiegsphase und dann wieder mit der Problematisierungsphase bzw. der Phase der Urteilsbildung. Sowohl die Informationsphase als auch die Anwendungsphase scheinen dagegen weniger Schwierigkeiten zu bereiten. Aus diesem Grund werden wir uns im Folgenden vor allem auf den Einstieg und die Urteilsbildung konzentrieren.

Literatur

Ackermann, Paul u.a. (1994): Politikdidaktik kurz gefasst. Planungsfragen für den Politikunterricht. Schwalbach/Ts.

Hilligen, Wolfgang (1992): Zur Didaktik des politischen Unterrichts. In: Breit, Gotthard/Massing, Peter (Hrsg.): Grundfragen und Praxisprobleme der politischen Bildung. Schriftenreihe der Bundeszentrale für politische Bildung, Band 305. Bonn

Klingberg, Lothar (1986): Unterrichtsprozess und didaktische Fragestellung. Studien und Versuche. Berlin

Seel, Helmut (1969): Das Vier-Phasen Modell. Linz und Graz

Sutor, Bernhard (1992): Politische Bildung als Praxis. Schwalbach/Ts.

Kurt Lach/Peter Massing

Die Einstiegsphase

Funktionen der Einstiegsphase

Gegenüber allen anderen Unterrichtsphasen (Informations-, Anwendungs- und Problematisierungsphase sowie die Phase der Metakommunikation) kommt den Einstiegsphasen im Politikunterricht eine besondere Bedeutung zu. Sie sind der Ort, an welchem den
Schülerinnen und Schülern die Bedeutung eines Lerngegenstands präsentiert und für
den weiteren Unterricht aufgeschlüsselt wird.

Dies zeigt sich an den zahlreichen Funktionen, die in der Einstiegsphase zu berücksichtigen sind. Es ist dies (1.) die Thematisierungsfunktion, (2.) die Strukturierungsfunktion, (3.)
die Motivationsfunktion sowie (4.) die Mobilisierungsfunktion.

Thematisierungsfunktion: Die zentrale Funktion des Einstiegs im Politikunterricht ist und
bleibt die Entwicklung des Themas für die Unterrichtsstunde bzw. für die Unterrichtsreihe. Gerade in einem Fach wie Politik ist es unerlässlich, die Komplexität politischer
Sachverhalte so zu reduzieren und zu bündeln, dass sie für den Unterricht handhabbar
werden. Dieser Prozess der Schwerpunktsetzung erfolgt im Einstieg und endet mit der
Entwicklung bzw. Formulierung des Themas und/oder der Fragestellung. Der Einstieg ist
deshalb nicht das Thema selbst, sondern bereits eine erste Bearbeitung des Lerngegenstands zum Zwecke seiner weiteren Bearbeitung. In der Einstiegsphase werden die Ziele
entwickelt, die im weiteren Unterrichtsgeschehen bearbeitet werden sollen. Das Thema
ist demzufolge die schülergerechte Umformulierung der didaktischen Perspektive. Deshalb ist bei der Formulierung des Themas besonders darauf zu achten, dass Thema und
didaktische Perspektive übereinstimmen. Je nach Schwerpunktsetzung und Intention
können Themen problem-, sach-, schüler- oder methodenorientiert sein. Gleichgültig,
welcher Schwerpunkt gesetzt wird, am Ende einer jeden Einstiegsphase ist sicherzustel-
len, dass allen Schülerinnen und Schülern klar ist, worum es in der Stunde geht. Eine
Visualisierung des Themas (z.B. an der Tafel) kann hierbei hilfreich sein. Gelingt es nämlich nicht, allen Lernenden die Zielsetzung des Unterrichts im Einstieg zu verdeutlichen,
besteht die große Gefahr, dass der nachfolgende Unterricht diffus, weitschweifig und
letztlich beliebig wird.

Schüler müsssen wissen,
worum es in der
Stunde/Unterrichtsreihe geht

Offene Formulierung
der Themen

Grundsätzlich können Themen geschlossen (Beispiel: Welche Argumente und Positionen werden in der Auseinandersetzung um die Einführung der Pflegeversicherung vertreten?) oder offen (Beispiel: Der Konflikt um die Einführung der Pflegeversicherung – Versagt die Politik?) formuliert werden. Da es im Politikunterricht jedoch im Wesentlichen um die Bearbeitung politischer Probleme mit dem Ziel, politische Urteilsbildung zu fördern, geht, werden offene, problemorientierte Themen die Regel und geschlossene, sachorientierte Themen eher die Ausnahme sein. Die Entscheidung für eine der beiden Formen hängt vom Unterrichtsgegenstand, von der Klassenstufe und den jeweiligen Intentionen der Lehrenden ab.

Die Reichweite eines Themas hängt wiederum von den angestrebten Zielen ab. Sie kann eine Unterrichtsstunde, aber auch eine mehrstündige Unterrichtseinheit umfassen. Auf alle Fälle muss am Ende des Unterrichts auf das Thema zurückgegriffen werden, um die Stunde bzw. die Einheit abzurunden und zu überprüfen, ob die angestrebten Ziele erreicht wurden.

Strukturierungsfunktion: Über das am Ende der Einstiegsphase formulierte Thema wird der nachfolgende Unterricht vorstrukturiert. Aus einem „guten" Thema lassen sich die erforderlichen Unterrichtsschritte zur Klärung der Fragestellung ableiten, so dass der Unterrichtsverlauf für die Lernenden transparent und antizipierbar wird. Der Unterricht hat einen roten Faden, baut aufeinander auf und steht in einem inneren Zusammenhang. Anzustreben ist, dass Schülerinnen und Schüler mithilfe des Themas den Arbeitsweg selbstständig entwickeln. Dies gilt sowohl für die Inhaltsdimension als auch für die Wahl der einzusetzenden Materialien und Methoden. Unter Anleitung der Lehrenden können so fachliche und methodische Kompetenzen gestärkt werden. In welchem Umfang dies möglich ist, hängt allerdings von der Klassenstufe, der Leistungsfähigkeit und den Vorkenntnissen der Adressaten ab. Bei regelmäßiger Anwendung kann jedoch auf diese Art und Weise die Strukturierungsfähigkeit der Schülerinnen und Schüler ganz im Sinne einer kategorialen politischen Bildung geschult werden.

Motivationsfunktion: Neben den bisher behandelten Funktionen spielt die Motivationsfunktion eine weitere zentrale Rolle. In der Einstiegsphase soll bei den Lernenden die Bereitschaft geweckt werden, sich auf den Unterrichtsgegenstand einzulassen und sich mit ihm auseinander zu setzen. Interesse und Neugier sind dafür eine wesentliche Voraussetzung. Dies verlangt von den Lehrenden bei der Planung von Einstiegen ein hohes Maß an Kreativität, Fantasie und Empathie.

Mobilisierungsfunktion: Mobilisierungsfunktion bedeutet, dass die Schülerinnen und Schüler in der Einstiegsphase ihre Vorkenntnisse und Voreinstellungen artikulieren und damit in den Lernprozess einbringen. Dies ermöglicht es den Lehrenden, die Lernenden dort abzuholen, wo sie gerade stehen. Nur auf dieser Basis wird es im weiteren Unterrichtsverlauf möglich sein, vorhandene Denkmuster zu erweitern, zu differenzieren und ggf. zu korrigieren.

So wichtig jede dieser vier Funktionen auch ist, so wird es im Unterrichtsalltag nur in den seltensten Fällen möglich sein, alle Funktionen in gleicher Intensität zu verwirklichen. Je nach Intention, Unterrichtsgegenstand, Klassenstufe und Klassensituation werden die vier Funktionen in der Einstiegsphase unterschiedlich gewichtet werden. Dennoch – bei allen Freiheiten, die die Lehrerin/der Lehrer bei der Planung eines Einstiegs hat – auf eine Funktion kann nicht verzichtet werden: Es ist dies die Thematisierungsfunktion. Ohne die Formulierung des Themas am Ende einer jeden Einstiegsphase ist jeder Einstieg verschenkt (vgl. die **Checkliste** im Anhang, S. 217).

Der (idealtypische) Verlauf eines Einstiegs

Der Verlauf eines idealtypischen Einstiegs erfolgt in drei ggf. vier Schritten. In einem ersten Schritt werden die Schülerinnen und Schüler mit dem Lerngegenstand konfrontiert. Dies kann über Medien erfolgen, die provozieren, zum Widerspruch anregen und/oder ungewohnte Perspektiven präsentieren. Geeignet sind Karikaturen, Collagen, Bilder, Lieder, Anekdoten, Interviews, Statistiken, verschiedene Zeitungsüberschriften zu einem Thema, aber auch kurze wertende Texte. Darüber hinaus gibt es auch einige Methoden, die je nach Lerngegenstand in der Einstiegsphase eingesetzt werden können, zum Beispiel ein kurzes Rollenspiel oder das Interview. Dabei ist darauf zu achten, dass der Input wichtige Aspekte des angestrebten Themas enthält und nicht zu schwer sowie zu komplex ist. Eine kurze spontane Reaktion der Schülerinnen und Schüler auf das, was medial oder methodisch präsentiert wurde, ist integraler Bestandteil dieses Schritts.

In einem zweiten Schritt setzen sich die Lernenden dann systematisch mit dem Lerngegenstand auseinander, indem sie die Aussagen des vorgelegten Materials bzw. der vorgestellten Methode erst beschreiben, sodann analysieren und interpretieren. Die Aufgabe des Lehrenden besteht vornehmlich darin, die verschiedenen Aspekte, die von den Schülerinnen und Schülern geäußert werden, aufzugreifen und zu bündeln.

Im dritten Schritt werden die Schülerinnen und Schüler aufgefordert, aus den bisherigen Arbeitsergebnissen mögliche Fragestellungen und damit das Thema abzuleiten. Dabei ist es unerheblich, ob das von den Lernenden formulierte Thema im Wortlaut mit dem vom Lehrer geplanten übereinstimmt. Sichergestellt werden sollte nur, dass der inhaltliche Schwerpunkt der Planung entspricht.

Weichen die Themenvorschläge der Lernenden deutlich von den intendierten ab, so ist in aller Regel von einem Planungsfehler auszugehen. Didaktische Perspektive, Thema und Medium bzw. Methode sind nicht richtig aufeinander abgestimmt. In diesen Fällen verbleiben Lehrerinnen/Lehrern nur zwei Möglichkeiten. Entweder lassen sie sich auf den Themenvorschlag der Lerngruppe ein und modifizieren ihren Unterricht oder sie ignorieren die Vorschläge der Lernenden und beharren auf ihrem Thema. Im ersten Fall geht die Lehrerin/der Lehrer ein hohes Risiko ein, weil das Ergebnis (noch) offen ist. Dieses Verfahren ist nur Lehrenden zu empfehlen, die über eine hohe Fachkompetenz und Flexibilität verfügen. Im zweiten Fall kann bei den Schülerinnen und Schülern der Verdacht der Manipulation entstehen mit dem Ergebnis, dass Einstiegsphasen zukünftig nicht ernst genommen werden, da am Ende ja doch immer das herauskommt, was die Lehrerinnen und Lehrer wollen.

Nach der Entwicklung des Themas kann in einem weiteren Schritt gemeinsam mit den Schülerinnen und Schülern das weitere Vorgehen besprochen und an der Tafel festgehalten werden. Zu klärende Fragen wären: *„Was muss bei diesem Thema in welcher Reihenfolge unterrichtet werden?"* und *„Wie soll dabei vorgegangen werden und welche Medien bzw. Materialien sollen eingesetzt werden?".* Der Vorteil dieser Vorgehensweise ist, dass die Lernenden in die Gestaltung des Arbeitsprozesses aktiv eingebunden werden und Transparenz über den Lernprozess hergestellt wird. Im weiteren Verlauf des Unterrichts können sich die Schülerinnen und Schüler jederzeit über den Stand des Lernprozesses informieren und daraus die noch zu erledigenden Aufgaben ableiten (vgl. die **Checkliste**, S. 217).

Marginalien:

Konfrontation mit dem Lerngegenstand

Systematische Auseinandersetzung

Ableitung möglicher Fragestellungen

Planung des weiteren Vorgehens

Vor dem Hintergrund der bisherigen Ausführungen kann abschließend sicher zu Recht gesagt werden, dass Einstiegsphasen eine der Schlüsselphasen des Unterrichts sind. Sie sind nicht als bloße „Aufhänger" zu sehen, sondern sie müssen als entscheidend für den Beginn eines längeren Lernprozesses gesehen werden.

Ein Beispiel aus der Praxis

Die nachfolgende Darstellung schildert zunächst die didaktische Perspektive, zeigt sodann die Verlaufsplanung und die verwendeten Materialien (**M 1** und **M 2**) und endet mit einer Analyse der Einstiegsphase.

Thema: Jugend und Politik

Didaktische Perspektive: Die Schülerinnen und Schüler sollen sich einen Überblick zum Thema „Jugend und Politik" verschaffen. In Kleingruppenarbeit sollen sie ihre Kenntnisse in jeweils einem Aspekt des Themas vertiefen: Durch das Analysieren von wissenschaftlichen Texten, empirischen Studien und Diagrammen sollen sie entweder wesentliche Charakteristika von Erstwählern herausarbeiten, politische Partizipationsformen von Jugendlichen kennen lernen oder die Entwicklung des Verhältnisses zwischen Jugendlichen und Parteien nachvollziehen. Ihre Ergebnisse sollen sie in einer Mindmap festhalten. In einer Fish-Bowl-Runde teilen sie einander ihre Ergebnisse mit und diskutieren diese. Indem sie die Begriffe „Jugend" und „Politik" differenzieren lernen, lernen sie das Verhältnis von Jugendlichen zur Politik und vice versa zu bestimmen und zu beurteilen.

Thema: „Jugend und Politik – zwei getrennte Welten?!"

VERLAUFSPLANUNG

Phase/Zeit:	Lehrerverhalten:	SchülerInnenverhalten:	Methode/Medien:
Einstieg 20 Min.	Begrüßt den Kurs und stellt sich vor; legt die die Karikatur auf; fragt: „Was ist dargestellt?"		Karikatur OH-Folie
		Erkennen die Angler als Politiker, die Fische als Jungwähler.	
	Erteilt den Auftrag: „Analysiert die Darstellung."	Stellen Bezüge zwischen Jungwählern und Politikern/Parteien her.	
	L.: „Interpretiert diese Analyse."	Nennen Unfähigkeit der Parteien, die Jugend für sich zu gewinnen; Unzufriedenheit der Jugend mit den Parteien/Politikern.	
	Präsentiert das Thema der UE: „Jugend und Politik – zwei getrennte Welten?"	Schreiben es sich auf.	
	L.: „Um zu erfahren, ob und wie getrennt ihr selbst von der Politik seid, füllt doch bitte kurz diesen Fragebogen aus".		Fragebogen „Zuschauerdemokratie"
	Teilt Fragebögen aus.	Füllen Bögen aus und geben sie zurück.	

M 1: KARIKATUR

Zeichnung: Manuel König

Quelle: Wahlanalyse und Wahlprognose 2005 (CD-ROM). In: Bundeszentrale für politische Bildung: Bundestagswahlen im Unterricht – Wählerbefragung mit GrafStat. Bonn 2005

M 2: FRAGEBOGEN

ZUSCHAUER-DEMOKRATIE

Hier sind gängige Positionen zum Verhältnis Bürger – Politiker – Politik aufgeführt. Wie stehen Sie zu diesen Aussagen?

Themenraster: Schimpf oder Verdruss?	**meine Einschätzung** **++ + 0 – – –**
Einige schwarze Schafe dürfen nicht darüber hinwegtäuschen, dass wir eine gute Politik und gute Politiker haben.	
Die Bürger schimpfen immer dann, wenn es ihnen an den Geldbeutel geht.	
Die Bürger sind viel zu bequem, um selbst aktiv zu werden – da ist Schimpfen einfacher.	
Viele Bürger informieren sich viel zu wenig über die Dinge, über die sie schimpfen.	
Viele Bürger verstehen überhaupt nicht, wie unser parlamentarisches System funktioniert.	
Abgeordnete handeln nur im eigenen Interesse.	
Die Affären und Skandale der Politiker sind eine Schande für die Demokratie.	
Abgeordnete sind auch nur Menschen mit Schwächen und Fehlern wie alle anderen.	
Lediglich vor Wahlen suchen Abgeordnete den Kontakt mit der Bevölkerung.	
Abgeordnete müssen sich dem Fraktionszwang unterwerfen und haben selbst keine eigenen Entscheidungsspielräume.	
Die Medien prägen durch skandalträchtige Meldungen das negative Bild von den Politikern.	

++ = stimme der Aussage sehr zu; + = stimme ihr im Großen und Ganzen zu; 0 = bin unentschieden; – = lehne die Ansicht im Großen und Ganzen ab; – – = lehne sie entschieden ab.

Quelle: Bundeszentrale für politische Bildung (Hrsg.) (2004): Themenblätter im Unterricht I. Herbst 2004, Nr. 39, Bonn, S. A

Mängel Das Beispiel zeigt die Planung der Einstiegsphase für eine vierstündige Unterrichtseinheit zum Verhältnis von Jugend und Politik in einem Grundkurs Politische Weltkunde der gymnasialen Oberstufe. Auf den ersten Blick zeichnet sich der Einstieg durch eine klare Struktur, ein anregendes Medium (Karikatur), Zielorientierung und präzise Impulssetzung aus. Die im allgemeinen Teil skizzierte Verlaufsstruktur der Einstiegsphase ist erkennbar. Dass die Impulse und das erwartete Schülerverhalten sehr offen formuliert wurden, kann die Durchführung sicher ein wenig erschweren, stellt aber kein grundsätzliches Problem dar. Dennoch weist der Einstieg einige gedankliche Ungenauigkeiten auf, die in aller Regel den weiteren Unterrichtsverlauf beeinflussen werden. Didaktische Perspektive, Thema und die eingesetzte Karikatur sind nicht deckungsgleich. Während im Thema das Verhältnis von Jugend und Politik im Mittelpunkt steht, thematisiert die didaktische Perspektive – wenn auch sehr allgemein und ohne erkennbaren inhaltlichen Schwerpunkt – das Verhältnis von Jugend und Politik sowie das Verhältnis von Jugend und Parteien bzw. Politikern. Unklar bleibt auch, ob die didaktische Perspektive nicht doch einen methodischen und keinen inhaltlichen Schwerpunkt hat.

Die Karikatur wiederum stellt Aspekte zum Verhältnis der Jugend zu den Parteien und den Politikern dar. Die Thematik ist zwar ähnlich wie das Thema zum Verhältnis von Jugend und Politik, aber nicht identisch. Hier liegt ein Planungsfehler vor, der höchstwahrscheinlich in der Einstiegsphase hätte behoben werden können, wenn der Lehrer nicht selbst das Thema formuliert hätte, sondern die Schülerinnen und Schüler über einen zusätzlichen Impuls aufgefordert hätte, Themenvorschläge zu entwickeln. Eine andere Frage ist jedoch, ob bei einer Änderung des Themas das verfügbare Material gereicht hätte, um die inhaltliche Neuorientierung im weiteren Verlauf der Stunde abzudecken.

Kritisch zu hinterfragen ist auch, warum es die/der Lehrende nach der Präsentation des Themas unterlässt, gemeinsam mit den Schülerinnen und Schülern die weitere Vorgehensweise im Sinne einer Arbeitswegbeschreibung zu besprechen. Die Unterrichtsreihe wurde für eine Lerngruppe der gymnasialen Oberstufe geplant. Methodenlernen ist nach dem geltenden Rahmenplan ein wichtiges Element des Unterrichts. Hier wurde eine Chance verschenkt.

Der Einsatz des Fragebogens am Ende der Einstiegsphase ist nicht nachvollziehbar. Er ist in mehrfacher Hinsicht dysfunktional. Erstens führt er – methodisch richtig eingesetzt – zu einem „doppelten Einstieg". Dies ist aus zeitlichen und didaktischen Gründen jedoch nicht zu vertreten. Zweitens spielt der Fragebogen im weiteren Unterrichtsgeschehen keine Rolle mehr, da er nicht ausgewertet wird. Er ist demzufolge funktionslos. Drittens lenkt der Fragebogen die Schülerinnen und Schüler vom zuvor formulierten Thema ab, da er sich mit einem anderen inhaltlichen Schwerpunkt beschäftigt. Nicht das Verhältnis von Jugend und Politik, sondern das Verhältnis von Bürgern zur Politik und Politikern steht im Mittelpunkt der Befragung. Dieser Sachverhalt wird auch durch die Überschrift des Fragebogens – „Zuschauer-Demokratie?" – verdeutlicht. Zu erklären ist der Einsatz des Fragebogens wohl nur damit, dass hier der gut gemeinte Versuch unternommen wird, mit ihm eine zusätzliche Motivation bei den Schülerinnen und Schülern zu wecken.

Optimierungsvorschlag

Didaktische Perspektive: Schülerinnen und Schüler können das Wahlverhalten von Jungwählern und das Verhältnis von Jugendlichen zu den Parteien und ihren Politikern beschreiben, alternative Formen politischer Partizipation darstellen und begründen, warum Jugendliche diese den traditionellen Partizipationsformen vorziehen. Abschließend entwickeln sie eine eigene Position zum Thema der vierstündigen Unterrichtsreihe und vertreten diese in einer Diskussion.

Thema: „Jugend und Politik – zwei getrennte Welten?!"

VERLAUFSPLANUNG

Phase/Zeit	Geplantes Lehrerverhalten	Erwartetes SchülerInnenverhalten	Methode/Medien
Einstieg 20 Min.	L. legt Karikatur auf; Impuls: „Beschreiben Sie die Karikatur möglichst detailliert."	u.a.: Identifizierung der Angler und der Fische, Gestik und Mimik der Personen und Fische	Karikatur OH-Folie
	Impuls: „Analysieren Sie die Karikatur."	Erläuterung des Verhältnisses von Jungwählern zu Parteien und ihren Politikern	Unterrichtsgespräch
	Impuls: „Interpretieren Sie die Karikatur. Formulieren Sie eine Unterschrift."	u.a.: Unfähigkeit der Parteien, Jugend zu gewinnen einerseits; Unzufriedenheit der Jugend mit den Parteien andererseits; mögliche Unterschrift: „Warum beißen die nicht an?"	
	Impuls: „Verallgemeinern Sie die Sichtweise des Karikaturisten. Begründen Sie, warum dies möglich ist."	u.a.: Parteien und Politiker stehen für die Politik in Deutschland	
	Impuls: „Leiten Sie aus unseren bisherigen Arbeitsergebnissen das Thema der UE ab."	u.a.: „Jugend und Politik – zwei getrennte Welten?!"	
	Impuls: „Leiten Sie nunmehr aus dem Thema unsere weitere Vorgehensweise ab."	Informationsbeschaffung mit Hilfe von Statistiken, Studien und Stellungnahmen von Betroffenen; Aufbereitung der Informationen; Auseinandersetzung mit den Informationen; Nennung verschiedener Arbeits- und Sozialformen	

Vor dem Hintergrund der kritischen Anmerkungen zu dem vorgelegten Beispiel wurde versucht, die Einstiegsphase auf der Grundlage der vorliegenden Planung zu optimieren. Gänzlich weggefallen ist die Umfrage. Sie wird nicht benötigt, um das Thema zu entwickeln. Falls der Umfrage der Vorzug gegenüber der Karikatur gegeben wird, sollte sie wie folgt eingesetzt werden:

- Der Fragebogen müsste leicht verändert werden. Die Überschrift sollte neutraler formuliert werden und das Themenraster („Schimpf oder Verdruss?") müsste ersatzlos gestrichen werden.

- Die Umfrage müsste in der vorangegangenen Stunde durchgeführt und anschließend von zwei Schülerinnen bzw. Schülern als Hausaufgabe aufbereitet werden.

- In der Einstiegsphase müssten schließlich die Umfrageergebnisse ausgewertet und daraus das Thema entwickelt werden. Das Thema hätte jedoch höchstwahrscheinlich einen etwas anderen Schwerpunkt als ursprünglich geplant.

Die übrigen Elemente des Einstiegs werden übernommen, im Einzelfall aber präzisiert. Dies gilt sowohl für die didaktische Perspektive als auch für das geplante Lehrerverhalten. Die didaktische Perspektive wird so umformuliert, dass sie zum ursprünglichen Thema passt. Aus dieser Entscheidung folgt, dass das geplante Lehrerverhalten um einen Impuls erweitert werden muss. Indem nach der Interpretation der Karikatur ein Impuls formuliert wird, der die Schülerinnen und Schüler auffordert, ihre bisherigen Aussagen zur Karikatur zu verallgemeinern, ist es möglich, an dem ursprünglich geplanten Thema festzuhalten. Abschließend wird die Einstiegsphase um einen zusätzlichen Impuls zum Arbeitsvorgehen erweitert.

Literatur

Ackermann, Paul u.a. (Hrsg.) (1994): Politikdidaktik kurz gefasst. 13 Planungsaufgaben für den Politikunterricht. Schwalbach/Ts.

Breit, Gotthard/Massing, Peter (Hrsg.) (1992): Grundfragen und Praxisprobleme der politischen Bildung. Schriftenreihe der Bundeszentrale für politische Bildung, Band 305. Bonn

Giesecke, Hermann (1973): Methodik des politischen Unterrichts. München.

Greving, Johannes/Paradies, Liane (1996): Unterrichts-Einstiege. Ein Studien- und Praxisbuch. Berlin.

Kuhn, Hans-Werner (1999): Beginnen – Beispiele für Einstiegssituationen im Politikunterricht. In: kursiv. Journal für politische Bildung, Heft 2/1999, S. 18-23

Lach, Kurt (1999): Einstieg. In: Kuhn, Hans-Werner/Massing, Peter (Hrsg.): Arbeitstechniken und Methoden. Lexikon der politischen Bildung. Band 3. Hrsg. von Georg Weißeno. Schwalbach/Ts., S. 27-29

Meyer, Hilbert (1994): UnterrichtsMethoden I: Theorieband. 5. Auflage, Frankfurt/M.

Meyer, Hilbert (1994): UnterrichtsMethoden II: Praxisband. 5. Auflage, Frankfurt/M.

Checkliste

Die Einstiegsphase

- Das eingesetzte Material mit der didaktischen Perspektive und dem Thema abgleichen und Widersprüche bzw. gedankliche Brüche vermeiden.

- Klären, wie das Thema der gesamten Lerngruppe präsentiert werden soll.

- Klären, wer das Thema formuliert und wie es formuliert sein muss.

- Bei der Formulierung des Themas durch die Schülerinnen und Schüler klären, inwieweit die Vorschläge unverändert übernommen oder verändert werden können.

- Doppelungen in der Einstiegsphase ausschließen.

- Mögliche Alternativen bezüglich der Themenvorschläge und des Umgangs mit ihnen bedenken. Mögliche Handlungsspielräume antizipieren.

- Prioritäten hinsichtlich der zu realisierenden Funktionen setzen.

- Vor Beginn des Unterrichts für Ruhe und Konzentration sorgen.

- Mit den einleitenden Worten Interesse und Aufmerksamkeit wecken.

- Den Umfang und die Komplexität des Materials auf das unbedingt Notwendige begrenzen.

- Sich Zeit nehmen, um die eingesetzten Medien bzw. Methoden sorgfältig auszuwerten.

- Die Lernschritte Beschreibung – Analyse – Hypothesenbildung bzw. Entwicklung der Fragestellung unbedingt einhalten.

- Zahl der Impulse auf vier bis fünf begrenzen.

- Für eine möglichst breite Unterrichtsbeteiligung sorgen.

- Stufung vornehmen: Die Einstiegsphase ist die einzige Unterrichtsphase, in der alle drei Anforderungsbereiche den Schülerinnen und Schülern abverlangt werden.

- Unterricht besonders flexibel und kreativ steuern.

- Disparate Aussagen und spontane Stellungnahmen der Lernenden bündeln und in das Unterrichtsgeschehen integrieren.

- Den geplanten Zeitrahmen nicht zu eng setzen.

Eigene Notizen

Kurt Lach/Peter Massing

Die Informations- und Anwendungsphase

Informationsphase

Nach der Einstiegsphase, an deren Ende das Thema der Unterrichtseinheit erarbeitet, zumindest aber den Schülerinnen und Schülern bekannt sein sollte, folgt die Informationsphase. Auf die unterschiedlichen Funktionen des Themas sind wir schon im vorangegangenen Abschnitt (vgl. den Beitrag „Die Einstiegsphase" in diesem Buch) eingegangen. Eine Anforderung, die oft unterschätzt wird, besteht darin, dass Schülerinnen und Schüler schon aus der Formulierung des Themas in etwa die Inhaltsstruktur der Unterrichtseinheit erkennen und in der Oberstufe darüber nachdenken können, welche inhaltlichen Schritte, welches methodische Vorgehen und welche Arbeitstechniken erforderlich sein werden, um das Thema zu bearbeiten. Lehrerinnen und Lehrer müssen entsprechende Inhaltsstrukturen und Arbeitsschritte schon bei der Entwicklung der didaktischen Perspektive vorgedacht haben. Die didaktische Perspektive im Politikunterricht ist nichts anderes als die bewusste Verknüpfung von Inhalt und pädagogischen Zielen der Unterrichtseinheit. Bei der Formulierung der didaktischen Perspektive sind Lehrerinnen und Lehrer sich nicht nur bewusst, welche Kompetenzen sie mit dieser Unterrichtseinheit bei Schülerinnen und Schülern entwickeln wollen. Sie legen damit gleichzeitig fest, welche Ausschnitte aus dem umfangreichen Sach- und Problembereich des politischen Inhalts – den sie sich in der Sachanalyse (im Sinne von Einarbeitung in den Gegenstand) erarbeitet haben – zum Gegenstand des Unterrichts werden sollen, was im Zentrum des Unterrichts steht und was nicht behandelt werden muss. Gerade vor diesem Hintergrund ist es von besonderer Bedeutung, dass didaktische Perspektive und Thema übereinstimmen. Fallen didaktische Perspektive und Thema auseinander, ist der inhaltliche Schwerpunkt der Lehrerin/des Lehrers ein anderer als er sich aus dem Thema für die Schülerinnen und Schüler erkennen lässt. Lernende und Lehrende gehen dann in verschiedene Richtungen. Mit hoher Wahrscheinlichkeit wird die Lehrperson dann auch inhaltlich – zum Beispiel in Form von Materialien – etwas anderes vorbereitet haben, als Schülerinnen und Schüler auf Grund des Themas erwarten. Es kann also schon in der Informationsphase zu Friktionen kommen. Dies wird am folgenden Beispiel, das aus einer politikdidaktischen Fortbildung von Lehrerinnen und Lehrern stammt, deutlich.

Didaktische Perspektive und Thema müssen übereinstimmen

Ein Beispiel aus der Praxis

Eine Gruppe von Lehrerinnen und Lehrern plant eine Unterrichtseinheit zum Inhalt „Die politische Auseinandersetzung zum Asylrecht". Die Planung erfolgt in der Gruppe, eine Lehrerin soll den Unterricht später in einer Berufsschule in Berlin Kreuzberg halten. Die Arbeitsgruppe hat sich den Gegenstand mit Hilfe des Politikzyklus erarbeitet. Als zentrales politisches Problem haben sie dabei das Spannungsverhältnis zwischen einer wachsende Zahl von Asylbewerbern auf Grund eines liberalen Asylrechts (Art. 16 GG) und die abnehmende Akzeptanz innerhalb der Bevölkerung bis hin zu steigender Ausländerfeindlichkeit, Rechtsextremismus und Gewalt definiert. Sie haben sich danach die unterschiedlichen politischen Akteure und ihre Positionen erschlossen – insbesondere die Vorstellungen der Parteien – und sich dann mit der Grundgesetzänderung auseinander gesetzt sowie mit den politischen Reaktionen auf diese Änderung.

Für eine zweistündige (Doppelstunde) Unterrichtseinheit formulieren sie dann folgende didaktische Perspektive und folgendes Thema:

Didaktische Perspektive:

Den Schülerinnen und Schülern soll vermittelt werden, dass einerseits durch den Art. 16 GG ein liberales Asylrecht praktiziert wurde, andererseits in der Bevölkerung die Akzeptanz eines ungehinderten Zustroms von Asylbewerbern in Deutschland abnimmt. Die Schülerinnen und Schüler sollen sich mit den Zielvorstellungen und Positionen der Parteien zum Asylrecht auseinander setzen, ihre eigenen Positionen überdenken und finden.

Thema:

Der Asylkompromiss – Zeichen politischer Vernunft oder Sieg der Straße?

Sowohl die didaktische Perspektive als auch das Thema beinhalten eine Reihe von Problemen, ohne dass hier im Einzelnen auf diese eingegangen werden kann. Die stärkste Auswirkung hat allerdings der Tatbestand, dass die didaktische Perspektive und das Thema nicht übereinstimmen. Während die didaktische Perspektive sich im Wesentlichen auf die sequenzielle Kategorien des Politikzyklus „Problem" und „Auseinandersetzung" bezieht, zielt das Thema auf die sequenzielle Kategorie „Entscheidung" (Asylkompromiss, also Art. 16a GG) ab. Die Informationsmaterialien, die die Arbeitsgruppe ausgesucht hatte, bezogen sich entsprechend des zweiten Teils der didaktischen Perspektive im Wesentlichen auf die Positionen der Parteien vor der Entscheidung, d.h. vor der Änderung des Grundgesetzes. Die Schülerinnen und Schüler erhielten die Aufgabe, das Thema in Arbeitsgruppen vorzubereiten. Sie unterbrachen aber immer wieder ihre Gruppenarbeit und fragten, was sie denn mit dem Material eigentlich machen sollten und wie denn nun der Asylkompromiss aussehe und ob sie denn dafür noch Material bekämen. Die Unterrichtseinheit endete mit einer enttäuschten Lehrerin und mit frustrierten Schülerinnen und Schülern. Damit ist deutlich geworden, wie wichtig die Planung der Informationsphase ist. Lehrerinnen und Lehrer müssen immer wieder überprüfen, welche Informationen für die Bearbeitung des Themas notwendig sind und ob die Schülerinnen und Schüler eine Chance haben, sich diese Informationen zu erarbeiten. Damit stellt sich gleichzeitig die Frage nach dem politischen Grundwissen, das im Politikunterricht vermittelt werden soll. Wir gehen davon aus, dass zum notwendigen politischen Grundwissen vor allem Fakten und Kategorien gehören. Schülerinnen und Schüler erarbeiten sich diese in der Informationsphase entweder selbst oder sie werden ihnen von der Lehrperson in anderer Weise vermittelt. Im Zentrum stehen dabei Kategorien. Sie sind unabdingbar, um politische Sachverhalte analysieren und beurteilen zu können. Sie können in Schlüsselfragen

Folgen mangelnder Übereinstimmung von didaktischer Perspektive und Thema

Politisches Grundwissen

umformuliert werden und helfen Schülerinnen und Schülern, sich selbstständig politische Sachverhalte zu erschließen. Das heißt nun nicht, dass diese Kategorien in der Informationsphase abstrakt und formal vermittelt werden sollen. Dabei bestünde die Gefahr, dass diese Art der Vermittlung dazu führt, dass die Kategorien zu einem mechanisch zu handhabenden Instrumentarium werden, zu einem „leeren Schematismus" bzw. zu „verständnisloser Begriffsakrobatik". Kategorien müssen das Ergebnis von Lernprozessen sein, die vom Gegenstand ausgehen. Kategorien werden als Einsichten am konkreten Gegenstand gewonnen, um dann wieder als Instrument der Analyse bei anderen Gegenständen genutzt zu werden. Das heißt aber, dass in den Informationen, die sich Schülerinnen und Schüler erarbeiten, auch Kategorien erkannt und abgeleitet werden können. Neben Kategorien müssen Schülerinnen und Schüler auch über Kenntnisse bestimmter Fakten verfügen: „Ohne ein bestimmtes Maß an Faktenwissen kommt auch der Politikunterricht nicht aus, und diese müssen gelernt werden. In dieser Hinsicht unterscheidet sich der Politikunterricht nicht von anderen Schulfächern. Fakten (...) sind für den Politikunterricht jedoch kein Selbstzweck, sondern erhalten ihre Bedeutung erst durch den Bezug zu den Kategorien" (Ackermann u.a. 1994, S. 75). Bei der Auswahl der Materialien sollte demzufolge das Kriterium angelegt werden, inwieweit die bereitgestellten Informationen Fakten enthalten, die für die Bearbeitung des Themas notwendig sind und ob daraus Kategorien gewonnen werden können.

Fakten/Informationen

Insgesamt ist es ein wichtiger Teil der Unterrichtsplanung, zu entscheiden, welche Informationen notwendig sind, um sich mit dem jeweiligen Thema angemessen auseinander setzen zu können. Die Planung der Informationsphase bezieht sich jedoch nicht nur auf die Informationen selbst, sondern enthält auch Entscheidungen zu den Informationsträgern, d.h. zu den Materialien und Medien (Zeitungstexte, Schulbuch, audio-visuelle Medien, aber auch Expertenbefragung, Lehrervortrag), zu den Sozialformen (Einzelarbeit, Partnerarbeit, Gruppenarbeit) sowie zu den Arbeitstechniken (Textanalyse, Interpretation von Statistiken). Soll im Politikunterricht eine handlungsorientierte Methode (Planspiel, Pro-Contra-Debatte) eingesetzt werden, ist die Vorbereitung der Methode gleichzeitig die Informationsphase, die aber wiederum durch verschiedene Sozialformen und Arbeitstechniken geprägt ist.

Planung umfasst Auswahl der Informationen, der Medien, Sozialformen und Arbeitstechniken

Weitere Beispiele aus der Praxis

BEISPIEL 1:

Das folgende Beispiel stammt aus der gymnasialen Oberstufe (Klasse 13). Die didaktische Perspektive und das Thema lauten:

> **Didaktische Perspektive:**
> Die Schülerinnen und Schüler sollen selbstständig den Inhalt eines Zeitschriftenartikels von Hoimar von Ditfurth analysieren und zu den vom Autor propagierten Zielen und Maßnahmen unter Anwendung politischer Kategorien (Legitimität und Effizienz) begründet Stellung nehmen.

> **Thema:**
> Die mörderische Konsequenz des Mitleids. Der Selbstbetrug bei Brotspenden für die Dritte Welt

Der Ausschnitt aus dem geplanten Unterrichtsverlauf sieht wie folgt aus:

Phase	Lehrerimpulse/Arbeitaufträge/ Sozialformen	Materialien/Medien	Didaktischer Kommentar
Informations- phase (20 Minuten)	Stillarbeit (Einzelarbeit): lesen; (Unterstreichungen/Marginalien und Notizen für eine Stellungnahme)	Artikel aus dem „Spiegel"	Selbstständige Textanalyse

Im Wortlaut der Unterrichtsaufzeichnung (Ausschnitt: Einführung in die Informationsphase) sind die im Rahmen der didaktischen Perspektive formulierten Ziele und Kategorien kursiv gedruckt:

Lehrer: (...) Alle haben eigentlich gesagt, sie würden spenden. Einige haben allerdings auch darauf hingewiesen, dass man darauf achten solle, wie die Spenden ausgegeben würden. Aber grundsätzliche Bedenken hatte niemand. – Vor zehn Jahren habe ich einen Artikel im „Spiegel" gelesen, der trug die Überschrift: „Die mörderische Konsequenz des Mitleids. Der Selbstbetrug bei Brotspenden für die Dritte Welt". Damals hat mich der Artikel ziemlich beschäftigt und ich meine, man sollte sich mit diesem Artikel auseinandersetzen, mit einer Position, die hier offenbar kritisch den Spenden gegenübersteht. Dazu werde ich ihnen diesen Artikel geben, der Artikel ist etwas länger, und ich möchte sie bitten, diesen Artikel so etwa 15 bis 20 Minuten durchzulesen, auf dieser Grundlage „Sind also Spenden für Hungernde in der Dritten Welt ein verantwortbares Mittel gegen die Bevölkerungsexplosion?". Das ist so der Hintergrund dieser Debatte gewesen. Und dazu gebe ich ihnen einige Hilfen. Ich bitte Sie, in diesem Artikel genauer nachzuschauen: Welches Ziel verfolgt eigentlich der Autor? Es ist Hoimar von Ditfurth, der Vater von Jutta von Ditfurth, die vielleicht einige kennen. Also, welches *Ziel* verfolgt er mit dem Artikel? Welche *Maßnahmen* schlägt er vor? Wie begründet er das unter dem Gesichtspunkt der *Legitimität* und der *Effektivität*? Wenn Sie nachher noch Fragen haben, ich gehe dann herum und gebe ihnen einige Hilfen. Ich gebe Ihnen also jetzt diesen Artikel. Ich verspreche Ihnen, er ist ganz interessant, wenn auch nicht ganz einfach zu lesen. Ich gebe Ihnen jetzt etwa 20 Minuten Zeit, ich glaube, dass Sie etwa so viel brauchen, um den Inhalt des Artikels zu verstehen.

BEISPIEL 2:

Das zweite Beispiel stammt aus der gymnasialen Mittelstufe (Klasse 10). Die didaktische Perspektive und das Stundenthema lauten:

Didaktische Perspektive:

Die Schülerinnen und Schüler sollen mit Hilfe einer vorbereiteten Hausarbeit die Auseinandersetzung um den Castor-Transport strukturiert darstellen können, unterschiedlichen Urteilen über diese Auseinandersetzung die dahinter stehenden Beurteilungskriterien begründet zuordnen, sich abschließend ein eigenes politisches Urteil bilden und dieses kritisch reflektieren.

Thema:

Der Castor-Transport – „Bürgerkrieg" im Wendland – War das Handeln der Beteiligten gerechtfertigt?

Die Informationsphase ist in dieser Unterrichtseinheit zum Teil aus dem Unterricht ausgelagert worden. Die Schülerinnen und Schüler erhielten Material zum Gegenstand und sollten sich damit in einer vorbereitenden Hausaufgabe auseinandersetzen. Aus diesem Grund enthält die Informationsphase (vgl. den Ausschnitt aus der Verlaufsplanung) im Unterricht schon starke Elemente der Anwendung.

Phase	Geplantes Lehrerverhalten	Erwartetes SchülerInnenverhalten	Methode/ Medien
Informations-phase	**Lehrerfrage:** „Erläutern Sie zu-nächst einmal, wer oder was ‚Castor' ist."	Schüler/innen greifen auf Hausaufgaben zurück und klären Begriff; evtl. Rückgriff auf griechische Mythologie.	
	Lehrerfrage: „Erläutern Sie bitte in einem nächsten Schritt, was mit dem ‚Castor' geschehen sollte."	Schüler/innen greifen auf Hausaufgaben zurück und erläutern Transportwege und Transportziel.	Tafelbild
	Lehrer: „Dieser Transport war heftig umstritten. Es gab im Kern zwei Positionen in dieser Ausein-andersetzung. Worüber fand die Auseinandersetzung statt?"	Schüler/innen benennen die gegensätzlichen Positi-onen und erläutern das Spannungsverhältnis (siehe Tafelbild).	Gelenktes Unterrichts-gespräch

Anwendungsphase

Im zweiten Beispiel finden sich in der geplanten Informationsphase schon Elemente einer Anwendung, die in der Regel jedoch in einer eigenen Phase erfolgt. Die Anwendungs-phase hat die Funktion, zu zeigen, ob und wie die in der vorangegangenen Phase erarbei-teten Informationen für Schülerinnen und Schüler handhabbar sind. In der Anwendungs-phase arbeiten die Lernenden die zentralen Informationen und Einsichten heraus, ordnen ihnen eine persönliche Bedeutung zu und integrieren sie in ihren Wissenszusammen-hang. Kenntnisse und Fertigkeiten sind soweit geübt, dass sie sicher und leicht reprodu-zierbar sind. Sie können dann auf neue Fälle und Gebiete übertragen und mit neuen Nutzungsperspektiven verknüpft werden.

Während die Anwendungsphase für Schülerinnen und Schüler vor allem die Aufgabe hat, ihr Wissen durch Anwendung zu festigen – aus deklarativem Wissen prozedurales Wissen zu machen –, kann diese Phase von Lehrerinnen und Lehrer auch zur Diagnose genutzt werden. In dieser Phase können sie den „Stand" der Klasse sowie einzelne Schülerinnen und Schüler diagnostizieren. Sie können mögliche Defizite bei der Verwendung von Arbeitstechniken erkennen und insgesamt überprüfen, inwieweit die Schülerinnen und Schüler die erwarteten Leistungen als Ergebnis der Informationsphase auch tatsächlich erbringen, d.h. inwieweit sie die Informationen sicher beherrschen. Sie können aber auch jetzt ihre Planung, die eigene Auswahl der Informationen und der Informationsträger kritisch hinterfragen.

Deklaratives und prozedurales Wissen

BEISPIEL 3:

Bei der Durchführung einer handlungsorientierten Methode im Politikunterricht ist die Durchführung der Methode die eigentliche Anwendungsphase. Das nachfolgende Beispiel stammt aus der Sekundarstufe I und umfasst eine Doppelstunde. Im Mittelpunkt steht die Makromethode der Talkshow. Die didaktische Perspektive und das Thema lauten:

Didaktische Perspektive:

Schülerinnen und Schüler sollen die Bedeutung von Wahlen in der Demokratie kennen lernen und erörtern, inwieweit Wahlen heute ihrer Aufgabe noch gerecht werden, und vor diesem Hintergrund den Sinn von Wahlen in der Demokratie begründet einschätzen und kritisch diskutieren können.

Thema:

Wahlen – Notwendiges Ritual oder Höhepunkt der Demokratie?

Die Informations- und Anwendungsphase stellen sich wie folgt dar:

Phase	Unterrichtsschritte	Methodische Struktur	Sozialform	Material
Informations-phase (20 Minuten)	Arbeitsteilige Vorbereitung auf die Talkshow Durchführung der Talkshow	Schüler/innen bereiten sich auf die Talkshow vor, – indem sie mit Hilfe des Materials ihre Position argumentativ absichern, – ein Eingangsstatement ausarbeiten, – ihre Vorgehensweise festlegen, – die Teilnehmer/innen ihrer Gruppe an der Talkshow bestimmen.	Arbeitsgruppen	Rollenkarten und entsprechendes Informations-material (Zeitungstexte und wissenschaftliche Texte)
Anwendungsphase (20 Minuten)		Die Moderatorin/der Moderator eröffnet, leitet und schließt die Talkshow. Sie/Er bestimmt den formalen Ablauf. Teilnehmer/innen präsentieren ihre Position und vertreten sie in einem offenen Diskurs mit dem Ziel, Zuhörer/innen von der eigenen Position zu überzeugen. Zuschauer/innen füllen den Beobachtungsbogen aus.	„Spielgruppe" Zuschauer Beobachter	Beobachtungs-bogen

Die Überprüfung, inwieweit die Schülerinnen und Schüler die erarbeiteten Informationen auch tatsächlich „anwenden", erfolgt am leichtesten, wenn es gelingt, sie auf neue Fälle, Gebiete oder Nutzungsmöglichkeiten zu übertragen. Bei handlungsorientierten Makromethoden ist dies in der Regel immer der Fall, im normalen Unterrichtsgespräch dagegen ist die Anwendungsphase schwieriger und muss vorher geplant werden. So kann die Anwendung gelingen, wenn die Lehrerin/der Lehrer bewusst Impulse aus dem Anforderungsbereich II formuliert: *„Erklärt, strukturiert, vergleicht."* (zu den Verben aus dem Anforderungsbereich II vgl. die Checklisten des Beitrags „Unterrichtsgespräche, Fragen und Impulse" in diesem Band). Eine andere Möglichkeit besteht darin, Schülerinnen und Schüler durch entsprechende Impulse in eine andere Situation zu versetzen:

> **Lehrer:** (...) Aber jetzt zurück zu Anna Babara. War das Handeln der Beteiligten gerechtfertigt? Versetzt euch einmal in die Situation eines Redakteurs einer Zeitung. Der soll über diese Ereignisse einen Kommentar schreiben. Welche Meinungen, welche Urteile wären denn denkbar? Überlegt mal. Was wäre denn sozusagen denkbar? Ganz schwierig. Simon.
>
> **Simon:** Entweder, dass er für den Castor-Transport ist oder dagegen.
>
> **Schüler:** Sie müssen ja meistens neutral schreiben, deswegen.
>
> **Lehrer:** Es ist ein Kommentar. Er soll ein Urteil abgeben, er soll nicht neutral schreiben. Ja, in einem Kommentar wird ja eine Meinung geäußert. So, welche Meinungen könnten es sein? Dafür, dagegen. Vielleicht können wir es ein wenig konkretisieren.

Die Anwendungsphase dient der Vertiefung der Informationen bei Schülerinnen und Schülern und ist eine wichtige Chance zu überprüfen, ob das Informationsmaterial ausreichend war, die Informationen verstanden wurden und die Klasse damit umgehen kann. Sie sollte also bewusst in den Unterrichtsverlauf eingebaut und vorher geplant werden.

Literatur

Ackermann, Paul u.a. (1994): Politikdidaktik kurz gefasst. Planungsfragen für den Politikunterricht. Schwalbach/Ts.

Checkliste

Die Informations- und Anwendungsphase

● Überprüfen, ob didaktische Perspektive und Thema übereinstimmen.

● Die Inhaltsstruktur, die sich aus dem Thema ergibt, skizzieren.

● Klären, welche Informationen Schülerinnen und Schüler benötigen, um das Thema angemessen zu bearbeiten.

● Die Informationsträger, Materialien und Medien auswählen.

● Überprüfen, ob sie die notwendigen Fakten enthalten.

● Überprüfen, ob und welche politischen Kategorien sich daraus ableiten lassen.

● Entscheiden, welche Sozialformen sich für die Informationserarbeitung am besten eignen.

● Überprüfen, welche Arbeitstechniken für die Erarbeitung der Informationen notwendig sind, ob die Schülerinnen und Schüler sie schon beherrschen oder ob sie bestimmte Techniken dabei lernen können.

● Alternative Anwendungen (Transfer) der Informationen entwickeln.

● Impulse für die Anwendungsphase planen.

Kurt Lach/Peter Massing

Problematisierungsphase – Urteilsbildung – Metakommunikation

Hauptaufgabe des Politikunterrichts: Befähigung zur Urteilsbildung

Die Problematisierungsphase ist die wichtigste Phase im Politikunterricht. Im Kern dient sie der Anbahnung der politischen Urteilskompetenz der Schülerinnen und Schüler. Theorie und Praxis der politischen Bildung stimmen weitgehend in der Forderung überein, dass es eine Hauptaufgabe des Politikunterrichts ist, Schülerinnen und Schüler zur Urteilsbildung zu befähigen. Schon bei den „Klassikern" der politischen Bildung finden sich Aussagen wie: Vernunftgeleitetes politisches Handeln setze voraus, dass man Politik erkennen, analysieren und beurteilen könne (Wolfgang Hilligen); Leitziel politischer Bildung ist die Befähigung zum rationalen Urteil (Dieter Grosser); allgemeines Ziel politischer Bildung ist es, die Bürger zu einem möglichst rationalen Urteil über soziale und politische Sachverhalte zu befähigen (Manfred Hättich); gewissenhafte politische Urteilsbildung ist das eigentliche, alle Teilziele umfassende Ziel politischer Bildung (Bernhard Sutor). Es war also schon immer unumstritten, dass politische Urteilsbildung eine zentrale Aufgabe politischer Bildung ist. In den letzten Jahren sind dazu eine Reihe von Publikationen erschienen, die diese Aufgabe ins Zentrum der Diskussion gestellt und versucht haben, sie theoretisch tiefer gehend zu begründen (Deetjen 2004) und Wege der politischen Urteilsbildung für die Praxis aufzuzeigen (vgl. Kuhn 2003; Massing 1995; 1997). Die große Bedeutung, die politischer Urteilsfähigkeit als Aufgabe des Politikunterrichts zugeschrieben wird, lässt sich auch daran erkennen, dass politische Urteilsfähigkeit in den Vorschlägen für bundesweite Bildungsstandards als wichtigste domänenspezifische Kompetenz aufgeführt wird (vgl. GPJE 2004).

Zentrale Aufgabe politischer Bildung: Befähigung zur politischen Urteilsbildung

Urteilsbildung – eine vernachlässigte Dimension des Unterrichts

Im Unterricht selbst hat sich allerdings die politische Urteilsbildung als das schwierigste Problem überhaupt herausgestellt. Erfahrungen in der universitären Lehrausbildung, aber auch in der Lehrerfortbildung und -weiterbildung zeigen, dass in der Planung von Politikunterricht die Aufgabe der Urteilsbildung zwar regelmäßig aufgenommen wird, im Unterricht selbst hingegen widmen Lehrerinnen und Lehrer der Urteilsbildung nur wenig

Aufmerksamkeit. Häufig endet der Unterricht, ehe Schülerinnen und Schüler zu einem selbstständigen und begründeten Urteil gelangt sind und bevor über die jeweiligen Urteile ausreichend diskutiert werden konnte. Insgesamt wird für die Problematisierungsphase zu wenig Zeit gelassen. Am Ende des Unterrichts – kurz vor dem Pausenzeichen – fragen Lehrerinnen/Lehrer noch rasch nach der Meinung der Schüler, ohne dass diese zum Gegenstand von Unterricht gemacht und ihre Begründungen gemeinsam reflektiert werden.

Unterschiede zwischen Meinung und Urteil

Abgesehen von der fehlenden Zeit wird die politische Urteilsbildung schon über den Begriff „Meinung" entwertet. Dieser Begriff signalisiert ein geringeres Anforderungsniveau. Meinung bezeichnet ein unsicheres Wissen. Die Wertungen, die darin enthalten sind, implizieren ein erhebliches Maß an Ungewissheit und Unsicherheit. Schülerinnen und Schüler versuchen einer solchen „Meinungsäußerung" entweder auszuweichen oder lassen sich nur schwer festlegen. Wenn sie dennoch mehr oder weniger fundiert ihre Meinung äußern, endet der Unterricht nicht mit einem begründeten politischen Urteil, sondern mit unverbindlichen und scheinbar beliebigen Meinungsäußerungen. Jeder hat ein Recht auf seine persönliche Meinung. Dass „Meinungen" (Urteile) qualitativen Mindestanforderungen entsprechen müssen und sich auch qualitativ durch ihre Begründungen unterscheiden, gerät so aus dem Blick.

EIN BEISPIEL:

> **Lehrer:** So jetzt leiten wir schon über in die eigene Meinung. Da kommen wir gleich noch dazu. Kommen wir gleich dazu, weil die Stunde schon bald zu Ende ist. Also wir halten einmal fest: Die ewige Wahrheit gibt es nicht. Welcher Position ich zuneige, hängt von verschiedenen Faktoren ab (...). Und ganz wichtig ist es natürlich, dass wenn man eine Meinung äußert, auch sagt, vor welchem Hintergrund ich dann diese Meinung äußere. Also die Kriterien müssen offen gelegt werden. So, und nun seid ihr dran. Nachdem wir das soweit haben: War das Handeln der Beteiligten gerechtfertigt? Hier haben wir drei verschiedene Positionen. Jetzt einmal eure ganz private Meinung einschließlich Kriterien. Eure ganz private Meinung? Waren die Auseinandersetzungen um den Castor-Transport gerechtfertigt? War das Handeln der Politiker, des Bundes gerechtfertigt? War das Handeln der Demonstranten gerechtfertigt? Eure ganz private Meinung? Jetzt geht es los. Christiane. Jetzt bist du dran.
>
> **Christiane:** Ich muss erst überlegen.

In diesem kurzen Unterrichtsausschnitt lassen sich die oben genannten Probleme gut erkennen. (1.) Die Stunde ist gleich zu Ende. (2.) Der Lehrer formuliert zwar deutliche Urteilsimpulse: *„War das Handeln der Beteiligten gerechtfertigt?"*, spricht aber immer von: *„Eure ganz private Meinung"* und entwertet damit die Bedeutung eines politischen Urteils. (3.) Da es auf das Ende der Stunde zugeht, gibt er den Schülerinnen und Schülern zu wenig Zeit, ihr Urteil zu formulieren und zu begründen: Daher ist die Reaktion der Schülerin – *„Ich muss erst überlegen"* – angemessen und als eine implizite Kritik am Vorgehen des Lehrers zu lesen.

Auch wenn die Urteilsbildungsphase im Politikunterricht häufig zu kurz kommt, urteilen Schülerinnen und Schüler implizit oder explizit ständig im Unterricht über Politik. Die Urteilskriterien, die sie dabei – meist unreflektiert – verwenden, sind ohne Anspruch auf Vollständigkeit:

- ihre eigenen individuellen Interessen (z.B.: Bringt eine politische Entscheidung mir Vor- oder Nachteile?);
- weitgehend abstrakte moralische Werte (z.B.: Halte ich das Ergebnis für gut oder schlecht?);

- ideologische Versatzstücke (z.B.: Entspricht eine bestimmte Entscheidung meinem Weltbild?) und
- Sympathien und Vertrauen für Personen, die mit einer bestimmten Politik verbunden sind (z.B.: Ist mir der Politiker/die Politikerin sympathisch, vertraue ich ihnen, oder sind sie mir unsympathisch und misstraue ich ihnen?).

Die Aufgabe der Lehrerin und des Lehrers im Politikunterricht besteht nun darin, an diesen immer schon vorhandenen, zum Teil rationalen, aber auch emotionalen und irrationalen Urteilskriterien anzuknüpfen, sie zu ordnen, ins Bewusstsein zu heben, sie vorsichtig zu erweitern und die Schülerinnen und Schüler mit zusätzlichen Urteilskriterien vertraut zu machen. Dies kann nur gelingen, wenn Lehrerinnen und Lehrer selbst über ein Ensemble von Urteilskriterien und Urteilskategorien verfügen, in dem unterschiedliche Ebenen und Perspektiven des Urteils verknüpft sind. Sie benötigen eine komplexe Urteilsstruktur, die über die ihrer Schülerinnen und Schüler hinausgeht.

Was ist ein politisches Urteil?

Zunächst muss Lehrerinnen und Lehrern klar sein, was eigentlich unter einem politischen Urteil verstanden wird. Vor dem Hintergrund unterschiedlicher fachdidaktischer Definitionen und abweichend von in Bildungsstandards enthaltenen Begriffsbestimmungen (vgl. GPJE 2004) wird hier im Sinne eines Arbeitsbegriffes unter einem politischen Urteil die wertende Stellungnahme eines Individuums zu einem politischen Sachverhalt und/oder einem politischen Akteur verstanden, unter Verwendung der Begründungskategorien Effizienz und Legitimität und mit der Bereitschaft, sich öffentlich dafür zu rechtfertigen (vgl. Massing 1997).

Die beiden Begründungskategorien verweisen auf den Urteilsmaßstab „politisch-gesellschaftliche Rationalität". Dieser Maßstab umfasst zwei Formen von Rationalität: Zweckrationalität (Effizienz) und Wertrationalität (Legitimität). Zweckrationalität meint in ihrem Kern eine „Zweck-Mittel-Relation": Sie fragt nach den zweckmäßigen Mitteln für vorgegebene, beliebige Zwecke. Effizienz meint dann „Wirksamkeit", „Leistungsfähigkeit", „Kosten-Nutzen-Verhältnis", „Problemlösungsfähigkeit", „Wirtschaftlichkeit", „Ergiebigkeit", „Sachlichkeit", „Genauigkeit", „Schnelligkeit". Effizienz ist zum Beispiel ein Charakteristikum von Planung. Diese ist dann effizient, wenn der Planungsakteur in seinem Handeln Zwecke, Mittel und Nebenfolgen gegeneinander abwägt und auf diese Weise zu einer verbesserten Zielverwirklichung gelangt. Effizienz ist auch ein Merkmal von „bürokratischen Organisationen", deren interne Struktur so angelegt ist, dass die möglichst reibungslose Realisierung der Organisationsziele erreicht werden kann. Zweckrationalität und Effizienz stellen darüber hinaus in der Form der „technisch-ökonomischen Rationalität" dominante Entscheidungskriterien wirtschaftlicher Entwicklungsprozesse einer Industriegesellschaft dar. Effizienz und Zweckrationalität sind auch für politisches Handeln von zentraler Bedeutung. Man wird bloße Zielformulierungen bei Vernachlässigung der Mittel und Wege sowie der Folgen ihrer Realisierung in der Politik kaum rational nennen können. Ein gewisses Niveau an Effizienz muss Politik aufweisen, um auf gesellschaftliche Akzeptanz zu treffen.

Wertrationalität in diesem Zusammenhang meint, dass politisches Handeln immer auch wertbezogenes Handeln ist. Politik in der Demokratie ist an die Grundwerte menschenwürdigen Handelns gebunden und schließt Ziele aus, die ihnen widersprechen. Dabei ist Wertrationalität als eine „weiche" Rationalität (Peter Weinbrenner) weniger eindeutig zu bestimmen. Unterhalb von obersten Werten (Grundwerten) wie etwa Freiheit oder Ge-

Effizienz und Legitimität

rechtigkeit, die in dieser Allgemeinheit noch keine politischen Handlungsnormen sein können, müssen die konkreten, handlungsleitenden Werte und Ziele durch Diskurse, das heißt in einer ständigen und öffentlichen Auseinandersetzung von allen betroffenen Menschen und Gruppen immer wieder neu ausgehandelt werden. So muss immer wieder neu geklärt werden, was Freiheit und Gerechtigkeit unter je gegebenen Bedingungen und Möglichkeiten sinnvoll heißen kann. Die zentrale Kategorie, die der Wertrationalität zugrunde liegt, ist Legitimität. Legitimität bedeutet die Anerkennungswürdigkeit einer politischen Ordnung oder einer politischen Entscheidung. Während Effizienz eine Bewertungskategorie ist, die in vielen Bereichen der Gesellschaft eine zentrale Rolle spielt, ist Legitimität eine Kategorie, die sich allein auf den Bereich der Politik bezieht. Nur politische Ordnungen oder politische Entscheidungen können Legitimität haben, nicht haben oder verlieren. Legitimität stützt sich zugleich auf Grundnormen, auf konstitutionelle Verfahren (Legalität) wie auf die Anerkennung (den Legitimitätsglauben) der Bürger. Der Urteilsmaßstab „politisch-gesellschaftliche Rationalität" verknüpft nun untrennbar diese beiden Formen von Rationalität und damit gleichzeitig die beiden Begründungskategorien eines politischen Urteils, nämlich Effizienz und Legitimität. Sie akzentuieren zwar unterschiedliche Begründungszusammenhänge eines politischen Urteils, müssen aber beide bei der Begründung eines politischen Urteils berücksichtigt werden. Politische Urteile können nicht auf die eine oder auf die andere Kategorie reduziert werden.

„Sichtweise" als weitere Kategorie

Neben den beiden Kategorien Effizienz und Legitimität lassen sich politische Urteile noch weiter differenzieren durch die Einführung der Kategorie „Sichtweise". Die Sichtweise bezieht sich auf die Position, in der ich zum politischen Sachverhalt stehe. Je nach Sichtweise, die ich einnehme, kann ich zu unterschiedlichen Gewichtungen und Begründungszusammenhängen kommen. Als politischer Akteur werde ich unter Umständen andere Akzente setzen und andere Rechtfertigungen bevorzugen und heranziehen, als diejenigen, die von einem politischen Sachverhalt unmittelbar betroffen sind. Drei mögliche Sichtweisen bieten sich an, die das politische Urteil und die Begründung beeinflussen können:

● die Sichtweise der politisch Handelnden;
● die Sichtweise der von der Politik Betroffenen;
● die Sichtweise des demokratischen Systems.

Jede dieser Sichtweisen ist für sich selektiv und akzentuiert unterschiedliche Aspekte, die sich aber gegenseitig nicht ausschließen müssen, sondern sich entweder ergänzen oder in einem Spannungsverhältnis zueinander stehen. Schülerinnen und Schüler können bei der Bildung eines eigenen politischen Urteils und bei dem Versuch, das Urteil nachvollziehbar zu begründen neben Elementen der beiden Kategorien Effizienz und Legitimität auch Argumente aus unterschiedlichen Sichtweisen heranziehen.

Verknüpft man nun Bewertungskategorien und Sichtweisen miteinander, ergibt sich folgendes komplexes Urteilsraster:

Beurteilungsmaßstab	Sichtweisen		
Politisch-gesellschaftliche Rationalität	Politische Akteure	Politisch Betroffene	Demokratisches System
Kategorie Effizienz	Handlungsmöglichkeiten Handlungsrestriktionen Entscheidungskompetenzen Macht Aufwand Kosten usw.	Individueller Nutzen Individuelle Kosten Individuelle Interessen	Funktionsfähigkeit Leistungsfähigkeit Stabilität
Kategorie Legitimität	Humanverträglichkeit: – Menschenrechte – Grundrechte – Demokratische Prinzipien Sozialverträglichkeit: – Zumutbarkeit – Interessenberücksichtigung – Gemeinwohlorientierung – Akzeptanz – Transparenz – Partizipation Umweltverträglichkeit: – Berücksichtigung der ökologischen Dimension – Nachhaltigkeit	Selbstbestimmung Mitbestimmung Identität Verallgemeinerbare Interessen Verallgemeinerbare Werte	Grund- und Menschenrechte Demokratie Rechtsstaat Sozialstaat Alternativen

Das politische Urteil der Schülerin/des Schülers muss Elemente aus beiden Kategorien und kann Aspekte aus allen Sichtweisen enthalten.

Haben Lehrerinnen und Lehrer diese Urteilsraster gedanklich zur Verfügung, können sie es zunächst als Diagnoseinstrument nutzen. Sie können feststellen, aus welcher Sichtweise und mit welchen Kategorien ihre Schülerinnen und Schüler überwiegend urteilen. Sie können ihnen dies bewusst machen und sie dazu anregen, unterschiedliche Sichtweisen einzunehmen und auch Elemente aus anderen Kategorien bei der Begründung von Urteilen zu berücksichtigen. Für diese Aufgabe bietet das Urteilsraster Lehrerinnen/ Lehrern Orientierung. Dabei wird den Schülerinnen und Schülern deutlich, dass die Unterschiedlichkeit von Urteilen neben der Informationsbasis im Wesentlichen davon abhängt, welche Sichtweise sie einnehmen und welche Kategorien sie schwerpunktmäßig zur Begründung heranziehen. Auf diese Weise werden sie für den Prozess der Urteilsbildung sensibilisiert und die Begründbarkeit sowie die Berechtigung auch anderer Urteile werden einsehbar.

Ein Beispiel aus der Praxis

Der Unterricht findet im Rahmen der Politischen Weltkunde in einer 13. Klasse eines Berliner Gymnasiums statt. Das Thema der Unterrichtseinheit lautet: „Entwicklungsländer – Fakten und Probleme". Gegenstand des Unterrichts sind zwei wissenschaftliche Texte zu Entwicklungstheorien von Wolf-Dieter Narr und Siegfried Kohlhammer. Der Unterricht hat die Form eines Auswertungsgesprächs. Nachdem die wichtigsten Aussagen der Texte geklärt sind, fragt der Lehrer, worin die beiden Autoren das zentrale Problem sehen und wie sie es erklären. Bis zu diesem Punkt ist der Unterricht im Wesentlichen Textanalyse. Dann stellt der Lehrer eine Urteilsfrage:

Lehrer: Welche Erklärung ist denn nun tauglicher, um politisch an dem Problem zu arbeiten? – Eine Erklärung ist ja ganz schön, aber Politik muss geschehen.

Resa: Was ich für realistischer halte oder, sagen wir einmal, schneller durchführbar, ist das von Kohlhammer. Regierungshilfe, das steckt es ja schon drin, dass es immer fallspezifisch ist. Es ist ja nicht nur so, dass sämtliche Entwicklungshilfe aller Regierungen oder, sagen wir einmal: alle Regierungen sind nicht schlecht, dass damit nicht nur die schlechten Regierungen und die undemokratischen oben an der Macht gehalten werden. Und das bei Narr, er nennt den Weltmarkt eine „Nicht-Institution", und man sieht es ja jetzt am Klimagipfel, der jetzt beendet ist. Bis sich 130 und mehr Nationen auf eine, irgendeine Institution geeinigt haben, das dauert zu lange. Das wird niemals klappen.

Andreas: Ich würde auch sagen, dass das von Kohlhammer realistischer ist. Das ist auch sofort ausführbar. Man kann sofort die Entwicklungshilfe, man könnte die umleiten, wenn man wollte. Bis man dazu Institutionen schafft, das dauert.

Lehrer: Florian erstmal.

Florian: Abgesehen davon, dass Kohlhammers Lösung eher kurzfristig ist und Narrs müsste sehr langfristig gestaltet sein. Es ist ja auch so, dass beide einen unterschiedlichen Ansatz haben. Narr will praktisch das in der Gesamtheit irgendwie verändern, und Kohlhammer will halt nur, dass Entwicklungshilfe, so wie es jetzt passiert, dass es nicht hilft. Aber, ich denke nicht, dass er damit übereinstimmt, dass man überhaupt nichts machen muss, das so lassen sollte, wie es jetzt ist. (...)

Andy: Ja, nach Kohlhammer müsste man praktisch die Regierungen umstürzen, also teilweise. (...)

Lehrer: Sie sagen also, der Aufsatz von Kohlhammer legt nahe, dass Länder außerhalb der Entwicklungsländer Einfluss nehmen sollten auf bessere Regierungen in den Ländern?

Die Urteilsfrage des Lehrers, welche Erklärung tauglicher für politisches Handeln ist *(„Politik muss geschehen"),* zielt im Wesentlichen auf die Kategorie Effizienz, auch wenn der Begriff selbst nicht fällt. Entsprechende Argumente ziehen die Schülerinnen und Schüler heran. Sie halten das eine Konzept im Vergleich zum anderen für: *„realistischer"*, *„schneller durchführbar"*, *„sofort ausführbar"*, die Lösung ist *„kurzfristig"*. Das andere Konzept *„dauert zu lange"*, ist *„langfristig"*, *„das wird niemals klappen"*, da zu viele Beteiligte sich einigen müssten.

Die Kategorie Legitimität kommt nicht vor. Ein möglicher Ansatzpunkt, um diese Kategorie einzuführen, wäre durchaus gegeben, als der Lehrer den Beitrag des Schülers Andy in dem Sinne zusammenfasst, das der Aufsatz des einen Autors nahe lege, *„dass Länder außerhalb der Entwicklungsländer Einfluss nehmen sollten auf bessere Regierungen in den Ländern."* Hier könnte die Urteilsfrage gestellt werden, ob diese Einflussnahme gerechtfertigt ist. Entspricht sie unserem Demokratieverständnis, den Grundwerten von Freiheit und Selbstbestimmung? Die Chance wird nicht genutzt, sondern der Unterricht fährt fort mit einer weiteren inhaltlichen Klärung der beiden Aufsätze.

Ebenen und Stufen politischer Urteilskompetenz

Das oben beschriebene Urteilsraster mag für die Diagnose, wie Schülerinnen und Schüler urteilen, hilfreich sein, lässt allerdings die Frage offen, ob die Fähigkeit zum politischen Urteil gestuft ist und wie sich Kompetenzentwicklungen beim politischen Urteil erkennen lassen. Die Fähigkeit zum politischen Urteil ist mit hoher Wahrscheinlichkeit bezogen auf Klassenstufen unterschiedlich. Lehrerinnen und Lehrer müssen also nicht nur diagnostizieren, wie Schülerinnen und Schüler urteilen. Sie müssen auch Fähigkeitsstufen der Urteilskompetenz identifizieren können. Dazu ist es notwendig, entsprechende Anforderungsbereiche und Kompetenzstufen zu beschreiben. Politische Urteilskompetenz wird im Folgenden in die Schwierigkeitsgrade „Verstehen – Analysieren – Urteilen" eingeteilt. Um die besondere Bedeutung dieser Einteilung zu verdeutlichen, wird von Ebenen ge- sprochen. Jede der drei Ebenen beinhaltet nun nochmals drei Stufen zunehmender Schwierigkeit. Die progressive Komplexität des politischen Urteils wird also insgesamt über drei Ebenen und neun Schwierigkeitsstufen erfasst. Ziel dieses Modells ist es, eine möglichst differenzierte Diagnose der jeweiligen Urteilskompetenz der Schülerinnen und Schüler zu ermöglichen.

Ebenen und Stufen politischer Urteilskompetenz	
Stufe 9	Ein eigenes politisches Urteil fällen. Mit Hilfe der Kategorien „Effizienz" und „Legitimität" begründen; unterschiedliche Sichtweisen reflektieren und das Urteil diskursiv vertreten.
Stufe 8	Eine eigene Position einnehmen und mit Hilfe von im Unterricht erarbeiteter Argumente begründen.
Stufe 7	Eine eigene Meinung formulieren können.
Ebene C	**Urteilen**
Stufe 6	Positionen und Begründungen auf vergleichbare Probleme anwenden.
Stufe 5	Den Positionen in Kontroversen Begründungen zuordnen.
Stufe 4	Kontroversen erkennen.
Ebene B	**Analysieren**
Stufe 3	Beziehungen von Informationen untereinander herstellen.
Stufe 2	Aus konkurrierende Informationen zentrale auswählen.
Stufe 1	Politische Informationen identifizieren können.
Ebene A	**Verstehen**

Ebene A („Verstehen") kann noch als Teil der Informationsphase gesehen werden. Ebene B („Analysieren") ist Teil der Anwendungsphase und Ebene C („Urteilen") wäre dann Kern der Problematisierungsphase. Diese Ebenen und Stufen politischer Urteilskompetenz machen deutlich, dass „Urteilen" zwar eine eigenständige Kompetenz ist, dass sie aber auf Voraussetzungen, nämlich den Kompetenzen „Verstehen" und „Analysieren" beruht. Mit diesem Modell lässt sich gleichzeitig, wenn auch auf etwas andere Weise, die oben vorgeschlagene Verlaufsstruktur und das entsprechende Phasenmodell begründen.

Ein Beispiel aus der Praxis

Das Wortprotokoll ist ein Auszug aus einer zweistündigen Unterrichtseinheit (9. Klasse Gymnasium; Berlin Nikolasee). Das Thema lautet: „Haben Bürgerinitiativen Sinn?". Aus der Unterrichtsplanung wird deutlich, dass es um die Frage geht, ob Bürgerinitiativen ein effizientes Mittel sind, Interessen durchzusetzen?

Lehrer: Und wie würdet ihr insgesamt, (...) ja, das Phänomen Bürgerinitiativen bewerten? Findet ihr das positiv? Also jetzt auch in dem konkreten Fall, aber auch allgemein gedacht. Äh, ist das in jeder Hinsicht eher zu befürworten oder eher abzulehnen? Was würdet ihr dazu sagen?

Schüler A: Ja, also in diesem Fall würde ich es eigentlich ablehnen, aber manche Sachen sind auch (...) einige Sachen vielleicht etwas überzogen. Aber äh, auf der anderen Seite sind Bürger- initiativen durchaus nicht schlecht, weil damit auch dem Bürger ein bisschen äh (...) vielleicht seine eigene Stimme mehr zählt.

Schülerin A: Ich würde sie befürworten, weil ich sie für ziemlich wichtig halte äh (...), denn ich denke, dass der Senat nicht so perfekt und immer nur Sachen macht, die richtig sind und dass (...) dann kann der Bürger auch mal was dagegen machen.

Lehrer: Noch weitere Meinungen zu dem Thema? (*ohne Pause weiter*) Wenn ihr überlegt, (...)

die Bürgerinitiativen fangen ja meist mit wenigen Leuten an und die haben meist ein besonderes Interesse und diesem Interesse steht ein anderes Interesse (...) z.B. das des Senats gegenüber. Kann man dann sagen, dass die Bürgerinitiative ein allgemeines Interesse vertritt?

Lehrer: Ja?

Schüler B: Es vertritt halt das Interesse der Leute, die dafür oder dagegen sind. Aber es müssen sich ja nicht alle dafür entscheiden, nur die, die es wollen und deshalb muss es auch nicht allgemein sein. Es ist halt nur soweit allgemein, wenn viele Unterschriften kommen, sehr viele. Es ist wahrscheinlich sehr allgemein, wenn da so viele Unterschriften sind.

Schülerin B: Ich würde sagen, weder der Senat, noch die Bürgerinitiative vertritt das allgemeine Interesse. Äh, die Bürgerinitiative vertritt auf jeden Fall erst einmal ihr eigenes Interesse. Zum Beispiel bei diesem Kaufhaus, das sie da jetzt nicht hinhaben wollen. Vielleicht, dass andere Leute, die weiter weg wohnen und nichts mit dem Kaufhaus zu tun haben, die können dahinfahren und etwas kaufen wollen. Aber der Senat, aber ist jetzt nicht anders, der denkt nur an sich, an sein, an sein, eben was er will (...).

Schüler C: Aber ich muss schon sagen, die die eine Bürgerinitiative gründen, (...) die sind auch Teil der Allgemeinheit und es ist ja nicht so, dass die Allgemeinheit nun genau immer das gleiche Interesse hat. Es gibt halt immer (...) unterschiedliche Meinungen und es bilden sich halt ein Teil und die (...) und die vertreten dann ihre Meinung, und das ist natürlich dann auch ein Teil der Allgemeinheit.

Schüler A: Aber die sind dann halt nur ein Teil der Allgemeinheit. Also aber der Senat ist ja vom Volk gewählt worden, er vertritt sie auch deswegen und wenn man dann bei jeder Kleinigkeit dagegen ist, finde ich, würde ich ein bisschen als störend bezeichnen, manche Bürgerinitiativen.

Lehrer: Jaaa, also ja, wenn man jetzt das, wenn man deine letzte Äußerung jetzt mal heranzieht und sagt: Na ja, der Senat, der ist ja gewählt von der Bevölkerung Berlins (...) das heißt, die Senatsmitglieder (...) vertreten eben die Bevölkerung Berlins und sind damit eben berechtigt Entscheidungen zu treffen. Wenn einige jetzt damit nicht einverstanden sind, wie diese kleinen Bürgerinitiativen. Haben die denn überhaupt ein berechtigtes Interesse? Dürfen die denn das überhaupt. Also, findet ihr denn das eigentlich in Ordnung, dass sie sich denn dagegen wehren? Gegen den Senat?

Schüler C: Ja, natürlich. Also die, (...) sie haben ja das Recht ihre Meinung kundzugeben und wenn sie, (...) wenn sie strikt etwas dagegen haben, können sie auch versuchen, es irgendwie umzubiegen. Das wäre kein Grund es nicht zu machen.

Schülerin A: Ich würde auch sagen, dass die Anwohner, wenn sie etwas dagegen haben, gegen das Kaufhaus und so, dann können sie natürlich etwas sagen, aber eben sie müssen, aber wenn sie dann natürlich keinen richtigen Grund haben oder so, wenn es wichtig ist für die anderen Leute, wahnsinnig viele und wenn nun so die kleine Bürgerinitiative ist, ich weiß nicht, dann ist es eher nicht berechtigt, aber wenn es so ist, das es eigentlich keinem hilft, wenn da ein Kaufhaus ist, dann ist das OK.

Schüler A: Ich würde sagen, wenn ihre Lebensqualität beeinträchtigt, dann kann (...) dann ist es ja ganz klar, dass sie das machen können, dann finde ich das (...).

Lehrer: Ja, jetzt haben wir ja viele verschiedene Meinungen gehört zu dem Thema (...), und ich möchte mich dafür recht herzlich bedanken, dass ihr aufmerksam mitgearbeitet und zugehört habt.

Der Lehrer will die Urteilsbildung der Schülerinnen und Schüler anregen. Er fragt sie nach ihrer Bewertung von Bürgerinitiativen. Es geht ihm also um „Urteile" im Sinne einer bewertenden Stellungnahme. Nach Begründungen fragt er nicht. Schüler A urteilt, dass er Bürgerinitiativen prinzipiell nicht schlecht findet. Aber er begründet sein Urteil auch und differenziert es. Er findet Bürgerinitiativen nicht schlecht, weil sie den Bürgern Möglichkeiten der Mitbestimmung eröffnen. Mitbestimmung scheint für ihn ein besonderer Wert zu sein. Berücksichtigt man die Elemente des oben beschriebenen Urteilsrasters, wird hier ein individuelles Urteil mit einem Teilaspekt der Kategorie Legitimität gerechtfertigt. Schüler A aber geht noch weiter. Er differenziert sein Urteil. Er befürwortet Bürgerinitiativen als Möglichkeit der Partizipation, jedoch nur unter bestimmten Bedingungen. Wenn die Sache etwas überzogen ist, lehnt er Bürgerinitiativen ab. Allerdings wird nicht klar, was er unter „überzogen" genau versteht. Eine Interpretationsmöglichkeit wäre, dass der Schüler eine Vorstellung davon hat, dass ein politisches System auch „funktionieren" muss. „Überzogene Sachen" – vielleicht ständiger Protest – verhindern dieses Funktionieren, und in diesem Fall lehnt er Bürgerinitiativen ab. Damit würde er sich auf einen Teilaspekt der Kategorie Effizienz beziehen und die Sichtweise des politischen Systems einnehmen. Auch Schülerin A fällt ein eindeutiges Urteil. Sie befürwortet Bürgerinitiativen und begründet dies damit, dass der Bürger so die Möglichkeit erhält, sich gegen falsche Entscheidungen zu wehren. Damit nimmt sie die Sichtweise der von Politik Betroffenen ein und zieht Aspekte der Kategorie „Legitimität" heran. Politische Akteure – auch in Demokratien – können falsche Entscheidungen treffen. Sie müssen kontrolliert werden und der Bürger muss Möglichkeiten besitzen, sich gegen falsche Entscheidungen zur Wehr zu setzen.

Beispiel für ein Schülerurteil

Der Lehrer geht nicht auf die Positionen und ihre Begründungen ein, sondern gibt einen neuen Impuls, der von der Urteilsbildung wegführt und eher die analytischen Fähigkeiten der Schülerinnen und Schülern anspricht. Unbewusst bleibt er allerdings auf der demokratietheoretischen Ebene. Er fragt, ob denn Bürgerinitiativen allgemeine Interessen vertreten. Schüler B verweist darauf, dass Bürgerinitiativen erst einmal ihre eigenen Interessen vertreten. Da aber nur ein geringer Teil der Bevölkerung sich in Bürgerinitiativen engagiere, könne das Interesse, das sie vertreten, nicht allgemein sein. Er setzt die Allgemeinheit eines Interesses in Beziehung zur Zahl derer, die dieses Interesse haben. Je mehr Unterstützer, umso allgemeiner das Interesse. Es bleibt unklar, ob dieser Schüler ein allgemeines Interesse (wenn alle es unterstützen?) für möglich hält. Schülerin B vertritt dagegen den Standpunkt, dass niemand ein Allgemeininteresse vertritt und dass es nur Gruppeninteressen gäbe: die Interessen der Bürgerinitiative, die das Kaufhaus verhindern will, die Interessen derjenigen, die einkaufen möchten, und die Interessen des Senats, die wieder andere wären. Schülerin B vertritt hier ein pluralistisches Demokratieverständnis. Schüler C unterstützt sie in ihrer Auffassung. Auch er streitet die Existenz eines Allgemeininteresses ab und verweist zusätzlich darauf, dass es die Allgemeinheit als eine homogene Gruppe, die ein solches Interesse haben könnte, gar nicht gibt. Die Allgemeinheit sei ebenfalls heterogen und setze sich aus unterschiedlichen Teilgruppen zusammen. In dieser Pluralismusvorstellung ist der Senat von Berlin eine Gruppe unter anderen. Schüler A macht dann auf eine wichtige Differenz aufmerksam. Im Gegensatz zu den anderen gesellschaftlichen Gruppen sei der Senat vom Volk gewählt. Auch wenn diese Feststellung nicht richtig ist (denn das Abgeordnetenhaus ist vom Volk gewählt, der Senat vom Abgeordnetenhaus), ist der Hinweis in seiner Intention richtig. Was der Schüler sagen will, ist: Der Unterschied zwischen den verschiedenen gesellschaftlichen Gruppen und dem Senat besteht darin, dass dieser demokratisch legitimiert ist. Seine Entscheidungen besitzen also eine andere Dignität, und es erscheint keineswegs mehr legitim, bei jeder Kleinigkeit seine Entscheidungen in Frage zu stellen. Was aber sind Kleinigkeiten und was nicht? Wann ist es gerechtfertigt, sich gegen die Entscheidungen einer demokratisch legitimierten Institution zur Wehr zu setzen und wann nicht? Diese Frage bleibt zunächst ungeklärt. Der Lehrer greift jetzt steuernd ein, indem er das Problem zuspitzt. Er betont nochmals die demokratische Legitimität des Senats und setzt abwertend „die kleinen Bürgerinitiativen" dagegen, die jetzt mit dieser Entscheidung nicht einverstanden seien. Indem er daraus die Frage entwickelt, ob die denn überhaupt ein berechtigtes Interesse haben bzw. ob die das denn überhaupt dürften, kommt er wieder auf die Ebene der Urteilsbildung zurück. Die Schüler urteilen und begründen ihr Urteil. Schüler A vertritt die Position, dass Bürgerinitiativen das dürfen und begründet dies mit dem Wert der Meinungsfreiheit. Auch Schüler A hält es für berechtigt, dass sie ihre Interessen vertreten.

Reaktion des Lehrers

Als Begründung führt er ebenfalls einen Wert an: *„wenn die Lebensqualität beeinträchtigt"* ist. Meinungsfreiheit und Lebensqualität sind zentrale Werte in der Demokratie und machen einen Teil der Anerkennungswürdigkeit der politischen Ordnung aus. Auch in diesem Fall begründen die Schüler ihr Urteil mit wesentlichen Teilaspekten der Kategorie Legitimität und zwar aus der Sichtweise der Betroffenen.

Schülerin A vertritt noch ein differenzierteres Urteil. Prinzipiell vertritt auch sie die Position, dass Bürgerinitiativen berechtigt sind, ihre Interessen zu vertreten. Aber einschränkend fügt sie hinzu, sie müssen die richtigen Gründe haben. Wenn dies nicht der Fall sei, hält sie es für eher nicht berechtigt. Es wird nun nicht deutlich, was sie unter richtigen Gründen versteht. Aber auch hier ließe sich vermuten, dass die Schülerin Angst vor ständigen Konflikten hat, dass sie um die Funktionsfähigkeit des politischen Systems fürchtet und daher Aspekte der Kategorie Effizienz in die Begründung ihres Urteils einbezieht und die Sichtweise des politischen Systems einnimmt.

Schüler urteilen auf hohem Niveau

Die Schülerinnen und Schüler urteilen für eine neunte Gymnasialklasse auf einem sehr hohen Niveau. Legt man die Ebenen und Stufen der politischen Urteilsbildung zugrunde, urteilen sie durchweg auf der Stufe 7, 8 und 9. Sie sind es offensichtlich gewohnt, ihre Urteile zu begründen. Dazu nutzen sie Teilaspekte der Kategorie Effizienz (Funktionsfähigkeit des politischen Systems) und Elemente der Kategorie Legitimität (Meinungsfreiheit, Lebensqualität, Partizipation). Sie verfügen auch über eine Vorstellung davon, dass in einer Demokratie unterschiedliche Grade von Legitimität existieren und dass vom Volk gewählte Akteure oder Institutionen über einen höheren Grad an demokratischer Legitimität verfügen. Dennoch heißt dies nicht, dass deren Entscheidungen immer zu akzeptieren sind. Politische Entscheidungsträger bedürfen daher der Kontrolle, und Kontrolle ist nur dann wirksam, wenn der Bürger über zusätzliche Partizipationsmöglichkeiten (Bürgerinitiativen) verfügen.

Der Lehrer scheint jedoch die Fähigkeit der Schülerinnen und Schüler zur Urteilsbildung nicht zu erkennen. Jedenfalls geht er nicht darauf ein. Er lässt die Angebote der Klasse unkommentiert, und er fällt hinter das erreichte Niveau der Diskussion zurück, wenn er den Unterricht abschließt: *„Ja, jetzt haben wir ja viele verschiedene Meinungen gehört zu dem Thema (...), und ich möchte mich dafür recht herzlich bedanken, dass ihr aufmerksam mitgearbeitet und zugehört habt."* Auf Grundlage des Urteilsrasters und des Stufenmodells wäre es für den Lehrer leicht gewesen, diese Phase der Urteilsbildung zu vertiefen und nachhaltig zu gestalten.

Metakommunikation

Unter Metakommunikation wird hier das „Sprechen über den Unterricht" verstanden. Metakommunikation kann als eine eigene Phase gestaltet werden, sie kann aber auch Teil der Problematisierungsphase sein. Metakommunikation hat insbesondere die Funktion, die Methodenkompetenz der Schülerinnen und Schüler zu stärken. Damit ist gleichzeitig der Inhaltsaspekt von Metakommunikation angesprochen. Metakommunikation hat neben einem Inhaltsaspekt auch einen Beziehungsaspekt, in dem es um die Verbesserung des Kommunikationsstils geht. Lehrerinnen und Lehrer reflektieren gemeinsam mit ihren Schülern die gemeinsame Vorgehensweise im Politikunterricht. Hat sie zum Ziel geführt? Waren die Materialien und Medien ausreichend und dem Thema angemessen? War die Wahl der Sozialform sinnvoll? Reichten die Fähigkeiten bei der Verwendung der Arbeitstechniken aus? In der Metakommunikation lässt sich auch möglicher Unterricht vordenken. Was müssten wir tun, wenn wir das Thema vertiefen wollten? Welche zusätzlichen Materialien und Medien wären dazu notwendig?

Literatur

Ackermann, Paul u.a. (1994): Politikdidaktik kurz gefasst. Schwalbach/Ts.

Detjen, Joachim (2004): Politische Urteilsfähigkeit – eine domänenspezifische Kernkompetenz der politischen Bildung. In: Politische Bildung, Heft 3/2004, S. 44-58

GPJE/Gesellschaft für Politikdidaktik und politische Jugend- und Erwachsenenbildung (Hrsg.) (2004): Nationale Bildungsstandards für den Fachunterricht in der Politischen Bildung an Schulen – Ein Entwurf. Schwalbach/Ts.

Kuhn, Hans-Werner (2003): Urteilsbildung im Politikunterricht. Schwalbach/Ts.

Massing, Peter (1995): Was heißt und wie ermögliche ich politische Urteilsbildung? In: Massing, Peter/ Weißeno, Georg (Hrsg.): Politik als Kern der politischen Bildung. Wege zur Überwindung unpolitischen Politikunterrichts. Opladen, S. 205-224

Massing, Peter (1997): Kategorien politischen Urteilens und Wege zur politischen Urteilsbildung. In: Massing, Peter/Weißeno, Georg (Hrsg.): Politische Urteilsbildung. Aufgabe und Wege für den Politikunterricht. Schriftenreihe der Bundeszentrale für politische Bildung, Band 344. Bonn, S. 115-133

Massing, Peter/Schattschneider, Jessica Simone (2004): Aufgaben zu den Standards der Politischen Bildung. Ergebnisse einer Pilotstudie. In: GPJE/ Gesellschaft für Politikdidaktik und politische Jugend- und Erwachsenenbildung (Hrsg.): Testaufgaben und Evaluationen in der politischen Bildung. Schwalbach/Ts., S. 23-40

Checkliste

Problematisierungsphase

- Genügend Zeit einplanen für die Problematisierungsphase und vor allem für die Urteilsbildung.

- Urteilsbildung explizit planen.

- Wege zur Urteilsbildung überlegen (z.B. Kommentar schreiben, Kommentare zum Thema analysieren, Pro-Contra-Debatte einsetzen usw.).

- Begriffe wie „Meinungen" vermeiden.

- Konkrete Impulse zur Urteilsbildung formulieren.

- Erwartungshorizont an ein politisches Urteil, bezogen auf die Kategorien Legitimität und Effizienz und die drei Sichtweisen, skizzieren.

- Schülerinnen und Schülern genügend Zeit bei der Formulierung von politischen Urteilen lassen.

- Darauf achten, dass politische Urteile immer differenziert begründet werden.

- Bewusst diagnostizieren, mit welchen Kategorien Schülerinnen und Schüler urteilen und auf welchem Kompetenzniveau sie es tun.

- Bei der Planung von Politikunterricht bewusst die Ebenen und Niveastufen berücksichtigen.

- Urteilsbildung auch zum Gegenstand der Metakommunikation machen.

VERZEICHNIS DER AUTOREN

Dr. Gotthard Breit
geb. 1941 in Schorndorf/Württemberg

Emeritierter Professor für Didaktik des Politikunterrichts am Institut für
Politikwissenschaft der Otto-von-Guericke-Universität Magdeburg

Dr. Detlef Eichner
geb. 1965 in Gifhorn

Wissenschaftlicher Mitarbeiter am Institut für Sozialwissenschaften, Fachgebiet
politische Wissenschaft und politische Bildung der TU Braunschweig

Siegfried Frech
geb. 1955 in Ludwigsburg

Diplom-Pädagoge, Referatsleiter „Redaktionen. Bürger im Staat/Didaktische Reihe" der
Landeszentrale für politische Bildung Baden-Württemberg, Lehrbeauftragter (Didaktik
politischer Bildung) am Institut für Politikwissenschaft der Universität Tübingen

Kurt Lach
geb. 1941 in Prag

Politiklehrer und Fachseminarleiter, Lehrbeauftragter am Fachbereich Politik- und
Sozialwissenschaft der Freien Universität Berlin

Dr. Peter Massing
geb. 1946 in Dessau

Professor für Sozialkunde und Didaktik der Politik am Otto-Suhr-Institut für
Politikwissenschaft der Freien Universität Berlin und Leiter des Referats für politische
Bildungsarbeit am selben Institut

**WOCHEN
SCHAU
VERLAG**

... ein Begriff für politische Bildung

Didaktik

Gotthard Breit/Peter Massing
(Hrsg.)

Politikunterricht geplant

**Kommentierte Unterrichtseinheiten
für die Praxis**

Aus den Unterrichtseinheiten, die in der
Zeitschrift „Politische Bildung" veröffentlicht worden sind, wurden acht besonders gelungene ausgewählt. Zusätzlich
führen die Herausgeber allgemein in die
Planung von Politikunterricht ein.

ISBN 3-89974235-4, 304 S., € 19,80

Thomas Retzmann (Hrsg.)

Methodentraining für den Ökonomieunterricht

Die ökonomische Bildung erfährt bundesweit eine
bemerkenswerte Aufwertung. Eine sichtbare Konsequenz ist, dass die Zeitanteile im schulischen
Curriculum ausgeweitet werden. Lehrende und
Lehramtsstudierende müssen daher fachdidaktisch gut aus- und weitergebildet werden. Dazu leis-
tet dieses Buch einen wichtigen Beitrag. Namhafte
Fachdidaktiker aus ganz Deutschland präsentieren
ausgewählte Mikro- und Makromethoden, die für
die ökonomische Bildung typisch oder gar exklusiv
sind. Die Methoden werden praxisorientiert präsentiert, um die unmittelbare Umsetzung im Unterricht zu ermöglichen. Sie werden wissenschaftlich
fundiert, um den Beitrag zur Erreichung der Kernkompetenzen und Standards der ökonomischen
Bildung herauszustellen.

ISBN 3-89974234-6, DIN A 4-Format,
Kopiervorlagen und Checklisten, 208 S., € 29,80
Subskriptionspreis bis 31.12.2006: € 24,80

Volker Reinhardt (Hrsg.)

Projekte machen Schule

**Projektunterricht in der
politischen Bildung**

Projektarbeit gilt als die erfolgreichste
Unterrichtsmethode. Dennoch können
viele Lehrer sie in ihrem politischen
Unterricht nicht anwenden. Das Buch
gibt anhand reflektierter Projekte Anregungen für ihren Einsatz.

ISBN 3-89974178-1, 256 S., € 19,80

Siegfried Frech/Hans-Werner Kuhn/Peter Massing (Hrsg.)

Methodentraining für den Politikunterricht I

Die Professionalisierung im Unterricht hängt nicht
nur von der Anzahl der zur Verfügung stehenden
Methoden ab, sondern auch von der Qualität des
Umgangs mit diesen Methoden. Hier knüpft die neue
Art des Methodentrainings an. Im Buch werden viele
konkrete Unterrichtserfahrungen einbezogen, um ein
Selbststudium und Selbsttraining zu ermöglichen.
Es werden Wege und Materialien bereit gestellt,
die die Unterrichtsmethoden unmittelbar und mit
geringem Aufwand für den Unterricht anwendbar
machen. Neu ist auch das modulartige Gliederungs-
raster: Grundlagen, Erfahrungen, Praxisbeispiele.
Dabei werden typische, immer wieder auftretende
Schwierigkeiten und Fehlerquellen verdeutlicht.

MIKROMETHODEN u.a.: Lehrervortrag • Karikatur •
Textanalyse • Unterrichtsgespräch • MAKROMETHO-
DEN u.a.: Fallanalyse • Talkshow • Erkundung

ISBN 3-89974096-3, DIN A 4-Format,
Kopiervorlagen und Checklisten, 240 S., € 29,80

www.wochenschau-verlag.de

Adolf-Damaschke-Str. 10, 65824 Schwalbach/Ts., Tel.: 06196/86065, Fax: 06196/86060, e-mail: info@wochenschau-verlag.de